Elektronische Benutzerführungssysteme und chancengerechter Zugang zum digitalen Fernsehen

STUDIEN UND MATERIALIEN ZUM ÖFFENTLICHEN RECHT
Herausgegeben von Herbert Bethge

Band 25

PETER LANG
Frankfurt am Main · Berlin · Bern · Bruxelles · New York · Oxford · Wien

Florian Niewöhner

Elektronische Benutzerführungssysteme und chancengerechter Zugang zum digitalen Fernsehen

Eine Untersuchung
unter besonderer Berücksichtigung der Position
des öffentlich-rechtlichen Rundfunks

PETER LANG
Europäischer Verlag der Wissenschaften

Bibliografische Information Der Deutschen Bibliothek
Die Deutsche Bibliothek verzeichnet diese Publikation in der
Deutschen Nationalbibliografie; detaillierte bibliografische
Daten sind im Internet über <http://dnb.ddb.de> abrufbar.

Zugl.: Passau, Univ., Diss., 2004

D 739
ISSN 1433-1500
ISBN 3-631-53109-5

© Peter Lang GmbH
Europäischer Verlag der Wissenschaften
Frankfurt am Main 2004
Alle Rechte vorbehalten.

Das Werk einschließlich aller seiner Teile ist urheberrechtlich
geschützt. Jede Verwertung außerhalb der engen Grenzen des
Urheberrechtsgesetzes ist ohne Zustimmung des Verlages
unzulässig und strafbar. Das gilt insbesondere für
Vervielfältigungen, Übersetzungen, Mikroverfilmungen und die
Einspeicherung und Verarbeitung in elektronischen Systemen.

www.peterlang.de

Meinen Eltern

Vorwort

Die Rechtswissenschaftliche Fakultät der Universität Passau hat diese Arbeit im Sommersemester 2004 als Dissertation angenommen. Literatur und Rechtsprechung konnten bis Juni 2004 berücksichtigt werden.

Mein akademischer Lehrer Professor Dr. Herbert Bethge hat die Arbeit auf vielfache Weise gefördert. Ich bin ihm zu großem Dank verpflichtet. Herrn Privatdozent Dr. Christian von Coelln danke ich für die zügige Erstellung des Zweitgutachtens. Ferner gilt mein besonderer Dank allen ehemaligen Kollegen am Lehrstuhl für Staats- und Verwaltungsrecht sowie Wirtschaftsverwaltungsrecht und Medienrecht an der Universität Passau für die freundschaftliche Zusammenarbeit.

Christine Hildebrandt hat mich nicht nur bei der Endkorrektur des Manuskripts unterstützt. Ich danke ihr von ganzem Herzen für die liebevolle Geduld, mit der sie die Erstellung dieser Arbeit begleitet hat.

Passau, im Juni 2004   Florian Niewöhner

Inhaltsverzeichnis

A. Problemstellung und Gang der Untersuchung 15
   I. Der Wandel der Rundfunkordnung 15
   II. Die Digitalisierung und ihre Folgen 16
      1. Konvergenz der Medien 16
      2. Erweiterte wirtschaftliche Möglichkeiten 18
      3. Veränderungen bei der Rundfunkdistribution 18
   III. Veränderte Parameter für die Rundfunkregulierung? 19
   IV. Die Problematik der Navigationssysteme 20
      1. Bedürfnis nach zusätzlicher Orientierungshilfe 21
      2. Schlüsselrolle bei der Programmrezeption 22
      3. Gefahren für Meinungsvielfalt und Wettbewerb 22
   V. Öffentlich-rechtlicher Rundfunk und Navigationssysteme 23
   VI. Die digitale Zukunft ist offen 24
   VII. Gang der Untersuchung 25

B. Die gewandelten technischen Rahmenbedingungen 29
   I. Von der analogen zur digitalen Rundfunkverbreitung 30
   II. Konsequenzen der Digitalisierung für das Medium Rundfunk 32
      1. Steigerung der Übertragungskapazitäten und Verringerung der Übertragungskosten 32
      2. Höherer Qualitätsstandard 33
      3. Konvergenz 33
      4. Verschlüsselungsmöglichkeiten 35
      5. Rückkanalfähigkeit 36
   III. Insbesondere: Die neue Komplexität der digitalen Rundfunkverbreitung 36
      1. Signalaufbereitung auf der Versenderseite 37
         a) Digitalisierung und Quellkodierung 37
         b) Verschlüsselung 37
         c) Multiplexing 38
      2. Signalübertragung 39
      3. Signalaufbereitung auf der Empfängerseite 40
      4. Zusammenfassung 42

C. Die elektronischen Benutzerführungssysteme — 43
  I. Einführung — 43
  II. Die verschiedenen Systemtypen — 44
    1. Zur Terminologie — 44
    2. Der Basisnavigator — 45
      a) Funktionale Definition des Basisnavigators — 45
      b) Funktionsweise des Basisnavigators — 46
    3. Der Electronic Programme Guide (EPG) — 48
      a) Proprietäre EPGs — 49
      b) Programmübergreifende EPGs — 49
    4. Zusammenfassung und Ausblick — 50

D. Orientierung im Medium Fernsehen: Das besondere Manipulationspotential der elektronischen Benutzerführungssysteme — 53
  I. Von der Programmzeitschrift zur elektronischen Benutzerführung — 53
  II. Faktoren der Programmauswahlentscheidung — 54
    1. Kanalstruktur als Faktor der Programmselektion — 55
    2. Programmpresse als Faktor der Programmselektion im analogen Rundfunk — 57
    3. Elektronische Benutzerführungssysteme als Faktor der Programmselektion im digitalen Rundfunk — 59
      a) Basisnavigatoren — 59
      b) Electronic Programme Guides — 60
        aa) Erweiterte Möglichkeiten gegenüber den Basisnavigatoren — 60
        bb) Erweiterte Möglichkeiten gegenüber den Programmzeitschriften — 61
        cc) Lernfähige Navigatoren — 62
          aaa) Navigatoren als Push-Dienste — 62
          bbb) Möglichkeiten zum „collaborative filtering" — 63
          ccc) Zunehmende Fremdbestimmung des Selektionsverhaltens — 63
    4. Zusammenfassung — 64
  III. Erhöhter Einflussfaktor - Erhöhtes Manipulationspotential — 65
    1. Nur noch mittelbarer Zugriff auf das Programmangebot — 66
    2. Steuerung durch die Gestaltung der Benutzeroberfläche — 66
    3. Steuerung durch Manipulation der Suchfunktionen — 67
    4. Steuerung durch lernfähige EPGs — 67
    5. Die Entwicklung zum „persönlichen Kanal" — 68

6. Anreize zur Manipulation im ökonomisierten digitalen Fernsehen _____ 68
   a) Hervorhebung gegen Vergütung _____ 69
   b) Hervorhebung eigener Angebote _____ 69
      aa) Proprietäre Systeme _____ 69
      bb) Programmübergreifende Systeme _____ 70

E. Verfassungsrechtliche Regelungskoordinaten _____ 73
   I. Die Rundfunkfreiheit gemäß Art. 5 Abs. 1 Satz 2 GG _____ 73
      1. Das umstrittene dogmatische Verständnis der Rundfunkfreiheit _____ 73
         a) Die unterschiedlichen Interpretationsansätze in der Literatur _____ 74
         b) Die maßstabsetzende Rechtsprechung des Bundesverfassungsgerichts _____ 76
         c) Orientierung am Grundrechtsverständnis des Bundesverfassungsgerichts _____ 77
      2. Die Funktion des Grundrechts als Ausgangspunkt der Rechtsprechung _____ 77
         a) Der Prozess freier öffentlicher und individueller Meinungsbildung als übergeordnetes Gewährleistungsziel _____ 78
         b) Die demokratiestaatliche Bedeutung der Kommunikationsfreiheiten _____ 78
         c) Die besondere Funktion der Rundfunkfreiheit für die Kommunikationsordnung _____ 79
            aa) Rundfunk als „Medium und Faktor" des Meinungsbildungsprozesses _____ 80
            bb) Die besondere Wirkungsintensität des Rundfunks _____ 81
      3. Rundfunkfreiheit als „dienende Freiheit" _____ 81
      4. Konsequenz: Rundfunkspezifischer Ausgestaltungsvorbehalt _____ 83
      5. Zur Rechtfertigung einer Sonderstellung des Rundfunks unter dem Eindruck der Konvergenz der Medien _____ 86
         a) Die „Sondersituation im Bereich des Rundfunks" _____ 87
         b) Die besondere rundfunkspezifische Wirkungsintensität _____ 88
            aa) Besondere Suggestivkraft _____ 88
            bb) Besondere Aktualität und Breitenwirkung _____ 90
            cc) Die Übertragung im Programmschema _____ 91
         c) Veränderungen des besonderen Wirkungspotentials durch Digitalisierung und Konvergenz? _____ 93

aa) Das Argument der graduellen Individualisierung der Rundfunkkommunikation	94
aaa) Die flexibleren Nutzungsmöglichkeiten der neuen Dienste	95
bbb) Partielle Individualisierung des Rundfunks, aber keine Änderung der spezifischen Wirkungsintensität	97
bb) Zur Relevanz einer zeitgleichen Rezeption der Inhalte	98
cc) Zum Argument eines sich wandelnden Rezeptionsverhaltens	99
dd) Die integrative Wirkung der Navigationssysteme	101
aaa) Grundsätzliche Akzeptanz bei den Rezipienten	101
bbb) Strukturierung eines „Metaprogramms"	102
ccc) Fremdbestimmte Komplexitätsreduktion	102
ee) Zusammenfassung	103
6. Funktion und Grenzen der Ausgestaltungsgesetzgebung	104
a) Die Unterscheidung von Ausgestaltungs- und Schrankengesetzen	105
b) Maßstab zulässiger Ausgestaltung der Rundfunkfreiheit	106
aa) Zur Geltung des Verhältnismäßigkeitsgrundsatzes	107
bb) Zweck-Mittel-Relation der Ausgestaltungsgesetze	108
c) Zusammenfassung	109
7. Zielwerte der positiven Ordnung	110
a) Pluralismus als Leitmotiv	111
b) Vielfaltssicherung durch aktive „Ausgewogenheitspflege" in der Rechtsprechung des Bundesverfassungsgerichts	112
c) Zur Kritik in der Literatur	114
d) Von der Ausgewogenheitspflege zur Offenheitspflege?	117
e) „Kommunikative Chancengerechtigkeit" als Gewährleistungsziel	118
aa) Zum Begriff der kommunikativen Chancengerechtigkeit	118
bb) „Kommunikative Vielfalt" vs. „Kommunikative Chancengerechtigkeit"	120
cc) Die Notwendigkeit zum publizistischen Chancenausgleich im Rahmen der positiven Ordnung	120
f) Stellungnahme	123
II. Duale Rundfunkordnung und Grundversorgungsauftrag	127

1. Die Entwicklung des Grundversorgungsbegriffs in der Literatur ... 128
   a) Die Grundlagen von Herrmann und Herbert Krüger ... 129
   b) Das Begriffsverständnis von Hans H. Klein und Bullinger ... 131
   c) Zusammenfassung ... 132
2. Der Grundversorgungsauftrag in der Rechtsprechung des Bundesverfassungsgerichts ... 133
   a) Elemente der Grundversorgung ... 133
   b) Quantitative Anforderungen an die Grundversorgung ... 134
   c) Grundversorgung keine Mindestversorgung ... 135
   d) Der Grundversorgungsauftrag als Legitimation der dualen Rundfunkordnung ... 135
   e) Keine Privatisierbarkeit der Grundversorgung ... 136
   f) Keine Grenzziehungs- und Aufgabenverteilungsfunktion der Grundversorgungsaufgabe ... 137
   g) Dynamisches Verständnis der Grundversorgung ... 138
   h) „Grundversorgung", „klassischer Programmauftrag", „essentielle Funktionen" ... 140
      aa) Wortwahl im Niedersachsen-Urteil ... 140
      bb) Bedeutung der sprachlichen Unterscheidungen ... 141
      cc) Schlussfolgerung ... 142
   i) Vom Grundversorgungs- zum Funktionsauftrag? ... 142
      aa) Ansätze in der Rechtsprechung des Bundesverfassungsgerichts ... 144
      bb) Interpretation der Aussagen des Bundesverfassungsgerichts ... 145
      cc) Ergebnis ... 146
   j) Zusammenfassung ... 148

F. Öffentlich-rechtlicher Rundfunk und elektronische Benutzerführungssysteme ... 149
   I. Zuordnung der elektronischen Benutzerführungssysteme zum Gewährleistungsbereich der Rundfunkfreiheit ... 149
      1. Der verfassungsrechtliche Rundfunkbegriff ... 150
      2. Tatbestandsmerkmale des verfassungsrechtlichen Rundfunkbegriffs ... 153
         a) Adressierung an die Allgemeinheit ... 154
         b) Darbietung ... 155
            aa) Relevanz für die Meinungsbildung ... 155
            bb) Redaktionelle Gestaltung ... 156

		cc) Navigationssysteme als Darbietungen	157
		c) Fermeldetechnische Verbreitung	158
		3. Ergebnis	159
II.	Zur Reichweite der Befugnis öffentlich-rechtlicher Rundfunkanstalten zum Betrieb elektronischer Benutzerführungssysteme		160
	1. Grundsätzliche Befugnis zur Programminformation		160
	2. Das Recht zur Herausgabe von Programmzeitschriften		161
		a) Differenzierte Ansichten im Schrifttum	162
		b) Die Rechtsprechung des Bundesverfassungsgerichts	163
		aa) Die Rundfunkfreiheit als Grundlage der Veröffentlichungsbefugnis	164
		bb) Programmbezug als entscheidendes Begrenzungskriterium	164
		c) Die Bedeutung des Parlamentsvorbehalts	165
	3. Programminformation und Grundversorgungsauftrag		166
	4. Elektronische Benutzerführungssysteme		167
		a) Programmgebundene Navigationssysteme	168
		aa) Grenzen der Ausgestaltungsbefugnis	168
		bb) Freiraum zur publizistischen Arbeit	169
		cc) Parlamentsvorbehalt	170
		b) Programmübergreifende Navigationssysteme	170
		aa) Betrieb programmübergreifender Navigatoren grundsätzlich unzulässig	170
		bb) Zur Rechtslage beim Wegfall programmgebundener Systeme	171
		aaa) Sicherung der Funktion und Aufgabe des öffentlich-rechtlichen Rundfunks	172
		bbb) Risiken für die Zugangsfreiheit	172
		ccc) Konsequenzen	173
		ddd) Vorrang regulatorischer Zugangschancensicherung	174
		cc) Kooperationsmöglichkeiten mit Dritten	175
		aaa) Kooperation grundsätzlich zulässig	175
		bbb) Grenzen der Kooperationsbefugnis	176
		ccc) Bedeutung der regulatorischen Zugangssicherung	177
G.	Einfachgesetzliche Regulierungsparameter		179
I.	Weiter Ausgestaltungsspielraum auch im Hinblick auf die Zugangsregulierung zu Navigatoren		179

II. Die Zugangsregulierung zu Navigatoren gemäß § 53 RStV _____ 181
1. Europarechtliche Vorgaben _____ 181
   a) Richtlinie 95/47/EG _____ 181
   b) Neuer Rechtsrahmen 2002 _____ 182
   c) Geltung der Grundfreiheiten _____ 184
2. Der Regelungsgehalt von § 53 RStV mit Blick auf die Navigationssysteme _____ 184
3. Ergänzende Bestimmungen in der Zugangssatzung _____ 185
   a) Satzungsermächtigung für die Landesmedienanstalten _____ 186
   b) Bedeutung des Parlamentsvorbehalts _____ 187
      aa) Allgemeine Reichweite des Parlamentsvorbehalts und Bestimmtheitsgrundsatzes _____ 187
      bb) Besondere Vorgaben bei der Rundfunkregulierung _ 188
      cc) Verfassungsmäßigkeit der Satzungsermächtigung _____ 188
   c) Ergebnis _____ 190
4. Persönlicher Anwendungsbereich des § 53 RStV _____ 190
   a) Verpflichtete _____ 190
      aa) Die problematische Legaldefinition der „Navigatoren" _____ 190
      bb) Literaturansicht _____ 191
      cc) Kritik an der Literaturansicht _____ 193
         aaa) Wortlautargumente _____ 193
         bbb) Historische Auslegung _____ 194
         ccc) Teleologische Erwägungen _____ 195
      dd) Zwingende Vorgabe für ein zweistufiges System? _ 196
   b) Berechtigte _____ 197
      aa) Bedeutung des Begriffs „Fernsehdienst" _____ 198
      bb) Formulierung in der Zugangssatzung _____ 199
   c) Zusammenfassung _____ 200
5. Qualitative Anforderungen an die Zugangsgewährung _____ 200
   a) Europarechtlicher Hintergrund _____ 201
   b) Zur Auslegung der Begriffe „angemessen", „chancengleich" und „nicht diskriminierend" _____ 202
      aa) Chancengleicher Zugang _____ 202
         aaa) Gewährung realer Zugangschancen _____ 203
         bbb) Einzelne Aspekte der chancengleichen Zugangsgewährung _____ 204
            (1) Berücksichtigung der besonderen Position des öffentlich-rechtlichen Rundfunks _____ 205

	(2) Möglichkeit zum unmittelbaren Programmzugriff	205
	(3) Anordnung der Listenplätze im Auswahlmenü	206
bb)	Angemessener Zugang	208
cc)	Nicht diskriminierender Zugang	209
	aaa) Eigenständiger Bedeutungsgehalt	209
	bbb) Konkretisierung in der Zugangssatzung	210
	ccc) Anforderungen an die Gestaltung der Benutzeroberfläche	212
	ddd) Anforderungen an die Ausgestaltung elektronischer Suchhilfen	212
	(1) Möglichkeiten der Auswahlhilfen	212
	(2) Nicht diskriminierende Ausgestaltung	213
	eee) Anforderungen an die technische Interoperabilität	214
	(1) Offener Standard	214
	(2) Verknüpfungsoptionen	215
fff)	Weiterverbreitung von Navigationssystemen über digitalisierte Kabelanlagen (§ 52 RStV)	216
	(1) Belegungsgrundsätze des § 52 RStV	216
	(2) Vorrangige Beücksichtigung der Navigatoren im Non-Must-Carry-Bereich	217
c) Zusammenfassung		218
6. Verfahrensrechtliche Absicherung der Zugangsfreiheit		219
a) Anzeigeverpflichtung		219
aa)	Zuständige Landesmedienanstalt	219
bb)	Anzeige der Aufnahme des Dienstes	220
cc)	Bescheid der Landesmedienanstalt	220
dd)	Verfassungsrechtliche Zulässigkeit des Anzeigeverfahrens	221
b) Offenlegungs- und Auskunftsverpflichtungen		222
aa)	Offenlegungsverpflichtung	222
bb)	Auskunftsverpflichtung	224
c) Prüfungspflicht und Sanktionsmöglichkeiten der Landesmedienanstalten		224
aa)	Prüfbescheid	225
bb)	Feststellungen durch öffentlich-rechtlichen Vertrag	225
d) Beschwerderechte Dritter		226
aa)	Streitbeilegungsverfahren	226

		bb) Beschwerdeberechtigung von „Veranstaltern"	227
		cc) Verletzung eigener Rechte	227
	e)	Ergebnis	228
7.	Verhältnis zum Mediendienstestaatsvertrag		229
	a)	System der abgestuften Regelungsdichte bei der Rundfunkgesetzgebung	229
	b)	Abgrenzung von Rundfunk- und Mediendiensten	230
	c)	Qualifizierung der Navigationssysteme als Mediendienste	231
	d)	Folgen der einfachgesetzlichen Qualifizierung	233
		aa) Proprietäre EPGs	233
		bb) Basisnavigatoren und programmübergreifende EPGs	234

III. Wettbewerbsrechtliche Regulierungsparameter — 234
  1. Einbeziehung der Navigationssysteme in die rundfunkrechtliche Konzentrationskontrolle? — 234
     a) Die Regelungsvorgaben des § 26 RStV — 235
     b) Navigatorenmarkt als „medienrelevanter verwandter Markt"? — 236
        aa) Ablehnende Position in der Literatur — 236
        bb) Markt für Zugangsdienste als medienrelevant verwandter Markt — 237
     c) Ergebnis — 239
  2. Wettbewerbsrechtliche Missbrauchskontrolle — 239
     a) Das Verhältnis von Rundfunk- und Wettbewerbsrecht — 239
        aa) Die kompetenzrechtliche Ausgangslage — 240
        bb) Die Kompetenzzuweisung im Einzelnen — 240
        cc) Schlussfolgerung — 242
        dd) Lösung von Kompetenzkonflikten — 242
        ee) Zusammenfassung — 244
     b) Wettbewerbsrechtliche Zugangsregulierung — 245
        aa) Der Missbrauchstatbestand des § 19 Abs. 4 Nr. 4 GWB — 245
           aaa) Rezeption der „essential facilities doctrin" — 246
              (1) Die Wurzeln der essential facilities doctrin im amerikanischen Recht — 246
              (2) Die Rezeption der essential facilities doctrin im europäischen Recht — 247
              (3) Übernahme der essential facilities doctrin in das deutsche Recht — 250
           bbb) Die Normstruktur des § 19 Abs. 4 Nr. 4 GWB — 250

	ccc) Zugangsanspruch zu Navigationssystemen aus § 19 Abs. 4 Nr. 4 GWB	251
	(1) Normadressat	251
	(a) Marktbeherrschende Stellung auf dem vor- oder nachgelagerten Markt?	251
	(b) Voraussetzungen für eine Marktbeherrschung	253
	(2) Zugangsobjekt	255
	(3) Zugangsgrund	258
	(4) Sachliche Rechtfertigung	260
	ddd) Zusammenfassung	262
bb)	Diskriminierungs- und Behinderungsverbot gemäß § 20 GWB	263
	aaa) Normadressaten	263
	bbb) Üblicherweise zugänglicher Geschäftsverkehr	265
	ccc) Diskriminierungs- bzw. Behinderungsverbot	266
	ddd) Zusammenfassung	268
cc)	Ergebnis	268

H. Zusammenfassung _____ 271

Literaturverzeichnis _____ 277

A. Problemstellung und Gang der Untersuchung

I. Der Wandel der Rundfunkordnung

Die deutsche Rundfunkordnung befindet sich in einem Prozess fundamentalen strukturellen Wandels. Bereits in den 1980er Jahren haben die Einführung des privaten Rundfunks und die Etablierung der dualen Rundfunkordnung für tiefgreifende Veränderungen in der deutschen Medienlandschaft gesorgt.[1] Auslöser und Motor der damaligen Entwicklungen waren vor allem technische Neuerungen. Mit Hilfe der Satellitenübertragungstechnik und durch die Übertragungsmöglichkeit von Rundfunksignalen über Breitbandkabelnetze konnten die bis dahin bestehende Frequenzknappheit weitgehend aufgehoben und neue Sendekapazitäten für zusätzliche Rundfunkanbieter geschaffen werden. Dadurch änderten sich die ökonomischen Rahmenbedingungen auf dem Rundfunksektor grundlegend. Der Rundfunk, bis zu diesem Zeitpunkt ausschließlich als öffentlich-rechtlicher Anstaltsfunk betrieben, konnte nun auch in Deutschland zumindest partiell zum Objekt privatwirtschaftlichen Engagements werden.[2] So kommt seither dem tradierten „Kulturgut Rundfunk" in zunehmenden Maße auch als wirtschaftsrechtlicher Sachverhalt Bedeutung zu.[3]

Ähnlich wie sich in den 1980er Jahren die Parameter in der Rundfunklandschaft durch die Zulassung kommerzieller Rundfunkveranstalter fundamental geändert haben, verschieben sich seit Mitte der 1990er Jahre aufgrund der revolutionären Möglichkeiten der Digitaltechnik erneut die Koordinaten für alle Be-

---

1 Vgl. zur Geschichte der Einführung privaten Rundfunks und zur Entwicklung der dualen Rundfunkordnung ausführlich *Hartstein/Ring/Kreile/Dörr/Stettner*, Rundfunkstaatsvertrag Kommentar, Stand März 2004, Entstehungsgeschichte, B 1 Rdn. 15 ff.; *Albrecht Hesse*, Rundfunkrecht, 3. Aufl., 2003, S. 20 ff.; *Herrmann/Lausen*, Rundfunkrecht, 2. Aufl., 2004, § 4 Rdn. 95 ff.
2 Die Veranstaltung von Privatrundfunk ist grundsätzlich eine erwerbswirtschaftliche Betätigung wie jede andere auch, vgl. *Schoch*, VVDStRL Heft 57 (1998), S. 194; *Bethge*, in: Arndt u.a. (Hrsg.), Festschrift für Walter Rudolf, 2001, S. 409. Zu der sich daraus ergebenden Einordnung der Rundfunkfreiheit als Unternehmerfreiheit *Bethge*, DÖV 2002, 675.
3 Vgl. *Degenhart*, K&R 2000, 52. Zur Bedeutung des Rundfunks als „kulturelle Institution" *Grimm*, VVDStRL Heft 42 (1984), S. 68 ff. und BVerfGE 12, 205, 229; 73, 118, 158.

teiligten.⁴ Ein weiteres Mal werden technische Neuerungen zum Auslöser und Antrieb der Entwicklungen. Diesmal jedoch in einem ungleich höheren Tempo und mit weit größeren Auswirkungen auf den gesamten Telekommunikations- und Mediensektor.⁵

II. Die Digitalisierung und ihre Folgen

1. Konvergenz der Medien

Der Einsatz von Digitaltechnik bei der Rundfunkveranstaltung ermöglicht zum einen eine abermalige substantielle Ausweitung der Übertragungskapazitäten über die Kabelnetze und Satelliten, aber auch über die terrestrischen Sender. Zum anderen – und das erscheint derzeit weitaus folgenreicher – hat die Digitalisierung zu einer Situation geführt, in der sich die Märkte für Informations- und Telekommunikationsdienstleistungen einerseits und die Medienmärkte andererseits zunehmend wechselseitig durchdringen und verschränken.⁶ Die durchgängige Digitalisierung sämtlicher Kommunikationswege und Netzplattformen ermöglicht heute prinzipiell die Übermittlung aller Inhalte auf allen denkbaren Übertragungswegen und Plattformen. Man spricht vom Phänomen der „Konvergenz der Medien".⁷ Die durch die allseitige Digitalisierung entstehende technische Konvergenz von Kommunikationsnetzen und Endgeräten ermöglicht in letzter Konsequenz – zumindest theoretisch – auch eine vollständige inhaltliche Konvergenz. Denn mediale Angebote, die aufgrund der technologischen Voraussetzungen bislang ausschließlich auf einem bestimmten Übertragungsweg über-

---

4   Das Umwälzungspotential der Digitaltechnik wird in seinen Auswirkungen mit der Erfindung des Buchdrucks verglichen, vgl. *Holznagel*, Der spezifische Funktionsauftrag des Zweiten Deutschen Fernsehens, 1999, S. 59.
5   Mit Blick auf die Rasanz der technischen Entwicklung und den damit verbundenen Anforderungen an die Reaktionsgeschwindigkeit von Politik, Medien- und Rechtswissenschaft erinnert *Prütting*, in: Stern/Prütting (Hrsg.), Die Zukunft der Medien hat schon begonnen, 1998, S. 1, an die Fabel vom Hasen und dem Igel.
6   Dazu nur *Hoffmann-Riem*, M&K 2002, 183.
7   Vgl. dazu Europäische Kommission, Grünbuch der Konvergenz, KOM (97) 623; *Hoffmann-Riem/Schulz/Held*, Konvergenz und Regulierung, 2000, S. 19 ff.; *Vesting*, in: Kops/Schulz/Held (Hrsg.), Von der dualen Rundfunkordnung zur dienstespezifisch diversifizierten Informationsordnung?, 2001, S. 278 ff.; *Kibele*, Multimedia im Fernsehen, 2001, S. 14 ff.; *Gounalakis*, Konvergenz der Medien – Sollte das Recht der Medien harmonisiert werden?, in: Ständige Deputation des Deutschen Juristentages (Hrsg.), Verhandlungen des 64. Deutschen Juristentages, Band I, 2002, C 12 ff.; *Petersen*, Medienrecht, 2003, S. 11 ff.

mittelt werden konnten, gelangen nun auch auf anderen Wegen zum Rezipienten. Medien, die vormals strikt getrennt voneinander existierten, sind untereinander kompatibel geworden. Mit multifunktionalen Terminals kann auf multimediale Netzwerke zurückgegriffen werden.[8] Zudem sind mit dem Internet und den vielfältigen Anwendungsoptionen der modernen Mobiltelefonie gänzlich neue Pfade für die mediale Verbreitung von Kommunikationsinhalten entstanden. Die Folgen dieser Entwicklung sind ein genereller Verlust der Trennschärfe zwischen Individual- und Massenkommunikationsdiensten und – mit Blick auf den Rundfunk – eine zunehmende Verwischung der einstmals klaren Grenzen zwischen „klassischem" Rundfunk und anderen Kommunikationsdiensten. Dadurch wird nicht nur die herkömmliche Definition des Rundfunkbegriffs in Frage gestellt.[9] In der Literatur wird aufgrund der technischen Veränderungen teilweise sogar die tradierte Medienrechtsordnung in ihrer Gesamtheit für obsolet erklärt.[10] Es ist von der Notwendigkeit zur Schaffung einer „konvergenztauglichen Medienordnung" die Rede.[11] Das Stichwort von der „Konvergenz des Rechts" ist gefallen.[12] Derzeit ist die technische Konvergenz, also die Konvergenz der Netzstrukturen und der Endgeräte, in vielen Fällen bereits vollzogen. Eine echte Konvergenz der Inhalte und erst recht ein konvergierendes Nutzungsverhalten stehen bisher jedoch noch aus. Ob sie sich überhaupt in dem Maße verwirklichen wird, wie es noch Ende der 1990er Jahre prognostiziert wurde, erscheint aus heutiger Sicht eher fraglich.[13] Eine gewisse Skepsis mit Blick auf die Geschwindigkeit der tatsächlich zu erwartenden Veränderungen ist daher angebracht. Mittelfristig werden sich die bestehenden medialen Angebote aber stetig weiter annähern.

---

8 Vgl. *Dörr*, in: Abele u.a. (Hrsg.), Werte und Wert des öffentlich-rechtlichen Rundfunks in der digitalen Zukunft, 2000, S. 140.
9 Vgl. zum Problem einer Definition des Rundfunkbegriffs in Zeiten von Konvergenz und Digitalisierung etwa *Gersdorf*, Der verfassungsrechtliche Rundfunkbegriff im Lichte der Digitalisierung der Telekommunikation, 1995, passim; *Nischan*, Digitale multimediale Videodienste, 2000, passim; *Janik*, AfP 2000, 7 ff.; *Brand*, Rundfunk im Sinne des Artikel 5 Abs. 1 Satz 2 GG, 2002, passim.
10 Vgl. z.B. *Schoch*, JZ 2002, 798 ff.
11 *Gounalakis*, Konvergenz der Medien – Sollte das Recht der Medien harmonisiert werden?, in: Ständige Deputation des Deutschen Juristentages (Hrsg.), Verhandlungen des 64. Deutschen Juristentages, Band I, 2002, C 65.
12 *Kibele*, Multimedia im Fernsehen, 2001, S. 34.
13 *Kibele*, Multimedia im Fernsehen, 2001, S. 35.

2. Erweiterte wirtschaftliche Möglichkeiten

Aufgrund der durch die Digitaltechnik geschaffenen neuen Rahmenbedingungen haben jedenfalls die wirtschaftlichen Entfaltungsmöglichkeiten aller Beteiligten auf dem Rundfunksektor erneut erheblich zugenommen. Es können mehr Programme ausgestrahlt werden, über die zusätzliche Werbeeinnahmen generiert werden können. Neue Dienste, wie etwa Teleshoppingkanäle, interaktives Fernsehen, Abrufdienste in Form von „virtuellen Videotheken" oder andere Pay-TV-Angebote (ausgestaltet als Abonnentenfernsehen für bestimmte Kanäle oder auch umfassende Programmbouquets), können eingerichtet werden. Daraus könnten sich neue Einnahmequellen für die Programmveranstalter entwickeln.[14] Auch wenn die anfängliche Euphorie in der deutschen Medienbranche nach der Insolvenz der Kirch Gruppe und unter dem Eindruck der nicht recht voranschreitenden, jedoch zur Realisierung der ökonomischen Zukunftsvisionen notwendigen Modernisierung des Breitbandkabelnetzes in letzter Zeit deutlich nachgelassen hat, so ist dennoch zu erwarten, dass das Angebot des Mediums Fernsehen in Zukunft vielfältiger und variationsreicher werden wird.[15]

3. Veränderungen bei der Rundfunkdistribution

Unter den Ägiden der Digitalisierung ist auch der technische Aufwand für die Distribution der Programme und der neuen Dienste wesentlich komplexer geworden. War früher die Veranstaltung und analoge Verbreitung eines Rundfunkprogramms ein relativ einheitlicher Vorgang, so ist die Rundfunkveranstaltung im digitalen Zeitalter von einer Vielzahl zusätzlicher Infrastruktureinrichtungen und Vertriebsdienstleistungen abhängig, derer es zuvor nicht bedurfte.[16] Durch die neue Komplexität der Vertriebsstrukturen entstehen neue Zugangsprobleme und dadurch bedingte Gefährdungslagen für die Freiheit der Rundfunkkommunikation.[17] Denn Programm- und Diensteanbieter können die Rezi-

---

14 Mit Bezug auf die ökonomischen Perspektiven bereits zu Recht skeptisch *Hoffmann-Riem/Vesting*, MP 1994, 384 f. Zu den aktuell verfolgten Finanzierungsmodellen *Zervos*, Digitales Fernsehen in Deutschland, 2003, S. 74 ff.
15 Vgl. *Holznagel*, NJW 2002, 2352.
16 *Hoffmann-Riem*, M&K 2002, 183. Vgl. zu diesen neuen Dienstleistungen etwa *Weisser*, ZUM 1997, 877 ff.; *König*, Die Einführung des digitalen Fernsehens, 1997, S. 34 ff.; *Gersdorf*, Chancengleicher Zugang zum digitalen Fernsehen, 1998, S. 60 ff.; *Holznagel/Daufeldt*, CR 1998, 151 ff.; *Thierfelder*, Zugangsfragen digitaler Fernsehverbreitung, 1999, S. 117 ff.
17 Vgl. dazu ausführlich *Gersdorf*, Chancengleicher Zugang zum digitalen Fernsehen, 1998, passim; *Thierfelder*, Zugangsfragen digitaler Fernsehverbreitung, 1999, passim;

pienten nur dann erreichen, wenn sie diese technischen Infrastruktureinrichtungen entweder selbst betreiben, die Vertriebsdienstleistungen selbst erbringen oder aber, sollten sie dazu aus technischen oder finanziellen Gründen nicht in der Lage sein, wenn sie entsprechende Angebote fremder Anbieter nutzen.[18] Im letzteren Fall müssen sie sich in die Abhängigkeit dieser Drittanbieter begeben, die in der Folge eine ganz erhebliche Machtposition besitzen. Denn sie allein können als digitale „Gatekeeper" letztlich entscheiden, wer zu welchen Konditionen mit seinem Angebot zu den Rezipienten gelangt.[19] Es besteht Einigkeit darüber, dass diesem Gefährdungspotenzial durch geeignete Regulierungsmaßnahmen entgegengetreten werden muss.

III. Veränderte Parameter für die Rundfunkregulierung?

Das Bundesverfassungsgericht betont in ständiger Rechtsprechung die Sicherung der Meinungsvielfalt als vordringlichste Aufgabe der Rundfunkgesetzgebung.[20] Wegen der besonderen Bedeutung des Mediums für die Funktionsfähigkeit des freiheitlich-demokratischen Staatswesens ist in diesem Zusammenhang der Gefahr einer einseitigen Vermachtung des Rundfunks nicht nur durch den Staat, sondern auch durch einzelne gesellschaftliche Gruppen entgegenzuwirken.[21] Bisher konzentrieren sich die diesbezüglichen Regulierungsaktivitäten auf die Rundfunkveranstalter als Regelungsadressaten. Rundfunkregulierung stellt sich so in erster Linie als Veranstalterregulierung dar.[22] Das vom Bundesverfassungsgericht vorgegebene primäre Regulierungsziel ist die Gewährleistung der Meinungsvielfalt durch positive Vielfaltsicherung im Sinne einer aktiven „Ausgewogenheitspflege", das heißt die staatliche Sorge für eine ausgewogene kommunikative Gesamtversorgung.[23]

Durch die neuen Vertriebsstrukturen im digitalisierten Fernsehen stellt sich jedoch nun verstärkt die Frage, inwiefern diese Fokussierung noch tauglich ist, die verfassungsrechtlich vorgegebenen Zielwerte zu erreichen.[24] Fraglich ist ins-

---

Schulz/Kühlers, Konzepte der Zugangsregulierung für digitales Fernsehen, 2000, passim.
18 *Weisser*, ZUM 1997, 878.
19 Vgl. *Gersdorf*, Chancengleicher Zugang zum digitalen Fernsehen, 1998, S. 12.
20 Vgl. nur BVerfGE 57, 295, 320; 73, 118, 152 f.; 74, 297, 324; 83, 238, 296.
21 Vgl. BVerfGE 73, 118, 160.
22 *Leopoldt*, Navigatoren, 2002, S. 44.
23 Vgl. zum Begriff der „Ausgewogenheitspflege" *Bullinger/Mestmäcker*, Multimediadienste, 1997, S. 26; *Bullinger*, in: Badura/Dreier (Hrsg.), Festschrift 50 Jahre Bundesverfassungsgericht, Band II, 2001, S. 211.
24 Dazu bereits *Hoffmann-Riem*, RuF 1995, 125 ff.

besondere, ob sich die bisherige aktive „Ausgewogenheitspflege", die derzeit in Form von binnen- und außenpluralistischen Regelungen im Rundfunkstaatsvertrag und in den Landesmediengesetzen ihren Niederschlag findet, nicht aufgrund der neuen Rahmenbedingungen in Zukunft tendenziell zu einer „Offenheitspflege" wandeln kann bzw. muss.[25] In diesem Zusammenhang ist zu überlegen, ob und inwieweit als Adressaten der vielfaltsichernden Regulierung wie bislang die Programmveranstalter im Mittelpunkt stehen können, oder ob vielmehr die durch die Digitalisierung des Mediums notwendig gewordenen Infrastruktureinrichtungen und Vertriebsdienstleistungen als – unter Umständen sogar primärer – Anknüpfungspunkt zu wählen sind.[26] Erste Ansätze für einen solchen Paradigmenwechsel finden sich in der Tat bereits in § 53 RStV.[27] Daraus wird bisweilen generell der Schluss gezogen, das Rundfunkrecht müsse und könne nun verstärkt auf die Vorteile einer Marktsteuerung setzen.[28] Damit jedoch der Rundfunk seiner Rolle als „Medium und Faktor" in einer pluralitätsorientierten Kommunikationsordnung weiterhin gerecht werden kann, muss auch in Zeiten von Konvergenz und Digitalisierung kommunikative Chancengerechtigkeit gewährleistet bleiben.[29] Die Rundfunkordnung muss einerseits sicherstellen, dass alle Interessierten offenen und chancengleichen Zugang zum Medium Rundfunk erhalten, und andererseits dafür Sorge tragen, dass Rezeptionschancengerechtigkeit für alle Angebote gewährleistet ist. Darüber, wie dies geschehen kann, bestehen in der Wissenschaft grundsätzliche Differenzen, auf die näher einzugehen sein wird.

IV. Die Problematik der Navigationssysteme

Die vorliegende Arbeit greift einen Teilaspekt der aktuellen Fragestellung heraus, der spätestens dann erhebliche praktische Bedeutung erlangen wird, wenn der analoge „switch off" erfolgt ist, das heißt wenn der analoge Sendebetrieb vollständig eingestellt sein wird und Rundfunksignale ausschließlich digital ver-

---

25 Vgl. *Bullinger/Mestmäcker*, Multimediadienste, 1997, S. 26; *Bullinger*, in: Badura/ Dreier (Hrsg.), Festschrift 50 Jahre Bundesverfassungsgericht, Band II, 2001, S. 211 ff.
26 Vgl. dazu die Überlegungen bei *Vesting*, K&R 2000, 168; *Schulz*, K&R 2000, 12 f.; *Leopoldt*, Navigatoren, 2002, S. 44 f.
27 So die Einschätzung von *Schulz*, K&R 2000, 12 f.
28 Vgl. nur *Stürner*, AfP 2002, 238 ff.
29 Vgl. dazu *Hoffmann-Riem*, in: Schwartländer/Riedel (Hrsg.), Neue Medien und Meinungsfreiheit, 1990, S. 27 ff.; *Gersdorf*, Chancengleicher Zugang zum digitalen Fernsehen, 1998, S. 132 ff.; *Schulz*, Gewährleistung kommunikativer Chancengleichheit als Freiheitsverwirklichung, 1998, passim.

breitet werden.[30] Im Folgenden näher beleuchtet werden soll die besondere Problematik der Rolle und Wirkungsweise von elektronischen Benutzerführungssystemen im digitalisierten Fernsehen.[31] Es handelt sich dabei um Softwareapplikationen, die in Zukunft für die Nutzung des multimedialen Angebots der digitalisierten Fernsehwelt zwingend notwendig sein werden und die Rezeption kommunikativer Inhalte maßgeblich beeinflussen werden.

1. Bedürfnis nach zusätzlicher Orientierungshilfe

Durch die zunehmende Programm- und Dienstevielfalt wird ein stetig wachsender Bedarf an Orientierungshilfe auf Seiten der Rezipienten entstehen. Herkömmliche Programmzeitschriften werden angesichts der Ausdifferenzierung des Angebots zukünftig nicht mehr in der Lage sein, eine umfassende Übersicht über das verfügbare Angebotsspektrum zu bieten.[32] Deshalb werden neue Formen der Programmpräsentation erforderlich. Zu diesem Zweck werden unterschiedliche elektronische Benutzerführungssysteme (Navigationssysteme) zur Verfügung stehen. Diese dienen den Rezipienten als Selektionshilfe und können aufgrund ihrer der Funktion tradierter Programmzeitschriften entsprechenden Rolle auch als „elektronische Programmzeitschriften" bezeichnet werden.[33] Mit ihrer Hilfe wird es den Rezipienten möglich, aus dem ihnen zur Verfügung gestellten umfangreichen multimedialen Angebot die für sie interessanten Programme und Dienste auszuwählen und auf den Fernsehbildschirm zu rufen.

---

30 In Deutschland soll nach derzeitigen Planungen der vollständige analoge „switch off" bereits im Jahr 2010 erfolgen.
31 Vgl. dazu bereits die umfassende Untersuchung von *Leopoldt*, Navigatoren, 2002, passim, sowie *Holznagel*, in: Stern/Prütting (Hrsg.), Die Zukunft der Medien hat schon begonnen, 1998, S. 45 ff.; *Michael A. Wagner*, MMR 1998, 243 ff.; *Schulz/ Seufert/Holznagel*, Digitales Fernsehen – Regulierungskonzepte und -perspektiven, 1999, S. 118 ff.; *Sporn*, Vielfalt im digitalen Rundfunk, 1999, S. 65; *Schulz/Kühlers*, Konzepte der Zugangsregulierung für digitales Fernsehen, 2000, S. 63 ff., 88 ff., 100 f.
32 *Siekmann*, Programminformationen der öffentlich-rechtlichen Rundfunkanstalten, 2000, S. 25.
33 So beispielsweise *Holznagel*, ZUM 1996, 24.

2. Schlüsselrolle bei der Programmrezeption

Die Bedeutung der Navigationssysteme erschöpft sich aber nicht in ihrer Funktion als erweiterte Such- und Auswahlhilfe. Sie sind auch nicht einfach eine digitale Version der herkömmlichen Fernsehzeitschrift. Entscheidend ist vielmehr, dass die Systeme eine neue Rezeptionsebene in der Rundfunkkommunikation schaffen. Diese Rezeptionsebene müssen die Nutzer zunächst durchschreiten, bevor sie Zugang zum jeweiligen medialen Angebot erhalten. Mit anderen Worten: Die Rezipienten können auf die vielfältigen Angebote, die durch das digitalisierte Medium Fernsehen zur Verfügung gestellt werden, grundsätzlich nur noch über die Auswahlseiten eines oder sogar mehrerer Navigationssysteme zugreifen. Die Programmangebote werden in der Regel nicht mehr durch Knopfdruck auf der Fernbedienung ausgewählt und gelangen dann sofort und unmittelbar auf den Bildschirm. Im digitalisierten Medienumfeld werden sie den Rezipienten vielmehr zunächst auf einer Benutzeroberfläche präsentiert, die mit derjenigen eines Computerbildschirms vergleichbar ist. Mit Hilfe der Fernbedienung muss in einem ersten Bedienungsschritt auf einer auf dem Bildschirm abgebildeten Liste das jeweilige Programmangebot annavigiert werden. Erst in einem zweiten Schritt kann dann durch Tastendruck das gewünschte Programm ausgewählt und eingeschaltet werden.[34] Die Nutzer erreichen folglich das jeweilige mediale Angebot ausschließlich über das ihnen zur Verfügung stehende Navigationssystem. Den Anbietern der Navigatoren kommt somit eine Schlüsselrolle bei der Programmrezeption zu. Für die Inhalteanbieter wiederum ist es essentiell, dass sie über die Navigationssysteme vom Rezipienten auffindbar sind, denn anderenfalls haben sie keine Rezeptionschancen beim Publikum.[35]

3. Gefahren für Meinungsvielfalt und Wettbewerb

Es wird deutlich, dass hier eine Problematik mit erheblichem Störungspotenzial für den ökonomischen wie publizistischen Wettbewerb der Inhalteanbieter und in der Folge für die Gewährleistung der von Verfassungs wegen zu sichernden Vielfalt im Medium Fernsehen besteht. Wenn ein Anbieter von digitalen Diensten auch das Navigationssystem kontrolliert, besteht die Gefahr, dass Angebote von dritten Anbietern gar nicht oder nur unzureichend in den Programmlisten

---

34 Vgl. zur technischen Funktionsweise der Navigationssysteme die Darstellung bei *Ziemer*, Digitales Fernsehen, 2. Aufl., 1997, S. 327 ff.
35 Vgl. nur *Gersdorf*, Der verfassungsrechtliche Rundfunkbegriff im Lichte der Digitalisierung der Telekommunikation, 1995, S. 161.

des Navigationssystems auftauchen.[36] Sie könnten dann nicht mehr oder nur unter erschwerten Bedingungen durch potentielle Nutzer ausgewählt werden. Insbesondere vertikal integrierte Medienunternehmen werden aus naheliegenden ökonomischen Gründen zu einer Diskriminierung von konkurrierenden Drittanbietern und zur Hervorhebung ihrer eigenen Angebote neigen.[37] Gerade unter dem Eindruck der zunehmenden Ökonomisierung der Rundfunkordnung besteht in jedem Fall die Gefahr, dass die Betreiber von Navigationssystemen aus wirtschaftlichen Überlegungen heraus Einfluss auf die Rezeptionsmöglichkeiten einzelner Angebote nehmen und so die im Interesse der Meinungsvielfalt zu gewährleistende kommunikative Chancengerechtigkeit stören.[38]

V. Öffentlich-rechtlicher Rundfunk und Navigationssysteme

Für den öffentlich-rechtlichen Rundfunk potenziert sich diese Problematik noch einmal. Die öffentlich-rechtlichen Rundfunkanstalten sind die tragende Säule der dualen Rundfunkordnung. Sie haben den ihnen verfassungsrechtlich vorgegebenen Grundversorgungsauftrag zu erfüllen.[39] Dieser Gewährleistungsauftrag bleibt auch unter den sich stetig verändernden Rahmenbedingungen der Rundfunkordnung bestehen, muss allerdings den sich wandelnden technischen Gegebenheiten angepasst werden.[40] Gegenständlich und zeitlich offen ist der Begriff der Grundversorgung allein an die Funktion gebunden, die der Rundfunk im Rahmen des von Art. 5 Abs. 1 GG geschützten Kommunikationsprozesses zu erfüllen hat.[41] Die öffentlich-rechtlichen Rundfunkanstalten müssen jederzeit dazu in der Lage sein, ihren verfassungsrechtlich begründeten Auftrag auch unter sich wandelnden Rahmenbedingungen wirksam umzusetzen. In diesem Zusammenhang kommt ihnen eine Bestands- und Entwicklungsgarantie zu.[42]

Auch in diesem Zusammenhang ergeben sich Probleme mit Bezug auf die elektronischen Benutzerführungssysteme. Einerseits stellt sich die Frage, inwie-

---

36 *Holznagel*, in: Stern/Prütting (Hrsg.), Die Zukunft der Medien hat schon begonnen, 1998, S. 46; *Schulz/Seufert/Holznagel*, Digitales Fernsehen – Regulierungskonzepte und -perspektiven, 1999, S. 82; *Rosenthal*, RTkom 2000, 187.
37 *König*, Die Einführung des digitalen Fernsehens, 1997, S. 43 f.; *Hoffmann-Riem*, M&K 2002, 191.
38 *Schulz/Seufert/Holznagel*, Digitales Fernsehen – Regulierungskonzepte und -perspektiven, 1999, S. 92.
39 BVerfGE 74, 297, 235 f.; 83, 238, 297 f.
40 Vgl. nur *Albrecht Hesse*, Rundfunkrecht, 3. Aufl., 2003, S. 125.
41 BVerfGE 83, 238, 299.
42 Dazu etwa *Libertus*, Grundversorgungsauftrag und Funktionsgarantie, 1991, S. 124 ff.

fern die öffentlich-rechtlichen Rundfunkanstalten befugt sind, im Rahmen der ihnen zugewiesenen Aufgabe selbst als Anbieter von Navigationssystemen aufzutreten. Andererseits ist zu prüfen, ob sichergestellt ist, dass auch weiterhin ausreichende Rezeptionschancen der öffentlich-rechtlichen Rundfunkprogramme auf den Benutzeroberflächen der verschiedenen Navigationssysteme bestehen. Wäre dies nicht der Fall, wäre die Erfüllung des Funktionsauftrages der öffentlich-rechtlichen Programmveranstalter gefährdet.

VI. Die digitale Zukunft ist offen

Die nachfolgende Untersuchung kann nur eine Momentaufnahme darstellen. Was seine Akzeptanz am Markt anbetrifft, steckt das digitale Fernsehen in Deutschland im internationalen Vergleich immer noch in den Kinderschuhen. So stellte in Deutschland im Jahre 2001 die Nutzung des digitalen Fernsehens mit ca. 5 % für den gesamten Fernsehmarkt noch keine wirklich relevante Größe dar.[43] Es weist allerdings in letzter Zeit hohe Wachstumsraten auf.[44] Ein zügigeres Voranschreiten der Entwicklung wurde durch den Verkauf der Kabelnetze der Deutschen Telekom AG und eine damit verbundenen Modernisierung der Netzinfrastruktur erwartet. Nachdem die Veräußerung aufgrund von Vorbehalten des Bundeskartellamtes im ersten Anlauf zumindest partiell gescheitert war,[45] sind die Netze nunmehr vollständig an ausländische Investoren verkauft worden.[46] Welche Strategien die neuen Eigentümer im Hinblick auf die digitale Fernsehverbreitung verfolgen, ist indes bislang nicht bekannt. Die erhofften Investitionen in die Kabelnetze stehen jedenfalls derzeit noch aus. Eine Verzögerung der geplanten Entwicklung bedeutete auch die Insolvenz der Kirch Gruppe, des lange Zeit einzigen Betreibers einer digitalen Pay-TV-Plattform in Deutschland.[47]

Folglich ist es nicht verwunderlich, dass auch mit Blick auf den Einsatz von Navigationssystemen viele Unsicherheiten bestehen. So ist beispielsweise momentan noch völlig offen, welche Marktteilnehmer die Systeme letztlich betreiben und gestalten werden. Neben den Programmveranstaltern selbst kommen da-

---

43 *Engel*, MP 2001, 480. In Großbritannien empfingen im Jahr 2003 dagegen bereits über 50% aller Fernsehhaushalte digitale Rundfunkangebote, vgl. die Meldung unter http://www.ofcom.org.uk/media_office/latest_news/nr_20040220.
44 Vgl. *Limmer*, MP 2003, 302 ff.
45 Vgl. dazu *Woldt*, MP 2002, 34 ff.
46 Zur neuen Eigentümerstruktur *Zervos*, Digitales Fernsehen in Deutschland, 2003, S. 29 f.
47 Zu den Folgen der Kirch Insolvenz *v. Danwitz*, ZUM 2002, 769 ff.

für auch die Inhaber der Infrastruktureinrichtungen, also beispielsweise Kabelnetz- oder Satellitenbetreiber in Betracht.[48] Möglich ist aber auch, dass Navigationssysteme von den Anbietern von Programmpaketen,[49] von den Endgeräteherstellern oder auch von unabhängigen Drittanbietern gestaltet und angeboten werden.

Darüber hinaus muss sich erst zeigen, welche Systeme sich in der Verbraucherakzeptanz durchsetzen können. Fraglich ist zum Beispiel, ob der Konsument sogenannte proprietäre Navigationssysteme einzelner Anbieter neben letztlich vorteilhafteren senderübergreifenden Systemen nutzen wird.[50] Denn ein Navigator, der nur einen Teil der empfangbaren Programme abdeckt, ist für die Rezipienten weniger nutzbringend als ein System, das eine vollständige Übersicht bietet. In diesem Zusammenhang hängt derzeit noch vieles von der Entwicklung, Etablierung und Nutzung technischer Standards ab.

Eines ist indes sicher: Das digitalisierte Fernsehen wird kommen. Navigationssysteme werden dann eine entscheidende Rolle für die Verbreitung und Rezeption von Fernsehprogrammen und anderen über sie abrufbaren medialen Diensten spielen. Aufgrund ihrer Gatekeeper-Position sind sie in der Lage, die Nutzung und Rezeption des Mediums Rundfunk wesentlich zu beeinflussen. Nicht nur für die Existenz und die Wahrnehmung der öffentlich-rechtlichen Säule der dualen Rundfunkordnung, sondern auch für die Rezeptionschancen aller anderen privaten Angebote sind sie von entscheidender Bedeutung. Aus diesem Grund ist es erforderlich, sich näher mit den bestehenden regulatorischen Vorgaben und gegebenenfalls gebotenen legislativen Maßnahmen auseinander zu setzen. Denn sind einmal Fakten geschaffen, werden sich Fehlentwicklungen nur schwerlich wieder korrigieren lassen.

VII. Gang der Untersuchung

Die vorliegende Arbeit gliedert sich in sieben Teile. Zum besseren Verständnis der Bedeutung und Funktionsweise der Navigationssysteme werden zunächst die technischen Rahmenbedingungen des digitalisierten Fernsehens erläutert. Insbesondere sollen die Konsequenzen der Digitalisierung veranschaulicht werden, die die Rundfunkdistribution heute zu einem wesentlich komplexeren Vorgang macht, als dies bislang der Fall war (B.). Sodann wird die Funktionsweise der

---

48 Der Kabelnetzbetreiber Kabel Deutschland GmbH & Co. KG hat bereits einen eigenen „Kabelnavigator" entwickelt.
49 *Engel*, Medienordnungsrecht, 1996, S. 110, bezeichnet die Paketbetreiber als „gleichsam natürlicher Veranstalter des Navigationssystems".
50 Skeptisch *Ziemer*, Digitales Fernsehen, 3. Aufl., 2003, S. 260.

Navigationssysteme in dieser neuen Medienumgebung erläutert und es werden die verschiedenen Systemtypen dargestellt (C.). Anschließend wird deren Bedeutung für die Programmauswahlentscheidung der Rezipienten und das sich daraus ergebende Manipulationspotential der Navigatoren untersucht (D).

Um die daraus folgenden Regulierungsnotwendigkeiten erfassen zu können, sollen sodann die verfassungsrechtlichen Regelungsvorgaben für den Rundfunksektor dargestellt werden (E.). Dabei muss das Augenmerk auf der dogmatischen Sonderrolle der Rundfunkfreiheit liegen, die als dienende Freiheit einem Ausgestaltungsvorbehalt durch den Gesetzgeber unterliegt. Dieser Ausgestaltungsvorbehalt wird mit der besonderen Position des Rundfunks als Medium und Faktor in der Kommunikationsordnung und der damit zusammenhängenden besonderen Wirkungsintensität des Mediums begründet. Die Annahme einer hervorgehobenen Wirkungsintensität des Rundfunks wird in der Literatur unter dem Eindruck der Konvergenz der Medien und der dadurch bedingten partiellen Individualisierung des Mediums allerdings zunehmend in Frage gestellt. Deshalb gilt es zu überprüfen, ob auch unter den Vorzeichen von Konvergenz und Digitalisierung die dogmatische Sonderrolle der Rundfunkfreiheit (noch) zu rechtfertigen ist.

Auch wenn grundsätzlich davon auszugehen sein sollte, dass die Rundfunkfreiheit weiterhin der Ausgestaltung durch den Gesetzgeber bedarf, stellt sich dann aber die Frage, ob nicht die tradierten Zielwerte der positiven Ordnung den sich wandelnden tatsächlichen Gegebenheiten anzupassen sind. Ausgehend vom Leitmotiv der Pluralismussicherung soll geklärt werden, ob gegebenenfalls ein regulatorischer Paradigmenwechsel auf dem Rundfunksektor, weg von einer aktiven „Ausgewogenheitspflege", hin zu einer verstärkt auf die Kräfte des Marktes vertrauenden „Offenheitspflege" erforderlich erscheint. Fraglich ist in diesem Zusammenhang auch, ob sich der bislang schwerpunktmäßig veranstalterbezogene Regulierungsansatz mit dem Ziel der Generierung programminhaltlicher Vielfalt zu einem breiteren Ansatz mit dem Ziel der Sicherung kommunikativer Chancengerechtigkeit wandeln sollte. Denn es wird im digitalisierten Rundfunk vermehrt auf die Eröffnung realer Zugangschancen für alle medialen Angebote ankommen.

Das gilt insbesondere auch für die Angebote des öffentlich-rechtlichen Rundfunks, der im bestehenden dualen Rundfunksystem auch weiterhin den Grundversorgungsauftrag zu erfüllen hat. Der besonderen Problematik des öffentlich-rechtlichen Rundfunks mit Blick auf die Navigationssysteme ist deshalb ein weiterer Teil der Arbeit gewidmet (F.). Nach einer Zuordnung der Navigationssysteme zum Gewährleistungsbereich der Rundfunkfreiheit wird die Reichweite der Befugnis öffentlich-rechtlicher Rundfunkanstalten zum Betrieb elektronischer Benutzerführungssysteme untersucht.

Daran anschließend werden die bestehenden einfachgesetzlichen Regulierungsansätze zur Zugangschancensicherung im Bereich der Navigationssysteme betrachtet (G.). Neben einer eingehenden Untersuchung der bestehenden rundfunkrechtlichen Regelung in § 53 RStV und in der sogenannten „Zugangssatzung" der Landesmedienanstalten soll auch die Eröffnung des Anwendungsbereichs einschlägiger wettbewerbsrechtlicher Regelungen überprüft werden. Die Arbeit schließt mit einer Zusammenfassung der gefundenen Ergebnisse (H.).

B. Die gewandelten technischen Rahmenbedingungen

Für das Verständnis der Funktionsweise und Bedeutung der Navigationssysteme für die Benutzerführung ist zunächst ein kurzer Überblick über die veränderten technischen Rahmenbedingungen auf dem Rundfunksektor erforderlich. Diese haben sich nämlich durch die Entwicklung und inzwischen schrittweise erfolgte Implementierung eines einheitlichen europäischen Standards für die digitale Rundfunkverbreitung, dem Digital Video Broadcasting (DVB), vollständig gewandelt.[51] Derzeit erfolgt die Ausstrahlung von analogen und digitalen Rundfunkprogrammen im sogenannten Simulcastbetrieb fast überall in Deutschland noch parallel.[52] So werden alle bedeutenden Rundfunkvollprogramme sowohl in digitalisierter Form und, wie bisher, analog gesendet.[53] Es gibt heute aber bereits eine Reihe von weiteren Programmangeboten, sowohl öffentlich-rechtliche wie auch private, die ausschließlich digital zu empfangen sind.[54] Mittelfristig steht der vollständige analoge „switch off" bevor, das heißt die vollständige Abschaltung der analogen Übertragungskapazitäten und der endgültige Umstieg auf die digitale Verbreitung von Rundfunkprogrammen.[55] Nach einem Beschluss der

---

51 Vgl. zur Einführung und Bedeutung des DVB Standards *Hege*, Offene Wege in die digitale Zukunft, 1995, S. 9 ff; *Christoph Wagner*, Rechtsfragen digitalen Kabelfernsehens, 1996, S. 11 ff.
52 Genau genommen wird nicht „das Rundfunkprogramm" digital und auch nicht „das Fernsehen". Lediglich die Übertragungstechnik ist digital.
53 Im Großraum Berlin/Potsdam wurden allerdings im August 2003 bereits die analogen Frequenzen des terrestrischen Fernsehens endgültig abgeschaltet. Über Antenne können hier also nur noch digitalisierte Rundfunksignale empfangen werden, vgl. dazu *ARD/ZDF-Projektgruppe Digital*, MP 2003, 558 ff. Seit Mai 2004 ist DVB-T in den Regionen Hannover/Braunschweig, Köln/Bonn und Bremen/Unterweser in Betrieb. Weitere Ballungsräume werden folgen.
54 Das wohl bekannteste Angebot, das ausschließlich digital empfangen werden kann, ist das private Pay-TV-Bouquet von Premiere World. Der „Theaterkanal" des öffentlich-rechtlichen ZDF kann ebenfalls nur in digitalisierter Form empfangen werden.
55 Vgl. dazu *Grünwald*, Analoger Switch – Off, 2001, passim. Einen derartigen Einschnitt hat es in der Rundfunkgeschichte bisher nicht gegeben. Beim Übergang vom Schwarz/Weiß- zum Farbfernseher konnte das Rundfunkangebot auch mit der älteren Gerätegeneration noch genutzt werden. Zum Empfang des digitalen Angebots benötigt man nun aber zwingend die neue Gerätegeneration bzw. eine Set-Top-Box, die die digitalen Signale so aufbereitet, dass sie auf einem herkömmlichen analogen

Bundesregierung aus dem Jahr 1998 soll dies im gesamten Bundesgebiet bereits im Jahr 2010 der Fall sein.[56] Inzwischen wurde deshalb in § 8 Abs. 3 der neuen Frequenzzuteilungsverordnung festgelegt, dass die Frequenzzuteilungen für die analoge Verbreitung des Fernsehrundfunks bis spätestens 2010 widerrufen werden sollen.[57] Das hat zur Folge, dass danach nur noch die Verbreitung von Rundfunkprogrammen in digitalisierter Form möglich sein wird.[58]

Die Nutzung der Digitaltechnik ist bei der Rundfunkverbreitung als solcher nicht gänzlich neu. Digitale Technik wird bereits seit geraumer Zeit auch bei der Produktion herkömmlicher, das heißt analog übertragener Rundfunkprogramme, punktuell zum Einsatz gebracht.[59] Die eigentliche Übertragung der Funksignale konnte aber lange nur durch analoge Übertragungsverfahren erfolgen. Jetzt ist es jedoch technisch möglich, den gesamten Ablauf der Rundfunkverbreitung, von der Aufnahme und Produktion der Programme bis hin zur Distribution, zu digitalisieren. Entscheidend dafür war die Entwicklung von Verfahren, die es zulassen, auf den bislang bereits bestehenden Übertragungswegen digitalisierte Datenströme zu versenden. Dies war die Initialzündung für die heute zu beobachtenden umfassenden Umwälzungen in der Medienlandschaft.

I. Von der analogen zur digitalen Rundfunkverbreitung

Derzeit stehen zur Rundfunkverbreitung drei Distributionswege zur Verfügung, nämlich terrestrische Sendenetze, Breitbandkabelnetze und Satelliten.[60] Es ist jedoch durchaus denkbar, dass bald auch die bereits jetzt technisch mögliche Verbreitung über das Internet durch Telefonkabel (Normalband) praktikabel und vielleicht in Zukunft sogar eine Übertragung über das Stromkabel möglich

---

Empfangsgerät wiedergegeben werden können, vgl. *Wagner/Grünwald*, Rechtsfragen auf dem Weg zu DVB-T, 2002, S. 12.
56 Vgl. die Meldung in AfP 1998, 495.
57 Vgl. BGBl I 2001, 829 ff. Beobachter halten diesen Zeitpunkt jedoch aufgrund des ins Stocken geratenen Ausbaus der notwendigen Infrastruktur, insbesondere der Kabelnetze, für eher unrealistisch. Danach ist eine Umstellung nicht vor 2015 zu erwarten, vgl. die Meldung in FK 9/2002, S. 13.
58 *Dörr/Janik/Zorn*, in: Die Landesmedienanstalten – Gemeinsame Stelle Digitaler Zugang (Hrsg.), Der Zugang zum digitalen Kabel, 2002, S. 22.
59 Sie findet schon lange in verschiedenen Stadien des Produktionsablaufes Verwendung, etwa bei der Aufnahme- oder Bildbearbeitungstechnik, vgl. *Schrape*, Digitales Fernsehen, 1995, S. 7; *Barabasch*, Digitales Fernsehen in Bayern, 2000, S. 5.
60 Dazu im Einzelnen *Herrmann/Lausen*, Rundfunkrecht, 2. Aufl., 2004, § 2 Rdn. 92 ff.

wird.[61] In Deutschland nimmt die Verbreitung von Rundfunkprogrammen über das Kabelnetz, anders als in anderen europäischen Ländern, eine herausgehobene Stellung ein. Nach neueren Zahlen verfügen über 55% aller bundesdeutschen Fernsehhaushalte über einen Kabelanschluss.[62] Über Satellitenanlagen empfangen demgegenüber lediglich 37% der Zuschauer ihr Fernsehprogramm. Nur noch ca. 8% nutzen ausschließlich terrestrische Empfangsanlagen.

Die Verbreitung von Rundfunk setzt per definitionem stets den Einsatz einer bestimmten Sendetechnik voraus. Rundfunkverbreitung im herkömmlichen Sinn bedeutet die Übertragung von analogen Ton- und Bildsignalen auf festgelegten Frequenzen, wobei auf jeder Sendefrequenz (das heißt jedem „Kanal") nicht zuletzt wegen der großen Datenmenge jeweils nur ein Programm übertragen werden kann. Die Übertragung von Fernsehprogrammen in digitalisierter Form, das bedeutet auf „digits", also auf einzelne Ziffern heruntergebrochene Bild- und Tonsignale, hätte aufgrund der hohen Datenrate zunächst sogar noch eine größere Übertragungsbandbreite erforderlich gemacht.[63] Spezielle Verfahren zur Datenkomprimierung ermöglichen heute jedoch eine substantielle Verkleinerung der für die Übertragung digitalisierter Fernsehsignale notwendigen Datenmenge. Diese liegt nun im Gegenteil sogar ganz erheblich unter derjenigen, die bisher für die Übertragung eines analog ausgestrahlten Fernsehprogramms benötigt wurde.[64] Das Verfahren zur Kompression und Reduktion digitaler Rundfunksignale wird auch als Quellkodierung bezeichnet.[65] Alle Varianten der Quellkodierung basieren auf den gleichen technischen Überlegungen, unterscheiden sich aber in den Details ihrer Realisierung und Optimierung.[66]

---

61 Vgl. *Bullinger*, in: Badura/Dreier (Hrsg.), Festschrift 50 Jahre Bundesverfassungsgericht, Band II, 2001, S. 202.
62 Stand 6.5.2003, vgl. *Herrmann/Lausen*, Rundfunkrecht, 2. Aufl., 2004, § 30 Rdn. 30.
63 *Thierfelder*, Zugangsfragen digitaler Fernsehverbreitung, 1999, S. 6.
64 *Gersdorf*, Der verfassungsrechtliche Rundfunkbegriff im Lichte der Digitalisierung der Telekommunikation, 1995, S. 18.
65 Vgl. zum Verfahren der Quellkodierung im Einzelnen *Müller-Römer*, in: ders. (Hrsg.), Digitales Fernsehen – Digitaler Hörfunk: Technologien von morgen, 1994, S. 16 ff.; *Schrape*, Digitales Fernsehen, 1995, S. 11 ff.; *Dörr/Janik/Zorn*, in: Die Landesmedienanstalten – Gemeinsame Stelle Digitaler Zugang (Hrsg.), Der Zugang zum digitalen Kabel, 2002, S. 22 ff.
66 Zu den verschiedenen Möglichkeiten *Gersdorf*, Der verfassungsrechtliche Rundfunkbegriff im Lichte der Digitalisierung der Telekommunikation, 1995, S. 21 mit FN 19.

II. Konsequenzen der Digitalisierung für das Medium Rundfunk

Die durch die Quellkodierung ermöglichte erhebliche Verringerung der zu übertragenden Datenmenge bringt weitreichende Konsequenzen für die Rundfunkübertragung mit sich: Das potentielle Spektrum der Nutzungsmöglichkeiten der bisher lediglich analog genutzten Übertragungswege wird sowohl in quantitativer als auch in qualitativer Hinsicht erheblich erweitert.[67]

1. Steigerung der Übertragungskapazitäten und Verringerung der Übertragungskosten

Eine der wichtigsten und auch für den Konsumenten offensichtlichsten Folgen ist die Steigerung der Übertragungskapazitäten und damit eine Vermehrung der empfangbaren Programme. Einzelheiten hängen vom jeweiligen (digitalen) Übertragungspfad (Terrestrik, Kabel oder Satellit) ab, denn um die Möglichkeiten eines jeden Übertragungsweges optimal auszuschöpfen, gibt es von dem in Europa zur digitalen Fernsehverbreitung genutzten Standard, dem „Digital Video Broadcasting" (DVB)-Standard, unterschiedliche Versionen für die Terrestrik (DVB-T), Kabel (DVB-C) und Satellit (DVB-S).[68] Die Digitaltechnik erlaubt über Kabel und Satellit eine Steigerung der vorhandenen Übertragungskapazitäten um den Faktor 10,[69] bei der terrestrischen Verbreitung immerhin um den Faktor 4.[70] Das bedeutet ganz konkret, dass bereits jetzt über das Kabel ca. 100 Fernsehprogramme empfangbar sind. Bei einer technisch möglichen Erweiterung des Hyperbandes von derzeit 300 bis 450 MHz auf in Zukunft 470 bis 862 MHz werden es sogar über 500 sein.[71] Über die Satelliten von Astra und Eutelsat können in Deutschland schon heute über 400 Programme empfangen werden.[72] Bis zum Jahre 2010 könnten es 1600 sein.[73]

---

67 Vgl. dazu *Schrape*, Digitales Fernsehen, 1995, S. 7 ff.; *Gersdorf*, Der verfassungsrechtliche Rundfunkbegriff im Lichte der Digitalisierung der Telekommunikation, 1995, S. 19; *Hege*, in: Stern/Prütting (Hrsg.), Die Zukunft der Medien hat schon begonnen, 1998, S. 22.
68 Vgl. zur Entwicklung des DVB Standards *Hege*, Offene Wege in die digitale Zukunft, 1995, S. 9 ff.; *Christoph Wagner*, Rechtsfragen digitalen Kabelfernsehens, 1996, S. 11 ff.
69 *Thierfelder*, Zugangsfragen digitaler Fernsehverbreitung, 1999, S. 6.
70 *Breunig*, MP 2000, 378.
71 *Breunig*, MP 2000, 379.
72 *Zervos*, Digitales Fernsehen in Deutschland, 2003, S. 44.
73 Zu den Entwicklungsmöglichkeiten *Zervos*, Digitales Fernsehen in Deutschland, 2003, S. 39.

Mit der Vermehrung der Übertragungskapazitäten einher geht eine spürbare Verringerung der Übertragungskosten pro Programm, da die Fixkosten für die Anmietung etwa von Transponderkapazitäten proportional sinken.[74] Zwar bringen zusätzlich notwendig werdende Dienstleistungen auch neue Kosten mit sich. Diese sind jedoch vergleichsweise gering.

2. Höherer Qualitätsstandard

Durch die vollständige Digitalisierung des Sendevorganges ist es zudem möglich, einen durchschnittlich höheren Qualitätsstandard der übertragenen Sendungen im Hinblick auf Ton- und Bildqualität zu erreichen. So benötigt eine Sendung, die digitalisiert im qualitativ hochwertigen HDTV Standard (High-Definition-TV) ausgestrahlt wird, in etwa genauso viel Bandbreitenkapazität wie eine mit analoger Technik ausgestrahlte Sendung im heutigen Normalstandard, dem SDTV (Standard-Definition-TV). Es bleibt letztlich den Beteiligten überlassen, wie die vorhandenen Bandbreitenkapazitäten ausgeschöpft werden. Sie können je nach Zuschauer- und Kundenbedürfnissen genutzt werden, auch für unterschiedliche Bildqualitätsstufen.[75]

3. Konvergenz

Die vollständige Digitalisierung der Übertragungstechnik ermöglicht aber nicht nur mehr Flexibilität im Hinblick auf die Wahl der Qualitätsstufen bei der Programmübertragung. Es gilt, sich eines der wichtigsten Prinzipien der digitalen Datenverarbeitung vor Augen zu führen: Digital werden Daten („digits", also Ziffern) übertragen, nicht bestimmte Medien.[76] Es können deshalb über ein und denselben Übertragungsweg in ein und demselben Datencontainer zeitgleich und nebeneinander verschiedene digitalisierte mediale Angebote übertragen werden.

---

74 *Gersdorf*, Der verfassungsrechtliche Rundfunkbegriff im Lichte der Digitalisierung der Telekommunikation, 1995, S. 19; *Holznagel*, NJW 2002, 2352.
75 Vgl. *Schrape*, Digitales Fernsehen, 1995, S. 14. So können auf der Bandbreite eines herkömmlichen 8 MHz-TV Kanal je nach Bedarf entweder übertragen werden: 1 Programm in HDTV- Qualität (HDTV- High Definition TV – hochauflösendes Fernsehen) oder 4 Programme in EDTV- Qualität (Enhanced Definition TV – heutiger Studiostandard) oder 10 Programme in SDTV- Qualität (Standard Definition TV – heutiger TV-Standard) oder 16 Programme in LDTV- Qualität (Low Definition TV – Videobildqualität)
76 *Hege*, in: Stern/Prütting (Hrsg.), Die Zukunft der Medien hat schon begonnen, 1998, S. 22.

Das können zum Beispiel herkömmliche Fernsehvollprogramme sein, aber auch sogenannte Abrufdienste, über die einzelne Sendungen gegen Bezahlung bestellt werden können (Pay-Per-View). Zudem sind E-Mail-, Telefon-, und Homebanking Angebote denkbar. Über das Fernsehgerät können nun theoretisch alle diese elektronischen Dienste von den Rezipienten abgerufen und genutzt werden. Umgekehrt können digitalisierte Programmdaten nicht mehr nur im Fernseher empfangen werden, sondern auch mit Hilfe anderer Endgeräte wie zum Beispiel dem PC. Es kommt allein darauf an, dass das jeweilige Endgerät dazu in der Lage ist, die digitalisierten Daten wieder in Fernsehbilder, Audiosignale oder Internetanwendungen etc. umzuwandeln. Diese Entwicklung hin zu einem Medienumfeld, in dem verschiedenartige mediale Angebote über dieselben Übertragungsnetze verbreitet werden und mit Hilfe derselben Endgeräte empfangen werden können, wird mit dem Schlagwort der Konvergenz umschrieben.[77] Eine abschließende Definition des Konvergenzbegriffs existiert freilich nicht.[78] In der Literatur wird zwischen verschiedenen Ebenen der Konvergenz unterschieden. So wird differenziert zwischen der Konvergenz der Netze, der Endgeräte, der Medienmärkte, des Nutzungsverhaltens und der Inhalte.[79]

Wegen ihrer grundlegenden Bedeutung für die Entwicklung der konvergierenden Medienlandschaft steht die Konvergenz von Infrastruktur und Endgeräten derzeit (noch) im Vordergrund des Interesses. Denn die technische Konvergenz ist Voraussetzung für die inhaltliche Konvergenz und gegebenenfalls für ein konvergierendes Nutzungsverhalten der Rezipienten.

Unter inhaltlicher Konvergenz versteht man eine Situation, in der mehrere unterschiedliche Dienstetypen über das gleiche Endgerät empfangen werden können, so dass zum einen ein wechselseitiger Zugriff möglich ist und zum an-

---

77 Vgl. dazu Europäische Kommission, Grünbuch der Konvergenz, KOM (97) 623; *Hoffmann-Riem/Schulz/Held*, Konvergenz und Regulierung, 2000, S. 19 ff.; *Vesting*, in: Kops/Schulz/Held (Hrsg.), Von der dualen Rundfunkordnung zur dienstespezifisch diversifizierten Informationsordnung?, 2001, S. 278 ff.; *Kibele*, Multimedia im Fernsehen, 2001, S. 14 ff.; *Dörr/Janik/Zorn*, in: Die Landesmedienanstalten – Gemeinsame Stelle Digitaler Zugang (Hrsg.), Der Zugang zum digitalen Kabel, 2002, S. 60 ff.; *Gounalakis*, Konvergenz der Medien – Sollte das Recht der Medien harmonisiert werden?, in: Ständige Deputation des Deutschen Juristentages (Hrsg.), Verhandlungen des 64. Deutschen Juristentages, Band I, 2002, C 12 ff.; *Petersen*, Medienrecht, 2003, S. 11 ff.
78 Vgl. *Gounalakis*, K&R 1999, 541.
79 Vgl. *Kibele*, Multimedia im Fernsehen, 2001, S. 25 ff.; *Gounalakis*, Konvergenz der Medien – Sollte das Recht der Medien harmonisiert werden?, in: Ständige Deputation des Deutschen Juristentages (Hrsg.), Verhandlungen des 64. Deutschen Juristentages, Band I, 2002, C 12 ff.; *Dörr/Janik/Zorn*, in: Die Landesmedienanstalten – Gemeinsame Stelle Digitaler Zugang (Hrsg.), Der Zugang zum digitalen Kabel, 2002, S. 60 ff

deren die Dienste inhaltlich verknüpft werden.[80] Davon zu unterscheiden ist die Konvergenz des Nutzungsverhaltens. Fraglich bleibt nämlich, inwieweit sich durch die technische Konvergenz auch das Verhalten der Rezipienten ändert, insbesondere ob eine Verlagerung der Nutzungsgewohnheiten weg vom Fernseher und hin zum PC (oder umgekehrt) erfolgt.[81] Der integrierende Effekt der Digitaltechnik ist bislang jedoch im Wesentlichen bei den Übermittlungswegen und bei der technischen Ausstattung der Endgeräte eingetreten. Dagegen ist es bisher weder zu einer nennenswerten Konvergenz der Inhalte gekommen, noch konnte bislang eine Konvergenz des Nutzungsverhaltens nachgewiesen werden.[82] Daraus sollte jedoch nicht geschlossen werden, dass der Prozess der Konvergenz nun gestoppt wäre.[83] Auch wenn Telefon, PC und Fernseher auch weiterhin funktional getrennt bleiben, so ist dennoch in der Zukunft von vermehrten Überschneidungen dieser Medienangebote – zumindest in Grenzbereichen – auszugehen.[84] Im Jahr 2003 ist jedenfalls das Interesse an der Nutzung der Möglichkeiten der digitalen Technologien in diesem Bereich wieder deutlich gestiegen.[85] Das Phänomen der Konvergenz der Medien bleibt also aktuell.

4. Verschlüsselungsmöglichkeiten

Ein weiterer wesentlicher Vorteil der Digitalisierung besteht in der Möglichkeit zur wirksamen Verschlüsselung von Programmdaten.[86] Die Datenverschlüsselung ist essentielle Voraussetzung für die Vermarktung von Rundfunkprogrammen, für die vom Rezipienten gesondert bezahlt werden muss. Solche Pay-TV-Angebote sind in ganz unterschiedlicher Ausprägung denkbar. Einzelne Rundfunkprogramme oder ganze Programmbouquets können in Form des Abonne-

---

80 *Dörr/Janik/Zorn*, in: Die Landesmedienanstalten – Gemeinsame Stelle Digitaler Zugang (Hrsg.), Der Zugang zum digitalen Kabel, 2002, S. 64. Als Beispiel wird hier der gleichzeitig und wechselseitig mögliche Zugriff auf Rundfunk und Internetdienste genannt.
81 *Dörr/Janik/Zorn*, in: Die Landesmedienanstalten – Gemeinsame Stelle Digitaler Zugang (Hrsg.), Der Zugang zum digitalen Kabel, 2002, S. 65.
82 Vgl.*Dörr/Janik/Zorn*, in: Die Landesmedienanstalten – Gemeinsame Stelle Digitaler Zugang (Hrsg.), Der Zugang zum digitalen Kabel, 2002, S. 65.
83 So zu Recht *Holznagel*, NJW 2002, 2532.
84 Vgl. *Gounalakis*, Konvergenz der Medien – Sollte das Recht der Medien harmonisiert werden?, in: Ständige Deputation des Deutschen Juristentages (Hrsg.), Verhandlungen des 64. Deutschen Juristentages, Band I, 2002, C 18 f.
85 Vgl. *Stipp*, MP 2003, 470.
86 *Hege*, in: Stern/Prütting (Hrsg.), Die Zukunft der Medien hat schon begonnen, 1998, S. 23.

mentfernsehens vermarktet werden, so wie dies in Deutschland im Fall von „Premiere World" geschieht. Auch einzelne Sendungen können den Nutzern im Rahmen von „Pay-Per-View" zum individuellen Abruf angeboten werden. Pay-Per-View-Angebote werden insbesondere bei der medialen Vermarktung wichtiger Sportereignisse interessant sein. Aber auch das Angebot sogenannter virtueller Videotheken, über die gegen Entgeltzahlung Spielfilme abgerufen werden können, erscheint wirtschaftlich attraktiv.

5. Rückkanalfähigkeit

Darüber hinaus eröffnet die Digitalisierung der Übertragungswege unter bestimmten Voraussetzungen die Möglichkeit, die Datenleitungen für einen wechselseitigen Datenaustausch zu nutzen. Die herkömmlichen analogen Übertragungswege für Rundfunkprogramme sind nur für die einseitige Versendung von Daten, nämlich von der Sendestation zum Endgerät ausgelegt. Durch die Digitalisierung der Übertragungswege und aufgrund der der gleichzeitig durch die Datenreduktionsverfahren freiwerdenden Distributionskapazitäten können nun auch die Kabelnetze und die Satellitensysteme rückkanalfähig gemacht werden. Die Rückkanalfähigkeit ermöglicht die Veranstaltung von interaktiven Programmnutzungsformen, bei denen der Rezipient selbst aktiv werden kann (sogenanntes „i-TV").[87]

III. Insbesondere: Die neue Komplexität der digitalen Rundfunkverbreitung

Neben den bereits angeführten Folgen der Digitalisierung von Rundfunkinhalten und Übertragungswegen ergibt sich eine weitere wesentliche Konsequenz. Es besteht nunmehr die Notwendigkeit von neuen Dienstleistungen in Zusammenhang mit der Übertragung und Nutzung von digitalen Rundfunkprogrammen, welche bei der tradierten analogen Übertragungsform nicht benötigt wurden.[88] Jeder Rundfunkveranstalter, der digitalisiertes Fernsehen verbreiten möchte, ist

---

87 Vgl. *Gersdorf*, AfP 1995, 565; *Stipp*, MP 2003, 474.
88 Vgl. zu diesen neuen Vertriebsdienstleistungen etwa *Christoph Wagner*, Rechtsfragen digitalen Kabelfernsehens, 1996, S. 14 ff.; *Weisser*, ZUM 1997, 878; *König*, Die Einführung des digitalen Fernsehens, 1997, S. 34 ff.; *Gersdorf*, Chancengleicher Zugang zum digitalen Fernsehen, 1998, S. 60 ff.; *Thierfelder*, Zugangsfragen digitaler Fernsehverbreitung, 1999, S. 117 ff.; *Holznagel/Daufeldt*, CR 1998, 151 ff.; *Dörr/Janik/Zorn*, in: Die Landesmedienanstalten – Gemeinsame Stelle Digitaler Zugang (Hrsg.), Der Zugang zum digitalen Kabel, 2002, S. 32 ff.

zumindest partiell auf diese Vertriebsdienstleistungen angewiesen und damit von ihnen abhängig. Im Einzelnen handelt es sich im technischen Bereich um drei Servicefelder, nämlich das Multiplexing, die Bereitstellung von Conditional Access Systemen und den Betrieb von elektronischen Benutzerführungssystemen.[89] Diese Dienstleistungen sollen im Folgenden zum besseren Verständnis anhand einer kurzen Darstellung des digitalen Signalübertragungsprozesses vom Sender zum Empfangsgerät veranschaulicht werden. Der Übertragungsvorgang von digitalen Rundfunkdaten lässt sich grob in drei Stadien unterteilen, nämlich die Signalaufbereitung auf der Versenderseite, die Signalübertragung selbst und die Signalaufbereitung auf der Empfängerseite.[90]

1. Signalaufbereitung auf der Versenderseite

Bei der Aufbereitung der digitalen Daten zur Versendung liegt der Schwerpunkt des zu erbringenden technischen Aufwandes.

a) Digitalisierung und Quellkodierung

In einem Play-Out-Center werden die Daten versandfertig gemacht. Dazu ist es zunächst notwendig, die ursprünglich analogen Signale in digitale Signale umzuwandeln, soweit die Inhalte nicht ohnehin schon in digitaler Form produziert wurden.[91] Sodann erfolgt die Quellkodierung, also die zur kapazitätsschonenden Übertragung notwendige Datenkompression und –reduktion.

b) Verschlüsselung

Anschließend ist gegebenenfalls eine Verschlüsselung der Daten erforderlich, wenn diese nur einem bestimmten Empfängerkreis zugänglich sein sollen. Das ist beispielsweise bei Angeboten, für die die Rezipienten bezahlen müssen, der

---

[89] Ein weiteres Problemfeld stellt die Programmbündelung (Bouquetbildung) durch die Netzbetreiber dar. Vgl. dazu *Gersdorf*, Chancengleicher Zugang zum digitalen Fernsehen, 1998, S. 62 ff.; *Bullinger*, ZUM Sonderheft 1997, 281 ff.; *Bullinger*, AfP 1997, 761 ff.; *Breunig*, MP 2000, 378 ff. Dies betrifft jedoch nicht unmittelbar eine technische Fragestellung und soll deshalb hier ausgeklammert werden.
[90] Vgl. zum Prozess der Signalübertragung im digitalen Fernsehen auch *Müller-Römer*, in: ders. (Hrsg.), Digitales Fernsehen – Digitaler Hörfunk: Technologien von morgen, 1994, S. 16 ff.; *Gersdorf*, Der verfassungsrechtliche Rundfunkbegriff im Lichte der Digitalisierung der Telekommunikation, 1995, S. 21 ff.; *Nischan*, Digitale multimediale Videodienste, 2000, S. 10 ff.
[91] Vgl. *Nischan*, Digitale multimediale Videodienste, 2000, S. 10.

Fall. Die verschlüsselten Daten können dann nur von zuvor autorisierten Empfängern wieder entschlüsselt werden. Dazu bedarf es eines Systems der Zugangskontrolle, das als Conditional Access (CA) System bezeichnet wird.[92] Anbieter von CA-Diensten haben eine erste wichtige Gatekeeper-Position inne, wenn es darum geht, entgeltpflichtige Rundfunkprogramme zum Empfänger zu transportieren. Sie können entscheiden, welchen Rundfunkveranstaltern sie ihre Technologien zugänglich machen, und eröffnen diesen damit erst die Möglichkeit, Pay-TV zu veranstalten.[93] Zum Angebot eines CA-Dienstes gehören in der Regel zwei Bestandteile, nämlich das Subscriber Authorisation System (SAS) und das Subscriber Management System (SMS).[94] Das SAS besorgt das eigentliche Ver- und Entschlüsseln der digitalen Signale. Das SMS ist zuständig für die Abonnentenverwaltung und ermöglicht Dienstleistungen wie die Verwaltung von Kundendaten, Abrechnung von Leistungen, Freischaltungen von Pay-Per-View-Angeboten und Ähnliches. Gerade die Nutzung von SMS Dienstleistungen ist von existentieller Bedeutung für potentielle Anbieter von Bezahlfernsehen; denn diese sind ja darauf angewiesen, ihre Leistungen auch abrechnen zu können.

c) Multiplexing

Der wichtigste Vorgang bei der Bearbeitung der digitalen Datenströme vor der Versendung ist das sogenannte Multiplexing.[95] Die Verbreitung von digitalen Datenmengen, sei es für Fernsehübertragungen, Audiofunk oder auch nur für reine Textdienste, erfolgt in Datencontainern, den Multiplexen. Dazu werden die unterschiedlichen, aber dennoch in ihrer digitalen Formatierung (nämlich auf digits bzw. Ziffernfolgen von Nullen und Einsen heruntergebrochenen) gleichartigen Fernseh-, Audio- und sonstigen Datensignale möglichst platzsparend in einen Datencontainer eingepasst. In einem einzigen Datencontainer können beim derzeitigen Stand der Technik entweder sechs bis zehn Fernsehprogramme, 150 Hörfunkprogramme, eine Vielzahl von Datendiensten oder eben auch eine belie-

---

92 Dazu *Holznagel*, in: Stern/Prütting (Hrsg.), Die Zukunft der Medien hat schon begonnen, 1998, S. 48 ff.; *Hege*, in: Stern/Prütting (Hrsg.), Die Zukunft der Medien hat schon begonnen, 1998, S. 27 f.; *Zervos*, Digitales Fernsehen in Deutschland, 2003, S. 53 f.
93 *Holznagel*, in: Stern/Prütting (Hrsg.), Die Zukunft der Medien hat schon begonnen, 1998, S. 48; *Gersdorf*, Chancengleicher Zugang zum digitalen Fernsehen, 1998, S. 12.
94 *Weisser*, ZUM 1997, 879.
95 *Hege*, in: Stern/Prütting (Hrsg.), Die Zukunft der Medien hat schon begonnen, 1998, S. 26 f.; *Holznagel*, in: Stern/Prütting (Hrsg.), Die Zukunft der Medien hat schon begonnen, 1998, S. 40 ff.; *Leopoldt*, Navigatoren, 2002, S. 22.

bige Kombination dieser Angebote untergebracht werden.[96] Auch den Betreibern der Multiplex Zentren kommt, wie den Anbietern der Conditional Access-Technologien, eine Schlüsselrolle für den Vertrieb digitalisierter Fernsehprogramme zu, und zwar in zweifacher Hinsicht: Sie können nicht nur entscheiden, welche digitalen Inhalte überhaupt so verpackt werden, dass sie in den Datencontainern verschickbar sind. Sie können darüber hinaus auch festlegen, welche Rundfunkprogramme zusammen zu einem Paket verknüpft werden und damit als solches empfangbar werden (sog. Packaging bzw. Programmbündelung).[97]

2. Signalübertragung

Die Übertragung der digitalisierten Daten erfolgt auf den bereits genannten Distributionswegen, nämlich über die terrestrischen Sendernetze (im DVB-T Standard), die Breitbandkabelnetze (im DVB-C Standard) und Satelliten, zum Beispiel Astra oder Eutelsat (im DVB-S Standard), sowie in Zukunft wohl auch vermehrt über das Normalband. Die relevanten Übertragungsdienstleistungen werden von den jeweiligem Netzbetreibern erbracht. Bereits an dieser Stelle ist mit Blick auf die Navigationssysteme zu erwähnen, dass in den jeweiligen DVB-Datenstrom vom Programmveranstalter sogenannte DVB-Service-Informationen (DVB-SI) eingebettet und mitverschickt werden können und in der Regel auch werden.[98] Diese DVB-SI Daten sind in Tabellenform gestaltet und enthalten beschreibende Informationen wie zum Beispiel die Anfangszeiten oder Titel der übermittelten Sendungen.[99]

Der Empfang der Fernsehprogramme und anderer DVB-Dienste durch die Rezipienten erfolgt dann je nach Distributionsweg über die Hausantenne, den Kabelanschluss, die Satellitenschüssel oder den Telefonanschluss. Für den Bereich des Kabels könnten durch den Verkauf der Kabelnetze der Deutschen Telekom AG in Zukunft neue Zugangsprobleme entstehen.[100] Insbesondere wenn die Kabelnetzbetreiber gleichzeitig Programmanbieter sind, könnten Interessen-

---

96 *Hege*, in: Stern/Prütting (Hrsg.), Die Zukunft der Medien hat schon begonnen, 1998, S. 27.
97 Vgl. dazu *Gersdorf*, Chancengleicher Zugang zum digitalen Fernsehen, 1998, S. 62 ff.; *Bullinger*, ZUM Sonderheft 1997, 281 ff.; *Bullinger*, AfP 1997, 761 ff.
98 Vgl. *Weiss/Wood*, MMR 1998, 240; *Engel*, MP 2001, 481; *Leopoldt*, Navigatoren, 2002, S. 23.
99 *Leopoldt*, Navigatoren, 2002, S. 23.
100 Vgl. dazu ausführlich die Rechtsgutachten von *Dörr/Janik/Zorn* und *Gersdorf* in: Die Landesmedienanstalten – Gemeinsame Stelle Digitaler Zugang (Hrsg.), Der Zugang zum digitalen Kabel, 2002.

konflikte bei der Weiterleitung von konkurrierenden Programmveranstaltern entstehen. In diesem Fall kann sich also die Gatekeeper-Stellung der Netzbetreiber als problematisch erweisen.

3. Signalaufbereitung auf der Empfängerseite

Da die übertragenen Signale zum Teil durch CA-Systeme verschlüsselt, jedenfalls aber durch das Multiplexing-Verfahren verformt sind, müssen sie am Empfangsgerät wieder aufbereitet werden. Dieser Vorgang geschieht in der sogenannten digitalen Set-Top-Box, einem kleinen Computer, der derzeit in der Regel noch als Zusatzgerät zum Fernseher separat betrieben wird.[101] Es ist jedoch zu erwarten, dass diejenigen Funktionen, die momentan noch die Set-Top-Box als Zusatzgerät übernimmt, in Zukunft zumindest teilweise von integrierten digitalen Fernsehendgeräten übernommen werden können.

In der Set-Top-Box werden die oben beschriebenen, für die Übertragung der Daten notwendigen Bearbeitungsschritte wieder rückgängig gemacht, also De-Multiplexing, Entschlüsselung und gegebenenfalls die Umwandlung von digitalen in analoge Daten, wenn dies erforderlich ist.[102] Wegen ihrer Entschlüsselungsfunktion für Angebote, für die ein Entgelt geleistet werden muss, werden die Set-Top-Boxen oft auch schlicht als Decoder bezeichnet.

Die Set-Top-Box fungiert als Schnittstelle zwischen dem gesendeten Datenstrom und dem Endgerät des Empfängers. Damit das jeweilige DVB-Dienstleistungsangebot vom Empfänger genutzt werden kann, ist es entscheidend, dass die Set-Top-Box die diesem Dienstleistungsangebot zugrunde liegende Softwareapplikation auch unterstützt. Die Schnittstelle, auf die die Softwareapplikation des jeweiligen Anwendungsprogramms aufsetzt, wird Application Programming Interface (API) genannt. Das API wird in der Regel bereits in der Set-Top-Box integriert sein. Möglich ist aber auch, dass das jeweilige API durch einen Dritten von außen gesendet und dann in der Set-Top-Box gespeichert

---

101 Vgl. zum Aufbau und zur Funktionsweise der Set-Top-Box ausführlich *Hartstein/Ring/Kreile/Dörr/Stettner*, Rundfunkstaatsvertrag Kommentar, Stand März 2004, § 53 RStV Rdn. 8; *Leopoldt*, Navigatoren, 2002, S. 24 ff.; *Albrecht Hesse*, Rundfunkrecht, 3. Aufl., 2003, S. 298 ff.
102 *Nischan*, Digitale multimediale Videodienste, 2000, S. 12; *Hege*, in: Stern/Prütting (Hrsg.), Die Zukunft der Medien hat schon begonnen, 1998, S. 28 f.; *Christoph Wagner*, Rechtsfragen digitalen Kabelfernsehens, 1996, S. 15. Der einzige Vorgang, der nicht rückgängig gemacht werden kann und muss, ist die Datenkompression *Gersdorf*, Der verfassungsrechtliche Rundfunkbegriff im Lichte der Digitalisierung der Telekommunikation, 1995, S. 22.

wird.[103] Das API ist neben dem zur Rekonstruktion von verschlüsselten Daten notwendigen CA-Modul der zentrale Bestandteil der Set-Top-Box, um deren konkrete technische Ausgestaltung auf europäischer und nationaler Ebene noch gerungen wird. Dabei geht es im Kern um die Frage, inwieweit API und CA-System offen gestaltet werden, oder ob geschlossene (proprietäre) Systeme zugelassen werden sollen, die dann nur bestimmte Applikationsprogramme unterstützen.[104] Ein Typ der Anwendungsprogramme, die auf das API aufsetzen müssen um zu funktionieren, sind externe elektronische Benutzerführungssysteme. Diese werden immer für ein bestimmtes API konfiguriert und sind folglich darauf angewiesen, dass in der Set-Top-Box ein entsprechendes API vorhanden ist.[105] Ist dies nicht der Fall, kann das Navigationssystem auf dem Endgerät nicht abgebildet werden.[106]

Die Navigationssysteme sind jedoch einerseits für die Benutzer der Empfangsgeräte unverzichtbar, um einzelne Programmangebote aus dem ausdifferenzierten medialen Gesamtangebot überhaupt ansteuern und nutzen zu können. Für die Rundfunkveranstalter ist es andererseits essentiell, mit Hilfe des Navigationssystems auffindbar zu sein, um von den Rezipienten wahrgenommen zu werden.[107] Damit wird deutlich, dass neben den Multiplex-Betreibern und den CA-Systemanbietern den jeweiligen Betreibern der Navigationssysteme (und dem vorgelagert: dem Gestalter des in der Set-Top-Box integrierten API, der

---

103 *Leopoldt*, Navigatoren, 2002, S. 24.
104 Vgl. dazu ausführlich {*Hartstein/Ring/Kreile/Dörr/Stettner*, Rundfunkstaatsvertrag Kommentar, Stand März 2004, § 53 RStV Rdn. 8. Zu den verschiedenen derzeit existierenden Systemen auch *Zervos*, Digitales Fernsehen in Deutschland, 2003, S. 56 ff. Die Kirch Gruppe hat in Deutschland mit der d-box lange Zeit versucht, ein proprietäres System am Markt zu etablieren, was jedoch letztlich nicht gelungen ist. Derzeit arbeitet eine Arbeitsgruppe der Industrie daran, mit der Multmedia Home Platform (MHP) einen offenen Standard europaweit durchzusetzen. Diese Versuche stoßen aber aus verschiedenen Gründen noch auf Widerstand. In der Richtlinie 2002/21/EG ist allerdings jetzt in Art. 17 i.V.m. Art. 18 die Möglichkeit geschaffen worden, einen offenen Standard auf europäischer Ebene verbindlich vorzuschreiben, wenn dies notwendig erscheint, um die notwendige Interoperabilität der Systeme zu gewährleisten. Zur Bedeutung der Zugangsoffenheit des API auch *Sosalla*, in Roßnagel (Hrsg.), Digitale Breitband-Dienste in Europa, 2003, S. 135 f.
105 *Dörr/Janik/Zorn*, in: Die Landesmedienanstalten – Gemeinsame Stelle Digitaler Zugang (Hrsg.), Der Zugang zum digitalen Kabel, 2002, S. 45.
106 So können die Navigationssysteme von ARD, ZDF und RTL World über die noch als proprietäres System ausgestaltete d-box der Kirch Gruppe nicht dargestellt werden, vgl. *Hartstein/Ring/Kreile/Dörr/Stettner*, Rundfunkstaatsvertrag Kommentar, Stand März 2004, § 53 RStV Rdn. 8.
107 *Weisser*, ZUM 1997, 879.

entscheidet, welche Navigationssysteme überhaupt abgebildet werden können) ebenfalls eine Schlüsselposition bei der Verbreitung und Rezeption von digitalen Medieninhalten zukommt.

4. Zusammenfassung

Die Veranstalter digitalisierter Rundfunkangebote sind auf verschiedene technische Vertriebsdienstleistungen angewiesen, um ihr Produkt den Rezipienten zugänglich zu machen. Dabei handelt es sich namentlich um das Multiplexing, die CA-Dienstleistungen und schließlich die elektronischen Benutzerführungssysteme. Programmveranstalter, die nicht über das entsprechende Know-how verfügen oder es sich aus finanziellen Gründen nicht leisten können, derartige Dienstleistungen selber zu erbringen, müssen diese einkaufen und sich in die Abhängigkeit von Drittanbietern begeben.[108] In dieser Situation kommt diesen Anbietern eine entscheidende Gatekeeper-Position zu. Derjenige, der über die entsprechenden technischen Möglichkeiten verfügt, kann auch bestimmen, welche Programmangebote die von ihm besetzte Position auf dem Weg zum Endverbraucher passieren dürfen. Die Anbieter des Multiplex Verfahrens (und in Zukunft potentiell die Netzbetreiber selbst) entscheiden darüber, welche Programme und anderen medialen Dienste überhaupt in versandtaugliche Datencontainer aufgenommen werden. Dies ist jedoch die Grundvoraussetzung für die Verbreitung des Rundfunkangebotes auf digitalem Wege. Der Inhaber von Conditional Access-Systemen kann bestimmen, welcher Veranstalter in die Lage versetzt wird, ein funktionierendes Pay-TV-Angebot mit den dazugehörigen Serviceleistungen wie Gebühreneinzug und Kontenmanagement anzubieten. Zuletzt können die Anbieter von elektronischen Benutzerführungssystemen durch entsprechende Gestaltung dieser Systeme steuern, welche Produkte und Programme von den Rezipienten wann und wie auffindbar sind.

---

108 *Gersdorf*, Chancengleicher Zugang zum digitalen Fernsehen, 1998, S. 12.

C. Die elektronischen Benutzerführungssysteme

I. Einführung

Durch die zu erwartende Vielzahl von Fernsehkanälen, digitalen Diensten und Multimediaapplikationen entsteht ein zunehmender Bedarf an Orientierungshilfen, mit denen sich der Nutzer in dem diversifizierten Angebot zurechtfinden kann. Die herkömmlichen Programmzeitschriften werden dafür nicht mehr ausreichen; denn die zu erwartende Quantität der Angebote wird das Leistungsvermögen jedes noch so gut gemachten Printmediums sprengen.[109] Deshalb werden in Zukunft für die Rezipienten die elektronischen Benutzerführungssysteme von zentraler Bedeutung sein. Diese Systeme werden es den Rezipienten ermöglichen, sich in der Angebotsvielfalt zurechtzufinden, und ihnen die Gelegenheit bieten, bei den Rezeptionsentscheidungen „ihr eigener Programmdirektor"[110] zu werden.

Es bereitet derzeit Schwierigkeiten, die technischen Voraussetzungen und Möglichkeiten der Benutzerführungssysteme abschließend zu beschreiben. Denn weder ist die technische Entwicklung dieser Softwareapplikationen abgeschlossen, noch besteht Einigkeit über das Wie der Umsetzung der vielfältigen technischen Möglichkeiten. Einen einheitlichen Standard, geschweige denn einen nennenswerten Markt für Benutzerführungssysteme gibt es (noch) nicht. Viel hängt davon ab, wann und in welcher Form sich ein offenes API in der Set-Top-Box durchsetzen wird, etwa im Sinne der Multimedia Home Platform (MHP). Im Folgenden sollen deshalb nur kursorisch die derzeitigen technischen Voraussetzungen und die auf dem Markt befindlichen Anwendungen dargestellt werden.

---

109 *Breunig*, MP 1997, 442; *Holznagel*, JZ 2001, 907.
110 Vgl. *Eberle*, in: Becker u.a. (Hrsg.), Festschrift für Reinhold Kreile zu seinem 65. Geburtstag, 1994, S. 171.

II. Die verschiedenen Systemtypen

1. Zur Terminologie

Die elektronischen Benutzerführungssysteme werden teilweise als Navigationssysteme[111] oder auch schlicht als Navigatoren[112] bezeichnet. In der derzeit gebräuchlichen Terminologie sind dies die Oberbegriffe für zwei Varianten von Systemen, nämlich die sogenannten Basisnavigatoren auf der einen Seite und die Electronic Programme Guides (EPGs), die teilweise auch als TV-Guide bezeichnet werden,[113] auf der anderen Seite.[114] Die EPGs lassen sich wiederum in zwei Gruppen unterteilen, nämlich die programmgebundenen, sogenannten proprietären EPGs und die programmübergreifenden EPGs.[115]

Eine unklare gesetzliche Legaldefinition findet sich in § 53 Abs. 2 Satz 1 RStV, der „Navigatoren" definiert als „Systeme, die auch die Auswahl von Fernsehprogrammen steuern und die als übergeordnete Benutzeroberfläche für alle über das System angebotenen Dienste verwendet werden". Was darunter genau zu verstehen ist, darauf wird noch einzugehen sein. In der Literatur bestehen teilweise terminologische Abweichungen bei der Einordnung der einzelnen Navigatortypen.[116] Im Folgenden soll deshalb zunächst eine Klärung der Begrifflichkeit vorgenommen werden.

---

111 So z.B. *Weisser*, ZUM 1997, 887.
112 *Leopoldt*, Navigatoren, 2002, passim; *Zervos*, Digitales Fernsehen in Deutschland, 2003, S. 54 ff.
113 Vgl. *Breunig*, MP 1997, 454.
114 Zu dieser Unterscheidung *Ziemer*, Digitales Fernsehen, 2. Aufl., 1997, S. 327.
115 Diese Terminologie wird in der Literatur aber nicht immer durchgehalten, vgl. *Weiss/Wood*, MMR 1998, 241 und die teilweise unterschiedlichen Bezeichnungen bei *Libertus*, ZUM 1996, 395; *Michael A. Wagner*, MMR 1998, 243; *Schulz/ Kühlers*, Konzepte der Zugangsregulierung für digitales Fernsehen, 2000, S. 46.
116 Vgl. dazu den Überblick bei *Leopoldt*, Navigatoren, 2002, S. 31 ff. Eine neue Einordnung wird jetzt in einem Diskussionspapier zu den „Anforderungen an Navigatoren" der Gemeinsamen Stelle Digitaler Zugang der Direktorenkonferenz der Landesmedienanstalten vom 4. Mai 2004 vorgenommen. Dort wird zwischen „Portal", „Bouquet- oder Programm-EPG", „Basis- oder SI-Navigator" und „EPG-Navigator" differenziert. Das Diskussionspapier ist abrufbar über www.alm.de.

2. Der Basisnavigator

a) Funktionale Definition des Basisnavigators

Der Basisnavigator ist dasjenige Benutzerführungssystem, das beim Einschalten des Fernsehgeräts als erstes erscheint und dem Rezipienten den Zugang zu allen über das System zugänglichen Programmen und Diensten ermöglicht.[117] Es handelt sich gewissermaßen um den „Navigator des ersten Zugriffs".[118] Der Basisnavigator, wie er derzeit gebräuchlich ist, ist in die Set-Top-Box integriert und stellt die Standardbenutzeroberfläche dar, die nach Inbetriebnahme des digitalen Endgerätes auf dem Bildschirm erscheint.[119] Vom Erscheinungsbild her ist er vergleichbar mit der Benutzeroberfläche eines Computers. Der Basisnavigator wird so zum Einstiegsportal in die multimediale Welt des digitalisierten Fernsehens.

Jedes Benutzerführungssystem, das diese Portalfunktion erfüllt, ist als Basisnavigator zu qualifizieren. Entscheidend für die Einordnung eines Systems als Basisnavigator ist die Funktion der jeweiligen Software als übergeordnete Steuerungsebene.[120] Es kommt hingegen nicht auf die technische Ausgestaltung des jeweiligen Benutzerführungssystems an oder etwa darauf, ob es im Betriebssystem der Set-Top-Box integriert ist oder nicht.[121]

---

[117] *König*, Die Einführung des digitalen Fernsehens, 1997, S. 42; *Schulz/Kühlers*, Konzepte der Zugangsregulierung für digitales Fernsehen, 2000, S. 62; *Leopoldt*, Navigatoren, 2002, S. 32; Die *Gemeinsame Stelle Digitaler Zugang*, Anforderungen an Navigatoren, Diskussionspapier der GSDZ; Version 1.0; Stand: 04. Mai 2004, abrufbar über www.alm.de, S. 2 f. differenziert nochmals zwischen „Portal" einerseits und „Basis- oder SI-Navigator" andererseits.
[118] *Schulz/Kühlers*, Konzepte der Zugangsregulierung für digitales Fernsehen, 2000, S. 62.
[119] *Leopoldt*, Navigatoren, 2002, S. 33.
[120] Zu dieser „funktionalen Definition" des Basisnavigators *Schulz/Kühlers*, Konzepte der Zugangsregulierung für digitales Fernsehen, 2000, S. 63; *Leopoldt*, Navigatoren, 2002, S. 31 f; *Schulz*, in: Hahn/Vesting (Hrsg.), Beck'scher Kommentar zum Rundfunkrecht, 2003, § 53 Rdn. 57.
[121] Vgl. *Schulz*, in: Hahn/Vesting (Hrsg.), Beck'scher Kommentar zum Rundfunkrecht, 2003, § 53 Rdn. 57. Darauf wollen jedoch *Weiss/Wood*, MMR 1998, 241 abstellen. Sie definieren einen Basisnavigator als ein Benutzerführungssystem, der vom Empfangsgerätehersteller gestaltet wird und ausschließlich auf den vom Rundfunkveranstalter mitgelieferten DVB-SI Daten basiert, ohne dass noch weitere Daten und Anwendungen hinzukommen. *Weiss/Woods* Definition entspricht zwar der derzeitigen Marktsituation und dem Stand der Technik. Soweit ersichtlich, erfüllen momentan alle auf dem Markt befindlichen „Navigatoren des ersten Zugriffs" diese Kriterien. Jedoch muss dies angesichts der vielfältigen technischen Möglichkeiten nicht auf Dauer so bleiben.

Für eine funktionale Definition des Basisnavigators spricht insbesondere, dass die Problematik der Basisnavigatoren gerade in der Bedeutung dieser Anwendung als „Navigator des ersten Zugriffs" liegt und es dafür nicht auf die jeweilige technische Ausführung ankommt.[122] Ihre gegenüber anderen Navigatorentypen herausgehobene Stellung erlangen die Basisnavigatoren erst und gerade durch ihre Funktion als Einstiegsportal. Wie dieses Portal auf den Bildschirm des Rezipienten gelangt, ist unerheblich. Denkbar ist beispielsweise, dass der Nutzer in Zukunft die Möglichkeit bekommt, statt der voreingestellten Standardversion des Geräteherstellers einen beliebigen anderen Navigator zu seiner persönlichen Startseite zu konfigurieren.[123]

Zudem ist nicht sicher, ob auch in Zukunft noch die derzeitige strikte Trennung zwischen Basisnavigatoren und EPGs Bestand haben wird, oder ob beispielsweise integrierte Navigationssysteme entwickelt werden, die sowohl die Funktion des Basisnavigators als übergeordnete, alle Angebote vernetzende Auswahlseite als auch die Funktion eines EPGs als nachgeordnetes detailliertes Navigationssystem übernehmen werden.[124] Es ist dann mit Blick auf den bestehenden (medien)rechtlichen Regulierungsbedarf sinnvoll, auf die unterschiedlichen Funktionen der verschiedenen Anwendungsebenen der Systeme während des Rezeptionsvorganges abzustellen.

b) Funktionsweise des Basisnavigators

Wie bereits erwähnt, funktioniert der Basisnavigator wie die Benutzeroberfläche eines Computers. Auf dem Bildschirm des Fernsehers wird dazu ein Menü abgebildet, aus dem das gewünschte Fernsehprogramm oder sonstige Applikationen über die Fernbedienung ausgewählt werden können.[125] Über die heute gebräuchlichen Basisnavigatoren können auch in begrenztem Umfang Zusatzinformationen zu den Programmen und Diensten abgerufen werden. Dies ermöglichen der vereinheitlichte DVB-Standard und die von den Programmveranstaltern mitgeschickten DVB-Service-Informationen (DVB-SI). Diese können auch beschreibende Daten über die Programme enthalten, wie beispielsweise eine kurze

---

122 *Schulz/Kühlers*, Konzepte der Zugangsregulierung für digitales Fernsehen, 2000, S. 63; *Leopoldt*, Navigatoren, 2002, S. 31 f.
123 *Leopoldt*, Navigatoren, 2002, S. 33.
124 In andere Richtung *Ziemer*, Digitales Fernsehen, 3. Aufl., 2003, S. 260. Nach *Albrecht Hesse*, ZUM 2000, 189 f. schreibt § 53 RStV derzeit ein getrennt operierendes zweistufiges System zwingend vor. Dazu näher in Teil G. II. 4 a) dd).
125 *Schulz/Kühlers*, Konzepte der Zugangsregulierung für digitales Fernsehen, 2000, S. 46.

Handlungszusammenfassung eines Spielfilms.[126] Den Rundfunkveranstaltern ist es selbst überlassen, wie ausführlich sie programmbegleitende DVB-SI Daten übermitteln.[127] Die Auswertung der DVB-SI Daten erfolgt in der Set-Top-Box bzw. im integrierten Fernsehendgerät. Über den Basisnavigator werden diese Informationen dann sichtbar und für den Nutzer abrufbar. In welcher Art und Weise, Reihenfolge und in welchem Design die DVB-SI Daten sichtbar gemacht werden, hängt also von der Ausgestaltung des jeweiligen Basisnavigationssystems ab. Derzeit entscheiden noch die Entwickler (Hersteller) der Set-Top-Box darüber, wie ein Basisnavigator aufgebaut wird, wie die DVB-SI Daten umgewandelt und dargestellt werden und wie leistungsfähig oder komfortabel der Navigator für den Anwender ist.[128] Möglich ist jedoch, dass im Zuge der Neustrukturierung des Kabelmarktes die Kabelnetzbetreiber oder bestimmte Programmpaketanbieter eigene Basisnavigatoren anbieten bzw. Gestaltungsvorgaben an die Gerätehersteller machen werden.[129]

Von entscheidender Bedeutung ist die Funktion des Basisnavigators als Ausgangsplattform zum Starten von weiteren, nachgelagerten Anwendungen. Der Basisnavigator dient in allererster Linie der Vermittlung einer Gesamtübersicht und dem Auffinden weitergehender Serviceleistungen. Er zielt damit vor allem auf die Vernetzung von allen über das System abrufbaren medialen Angeboten.[130] In dieser Eigenschaft ist er die Ausgangsbasis des Rezipienten für weitere Schritte in die sich weiter verzweigende digitalisierte Rundfunkwelt, also insbesondere auch auf dem Weg zu nachgelagerten EPGs.[131]

Da zur Zeit in der Regel noch die Hersteller von Set-Top-Boxen die technischen Spezifikationen des in die Boxen integrierten Navigators festlegen, können sie auch steuern, ob und wie das von ihnen konfigurierte System mit anderen untergeordneten Anwendungen verknüpft werden kann. Deshalb konnte zum Beispiel der EPG der ARD über den Basisnavigator in der von der Kirch Gruppe entwickelten d-box nicht aufgerufen werden, weil die d-box nicht über die dazu notwendigen technischen Spezifikationen verfügt.[132] Derartige (Manipulations-) Möglichkeiten der Set-Top-Box Hersteller würden in Zukunft entfallen, wenn

---

126 *Weiss/Wood*, MMR 1998, 240.
127 *Schulz/Kühlers*, Konzepte der Zugangsregulierung für digitales Fernsehen, 2000, S. 63.
128 *Michael A. Wagner*, MMR 1998, 243; *Hartstein/Ring/Kreile/Dörr/Stettner*, Rundfunkstaatsvertrag Kommentar, Stand März 2004, § 53 RStV Rdn. 8.
129 *Leopoldt*, Navigatoren, 2002, S. 33. Der Kabelnetzbetreiber Kabel Deutschland GmbH & Co. KG hat bereits einen eigenen Navigator entwickelt.
130 *Thierfelder*, Zugangsfragen digitaler Fernsehverbreitung, 1999, S. 161.
131 Vgl. *Libertus*, ZUM 1996, 395.
132 *Breunig*, MP 2000, 380.

sich ein offener Standard wie etwa die Multimedia Home Platform (MHP) durchsetzte.

3. Der Electronic Programme Guide (EPG)

Die Electronic Programme Guides (EPGs) sind eine Zusatzanwendung zum Basisnavigator und stellen eine diesem nachgelagerte Stufe der Benutzerführung mit wesentlich erweiterten Möglichkeiten dar.[133] Es handelt sich um Softwareanwendungen, die auf die Set-Top-Box bzw. auf ein integriertes Endgerät heruntergeladen werden müssen, was eine insofern offene API-Schnittstelle voraussetzt.[134]

Für die Rezipienten haben die EPGs primär die Funktion einer elektronischen Programmzeitschrift. Über verschiedene Menüleisten kann der Zuschauer detaillierte Listen der empfangbaren Programme, Themenübersichten, Programmvorschauen, Hintergrundinformationen und Ähnliches abrufen.[135] Auch Bilder und Videoclips können über den EPG übertragen werden.[136] Möglich wird so beispielsweise die Präsentation kurzer Ausschnitte aus Spielfilmen als Vorschau auf das Programmangebot. Über den EPG können außerdem Verbindungen zu anderen Anwendungen wie etwa Teleshopping, Homebanking etc. hergestellt werden.[137] Darüber hinaus ist eine Vielzahl weiterer Anwendungsmöglichkeiten denkbar. So kann der Zuschauer über die sogenannte „Lesezeichen"-Funktion des EPGs der ARD bestimmte Interessengebiete oder Stichworte markieren, beispielsweise die Kategorien Reisesendungen, Krimi aber auch Schauspielernamen oder Fußballteams.[138] Der EPG präsentiert dem Zuschauer dann alle Programmangebote zu diesen Kategorien oder Stichworten und stellt ihm so ein individuelles Wunschprogramm zusammen.[139] Die Abfolge dieses Wunschprogramms wird vom EPG wie ein „virtueller Kanal" verwaltet.[140] Im Gegensatz zu den Ba-

---

133 Vgl. *Hartstein/Ring/Kreile/Dörr/Stettner*, Rundfunkstaatsvertrag Kommentar, Stand März 2004, § 53 RStV Rdn. 8.
134 *Holznagel*, Der spezifische Funktionsauftrag des Zweiten Deutschen Fernsehens, 1999, S. 93; *Michael A. Wagner*, MMR 1998, 243.
135 *Gersdorf*, Chancengleicher Zugang zum digitalen Fernsehen, 1998, S. 61.
136 *Michael A. Wagner*, MMR 1998, 243.
137 *Hartstein/Ring/Kreile/Dörr/Stettner*, Rundfunkstaatsvertrag Kommentar, Stand März 2004, § 53 RStV Rdn. 8.
138 Vgl. zur Lesezeichenfunktion des ARD EPGs *Breunig*, MP 1997, 449.
139 *Tillmann*, in: Abele u.a. (Hrsg.), Werte und Wert des öffentlich-rechtlichen Rundfunks in der digitalen Zukunft, 2001, S. 133.
140 *Tillmann*, in: Kreile (Hrsg), Medientage München – Dokumentation 1998, 1999, S. 214.

sisnavigatoren, deren Gestaltung derzeit noch in der Hand der Hersteller der Set-Top-Box oder des Fernsehgeräteherstellers liegt, werden Aufbau, Gestalt und Leistungsfähigkeit des EPG von dem einzelnen EPG-Anbieter bestimmt.[141] Es befinden sich derzeit zwei Typen von EPGs auf dem Markt, nämlich proprietäre EPGs und sender- bzw. programmübergreifende, „unabhängige" EPGs.[142]

a) Proprietäre EPGs

Proprietäre EPGs werden von Rundfunkveranstaltern betrieben, also von den Anbietern von einzelnen Programmen bzw. von Programmbouquets. Sie enthalten nur Informationen und Anwendungsfunktionen zu den Programmen des jeweiligen Veranstalters. So können mit der soeben beschriebenen Lesezeichenfunktion des ARD EPGs nur Sendungen aus dem digitalen ARD-Programmbouquet markiert und gefunden werden. Eine wesentliche Funktion von proprietären EPGs besteht darin, den Zuschauer innerhalb des Programms oder des Programmbouquets zu halten, also ein Umschalten zu anderen Programmangeboten zu verhindern.[143] Dem jeweiligen proprietären EPG kommt damit neben der Orientierungsfunktion für die Rezipienten vor allem eine wichtige Marketingfunktion für die Programmveranstalter zu.[144] Dies schlägt sich naturgemäß unmittelbar in deren individueller Gestaltung nieder.

b) Programmübergreifende EPGs

Im Gegensatz dazu enthalten programmübergreifende EPGs Informationen zu verschiedenen auf dem Markt befindlichen Angeboten und Programmen, ähnlich wie dies heute bei einer gedruckten Programmzeitschrift der Fall ist. In den USA hat ein solcher programmübergreifender EPG, nämlich der „TV-Guide" der Firma Gemstar, bereits eine dominierende Marktstellung.[145] Die ARD, die Bauer-Verlagsgruppe und die Deutsche Mailbox GmbH planen in Deutschland derzeit

---

141 *Hartstein/Ring/Kreile/Dörr/Stettner,* Rundfunkstaatsvertrag Kommentar, Stand März 2004, § 53 RStV Rdn. 8.
142 Vgl. *Ziemer,* Digitales Fernsehen, 2. Aufl., 1997, S. 329. Die *Gemeinsame Stelle Digitaler Zugang,* Anforderungen an Navigatoren, Diskussionspapier der GSDZ; Version 1.0; Stand: 04. Mai 2004, abrufbar über www.alm.de, S. 2 f. differenziert dagegen zwischen „Bouquet- oder Programm-EPG" und „EPG-Navigator".
143 *Libertus,* ZUM 1996, 395.
144 *Thierfelder,* Zugangsfragen digitaler Fernsehverbreitung, 1999, S. 144; *Leopoldt,* Navigatoren, 2002, S. 30; *Hartstein/Ring/Kreile/Dörr/Stettner,* Rundfunkstaatsvertrag Kommentar, Stand März 2004, § 53 RStV Rdn. 8.
145 Vgl. *Michael A. Wagner,* MMR 1998, 247.

die Markteinführung eines programmübergreifenden EPGs, der etwa 80 deutschsprachige TV- und Radioprogramme abdecken soll.[146] Insbesondere wenn die Anbieter von senderübergreifenden EPGs jedoch selbst Veranstalter von Fernsehprogrammen sind, wenn also vertikal integrierte Medienunternehmen diese EPGs kontrollieren, kann es zu problematischen Interessenkonflikten kommen.[147] Diese Unternehmen könnten nämlich versucht sein, ihre eigenen Angebote bei der Darstellung zu privilegieren. Ebenso problematisch können Konstellationen sein, in denen Betreiber senderübergreifender EPGs gleichzeitig Netzbetreiber oder Programmpaketvermarkter sind.[148] Insofern ist die Bezeichnung der programmübergreifenden EPGs als „unabhängige" EPGs[149] wenig treffend, denn vor allem wirtschaftlich „unabhängig" werden die Anbieter dieser EPGs nicht sein. Entscheidend für die Abgrenzung zu den proprietären EPGs ist allein das grundsätzlich sender-, dienste- und programmübergreifende Informations- und Serviceangebot.

4. Zusammenfassung und Ausblick

Durch die Möglichkeiten des digitalisierten Fernsehens werden sich die Präsentationsform des Mediums und auch das Rezeptionsverhalten der Zuschauer wandeln.[150] Insbesondere die elektronischen Benutzerführungssysteme werden zukünftig einen erheblichen Einfluss auf die Rezeption der vorhandenen (Programm-) Angebote haben. Zwar ist derzeit noch nicht prognostizierbar, ob und wie bestimmte Anwendungsoptionen, wie zum Beispiel elektronische Lesezeichen oder individualisierte Favoritenlisten, tatsächlich genutzt werden.[151] Eine Studie im Auftrag des britischen Office of Telecommunications (Oftel)[152] hat jedoch im August 2001 ergeben, dass die Nutzer digitalen Fernsehens in Großbritannien die Navigationssysteme grundsätzlich als eine für sie sinnvolle Orientie-

---

146 Vgl. *Zervos*, Digitales Fernsehen in Deutschland, 2003, S. 56.
147 *Holznagel*, ZUM 1996, 24.
148 Dies könnte auf den geplanten „Kablenavigator" der Kabel Deutschland GmbH & Co. KG zutreffen.
149 So etwa *Leopoldt*, Navigatoren, 2002, S. 33.
150 Vgl. zu den Rahmenbedingungen und den zu erwartenden Veränderungen bei der Fernsehnutzung die Nachweise bei *Leopoldt*, Navigatoren, 2002, S. 28 mit FN 39.
151 Dies hängt nicht zuletzt entscheidend von deren Benutzerfreundlichkeit ab. Vgl. dazu *Jürgens*, Zur Handhabbarkeit von Zugangseinrichtungen und Verfahren zur Nutzung digitaler Medienangebote, 2002.
152 Die Aufgaben von Oftel wurden nunmehr durch den Communications Act 2003 auf das neu geschaffene Office of Communications (Ofcom) übertragen. Vgl. zur Enrichtung und Funktion dieser neuen Behörde *Vick/Doyle*, MP 2004, 38 ff.

rungshilfe annehmen und dementsprechend auch nutzen. Gleichzeitig besteht aber derzeit noch ein relativ geringes Interesse an den technisch anspruchsvolleren, individualisierbaren Gestaltungsoptionen der Systeme.[153]

Fest steht indessen, dass die Navigationssysteme eine der zentralen Gatekeeper-Rollen für den Zugang zum digitalen Fernseh- und Serviceangebot besetzen werden, und zwar in zweierlei Hinsicht. Sie sind einerseits für die Rezipienten notwendig, um Zugang zum Fernsehprogramm oder zu anderen möglichen Anwendungen zu erhalten. Denn nur über die elektronischen Benutzerführungssysteme wird ihnen in Zukunft das Auffinden und die Auswahl eines Programmangebots ermöglicht. Angebote, die nicht auf der Benutzeroberfläche der Navigationssysteme erscheinen, kann das Publikum nicht wahrnehmen. Andererseits sind die Navigatoren für die Programmanbieter von größter Bedeutung, da die Platzierung in der Programmliste darüber entscheidet, ob und wie das Programmangebot von den Rezipienten zur Kenntnis genommen werden kann.[154] Programme, die gar nicht oder nur über Umwege über das Navigationssystem angesteuert werden können, müssen mit signifikanten Akzeptanzverlusten beim Publikum rechnen.

---

153 Vgl. *Office of Telecommunication (Oftel)*, Digital Television – Consumers' Use and Perception. A report on a Research Study, 2001, abrufbar unter http://www.ofcom.org.uk/static/archive/oftel/publications/research/2001/digtv0901.pdf.
154 *Michael A. Wagner*, MMR 1998, 243.

D. Orientierung im Medium Fernsehen: Das besondere Manipulationspotential der elektronischen Benutzerführungssysteme

I. Von der Programmzeitschrift zur elektronischen Benutzerführung

Bei einem zukünftigen Angebot von möglicherweise 500 empfangbaren Fernsehprogrammen und unzähligen digitalen Serviceangeboten muss sich der individuelle Prozess der Auswahlentscheidung vor dem Fernsehgerät zwangsläufig anders darstellen als bei einem Angebot von 36 Kanälen, die der durchschnittliche Fernsehhaushalt Ende 1999 empfangen konnte.[155] Selbst der sprichwörtliche „homo zappens"[156] stößt an seine Grenzen, wenn die Zahl der Programme ein derartiges Ausmaß erreicht. Es sind also zusätzliche Orientierungshilfen zur Programminformation und -auswahl erforderlich.

Die wichtigste Informationsquelle über das Fernsehprogramm stellen derzeit die Printmedien, und zwar Programmzeitschriften, Tageszeitungen und die sogenannte Programmsupplements dar.[157] In gewissem Umfang sind für die Programmauswahl auch Video- bzw. Teletext und Online-Programmführer im Internet von Bedeutung.[158] Diese Angebote konnten jedoch bislang nicht in ernsthafte Konkurrenz zur dominanten Position der herkömmlichen Programmpresse treten. Anderes ist indes mit Blick auf die elektronischen Programmführer im digitalisierten Fernsehen zu erwarten. Unter Berücksichtigung einer zunehmenden Angebotsvielfalt in Kombination mit den beschriebenen technischen Voraussetzungen des digitalen Rundfunkempfangs muss davon ausgegangen werden, dass die Navigatoren für die Programminformation der Rezipienten in Zukunft eine

---

155 Vgl. *Darschin/Kayser*, MP 2000, 146.
156 *Eberle*, in: Becker u.a. (Hrsg.), Festschrift für Reinhold Kreile zu seinem 65. Geburtstag, 1994, S. 171.
157 Vgl. *Siekmann*, Programminformationen der öffentlich-rechtlichen Rundfunkanstalten, 2000, S. 28; *Schneiderbauer*, Faktoren der Programmauswahl, 1991, S. 301.
158 Vgl. zu den verschiedenen Angeboten, *Siekmann*, Programminformationen der öffentlich-rechtlichen Rundfunkanstalten, 2000, S. 7 ff. Speziell zum Teletext auch *ARD-Projektgruppe Teletext*, MP 2001, 54 ff. Zu den Online-Angeboten *Seibold*, in: Bucher/Püschel (Hrsg.), Die Zeitung zwischen Print und Digitalisierung, 2001, S. 233 ff.

ebenso bedeutsame, wenn nicht sogar eine wichtigere Rolle als die herkömmlichen Printmedien spielen werden.[159]

Untersuchungen mit Blick auf die Programmpresse haben in der Vergangenheit bereits gezeigt, dass das Ob und Wie der Präsentation einen unmittelbaren Einfluss auf die Nutzung des Programmangebotes und auf das Einschaltverhalten haben kann.[160] Demgegenüber werden die Möglichkeiten zur Beeinflussung des Nutzungsverhaltens durch elektronische Programmführer im digitalen Fernsehen qualitativ und quantitativ noch erheblich zunehmen. Die im Vergleich zur bisherigen Situation im analogen Rundfunk zu konstatierende Steigerung des Manipulationspotentials des Publikums entsteht im Wesentlichen durch zwei Faktoren: zum einen durch die sich verändernde Wahrnehmung der bisherigen Programmstruktur des Mediums Fernsehen und zum anderen durch das technische Potential der Benutzerführungssysteme. Dies soll im Folgenden näher erläutert werden.

II. Faktoren der Programmauswahlentscheidung

Die Selektionsentscheidung der Fernsehzuschauer bei der Programmauswahl wird von einer Vielzahl unterschiedlicher Faktoren beeinflusst.[161] Untersuchungen haben gezeigt, dass das Auswahlverhalten – abgesehen von den jeweils vorhandenen individuellen Programmpräferenzen – beispielsweise von sozialen Aspekten (Gruppenzugehörigkeit) und strukturellen Bedingungen (Erreichbarkeit) des Angebots abhängig ist.[162] Daneben kommt dem Ob und Wie der Kenntniserlangung vom vorhandenen Programmangebot für die Selektionsentscheidung naturgemäß eine große Bedeutung zu.[163] Wie der Zuschauer diese Kenntnis erhält, hängt neben der Nutzung von externen Informationsquellen wie

---

159 Vgl. zu der erwarteten Entwicklung *Breunig*, MP 1997, 442 ff. In den USA geht die Nutzung der Programmzeitschriften aus diesem Grund bereits zurück, vgl. *Stipp*, MP 2003, 474.
160 Vgl. *Brosius/Steger*, RuF 1997, 307 ff.; *Fischer*, MP 1982, 577 ff.
161 Vgl. dazu *Schneiderbauer*, Faktoren der Programmauswahl, 1991, S. 4 ff.; *Gleich*, MP 1996, 601 f.; *Hasebrink*, Fernsehen in neuen Medienumgebungen, 2001, S. 27 ff.
162 Vgl. dazu schon *Webster/Wakshlag*, Communication Research 10, 1983, 430 ff. sowie auch *Schneiderbauer*, Faktoren der Programmauswahl, 1991, S. 4 ff.; *Gleich*, MP 1996, 601 f.; *Siekmann*, Programminformationen der öffentlich-rechtlichen Rundfunkanstalten, 2000, S. 30.
163 Vgl. *Webster/Wakshlag*, Communication Research 10, 1983, 441 f.

den Programmzeitschriften eng mit der derzeitigen Struktur der Programmdarbietung im Medium Fernsehen zusammen.[164]

1. Kanalstruktur als Faktor der Programmselektion

In diesem Zusammenhang ist bisher die Darbietung des Angebots in Form von einzelnen Programmkanälen von Bedeutung gewesen.[165] Das *Programm* des jeweiligen Rundfunkveranstalters ist zu Zeiten der analogen Rundfunkübertragung deckungsgleich mit dem analogen *Kanal*, auf dem das Programm gesendet wird. Derzeit ist die Auswahl eines bestimmten Programm*kanals* demnach die entscheidende aktive Tätigkeit des Zuschauers, die unmittelbar zur Selektion eines über diesen Kanal ausgestrahlten Programmangebots führt.[166]

Ein wesentlicher Grund dafür, dass die spezifische Kanalstruktur des Mediums Fernsehen in direkter Weise auf das Selektionsverhalten des Publikums wirkt, ist das Phänomen der Kanaltreue. Die Zuschauer tendieren dazu, unabhängig vom konkreten Inhalt, die Angebote bevorzugter Programmkanäle eher zu beachten als diejenige anderer Kanäle.[167] Sobald die Auswahlentscheidung zugunsten eines derart präferierten Programmkanals getroffen worden ist, kommt ein weiterer Umstand zum Tragen, der als Vererbungseffekt bezeichnet wird.[168] Befindet sich der Zuschauer einmal in einem bestimmten Programmkanal, ist die Wahrscheinlichkeit groß, dass er auch bei den nachfolgenden Sendungen dort verweilen, also von einer Sendung in die nächste „mitgenommen" wird.[169] Die Rundfunkprogrammveranstalter sind deshalb stets bemüht, die Effekte der Kanaltreue und des Vererbungseffekts durch gezielte Marketingmaßnahmen, beispielsweise durch die geschickte Platzierung von Programmhinweisen und Trailern während des laufenden Programms auszunutzen und zu stei-

---

164 *Schneiderbauer*, Faktoren der Programmauswahl, 1991, S. 32.
165 Vgl. *Hasebrink*, Fernsehen in neuen Medienumgebungen, 2001, S. 35.
166 *Hasebrink*, Fernsehen in neuen Medienumgebungen, 2001, S. 35.
167 Vgl. zu dieser „Channel loyality" bereits *Barwise/Ehrenberg*, Television and its Audience, 1988, S. 72.
168 Zur Bedeutung des „inheritance effects" *Goodhardt/Ehrenberg/Collins*, The Television Audience, 2nd edition, 1987, S. 40 ff. Dazu auch *Gleich*, MP 1996, 601, der insofern von „Lead-in-Effekten" spricht.
169 *Goodhardt/Ehrenberg/Collins*, The Television Audience, 2nd edition, 1987, S. 40 ff.

gern, um auf diese Art eine optimale Zuschauerquote zu erreichen und aufrechtzuerhalten.[170]

Derartige Maßnahmen der Zuschauerbindung sind auch deshalb so wichtig, weil die Mehrzahl der Fernsehzuschauer – trotz eines bereits jetzt sehr umfangreichen Programmangebots – bei ihrer Auswahlentscheidung faktisch ohnehin nur ein eingeschränktes, persönliches Kanalspektrum berücksichtigt. Die Rezipienten definieren für sich ein persönliches „relevant set" an Kanälen, aus deren Angebot sie sich ihr Programm zusammenstellen, während die übrigen Kanäle kaum oder überhaupt keine Berücksichtigung finden.[171] Hat der Zuschauer sich erst einmal auf ein solches „relevant set" festgelegt, wird es für andere Kanäle extrem schwierig, überhaupt Beachtung zu erlangen.[172] Deren Angebot wird von vornherein nicht wahrgenommen, so dass der Zuschauer überhaupt keine Kenntnis von Sendungen auf diesen Kanälen erlangt. Für die Programmveranstalter ist es unter den derzeitigen Rezeptionsbedingungen deshalb wichtig, dass der potentielle Rezipient möglichst frühzeitig und bereits im Vorfeld seiner Auswahlentscheidung umfassend über die Existenz und das inhaltliche Angebot des jeweiligen Kanals informiert ist, damit er ihn in sein begrenztes persönliches Kanalrepertoire aufnimmt. Durch eine deutliche Programmprofilbildung und die Entwicklung einer starken Markenidentität versuchen die Programmanbieter dieses Ziel zu erreichen. Es kommt für sie darauf an, das Programmangebot – und insbesondere den Kanal und damit die Medienumgebung, über die es offeriert wird – möglichst attraktiv erscheinen zu lassen. Unter dem Eindruck einer zunehmenden Programm- und vor allem Kanalvielfalt ist es für sie zudem von entscheidender Bedeutung, dass ein möglichst direkter und unkomplizierter Zugriff auf ihr Angebot gewährleistet ist.

---

170 Eine Untersuchung hat gezeigt, dass Trailer, mit denen die Sender auf nachfolgende Programme hingewiesen haben, bei jeder dritten Sportsendung zu höheren Einschaltquoten geführt haben, vgl. *Brosius/Steger*, RuF 1997, 309.
171 Vgl. schon *Heeter*, in: dies./Bradley (Hrsg.), Cableviewing, 1988, S. 14. Eine Mitte der 1990er Jahre in den in den USA durchgeführte Studie hat ergeben, dass Haushalte, die über 50 Kanäle empfangen konnten, von diesen nur etwa 13 tatsächlich genutzt haben, vgl. *Stipp*, MP 1994, 396. Zu entsprechenden Studien aus Deutschland *Burkart*, Kommunikationswissenschaften, 4. Aufl., 2002, S. 358 ff. An diesem Rezeptionsverhalten scheint sich auch im digitalisierten Fernsehen zunächst wenig zu ändern, vgl. *Franz*, MP 2003, 466. Die britische Oftel-Studie (oben FN 153), S. 23 hat ergeben, dass die Zuschauer bei einem Angebot von 400 Kanälen, i.d.R. nur 30 – 50, bisweilen sogar nur 10 – 20 bei ihrer Auswahlentscheidung berücksichtigen.
172 *Hasebrink*, Fernsehen in neuen Medienumgebungen, 2001, S. 37.

2. Programmpresse als Faktor der Programmselektion im analogen Rundfunk

Für die Auswahlentscheidung im Vorfeld der eigentlichen Anwahl eines bestimmten Programms über die Fernbedienung spielen derzeit die gedruckten Fernsehprogrammzeitschriften beim Publikum die wichtigste Rolle.[173] Ihren insoweit gegebenen Einfluss auf die Programmwahl werden sie auf absehbare Zeit wohl auch nicht verlieren.[174] Denn mit der stetigen Zunahme der empfangbaren Programme steigt eben auch der Orientierungsbedarf der Zuschauer. Allerdings werden die Programmzeitschriften ab einer bestimmten Anzahl an verfügbaren Programmen allein aus praktischen Gründen, vor allem wegen fehlender Platzkapazitäten, nicht mehr in der Lage sein, eine wirklich vollständige und umfassende Programmübersicht zu bieten.[175] Elektronische Medien werden deshalb zwangsläufig als Informationslieferanten an Bedeutung gewinnen, denn nur diese sind dazu in der Lage, auch große Datenmengen nutzerfreundlich aufzubereiten und zu präsentieren. Nur solange sich das Programmangebot noch in einigermaßen überschaubaren Grenzen hält, werden die Programmzeitschriften ihre Aufgabe erfüllen können. Bereits jetzt ist jedoch zu erkennen, dass einzelne Programmzeitschriften beginnen, sich auf spezielle Sparten zu spezialisieren. Dies ist zum Beispiel für das populäre Genre des Spielfilms der Fall.[176]

Derzeit jedenfalls gehören Fernsehprogrammzeitschriften zu den auflagenstärksten Zeitschriftentiteln in Deutschland überhaupt. 70 bis 80% aller Fernsehzuschauer nutzen Programmzeitschriften ausschließlich oder zumindest auch als Grundlage für ihre persönlichen Programminformationen und damit auch zur Programmselektion.[177] Unter dem Eindruck eines stetig zunehmenden Programmangebots erfüllen die Zeitschriften ihre Orientierungsfunktion, indem sie das Angebot kategorisieren, komprimieren und strukturieren. Dieses Ziel versuchen die Publikationen auf dem deutschen Markt dadurch zu erreichen, dass sie eine Programmübersicht für jeden Tag erstellen, in der für jeden einzelnen Kanal der Programmablauf in zeitlicher Reihenfolge aufgeführt ist. Hierin zeigt sich übrigens deutlich die derzeit existierende Fixierung auf den Kanal als Ordnungs-

---

173 Zur Rolle der Programmzeitschriften für das Einschaltverhalten beim Fernsehen bereits *Fischer*, MP 1982, 577 ff.
174 So konnte nachgewiesen werden, dass in der Vergangenheit mit der Ausweitung des Programmangebots im Zuge der Kabel- und Satellitenverbreitung auch eine erhöhte Nutzung der Programmzeitschriften einhergegangen ist, vgl. *Siekmann*, Programminformationen der öffentlich-rechtlichen Rundfunkanstalten, 2000, S. 29 f.
175 *Siekmann*, Programminformationen der öffentlich-rechtlichen Rundfunkanstalten, 2000, S. 25.
176 *Breunig*, MP 1997, 442.
177 Vgl. *Brosius/Steger*, RuF 1997, 308.

und Strukturelement im Fernsehen, die auch im Sekundärmedium Programmzeitschrift beibehalten wird.[178] Ob bei einer Vervielfachung des Programmangebots in Zukunft von dieser Art der Systematisierung der Informationen abgerückt wird, wird sich zeigen. Notwendig ist eine solche Kategorisierung jedenfalls nicht, wie das Beispiel des US-amerikanischen Marktführers „TV-Guide" der Firma Gemstar zeigt. Im „TV-Guide" werden alle Sendungen eines Tages nicht etwa nach Kanälen, sondern nach ihrer Anfangszeit aufgelistet.[179] Der Kanal als Strukturprinzip tritt so in den Hintergrund. Eine gewisse Tendenz zur Abkehr von der Darstellung des Angebots im Programmmuster lässt sich aber auch in deutschen Programmzeitschriften bereits ausmachen. So enthalten die Zeitschriften neben Vorschauen, die nach Programmsparten und nicht nach Kanälen sortiert sind, auch Tagestips oder extra herausgehobene Empfehlungen und Bewertungen von Spielfilmen oder Kinderprogrammen. Der Konsument kann sich also, abgesehen von dem Blick auf die Programmleiste einzelner Kanäle, auch an diesem Informationsangebot orientieren.

Die Tatsache allein, dass die Programmzeitschriften die bei weitem wichtigste Informationsquelle für die Fernsehnutzung darstellen, sagt indes für sich genommen noch nichts darüber aus, ob auch die inhaltliche Präsentation der Informationen einen Einfluss auf die Nutzung der Fernsehprogramme hat.[180] Verschiedene Untersuchungen haben allerdings den naheliegenden Zusammenhang zwischen Informationspräsentation und Einschaltverhalten nachgewiesen.[181] So ließ sich beispielsweise eine Interdependenz zwischen der Größe von Programmhinweisen in Programmzeitschriften und der Sehbeteiligung belegen.[182] In der Präsentationsform, also im Wie der Darstellung liegt damit auch ein gewisses Potential zur Lenkung des Rezeptionsverhaltens. Programmzeitschriften stellen somit als Quelle für Programminformation einen wichtigen Faktor bei der Programmauswahlentscheidung der Zuschauer dar. Einerseits informieren sie darüber, welche Programmangebote überhaupt zur Verfügung stehen. Andererseits kann das Selektionsverhalten auch von der konkreten Informationspräsentation beeinflusst werden.

---

178 *Hasebrink*, Fernsehen in neuen Medienumgebungen, 2001, S. 51.
179 *Hasebrink*, Fernsehen in neuen Medienumgebungen, 2001, S. 51.
180 Vgl. zu Unterschieden in der inhaltlichen Präsentation einzelner Angebote generell *Hagemann/Renckstorf/Schröder*, RuF 1986, 475 ff.; *Renckstorf/Schröder*, MP 1986, 335 ff.
181 Vgl. dazu insbesondere *Schneiderbauer*, Faktoren der Programmauswahl, 1991, S. 120 ff.; *Brosius/Steger*, RuF 1997, 307 ff.
182 Vgl. dazu *Brosius/Steger*, RuF 1997, 320.

3. Elektronische Benutzerführungssysteme als Faktor der Programmselektion im digitalen Rundfunk

Für die Frage, inwieweit nun zukünftig elektronische Benutzerführungssysteme auf die Programmselektion und damit auf das Nutzungsverhalten der Fernsehzuschauer Einfluss nehmen können, ist zwischen den Basisnavigatoren und den ihnen nachgelagerten EPGs zu unterscheiden. Gemeinsam ist allen Systemen zunächst, dass sie die Programminformationen direkt auf dem Bildschirm darstellen. In dieser Beziehung können sie gewissermaßen als Nachfolger der Videotextprogrammführer angesehen werden.[183] Es bestehen jedoch wichtige Unterschiede.

a) Basisnavigatoren

Der Basisnavigator ermöglicht, wie bereits erläutert, den Zugriff auf alle über eine Set-Top-Box zur Verfügung stehenden Anwendungen und Nutzungsapplikationen und wird nach dem Einschalten des Fernsehgeräts als erster aktiv. Er stellt so das Einstiegsportal zu einer digitalen Plattform dar. Die Basisnavigatoren ermöglichen dem Zuschauer nach Anwahl der Applikation Fernsehen nicht nur eine Programmübersicht nach Kanälen, sondern auf Wunsch auch nach Anfangszeiten oder Genres.[184] Insofern ergeben sich im Vergleich zur starren Präsentationsform des Angebotes in den Printmedien weitaus flexiblere Nutzungsmöglichkeiten.

Die entscheidende Veränderung im Hinblick auf den Status quo im analogen Rundfunk stellt aber folgender Umstand dar: Der Zuschauer gelangt zu dem gewünschten Programm nunmehr ausschließlich über den Zugriff auf die Menüleiste des Basisnavigators. Daraus resultiert eine erhebliche Veränderung für die Art und Weise der Wahrnehmung des Programmangebots durch die Rezipienten.[185] Bedeutete nämlich bisher das Anschalten des Fernsehgeräts stets, dass der Zuschauer direkt in das gerade laufende Programm eine bestimmten Kanals einsteigt, so trifft er nach Einschalten seines Fernsehers nun zunächst auf ein Auswahlmenü als „stehendes Angebot".[186] Die Einwahl in das gewünschte Programm ist nunmehr also zwingend mit einer vorgelagerten positiven Auswahlentscheidung für einen bestimmten Kanal bzw. eine bestimmte Sendung aus dem statisch vermittelten Angebot des Auswahlmenüs verbunden. Der Rezipient kann

---

183 *Eisner*, in: Kruse (Hrsg.), Ökonomische Perspektiven des Fernsehens in Deutschland, 1999, S. 149.
184 *Hasebrink*, Fernsehen in neuen Medienumgebungen, 2001, S. 53.
185 Vgl. *Hasebrink*, Fernsehen in neuen Medienumgebungen, 2001, S. 53.
186 *Hasebrink*, Fernsehen in neuen Medienumgebungen, 2001, S. 53.

nicht mehr einfach durch das Einschalten des Fernsehgerätes in ein laufendes Programm geraten; er muss zunächst noch einmal aktiv werden. Dieser Umstand und die darüber hinaus bestehende Möglichkeit, dass man sich bereits vor der Anwahl eines bestimmten Kanals vom Basisnavigator zunächst alle Programmoptionen nach Zeiten oder Genres auflisten lassen kann, machen es wahrscheinlich, dass Phänomene wie die Kanaltreue an Bedeutung verlieren werden.[187] Denn der Nutzer des Navigationssystems orientiert sich nicht mehr primär am Strukturmerkmal Kanal. Wenn aber von vornherein nicht mehr nach Kanälen ausgewählt wird, sondern beispielsweise nach Stichworten und Anfangszeiten, wird gleichzeitig der Umstand, dass in der Regel nur eine sehr begrenzte Anzahl an Kanälen als festes Kanalrepertoire vom Zuschauer Beachtung findet, an Relevanz verlieren.[188]

Dies zeigt, dass die bloße Existenz des Basisnavigators das bisher unter anderem maßgeblich von der Kanalstruktur beeinflusste Nutzungs- und Selektionsverhalten der Zuschauer verändern wird. Entscheidend ist dabei vor allem, dass – anders als beim letztlich optionalen Verwenden von Programmzeitschriften bei der Nutzung des analogen Rundfunks – der Rezipient von digitalem Fernsehen zwingend auf die Nutzung des Basisnavigators angewiesen ist. Der Basisnavigator stellt ein in jedem Fall zu durchschreitendes Einstiegsportal in die digitalisierte Fernsehwelt dar. Die Nutzer kommen nicht ohne ihn aus.

b) Electronic Programme Guides

aa) Erweiterte Möglichkeiten gegenüber den Basisnavigatoren

Die Electronic Programme Guides stellen eine dem Basisnavigator nachgelagerte Stufe der Benutzerführung dar. Sie bieten wesentlich weitergehende Gestaltungsmöglichkeiten und Nutzungsoptionen als die Basisnavigatoren. Die tatsächliche Bandbreite der zukünftigen Funktionen der EPG-Applikationen ist derzeit jedoch noch in keiner Weise absehbar. Zunächst dienen die EPGs, wie der Basisnavigator auch, den Rezipienten in erster Linie als stets aktualisierbare Programmauswahlhilfe. Für die Rundfunkveranstalter wiederum stellen sie ein

---

187 Eine erste Bestätigung für diese zu erwartende Entwicklung hat die Oftel-Studie (oben FN 153), S. 8 ergeben: „When making their initial overview of available programmes, schedules tended to have been replaced by genre interests: respondents 'cruised' within genre interests, rather than within a schedule."
188 So die Prognose von *Hasebrink*, Fernsehen in neuen Medienumgebungen, 2001, S. 54. Diese Vermutung wird allerdings durch die Oftel-Studie noch nicht bestätigt, vgl. oben FN 171.

ideales Marketinginstrument zur Zuschauerbindung dar.[189] Auch können die EPGs als Vertriebskanal für sendungsbegleitende Informationen und Merchandisingprodukte genutzt werden.[190] Darüber hinaus ist über die EPG-Applikationen eine Vielzahl von Zusatzdiensten, wie zum Beispiel das Angebot elektronisch programmierbarer Kinderschutzsperren, realisierbar.[191]

bb) Erweiterte Möglichkeiten gegenüber den Programmzeitschriften

Bei den derzeit bereits auf dem Markt befindlichen EPGs erhält der Nutzer über verschiedene Menüleisten Zugriff auf ausführliche, redaktionell gestaltete Informationen zu den einzelnen Programmen und Kanälen. In diesem Zusammenhang ist es deshalb treffend, vom EPG als einer Art elektronischer Programmzeitschrift zu sprechen.[192] Genau wie die Basisnavigatoren sind die EPG-Anwendungen wegen der Vielzahl ihrer Anwendungsoptionen jedoch erheblich leistungsfähiger als die bisher zur Programmauswahl herangezogenen Printmedien. Ihnen gegenüber hat der EPG insbesondere den Vorteil der zu jedem Zeitpunkt gewährleisteten Aktualität. Auch kurzfristige Programmänderungen können über die Software sofort berücksichtigt werden. Darüber hinaus hat der EPG gegenüber der notwendigerweise statischen und gleichzeitig auf ein breites Leserpublikum zugeschnittenen Präsentationsform eines Printmediums den entscheidenden Vorzug der Individualisierbarkeit des Angebots. Wie im Internet können spezielle Suchsysteme die Rezipienten beim Auffinden bestimmter Informationen und Angebote gezielt unterstützen.[193] Es wird also für den Zuschauer wesentlich einfacher, sich mit Hilfe des EPGs aus dem breiten Angebot das ihn Interessierende herauszufiltern, als dies unter Zuhilfenahme von Programmzeitschriften möglich wäre. Die Nutzung der Suchhilfen wird das Selektionsverhalten der Zuschauer bei der Programmauswahl erheblich beeinflussen. Denn es ist etwas anderes, ob man durch Blättern in einer Zeitschrift zufällig auf ein Angebot stößt oder ob man gezielt einen Suchbegriff eingeben kann und dann sofort einen oder mehrere konkrete Programmhinweise erhält. Auch in diesem Zusammenhang verliert also das bisherige Strukturelement Fernsehkanal an Be-

---

189 *Hartstein/Ring/Kreile/Dörr/Stettner,* Rundfunkstaatsvertrag Kommentar, Stand März 2004, § 53 RStV Rdn. 8.
190 Vgl. *Eberle,* ZUM 1995, 251.
191 *König,* Die Einführung des digitalen Fernsehens, 1997, S. 43.
192 So beispielsweise *Schulz/Kühlers,* Konzepte der Zugangsregulierung für digitales Fernsehen, 2000, S. 74; *Holznagel/Daufeldt,* CR 1998, 154 bezeichnen die EPGs als „Programmzeitschrift des digitalen Fernsehens".
193 *Schulz/Kühlers,* Konzepte der Zugangsregulierung für digitales Fernsehen, 2000, S. 74.

deutung, da der Zuschauer nicht mehr über die Anwahl eines Kanals, sondern über die Eingabe eines bestimmten Suchbegriffs oder einer bestimmten Anfangszeit auf das Programm stößt.

cc) Lernfähige Navigatoren

Noch weitergehenden Einfluss auf die Programmauswahl könnten die zahlreichen weiteren denkbaren Anwendungsapplikationen der Electronic Programme Guides entfalten. Durch Optionen wie die bereits erwähnte Lesezeichenfunktion des proprietären EPGs des Programmbouquets „ARD Digital" können die Zuschauer bestimmte Interessengebiete oder Stichworte markieren, woraufhin der EPG alle aktuellen oder zeitnahen Programmangebote aus dem ARD-Digitalbouquet zu diesen Themen auflistet.[194] Wenn der Zuschauer bestimmte Stichworte und Interessengebiete abgespeichert hat, weist der EPG zudem regelmäßig und automatisch auf laufende Sendungen zu diesen Themen hin. Vergleichbar der Bookmarkfunktion im Internet, kann die Lesezeichenfunktion so als Filter zur Generierung eines persönlichen Programms aus dem Gesamtangebot des ARD Digitalbouquets genutzt werden.[195]

Derartige Funktionen bedeuten einen wesentlichen Unterschied zur Wirkungsweise der Programmzeitschriften, die lediglich eine Datenbasis für die individuelle Suche bereitstellen können. Der Leser muss dann selbst die für ihn relevanten Informationen aus den in der Zeitschrift enthaltenen Daten heraussuchen. Mittels der gezielten Programmierung des EPGs durch den Zuschauer kann demgegenüber erreicht werden, dass das Navigationssystem automatisch und ohne weiteres Zutun des Nutzers auf bestehende Programmoptionen hinweist.

aaa) Navigatoren als Push-Dienste

Der EPG ist damit auf dem Weg, sich zu einem sogenannten Push-Dienst zu wandeln, das heißt zu einem Serviceangebot, wie man es aus dem Internetbereich kennt.[196] Generell lassen sich zwei Grundprinzipien des massenmedialen Informationsaustausches unterscheiden: das Prinzip Push und das Prinzip Pull.[197] Die klassische Form der Nutzung von Massenmedien basiert auf dem Pull-

---

194 Vgl. zur Funktionsweise des EPGs der ARD *Albrecht*, MP 1997, 415 f.; *Reiter*, MP 1997, 413; *Tillmann*, in: Kreile (Hrsg), Medientage München – Dokumentation 1998, 1999, S. 213 ff.
195 *Reiter*, MP 1997, 413.
196 *Hasebrink*, Fernsehen in neuen Medienumgebungen, 2001, S. 55.
197 *Kibele*, Multimedia im Fernsehen, 2001, S. 25.

Prinzip. Der Rezipient erhält dabei seine Informationen aufgrund einer individuellen Anforderung aus dem bereitstehenden Gesamtangebot. Bei Push-Diensten tritt demgegenüber an die Stelle des aktiven Abrufs von Information (pull) durch den Nutzer die aktive Anlieferung (push) von Daten durch den jeweiligen Anbieter.[198] Diesem Ziel dient auch die Lesezeichenfunktion des EPGs der ARD, der nach entsprechender Programmierung durch den Zuschauer selbständig und gleichsam „von sich aus" auf bestimmte Angebote aufmerksam macht.

bbb) Möglichkeiten zum „collaborative filtering"

Einen noch weitergehenden Schritt hin zu einem Push-Dienst würden die derzeit in der Entwicklung befindlichen Varianten von Electronic Programme Guides bedeuten, die als intelligente, lernfähige Systeme ausgestaltet sind.[199] Diese Systeme sind dazu in der Lage, die jeweiligen Auswahlentscheidungen des Zuschauers bzw. bestimmter Zielgruppen automatisch zu registrieren (sogenanntes „collaborative filtering"[200]) und so im Laufe der Zeit individuelle Nutzerprofile zu erstellen.[201] Diese Nutzerprofile können dann die Basis für gezielte Auswahlvorschläge durch das Navigationssystem sein, das aufgrund der analysierten Sehgewohnheiten ähnliche Angebote aus dem Gesamtprogramm herausfiltert, die für den Nutzer ebenfalls interessant sein könnten.[202] Der Rezipient müsste dann noch nicht einmal selbst Interessengebiete oder Genrevorlieben in das System eingeben, um weitergehende Programmvorschläge zu erhalten, wie dies bei der Lesezeichenfunktion des ARD EPGs noch der Fall ist. Das Navigationssystem würde diese automatisch erkennen und auf entsprechende Angebote hinweisen.

ccc) Zunehmende Fremdbestimmung des Selektionsverhaltens

Das zukünftig vermittelte Angebotsspektrum wird folglich aufgrund der Analysemöglichkeiten der EPGs ganz auf die jeweiligen individuellen Nutzungsinter-

---

198 Vgl. dazu *Leupold*, ZUM 1998, 100.
199 Vgl. *Ladeur*, MMR 2000, 716; *Leopoldt*, Navigatoren, 2002, S. 34 f.
200 *Hoffmann-Riem*, M&K 2002, 190; *Hasebrink*, Fernsehen in neuen Medienumgebungen, 2001, S. 56.
201 *Holznagel*, ZUM 1996, S. 24; *Hasebrink*, Fernsehen in neuen Medienumgebungen, 2001, S. 56. Zu datenschutzrechtlichen Aspekten dieser Art von personalisierten Programmführern und der Erstellung von Persönlichkeitsprofilen *Ladeur*, MMR 2000, 715 ff.
202 *Leopoldt*, Navigatoren, 2002, S. 35; *Hasebrink*, Fernsehen in neuen Medienumgebungen, 2001, S. 56.

essen der Rezipienten ausgerichtet werden können. Damit werden die Nutzer häufig sogar einverstanden sein.[203] Gleichzeitig ist jedoch zu bedenken, dass die Selektion des jeweiligen Angebots nicht mehr nur auf einer jeweils neuen, eigenen Wahlentscheidung des Nutzers beruht, sondern aufgrund der Analyse des Nutzerprofils zumindest teilweise fremdbestimmt wird.[204] Daraus folgt letztlich, dass tendenziell nicht mehr Faktoren wie die Qualität eines bestimmten Programmschemas oder die Medienumgebung eines Fernsehkanals mit bestimmtem Image, sondern vermehrt die Auswahl- und Filterkriterien des jeweiligen EPGs für die Zuschauerakzeptanz eines Programmangebots ausschlaggebend sein werden.[205]

4. Zusammenfassung

Festzuhalten ist, dass die auch schon bislang zur Programmauswahl herangezogenen Hilfsmittel, namentlich die gedruckten Programmzeitschriften, einen relevanten Faktor bei der Programmselektion darstellen. Dies war bisher insbesondere deshalb der Fall, weil die Zeitschriften die Systematisierung der dargebotenen Informationen anhand der Kanalstruktur fortführen. Dies hat bereits für sich genommen aufgrund von Faktoren wie der Kanaltreue oder dem Vererbungseffekt Einfluss auf das Selektionsverhalten der Rezipienten. Auch die Art und Weise der Inhaltspräsentation kann für die Auswahlentscheidung der Zuschauer relevant sein. Die elektronischen Benutzerführungssysteme bieten allerdings in dieser Hinsicht ein erheblich größeres Einflusspotential auf die Programmselektion als die Printmedien. Einerseits sind zumindest die Basisnavigatoren nun zwingende Voraussetzung für die Nutzung des Mediums Fernsehen und müssen diese passiert werden, bevor in ein laufendes Programm eingestiegen werden kann. Andererseits wird durch die Anwendungsoptionen der EPGs, insbesondere durch die Suchfunktionen, das bislang die Programmselektion beeinflussende Strukturmerkmal Fernsehkanal in Frage gestellt. Zudem entstehen externe Steuerungseffekte des Zuschauerinteresses durch die Entwicklung der EPGs zu Push-Diensten, mit deren Hilfe die Rezipienten ohne ihr aktives Zutun, und vor allem ohne dass sie es bemerken, zu bestimmten Programmangeboten gelenkt werden können.

---

203 *Hoffmann-Riem*, M&K 2002, 190.
204 *Ladeur*, MMR 2000, 716; *Ladeur*, in: Faber/Frank (Hrsg.), Festschrift für Ekkehart Stein zum 70. Geburtstag, 2002, S. 82.
205 *Eberle*, ZUM 1995, 252; *Leopoldt*, Navigatoren, 2002, S. 29.

III. Erhöhter Einflussfaktor – Erhöhtes Manipulationspotential

Gerade der zuletzt genannte Aspekt veranschaulicht, dass den elektronischen Benutzerführungssystemen im Vergleich zu den bisher zur Orientierung im Programmangebot herangezogenen Medien, insbesondere der Programmpresse nicht nur ein erhöhter Einflussfaktor im Hinblick auf die Programmselektion zukommt, sondern dass sie gleichzeitig ein weitaus größeres Potential zur manipulativen Zuschauerbeeinflussung in sich bergen.[206] Dadurch entstehen Gefahren für die Gewährleistung der Programm- und Meinungsvielfalt im Rundfunk.[207] Die Vielfaltssicherung im Rundfunk ist jedoch eine unerlässliche Voraussetzung für die Erhaltung eines offenen Meinungs- und Willensbildungsprozesses in einem freiheitlich demokratischen Staatswesen.[208]

Bisher war stets gewährleistet, dass alle empfangbaren Fernsehprogramme den Zuschauer als mehr oder weniger gleichberechtigte Offerten im Rahmen des Gesamtprogramms des Mediums erreichten. Über die Fernbedienung kann jedes einzelne Programm direkt angewählt werden. Durch die spezielle Funktionsweise der Navigationssysteme besteht jetzt aber eine Vielzahl von Möglichkeiten zur Diskriminierung beziehungsweise Privilegierung einzelner Programmangebote in der Wahrnehmung der Zuschauer.

Dieser Umstand wird in subtiler Weise durch die gängige Bezeichnung der Navigationssysteme als elektronische Benutzer*führungs*systeme verdeutlicht: Es geht bei der Gestaltung dieser Systeme eben nicht nur um die Bereitstellung einer Orientierungs- bzw. Navigationshilfe im Sinne einer elektronischen Programmzeitschrift, sondern um die Entwicklung einer Software, die in der Lage ist, die Rezipienten durch die digitale Fernsehwelt „zu führen". Das spezielle Lenkungspotential der Navigationssysteme mögen die folgenden Überlegungen veranschaulichen:

---

206 Zum Manipulationspotential der elektronischen Benutzerführungssysteme bereits *Eberle*, in: Becker u.a. (Hrsg.), Festschrift für Reinhold Kreile zu seinem 65. Geburtstag, 1994, S. 177; *Hege*, Offene Wege in die digitale Zukunft, 1995, S. 39 f.; *Hoffmann-Riem*, RuF 1995, 137; *Holznagel*, ZUM 1996, 24; *Libertus*, ZUM 1996, 395; *Weisser*, ZUM 1997, 887; *König*, Die Einführung des digitalen Fernsehens, 1997, S. 43; *Gersdorf*, Chancengleicher Zugang zum digitalen Fernsehen, 1998, S. 160; *Leopoldt*, Navigatoren, 2002, S. 35 f.; *Hoffmann-Riem*, M&K 2002, 190 f.
207 Vgl. nur *Eberle*, ZUM 1995, 252 f.
208 Vgl. nur BVerfGE 12, 205, 260; 31, 314, 326; 35, 202, 222.

1. Nur noch mittelbarer Zugriff auf das Programmangebot

Die Möglichkeit, die Zuschauer durch das Programmangebot zu führen, erhalten die Systeme zunächst dadurch, dass sie wie ein Filter vor die Programme geschaltet werden.[209] Der Zugriff auf eine einzelne Sendung erfolgt nicht mehr unmittelbar, sondern wird über das Benutzerführungssystem vermittelt.[210] Damit wird für die Selektionschance eines bestimmten Programms essentiell, dass es über das jeweilige Navigationssystem überhaupt angewählt werden kann.[211] Wäre dies nicht der Fall, würde das Angebot unbeachtet bleiben. Aus diesem Grunde ist es unerlässlich, dass sämtliche Programmangebote ausnahmslos zumindest über den Basisnavigator angewählt werden können.[212]

2. Steuerung durch die Gestaltung der Benutzeroberfläche

Aber nicht nur das Ob des Erscheinens im Auswahlmenü wird für die Rezeptionsentscheidung wichtig sein. Vielmehr haben insbesondere die Gestalter der Navigationssysteme die Möglichkeit, durch das Wie der Präsentation des Angebots auf die Selektionsentscheidung der Zuschauer manipulativ Einfluss zu nehmen. So spielt beispielsweise eine Rolle, auf welchem Listenplatz im Menü sich ein Programmangebot befindet. Programme auf einem der ersten Plätze, die sofort ins Auge fallen, haben naturgemäß größere Rezeptionschancen beim Publikum als solche, die nur auf hinteren Listenplätzen bzw. auf schwer zugänglichen Unterebenen des Navigators erscheinen.[213] Zudem kann die Art und Weise der optischen Gestaltung einzelner Programmhinweise erheblichen Einfluss auf den

---

209 *Eberle*, in: Becker u.a. (Hrsg.), Festschrift für Reinhold Kreile zu seinem 65. Geburtstag, 1994, S. 171.
210 *Leopoldt*, Navigatoren, 2002, S. 73; *Eberle*, ZUM 1995, 252 f.
211 *Eberle*, ZUM 1995, 253.
212 *Albrecht Hesse*, Rundfunkrecht, 3. Aufl., 2003, S. 303.
213 *Gersdorf*, Der verfassungsrechtliche Rundfunkbegriff im Lichte der Digitalisierung der Telekommunikation, 1995, S. 161; *Holznagel*, ZUM 1996, 24; *Holznagel*, in: Stern/Prütting (Hrsg.), Die Zukunft der Medien hat schon begonnen, 1998, S. 46; *Gersdorf*, Chancengleicher Zugang zum digitalen Fernsehen, 1998, S. 160; *Leopoldt*, Navigatoren, 2002, S. 75. Dass prominent platzierte Angebote in der Tat Vorteile vor nachgeordnet aufgeführten Programmen genießen, hat die britische Oftel-Studie gezeigt. Danach hatten Angebote, die am Anfang der Liste verzeichnet waren, deutlich größerer Rezeptionschancen als solche, die am Ende der Liste positioniert waren, vgl. Oftel-Studie (oben FN 153), S. 24.

publizistischen Erfolg der jeweiligen Angebote haben.[214] Schriftgröße oder farbliche Herausstellung können ebenso für die Programmselektion ausschlaggebend sein wie eine besonders hervorgehobene Empfehlung einer bestimmten Sendung im redaktionellen Teil des EPGs.

3. Steuerung durch Manipulation der Suchfunktionen

Naheliegend ist es auch, dass die EPGs von den Betreibern so programmiert werden, dass bei Aktivierung der Suchfunktion durch den Rezipienten ganz gezielt einzelne Programmangebote oder auch generell Angebote von bestimmten Programmveranstaltern als Ergebnis einer Suchanfrage angezeigt werden. Gleichzeitig werden Angebote von konkurrierenden Veranstaltern entweder gar nicht oder jedenfalls nicht gleichberechtigt berücksichtigt. Die Rezipienten werden dann in der Regel die an prominenter Stelle platzierten oder besonders hervorgehobenen Suchergebnisse eher bei ihrer Selektionsentscheidung berücksichtigen als solche, die nur „unter ferner liefen" aufgelistet werden.

4. Steuerung durch lernfähige EPGs

Die größten Manipulationsmöglichkeiten bietet der Einsatz der lernfähigen, intelligenten Electronic Programme Guides, die aufgrund der Analyse des individuellen Nutzerprofils dazu in der Lage sind, den Geschmack und die Vorlieben eines Zuschauers selbständig zu ermitteln und die Programmpräsentation dementsprechend auszulegen.[215] Den Rezipienten können ganz individuell Programmangebote offeriert und als besonders attraktiv dargestellt werden. Zuschauer, die viele Kriminalfilme ansehen, werden dann beispielsweise häufiger als andere auf weitere Angebote dieses Genres hingewiesen. Solche, die sich für Tierfilme interessieren, werden auch auf andere Wissenschaftssendungen aufmerksam gemacht.

---

214 *Holznagel*, in: Stern/Prütting (Hrsg.), Die Zukunft der Medien hat schon begonnen, 1998, S. 46.
215 *König*, Die Einführung des digitalen Fernsehens, 1997, S. 46; *Hoffmann-Riem*, M&K 2002, 190.

5. Die Entwicklung zum „persönlichen Kanal"

All dies verdeutlicht den engen Zusammenhang zwischen der substantiellen Erhöhung des Einflusses der Programmführer auf die Programmauswahl einerseits und der schwindenden Bedeutung des bisherigen Strukturelements Fernsehkanal als Faktor zur Programmselektion andererseits. Möglicherweise kommt es durch die intelligenten EPGs sogar zu einer Entwicklung, an deren Ende etwas steht, was in der Literatur als virtueller, persönlicher Kanal („me–Channel") bezeichnet wird.[216] Dem Zuschauer wird durch den EPG ein eigens für ihn zusammengestellter, individualisierter Programmablauf präsentiert. Dieses Programmschema setzt sich aus dem Gesamtangebot verschiedener Veranstalter zusammen und stellt sich dem Rezipienten dann quasi als sein ganz persönlicher Kanal dar. Die intelligenten Navigatoren würden auf diese Weise ein „Meta-Programm" für den einzelnen Rezipienten generieren.[217] Dieses Meta-Programm setzt sich inhaltlich aus verschiedenen Komponenten unterschiedlicher Programme von verschiedenen Programmveranstaltern zusammen. Es ergibt, verknüpft durch das Navigationsprogramm, in seiner Gesamtheit jedoch wieder ein übergeordnetes, neues Programmschema.

6. Anreize zur Manipulation im ökonomisierten digitalen Fernsehen

Die Möglichkeit zur Steuerung des Selektionsverhaltens bedeutet zwar nicht automatisch, dass davon auch tatsächlich Gebrauch gemacht wird. Dennoch erscheint es angesichts der Ökonomisierung der Rundfunkordnung sehr unwahrscheinlich, dass allein der Markt oder die Konkurrenz von verschiedenen Navigationssystemanbietern die Rezipienten vor Manipulationsversuchen bewahren wird. Denn die Medienunternehmen konkurrieren um ein zunehmend knappes Gut, nämlich die Aufmerksamkeit der Rezipienten.[218] Wenn die Rundfunkveranstalter Möglichkeiten an der Hand haben, die Rezeptionschancen ihrer Angebote zu erhöhen, werden sie diese aller Voraussicht nach auch nutzen.

---

216 Vgl. *Noam*, Cyber-TV: Thesen zur dritten Fernsehrevolution, 1996, S. 15. Dazu auch *Ladeur*, MMR 2000, 716; *Ladeur*, in: Faber/Frank (Hrsg.), Festschrift für Ekkehart Stein zum 70. Geburtstag, 2002, S. 82; *Leopoldt*, Navigatoren, 2002, S. 76.
217 *Ladeur*, in: Faber/Frank (Hrsg.), Festschrift für Ekkehart Stein zum 70. Geburtstag, 2002, S. 81 ff.; *Leopoldt*, Navigatoren, 2002, S. 76.
218 *Hoffmann-Riem*, M&K 2002, S. 190 m.w.N.

a) Hervorhebung gegen Vergütung

So könnten sich vermeintlich „unabhängige", senderübergreifende EPG-Anbieter das manipulative Hinführen zu bestimmten Programmangeboten durch Hervorhebungen oder günstige Platzierung beim Anzeigen von Suchergebnissen als Marketingmaßnahme von Programmveranstaltern vergüten lassen. Eine Verminderung von Marktzugangschancen finanzschwächerer Veranstalter, die sich ein derartiges Product Placement nicht leisten können, wäre jedenfalls nicht auszuschließen.

b) Hervorhebung eigener Angebote

Betreiber von EPGs wiederum, die gleichzeitig Programmveranstalter sind, können mit Hilfe des Navigators ihr eigenes Programm bevorzugt herausstellen und auf diese Weise als besonders attraktiv erscheinen lassen. Aufgrund der zu erwartenden Aufweichung der Kanalstruktur wird es für die Programmveranstalter wie gesehen zunehmend wichtig, nicht nur einen bestimmten Kanal zu positionieren und als Marke aufzubauen, sondern auch singuläre Angebote gezielter zu vermarkten, damit sie vom Zuschauer wahrgenommen werden.[219] Andererseits wird die Rezeption eines einzelnen Programmangebots auch in Zukunft dadurch beeinflusst werden, wie es im medialen Umfeld des gesamten Programmangebots präsentiert wird.[220]

aa) Proprietäre Systeme

Die derzeitig marktrelevanten EPGs der ersten Generation sind programmbouquetbegleitende, proprietäre Systeme einzelner Programmveranstalter.[221] Sie zeichnen sich dadurch aus, dass lediglich die Navigation durch das jeweilige Programmbouquet, also zum Beispiel ARD Digital, ZDF.vision, oder Premiere World ermöglicht wird.[222] Eine Navigation durch das gesamte empfangbare Programmangebot ist nicht möglich. Diese proprietären EPGs wurden ausdrücklich mit dem Ziel entwickelt, die einzelnen Programmbouquets mit ihrem inzwi-

---

219 Vgl. dazu *Ladeur*, M&K 2000, S. 101 ff.
220 *König*, Die Einführung des digitalen Fernsehens, 1997, S. 43; *Tillmann*, in: Abele u.a. (Hrsg.), Werte und Wert des öffentlich-rechtlichen Rundfunks in der digitalen Zukunft, 2001, S. 133.
221 *Holznagel/Daufeldt*, CR 1998, S. 154.
222 Zum Umfang und Inhalt der derzeit verfügbaren Bouquets *Zervos*, Digitales Fernsehen in Deutschland, 2003, S. 20 ff.

schen auf zahlreiche Einzelkanäle[223] verteilten Angebot wieder zu vernetzen und damit der zunehmend unübersichtlichen Verspartung gerade auch innerhalb der Programmbouquets entgegenzuwirken.[224] Für die Programmveranstalter stellt der proprietäre EPG also ein wichtiges Instrument dar, mit dessen Hilfe der Zuschauer wenn schon nicht innerhalb eines Programmkanals, so doch wenigstens innerhalb des eigenen Programmbouquets gehalten werden kann.[225] Denn der Programmführer verklammert das verspartete Programmangebot zu einem vermarktungsfähigen Gesamtangebot. Solange die EPGs auch für den Zuschauer erkennbar einem bestimmten Digitalbouquet zugeordnet sind, erscheint eine durch sie erfolgende manipulative Einflussnahme auf die Selektionsentscheidungen noch weitgehend hinnehmbar.[226] Der Rezipient weiß ja, dass er nur Angebote eines bestimmten Bouquetanbieters präsentiert bekommt.

bb) Programmübergreifende Systeme

Problematisch kann die Situation aber dann werden, wenn programmübergreifende EPGs auf den Markt kommen, die von vertikalintegrierten Medienunternehmen betrieben werden. Denn diese haben ein originäres Interesse an der Privilegierung der eigenen Angebote und an der bewussten Diskriminierung von Konkurrenzangeboten. Gerade unter dem Gesichtspunkt der zu erzielenden wirtschaftlichen Synergieeffekte dürften als Anbieter von Navigationssystemen in der Tat insbesondere Unternehmen in Betracht kommen, die eng mit Rundfunkveranstaltern oder jedenfalls mit den Eigentümern von Programmrechten verbunden sind.[227] Dass eine solche Entwicklung zumindest wahrscheinlich ist, ergibt ein Blick auf den Markt für die Programminformationen im Printbereich. Der Markt für Programmzeitschriften wird in Deutschland zu etwa 85 % von Titeln beherrscht, die sich unter der Kontrolle von nur vier Verlagen, nämlich

---

223 So umfasst zum Beispiel allein das Bouquet „ARD Digital" inzwischen 18 Fernsehprogramme nämlich das Gemeinschaftsprogramm Das Erste, die Dritten Programme Bayerisches Fernsehen, hessen fernsehen, MDR Fernsehen, NDR Fernsehen, ORB-Fernsehen, SR Fernsehen Süd-west, SÜDWEST Fernsehen (SÜDWEST Baden-Württemberg, SÜDWEST Rheinland-Pfalz) und WDR Fernsehen, den Bildungskanal BR-alpha, die Partnerkanäle 3sat, arte, KiKa und Phoenix sowie die digitalen Kanäle EinsExtra, EinsMuXx und EinsFestival. Vgl. zu den Bouquets der übrigen Veranstalter im Einzelnen *Zervos*, Digitales Fernsehen in Deutschland, 2003, S. 20 ff.
224 Vgl. *Albrecht*, MP 1997, 416; *Tillmann*, in: Kreile (Hrsg), Medientage München – Dokumentation 1998, 1999, S. 213.
225 *Libertus*, ZUM 1996, 395.
226 Vgl. *Albrecht Hesse*, Rundfunkrecht, 3. Aufl., 2003, S. 303.
227 *Holznagel*, ZUM 1996, 24.

der Heinrich Bauer Verlag AG, der Axel Springer Verlag AG, der Burda Holding GmbH & Co. KG und der Bertelsmann AG/Gruner+Jahr AG & Co. KG befinden.[228] Alle vier Verlagsgruppen sind aber gleichzeitig auch direkt oder indirekt unternehmerisch mit einer Vielzahl von privaten Rundfunkveranstaltern sowie Produktionsfirmen verbunden.[229]

Eine ähnliche Entwicklung auf dem Markt für Navigationssysteme würde ein substantielles Risiko von wettbewerbshindernden Praktiken enstehen lassen, wenn das in den Systemen enthaltene erhöhte Manipulationspotential zugunsten der verbundenen Unternehmen eingesetzt würde. Das notwendige Bereitstellen von Orientierungshilfen in der zunehmend ausdifferenzierten digitalen Welt ist folglich mit dem Risiko einer der Programmauswahl vorgelagerten Manipulation und Beeinflussung der Zuschauer verknüpft.[230] Am Ende könnte die Einschränkung der Medienvielfalt stehen.[231] Regulatorische Maßnahmen zum Schutz aller Akteure auf dem Rundfunksektor vor wettbewerbswidriger wirtschaftlicher und publizistischer Benachteiligung, insbesondere durch vertikal verbundene Betreiber von Navigationssystemen, erscheinen daher unbedingt erforderlich.

---

228 Dazu *Siekmann*, Programminformationen der öffentlich-rechtlichen Rundfunkanstalten, 2000, S. 37 f.
229 Zu den komplexen Beteiligungsverhältnissen auf dem deutschen Medienmarkt aktuell *Röper*, MP 2004, 54 ff.
230 *Eberle*, ZUM 1995, 253.
231 *Hoffmann-Riem*, M&K 2002, 191.

E. Verfassungsrechtliche Regelungskoordinaten

Verwaltungsrecht stellt konkretisiertes Verfassungsrecht dar. Dieser oft zitierte Befund von *Fritz Werner* gilt auch für das Medien(verwaltungs)recht und in ganz besonderer Weise für das Rundfunkrecht als dessen Teildisziplin.[232] Es ist aus diesem Grund erforderlich, zunächst die verfassungsrechtlichen Vorgaben für die einfachgesetzliche Rundfunkorganisation zu untersuchen. Erst in einem zweiten Schritt können dann die sich daraus ergebenden Konsequenzen für das Ob und Wie einer Einbeziehung der elektronischen Benutzerführungssysteme in die Rundfunkregulierung beurteilt werden.

I. Die Rundfunkfreiheit gemäß Art. 5 Abs. 1 Satz 2 GG

1. Das umstrittene dogmatische Verständnis der Rundfunkfreiheit

Sedes materiae der Gesetzgebung im Rundfunkbereich ist Art. 5 Abs. 1 GG, der einen Eckpfeiler der grundgesetzlichen Verfassungsordnung darstellt.[233] Art. 5 Abs. 1 Satz 2 GG gewährleistet „die Freiheit der Berichterstattung durch Rundfunk", für die sich der Begriff der Rundfunkfreiheit allgemein durchgesetzt hat.[234] Es gehört nach wie vor zu den umstrittensten Fragen des Verfassungs-

---

232 Vgl. dazu *Bethge*, Die Verwaltung, Bd. 27 (1994), S. 433 ff. Kritisch dagegen *Schoch*, JZ 2002, 804.
233 Vgl. nur *Bethge*, in: Sachs (Hrsg.), Grundgesetz Kommentar, 3. Aufl., 2003, Art. 5 Rdn. 9. Die Vorschrift enthält je nach Zählweise „mindestens" fünf Grundrechtsbestimmungen, vgl. *Degenhart*, in: Dolzer/Vogel/Graßhof (Hrsg.), Bonner Kommentar zum Grundgesetz, Stand Dezember 2003, Art. 5 Abs. 1 und 2 Rdn. 1 mit FN 1. Vgl. auch *Hoffmann-Riem*, in: Wassermann u.a. (Hrsg.), Kommentar zum Grundgesetz für die Bundesrepublik Deutschland, Band 1, 3. Aufl., Stand August 2002, Art. 5 Abs. 1, 2 GG Rdn. 24.
234 *Jöst*, Verfassungsrechtliche Aspekte des Verhältnisses von Presse und Rundfunk, 1994, S. 20; *Konrad Hesse*, Grundzüge des Verfassungsrechts, 20. Aufl., 1995, Rdn. 396. Vgl. auch BVerfGE 31, 314, 322; 35, 202, 221. Kritisch zur begrifflichen Vernachlässigung des Verfassungstextes im Hinblick auf das Merkmal der „Berichterstattung" *Jarass*, Die Freiheit der Massenmedien, 1978, S. 156 f.; *Schoch*, VVDStRL Heft 57 (1998), S. 194 mit Fn. 170.

rechts, wie der Gewährleistungsbereich des Grundrechts genau zu definieren ist.²³⁵

a) Die unterschiedlichen Interpretationsansätze in der Literatur

Im Schrifttum haben sich in diesem Zusammenhang zwei gegensätzliche Meinungslager herausgebildet. Die Vertreter eines primär subjektiv-individualrechtlichen Deutungsansatzes²³⁶ stehen den Verfechtern eines eher objektiv-institutionellen Grundrechtsverständnisses gegenüber.²³⁷ Die konträren Auffassungen beruhen auf unterschiedlichen Vorstellungen von Inhalt und Funktion grundrechtlicher Freiheitsverbürgungen. Sie sind die Folge einer modernen multifunktionalen und mehrdimensionalen Grundrechtsinterpretation.²³⁸

Nach ständiger Rechtsprechung des Bundesverfassungsgerichts enthalten die grundrechtlichen Verbürgungen nicht lediglich subjektive Abwehrrechte des Einzelnen gegenüber der öffentlichen Gewalt, sondern stellen zugleich objektive

---

235 Die zu dieser Frage einschlägige Literatur ist kaum mehr zu überblicken. Die nachfolgenden Ausführungen bleiben daher kursorisch und selektiv.
236 Zu den Vertreten dieser Sichtweise zählen etwa *Hans H. Klein*, Die Rundfunkfreiheit, 1978, S. 32 ff.; *Schmitt-Glaeser*, Kabelkommunikation und Verfassung, 1979, S. 140 ff.; *Scholz*, JZ 1981, 563; *Degenhart*, BayVbl. 1986, 581 f.; *Jarass*, In welcher Weise empfiehlt es sich, die Ordnung des Rundfunks und sein Verhältnis zu anderen Medien – auch unter dem Gesichtspunkt der Harmonisierung zu regeln?, in: Ständige Deputation des Deutschen Juristentages (Hrsg.), Verhandlungen des 56. Deutschen Juristentages, Band I, 1986, Gutachten G, Rdn. 38; *Fink*, DÖV 1992, 805 ff.; *Hain*, Rundfunkfreiheit und Rundfunkordnung, 1993, S. 80 ff.; *Kull*, in: Badura/Scholz (Hrsg.), Festschrift für Peter Lerche zum 65. Geburtstag, 1993, S. 663 ff.; *Engel*, AfP 1994, 185 ff.; *Charissé*, Die Rundfunkveranstaltungsfreiheit und das Zulassungsregime der Rundfunk- und Mediengesetze, 1999, S. 77 ff.; *Starck*, in: von Mangold/Klein/Starck (Hrsg.), GG, Band 1, 4. Aufl. 1999, Art. 5 Abs. 1, 2 Rdn. 106.
237 Diese Auffassung wird u.a. vertreten von *Lerche*, Rundfunkmonopol, 1970, S. 98 ff.; *Lieb*, Kabelfernsehen und Rundfunkgesetze, 1974, S. 232 ff.; *Badura*, Verfassungsrechtliche Bindungen der Rundfunkgesetzgebung, 1980, S. 22 ff.; *Walter Schmidt*, Die Rundfunkgewährleistung, 1980, S. 92 ff.; *Böckenförde/Wieland*, AfP 1982, 77 ff.; *Stock*, Medienfreiheit als Funktionsgrundrecht, 1985, S. 183 ff.; *Wieland*, Die Freiheit des Rundfunks, 1984, S. 138 ff.; *Rossen*, Freie Meinungsbildung durch den Rundfunk, 1988, S. 333 ff.; *Bethge*, in: Fuhr/Rudolf/Wasserburg (Hrsg.), Recht der Neuen Medien, 1989, S. 109.
238 Vgl. dazu allgemein *Böckenförde*, NJW 1974, 1529 ff.; *Rupp*, AöR Bd. 101 (1976), S. 161 ff.; *Ossenbühl*, NJW 1976, 2100 ff.; *Bethge*, Zur Problematik von Grundrechtskollisionen, 1977, S. 217 ff.; *Horst Dreier*, Dimensionen der Grundrechte, 1993; *Konrad Hesse*, in: Benda/Maihofer/Vogel (Hrsg.), HdbVerfR, 2. Aufl., 1994, § 5 Rdn. 13 ff.; *Isensee*, in: ders./Kirchhof (Hrsg.), Handbuch des Staatsrechts der Bundesrepublik Deutschland, Band V, 2. Aufl., 2000, § 111.

Wertentscheidungen der Verfassung dar, die für alle Bereiche der Rechtsordnung gelten und Richtlinien für Gesetzgebung, Verwaltung und Rechtsprechung geben.[239] Das Grundgesetz stellt keine wertneutrale Ordnung auf, sondern hat in seinem Grundrechtsabschnitt auch eine objektive Wertordnung aufgerichtet.[240] Alle Grundrechte entfalten danach in ihrer Funktion als wertentscheidende Grundsatznormen eine objektiv-rechtliche Wirkung, die ihren subjektiv-rechtlichen Gehalt ergänzt.[241] Beide Grundrechtsdimensionen müssen bei der Grundrechtsinterpretation Berücksichtigung finden. Keiner darf von vornherein einseitig der Vorrang gegeben werden.[242] Auch für die Kommunikationsfreiheiten gilt, dass deren subjektiv- und objektiv-rechtliche Elemente einander durchdringen und stützen.[243] Sie bedingen und ergänzen sich.[244] Problematisch an diesem bipolaren grundrechtstheoretischen Ansatz ist jedoch der Umstand, dass die abwehrrechtliche Funktion eines Freiheitsrechts mit der Instrumentalisierung der Grundrechte als objektiv-rechtlich wirkende Wertentscheidungen zwangsläufig in Konflikt gerät. Je nachdem nämlich, wie weit man ein (auch) institutionelles Verständnis der Freiheitsrechte zugrunde legt, relativiert sich deren individueller Schutzgehalt.[245]

Die daraus resultierende Frage, wie der negatorische Kern eines Freiheitsrechts mit seinem objektiv-rechtlichen Gehalt in Einklang gebracht werden kann, ist auch allgemein noch nicht überzeugend gelöst.[246] Im Falle der Rundfunkfreiheit gehen die Ansichten über die Gewichtung subjektiv-rechtlicher und objektiv-rechtlicher Grundrechtsdimensionen jedoch besonders deutlich auseinander. Während die Vertreter des subjektiv-individualrechtlichen Deutungsansatzes die klassische Funktion der Freiheitsrechte als negatorische Abwehrrechte gegen den

---

239 Vgl. nur BVerfGE 49, 89, 141 f. Zur Funktionalisierung der Grundrechte als objektiv-rechtliche Prinzipien in der Rechtsprechung des Bundesverfassungsgerichts auch *Jarass*, AöR Bd. 110 (1985), S. 363 ff.
240 Vgl. mit Blick auf die Kommunikationsfreiheiten BVerfGE 7, 198, 205; 12, 113, 124 (Meinungsfreiheit); BVerfGE 20, 162, 175 f.; 66, 116, 133; 80, 124, 133 (Pressefreiheit); BVerfGE 57, 295, 319 f. (Rundfunkfreiheit).
241 Zusammenfassend *Böckenförde*, Zur Lage der Grundrechtsdogmatik nach 40 Jahren Grundgesetz, 1990, S. 41 ff.
242 Vgl. *Degenhart*, in: Dolzer/Vogel/Graßhof (Hrsg.), Bonner Kommentar zum Grundgesetz, Stand Dezember 2003, Art. 5 Abs. 1 und 2 Rdn. 4.
243 BVerfGE 57, 295, 319 f.; 74, 297, 323; vgl. auch *Bethge*, in: Sachs (Hrsg.), Grundgesetz Kommentar, 3. Aufl., 2003, Art. 5 Rdn. 18.
244 *Konrad Hesse*, in: Benda/Maihofer/Vogel (Hrsg.), HdbVerfR, 2. Aufl., 1994, § 5 Rdn. 14.
245 Vgl. *Hans H. Klein*, DVBl. 1994, 494.
246 *Schulz*, Gewährleistung kommunikativer Chancengleichheit als Freiheitsverwirklichung, 1998, S. 15.

Staat betonen, argumentieren die Vertreter eines objektiv-institutionellen Verständnisses auf der Grundlage einer eher demokratisch-funktionalen Sichtweise.

b) Die maßstabsetzende Rechtsprechung des Bundesverfassungsgerichts

Der Wortlaut des Art. 5 Abs. 1 GG ist denkbar knapp und liefert selbst kaum Anhaltspunkte für einen Interpretationsansatz in die eine oder andere Richtung.[247] Das Bundesverfassungsgericht bedient sich deshalb in ständiger Rechtsprechung einer systematisch-teleologischen Auslegungsmethodik.[248] Seine Judikatur zur Rundfunkfreiheit ist für die Bestimmung ihres Gewährleistungsgehalts nicht nur in der Vergangenheit von maßgeblicher Bedeutung gewesen.[249] Sie ist es auch heute noch. Denn an dem in Karlsruhe in langjähriger Rechtsprechung entwickelten dogmatischen Verständnis der Rundfunkfreiheit haben sich Gesetzgeber und Praxis bei der Gestaltung der Rundfunkordnung orientiert.[250] Auch große Teile der Literatur sind der Rechtsprechung im Grundsatz gefolgt, wenngleich vielfach mit Vorbehalten und Modifikationen in Einzelfragen.[251]

Das Bundesverfassungsgericht hat im Ergebnis zu einer Synthese aus subjektiv-individualrechtlichem Grundrechtsverständnis und objektiv-institutioneller Deutung der Rundfunkfreiheit gefunden.[252] Es versteht die Rundfunkfreiheit als Bündelung von institutioneller und individualrechtlicher Freiheit.[253] Auch wenn sich die Rechtsprechung des Bundesverfassungsgerichts damit jedenfalls nicht zur Gänze einer der beiden Meinungslager in der Literatur zurechnen lässt, so enthält sie doch schwerpunktmäßig einen eher objektiv-funktionalistischen

---

247 *Brugger*, Rundfunkfreiheit und Verfassungsinterpretation, 1991, S. 6.
248 Vgl. dazu die Analyse von *Brugger*, Rundfunkfreiheit und Verfassungsinterpretation, 1991, S. 9 ff.
249 Vgl. die mittlerweile elf Grundsatzentscheidungen des Bundesverfassungsgerichts BVerfGE 12, 205 ff (Deutschland Fernsehen); BVerfGE 31, 314 ff. (Umsatzsteuer); BVerfGE 57, 295 ff. (FRAG); BVerfGE 73, 118 ff. (Niedersachsen); BVerfGE 74, 297 ff. (Baden-Württemberg); BVerfGE 83, 238 ff. (Radio NRW); BVerfGE 87, 181 ff. (hr 3); BVerfGE 90, 60 ff. (Rundfunkgebühren); BVerfGE 92, 203 ff (Fernsehrichtlinie); BVerfGE 97, 228 ff. (Kurzberichterstattung); BVerfGE 97, 298 ff. (extra radio). Die Zählweise differiert freilich, vgl. *Dörr*, VerwArch, 92. Bd. (2001), S. 150.
250 Kritisch zu dieser maßgeblichen Gestaltungsfunktion der Rechtsprechung des Bundesverfassungsgerichts *Badura*, JA 1987, 180 ff.; *Bethge*, Die Verwaltung, Bd. 27 (1994), S. 436 f.
251 Vgl. zu den einzelnen Positionen den Überblick bei *Schulz*, Gewährleistung kommunikativer Chancengleichheit als Freiheitsverwirklichung, 1998, S. 56 ff. m.w.N.
252 Besonders deutlich BVerfGE 74, 197, 323. Vgl. auch *Seelmann-Eggebert*, ZUM 1992, 79 ff.; *Ladeur/Gostomzyk*, JuS 2002, 1154 ff.
253 *Bethge*, DVBl. 1983, 373.

Interpretationsansatz. Aus diesem Grund ist die Konzeption des Bundesverfassungsgerichts aus dem Lager der Vertreter eines eher individualrechtlichen Grundrechtsverständnisses auch weiterhin fundamentaler Kritik ausgesetzt. Diese halten eine vorrangig institutionell-objektivrechtliche Interpretation der Rundfunkfreiheit mit der Funktion eines Freiheitsrechts für schlechthin unvereinbar.[254]

c) Orientierung am Grundrechtsverständnis des Bundesverfassungsgerichts

Die nachfolgenden Überlegungen werden sich an der Rechtsprechung des Bundesverfassungsgerichts orientieren, der im Grundsatz auch weiterhin zuzustimmen ist. Eine vertiefte Auseinandersetzung mit den teilweise erheblich, teils aber auch nur in Nuancen abweichenden Literaturmeinungen ist im Rahmen dieser Arbeit weder möglich noch angezeigt. Soweit jedoch die Kritik an der interpretatorischen Konzeption des Bundesverfassungsgerichts für die vorliegende Untersuchung relevant wird, wird an gegebener Stelle ausführlicher auf sie einzugehen sein.

2. Die Funktion des Grundrechts als Ausgangspunkt der Rechtsprechung

Die Interpretation der Rundfunkfreiheit durch das Bundesverfassungsgericht aus einem vorrangig funktionalen Blickwinkel beruht ganz wesentlich auf der empirischen Annahme, dass dem Massenmedium Rundfunk eine Sonderstellung im Kommunikationsprozess in einer demokratischen Gesellschaft zukommt. Dem Rundfunk wird eine hervorgehobene Bedeutung für die Gewährleistung einer in Freiheit stattfindenden individuellen und öffentlichen Meinungsbildung zugeschrieben, welche wiederum für die Funktionsfähigkeit der demokratischen Ordnung unabdingbar ist. Auf den Schutz eines freien Kommunikationsprozesses ist das Grundrecht der Rundfunkfreiheit aus diesem Grund in besonderer Weise funktional bezogen.

---

254 Vgl. z.B. *Hans H. Klein*, DVBl. 1994, 494; *Engel*, AfP 1994, 185 ff. Vgl. außerdem die Nachweise bei *Schulz*, Gewährleistung kommunikativer Chancengleichheit als Freiheitsverwirklichung, 1998, S. 65 ff.

a) Der Prozess freier öffentlicher und individueller Meinungsbildung als übergeordnetes Gewährleistungsziel

Es besteht allgemeines Einvernehmen darüber, dass alle in Art. 5 Abs. 1 GG gewährleisteten Einzelrechte einem abstrakten, übergeordneten Gewährleistungsziel verpflichtet sind. Sowohl die in Art. 5 Abs. 1 Satz 1 GG verbürgten Individualkommunikationsfreiheiten (Meinungs- und Informationsfreiheit) als auch die in Art. 5 Abs. 1 Satz 2 GG gewährleisteten Massenkommunikationsfreiheiten (Presse-, Rundfunk- und Filmfreiheit) dienen (auch) dazu, den Prozess der freien individuellen und öffentlichen Meinungsbildung zu schützen.[255] Dieser Prozess der freien individuellen und öffentlichen Meinungsbildung wird durch die Kommunikationsfreiheiten als abstrakter „Wert in sich" geschützt.[256] Dahinter steht die Überlegung, dass sich auch die individuelle Meinungsbildung als elementare Voraussetzung zur Verwirklichung der Persönlichkeit des Individuums stets in einem Prozess der Kommunikation vollzieht. Die freie Meinungsbildung setzt auf der einen Seite die Freiheit voraus, Meinungen zu äußern und zu verbreiten, verlangt auf der anderen Seite aber auch die Freiheit, geäußerte Meinungen zur Kenntnis zu nehmen, sich zu informieren. Indem Art. 5 Abs. 1 GG Meinungsäußerungs-, Meinungsverbreitungs- und Informationsfreiheit als Menschenrecht gewährleistet, sucht er also zugleich den Kommunikationsprozess an sich verfassungsrechtlich zu schützen.[257]

b) Die demokratiestaatliche Bedeutung der Kommunikationsfreiheiten

Hinzu kommt eine elementare demokratiestaatliche Funktion der Kommunikationsfreiheiten.[258] Diese steht im Vordergrund der gesamten Rechtsprechung des Bundesverfassungsgerichts zu Art. 5 Abs. 1 GG.[259] Denn die Existenz und Funktionsfähigkeit einer demokratischen Gesellschaft beruht auf der Möglichkeit des in Freiheit geführten Meinungskampfes, das heißt der ungehinderten Auseinandersetzung von Ideen, Meinungen und Interessen mit dem Ziel, andere

---

255 So die ständige Rechtsprechung in BVerfGE 57, 295, 319; 73, 118, 152; 74, 297, 323; 83, 238, 295; 90, 60, 87; 97, 228, 257.
256 *Hoffmann-Riem*, in: Schwartländer/Riedel (Hrsg.), Neue Medien und Meinungsfreiheit, 1990, S. 32.
257 BVerfGE 74, 297, 323. Vgl. auch BVerfGE 57, 295, 320; 73, 118, 152; 83, 238, 295; 90, 60, 87.
258 Vgl. nur *Bethge*, in: Sachs (Hrsg.), Grundgesetz Kommentar, 3. Aufl., 2003, Art. 5 Rdn. 15.
259 *Herzog*, in: Maunz/Dürig (Hrsg.), GG, Band I, Stand Februar 2003, Art. 5 Rdn. 10a.

Menschen von den eigenen Ansichten zu überzeugen.[260] Nur die ungehinderte öffentliche Diskussion über Gegenstände von allgemeiner Bedeutung sichert die freie Bildung der öffentlichen Meinung, die sich im freiheitlich demokratischen Staat notwendig pluralistisch, im Widerstreit verschiedener und aus verschiedenen Motiven vertretenen, aber jedenfalls in Freiheit vorgetragenen Auffassungen vollzieht.[261] Wegen der besonderen Bedeutung eines nach allen Seiten offenen Kommunikationsprozesses sind die Gewährleistungen des Art. 5 Abs. 1 GG für die freiheitlich demokratische Grundordnung „schlechthin konstituierend",[262] denn erst sie ermöglichen die ständige geistige Auseinandersetzung, den Kampf der Meinungen, der ihr Lebenselement ist.[263]

c) Die besondere Funktion der Rundfunkfreiheit für die Kommunikationsordnung

Auf den Schutz eines freien Kommunikationsprozesses als abstraktes, übergeordnetes Gewährleistungsziel sämtlicher Freiheitsrechte des Art. 5 Abs. 1 GG ist das Grundrecht der Rundfunkfreiheit allerdings im Vergleich zu den Individualkommunikationsfreiheiten, aber auch mit Blick auf die Presse- und Filmfreiheit in besonderer Weise funktional bezogen. Denn der Rundfunk ist nicht nur gewichtiges „Medium", sondern zugleich bedeutender „Faktor" im Kommunikationsprozess. Ihm kommt insofern eine besondere Vermittlerfunktion zu. Aufgrund seiner besonderen publizistischen Wirkungsintensität und seiner Rolle als „Leitmedium" nimmt das Fernsehen zudem eine Sonderstellung unter den Massenmedien ein.[264] Dies hat zur Folge, dass derjenige, der den Inhalt der Rundfunkveröffentlichungen bestimmen kann, im Prozess der allgemeinen Meinungsbildung eine Schlüsselstellung erhält. Seine Position gewinnt damit wegen der Abhängigkeit des demokratischen Staatsbildungsprozesses von der freien Meinungsbildung unter dem Gesichtspunkt des Demokratiegebots außerordentliche Bedeutung.[265]

---

260 Vgl. BVerfGE 25, 256, 264 f.
261 BVerfGE 12, 113, 125; 12, 205, 261; 31, 314, 325; 57, 295, 321, 324.
262 Vgl. nur BVerfGE 35, 202, 221 f. mit Hinweis auf BVerfGE 7, 198, 208; 10, 118, 121; 12, 205, 259 ff.; 20, 56, 97 f.; 20, 162, 174 ff.; 27, 71, 81 f.
263 BVerfGE 7, 198, 208.
264 Zum Rundfunk als „Leitmedium" zuletzt BVerfGE 97, 228, 257.
265 *Herrmann/Lausen*, Rundfunkrecht, 2. Aufl., 2004, § 6 Rdn. 5.

aa) Rundfunk als „Medium und Faktor" des Meinungsbildungsprozesses

Bereits in seinem ersten Rundfunkurteil hat das Bundesverfassungsgericht festgestellt, dass der Rundfunk mehr ist als nur „Medium" der öffentlichen Meinungsbildung. Vielmehr ist er gleichzeitig ein eminenter „Faktor" der öffentlichen Kommunikation.[266] Einerseits ermöglicht er dem Einzelnen und den gesellschaftlichen Gruppen, meinungsbildend zu wirken, indem durch ihn als Medium der Öffentlichkeit Kenntnis von verschiedenen Standpunkten und Meinungsbildern vermittelt wird. Andererseits wird der Rundfunk selbst zu einem Faktor der Meinungsbildung, denn jedes Rundfunkprogramm wird allein durch die Auswahl und Gestaltung eine gewisse Tendenz haben, insbesondere soweit es um die Entscheidung darüber geht, was oder was nicht gesendet wird oder wie das Gesendete geformt oder gesagt werden soll.[267] Die Selektion von Information und ihre mediale Aufbereitung ist nicht nur ein die Rundfunkveranstaltung begleitender Nebeneffekt, sondern gerade wesentliche Funktion der Rundfunkkommunikatoren.[268] Diese nehmen durch ihre Auswahlentscheidungen Einfluss auf die öffentliche und individuelle Meinungsbildung, bewusst oder unbewusst, gewollt oder ungewollt. Auch wenn zwar der letztgenannte Aspekt im Zuge der zu beobachtenden partiellen Individualisierung des Mediums aufgrund einer Vervielfältigung bzw. zunehmenden Verspartung des Programmangebots und einer dadurch bedingten Ausweitung der individuellen Selektionsmöglichkeiten der Rezipienten etwas an Bedeutung verlieren könnte, so entstehen gleichzeitig neue Steuerungsebenen in der Rundfunkkommunikation. Wie zu zeigen sein wird, stellen die elektronischen Benutzerführungssysteme eine solche neue Selektionsebene dar. Gerade weil in der vernetzten Informationsgesellschaft die Ausdifferenzierung des medialen Angebotes so extrem hoch ist, ist weiterhin zugrundezulegen, dass das Fernsehen als kulturelles und gesellschaftliches Forumsmedium bedeutsam bleiben wird.[269] Der Rundfunk wird dem Publikum auch zukünftig eine herausgehobene Möglichkeit zur Meinungsbildung geben und wird zugleich im Kommunikationsprozess als Faktor selbst meinungsbildend wirken. Die für die Funktionsfähigkeit einer demokratischen Gesellschaft so essentielle freie Meinungsbildung kann folglich auch weiterhin nur in dem Maße gelingen, wie der Rundfunk seinerseits frei, umfassend und wahrheitsgemäß informiert. Deshalb bildet gerade der Schutz der Vermittlerfunktion des

---

266 BVerfGE 12, 205, 260. Seitdem ständige Rechtsprechung, vgl. BVerfGE 57, 295, 320; 73, 118, 152; 74, 297, 323; 83, 238, 296.
267 BVerfGE 12, 205, 261.
268 Vgl. *Herrmann/Lausen*, Rundfunkrecht, 2. Aufl., 2004, § 2 Rdn. 29 ff.
269 Vgl. *Hasebrink*, Fernsehen in neuen Medienumgebungen, 2001, S. 108.

Rundfunks eine unerlässliche Voraussetzung für die Erreichung des Normziels von Art. 5 Abs. 1 GG.[270]

bb) Die besondere Wirkungsintensität des Rundfunks

Freilich könnte man einwenden, dass die besondere Vermittlerfunktion des Rundfunks, also dessen Rolle als „Medium und Faktor" im verfassungsrechtlich geschützten Kommunikationsprozess, auch den anderen Massenmedien zuzuerkennen ist – also etwa den Printmedien oder seit einigen Jahren zunehmend auch dem Forumsmedium Internet.[271] Zu berücksichtigen ist aber zugleich die medienspezifische Sonderstellung, die der Rundfunk aufgrund seiner besonderen publizistischen Wirkungsintensität in der Kommunikationsordnung einnimmt. Das Bundesverfassungsgericht spricht in diesem Zusammenhang von der besonderen „Breitenwirkung, Aktualität und Suggestivkraft" des Rundfunks.[272] Durch die Breitenwirkung, die Gleichzeitigkeit von Übertragung und Rezeption und die Suggestivkraft der Töne und Bilder entfaltet das Fernsehen danach eine besondere mediale Wirkungskraft, die anderen Medien nicht eigen ist, und die eine besondere Gefahr der Meinungsbeeinflussung in sich trägt.[273] Eine andere Frage ist, ob sich an dieser Sonderstellung des Rundfunks durch die Folgen der Digitalisierung, und insbesondere durch die Konvergenzentwicklung etwas geändert hat.[274]

3. Rundfunkfreiheit als „dienende Freiheit"

Aus der so beschriebenen besonderen Stellung des Rundfunks als Medium und Faktor im Kommunikationsprozess einerseits und wegen seiner besonderen publizistischen Wirkungsintensität andererseits folgt nun für das Verhältnis subjektiv- und objektiv-rechtlicher Elemente, dass der individualrechtliche Kern der Rundfunkfreiheit durch die objektiv-rechtliche Gewährleistungsebene entscheidend ergänzt wird.

---

270 BVerfGE 83, 238, 296; 87, 181, 198.
271 Vgl. z.B. *Hain,* Rundfunkfreiheit und Rundfunkordnung, 1993, S. 43; *Schoch,* JZ 2002, 804.
272 Vgl. BVerfGE 90, 60, 87.
273 BVerfGE 57, 295, 323. Vgl. auch *Mailänder,* Konzentrationskontrolle zur Sicherung von Meinungsvielfalt im privaten Rundfunk, 2000, S. 39.
274 Dazu sogleich in Abschnitt E.I.5

Unbestritten entfaltet auch die Rundfunkfreiheit zunächst substantielle individuelle Schutzwirkungen.[275] Sie ist auch nach Rechtsprechung des Bundesverfassungsgerichts im Kern Veranstalterfreiheit,[276] das heißt vor allem Programmfreiheit.[277] Gleichzeitig müssen jedoch wegen der Sonderstellung des Rundfunks im verfassungsrechtlich als Wert an sich geschützten Kommunikationsprozess die Eigeninteressen der Rundfunkveranstalter gegenüber dem allgemeinen Interesse an ungehinderter individueller und öffentlicher Meinungsbildung nachrangig bleiben.[278] Dies bringt das Bundesverfassungsgericht unmissverständlich mit der Bezeichnung der Rundfunkfreiheit als „dienende Freiheit" zum Ausdruck.[279] Anders als die übrigen Freiheitsrechte ist die Rundfunkfreiheit kein Grundrecht, das seinem Träger zum Zwecke der Persönlichkeitsentfaltung oder der eigennützigen Interessenverfolgung eingeräumt ist.[280] Es ist keine selbstzweckhafte Freiheit im Sinne einer umfassenden „Freiheit zur Beliebigkeit". Schutzgut der Rundfunkfreiheit ist vielmehr die Gewährleistung einer in gegenständlicher und meinungsbezogener Hinsicht umfassenden Versorgung der Bevölkerung mit Rundfunkprogrammen.[281] Sie dient der Aufgabe, freie und umfassende Meinungsbildung durch den Rundfunk sicherzustellen.[282] Deshalb unterliegen auch

---

275 *Starck*, in: von Mangold/Klein/Starck (Hrsg.), GG, Band 1, 4. Aufl. 1999, Art. 5 Abs. 1, 2 Rdn. 8.
276 Deutlich BVerfGE 95, 220, 234. Vgl. auch *Bethge*, NVwZ 1997, 4.
277 Vgl. BVerfGE 59, 231, 258; 87, 181, 201; 90, 60, 87; 95, 220, 234; 97, 298, 310. Vgl. auch *Bethge*, DÖV 2002, 673.
278 *Mailänder*, Konzentrationskontrolle zur Sicherung von Meinungsvielfalt im privaten Rundfunk, 2000, S. 40.
279 Erstmals benutzt wurde der Begriff der „dienenden Freiheit" in BVerfGE 57, 259, 319. Vgl. seitdem BVerfGE 59, 231, 257; 73, 118, 152; 74, 297, 3232; 83, 238, 295 f.; 87, 181, 197; 90, 60, 87; 95, 220, 236. Zustimmend *Stock*, Medienfreiheit als Funktionsgrundrecht, 1985, S. 325 ff.; *Seelmann-Eggebert*, ZUM 1992, 79 ff.; *Rossen*, Freie Meinungsbildung durch den Rundfunk, 1988, 333 ff.; *Kübler*, in: Badura/Scholz (Hrsg.), Festschrift für Peter Lerche, 1993, S. 649 ff; *Hoffmann-Riem*, in: Wassermann u.a. (Hrsg.), Kommentar zum Grundgesetz für die Bundesrepublik Deutschland, Band 1, 3. Aufl., Stand August 2002, Art. 5 Abs. 1, 2 GG Rdn. 157; *Badura*, in: Merten/Schmidt/Stettner (Hrsg.), Festschrift für Franz Knöpfle zum 70. Geburtstag, 1996, S. 1 ff.; *Bethge* in: Sachs (Hrsg.), Grundgesetz Kommentar, 3. Aufl., 2003, Art. 5 Rdn. 93 f.; *Albrecht Hesse*, Rundfunkrecht, 3. Aufl., 2003, S. 65 ff. Ablehnend dagegen *Fink*, DÖV 1992, 805 ff.; *Hain*, Rundfunkfreiheit und Rundfunkordnung, 1993, S. 41 ff.; *Kull*, in: Badura/Scholz (Hrsg.), Festschrift für Peter Lerche zum 65. Geburtstag, 1993, S. 663 ff.; *Engel*, AfP 1994, 185 ff.; *Hans H. Klein*, DVBl. 1994, 494. Kritisch auch *Degenhart*, K&R 2000, 52.
280 BVerfGE 87, 181, 197.
281 *Gersdorf*, Chancengleicher Zugang zum digitalen Fernsehen, 1998, S. 22.
282 BVerfGE 57, 295, 320; 74, 297, 332; 87, 181, 198.

die Entfaltungsinteressen der Rundfunkveranstalter bis zu einem bestimmten Grad einer „treuhänderischen Bindung".[283]

4. Konsequenz: Rundfunkspezifischer Ausgestaltungsvorbehalt

Aus ihrer dienenden Funktion ergibt sich unmittelbar das zweite grundrechtsdogmatische Spezifikum der Rundfunkfreiheit. Aufgrund ihrer besonderen Funktionszuweisung, freie und umfassende Meinungsbildung zu gewährleisten, stellt die Rundfunkfreiheit keine natürliche Freiheit dar.[284] Sie ist vielmehr normgeprägt.[285] Ihre Aufgabe, nämlich die Gewährleistung einer funktionsfähigen Kommunikationsordnung im Interesse der kommunikativen Freiheiten aller, hat zur Folge, dass vielfältige Interessen zum Ausgleich gebracht werden müssen.[286] Aus diesem Grund bedarf das Grundrecht der Rundfunkfreiheit nach der Rechtsprechung des Bundesverfassungsgerichts der Ausgestaltung durch den Gesetzgeber.[287] Dieser ist zur aktiven, das heißt zielorientierten Gewährleistung einer offenen und pluralistisch ausgewogenen Rundfunkordnung verpflichtet. Anders als im Pressebereich darf der Rundfunkgesetzgeber auf Fehlentwicklungen nicht erst reagieren, sondern er muss von Verfassungs wegen agieren.[288] Er hat durch eine „positive Ordnung" dafür Sorge zu tragen, dass der Rundfunk ebenso wenig wie dem Staat einzelnen gesellschaftlichen Gruppen ausgeliefert wird, sondern dass der Rundfunk die Vielfalt der Themen und Meinungen aufnimmt und wiedergibt, die in der Gesellschaft insgesamt eine Rolle spielen.[289]

---

283 Vgl. *Ruttig*, Der Einfluß des EG-Beihilferechts auf die Gebührenfinanzierung der öffentlich-rechtlichen Rundfunkanstalten, 2001, S. 41. Zur Rundfunkfreiheit als treuhänderische Freiheit *Ossenbühl*, DÖV 1977, 381 ff.
284 BVerfGE 95, 220, 237.
285 *Bethge*, VVDStRL Heft 57 (1998), 30; ders, in: Sachs (Hrsg.), Grundgesetz Kommentar, 3. Aufl., 2003, Art. 5 Rdn. 95. Vgl. auch *Hans H. Klein*, in: Geis/Lorenz (Hrsg.), Festschrift für Hartmut Maurer zum 70. Geburtstag, 2001, S. 199.
286 *Hoffmann-Riem*, Regulierung der dualen Rundfunkordnung, 2000, S. 98.
287 Vgl. hierzu grundsätzlich BVerfGE 57, 295, 320 ff.; 73, 118, 152 ff.; 83, 238, 296 f.; 95, 220, 236 ff. Nach *Hoffmann-Riem*, in: Wassermann u.a. (Hrsg.), Kommentar zum Grundgesetz für die Bundesrepublik Deutschland, Band 1, 3. Aufl., Stand August 2002, Art. 5 Abs. 1, 2 GG Rdn. 175 findet die Notwendigkeit zur gesetzlichen Ausgestaltung auch im Wortlaut des Art. 5 Abs. 1 Satz 2 GG seine Verankerung („wird gewährleistet").
288 *Mailänder*, Konzentrationskontrolle zur Sicherung von Meinungsvielfalt im privaten Rundfunk, 2000, S. 42.
289 BVerfGE 57, 295, 320; 83, 238, 296; 90, 60, 88.

Um dies zu gewährleisten, sind spezielle normative Vorkehrungen materieller, organisatorischer und verfahrensmäßiger Art erforderlich.[290] Der verfassungsrechtlich begründete Ausgestaltungsauftrag an den Gesetzgeber verfolgt dabei zwar gerade auch den Zweck, subjektivrechtliche Positionen der Grundrechtsträger zu sichern.[291] Andererseits kann subjektiver Grundrechtsschutz im Rundfunkbereich nur im Rahmen der vom Gesetzgeber auszugestaltenden positiven Ordnung entstehen und ist er quantitativ und qualitativ von diesem Ordnungsrahmen abhängig.[292] Die Rundfunkordnung hat damit insofern konstitutiven Charakter, als erst durch sie die Voraussetzungen und die Grundlage der Freiheitsbetätigung im Gewährleistungsbereich der Rundfunkfreiheit geschaffen werden.[293] Auf diese Weise gerät der Gesetzgeber vom typischen Grundrechtswidersacher in die Position eines Garanten der Rundfunkfreiheit.[294]

Gerade dieses Spezifikum der Rundfunkfreiheit, durch welches das Grundrecht „mit einem Bein außerhalb der tradierten Grundrechtsdogmatik steht",[295] wird in der Literatur häufig kritisert.[296] Dahinter steht jedoch die zutreffende Überlegung, dass es der Staat als selbstverfasste Friedens- und Ordnungsmacht ist, der den Inhabern der grundrechtlichen Freiheiten die rechtlichen Voraussetzungen für deren Ausübung schuldet.[297] Der Rundfunk kann aber aufgrund seiner Sonderstellung in der Kommunikationsordnung seiner dienenden Funktion gegenüber dem Prozess individueller und öffentlicher Meinungsbildung nur dann gerecht werden, wenn sicher gestellt ist, dass weder der Staat noch gesellschaftlich relevante Gruppen beherrschenden Einfluss auf dessen Kommunikationsstrukturen nehmen können.[298] Ähnlich wie bei der Diskussion um die Kon-

---

290 BVerfGE 57, 295, 319 f.; 73, 118, 152 f.; 83, 238, 296. Vgl. zum Konzept der Grundrechtsverwirklichung durch Organisation und Verfahren *Bethge*, NJW 1982, 1 ff.
291 Vgl. BVerfGE 97, 298, 312 ff.
292 *Gersdorf*, Rundfunkfreiheit ohne Ausgestaltungsvorbehalt, 1996, S. 35; *Gersdorf*, Chancengleicher Zugang zum digitalen Fernsehen, 1998, S. 25 ff. Das ist äußerst bedeutsam für die betroffenen Grundrechtsträger, weil es unmittelbare Auswirkungen auf die Möglichkeiten ihrer grundrechtlich geschützten Betätigung hat.
293 *Paschke*, Medienrecht, 2. Aufl., 2001, S. 90.
294 *Bethge*, Der verfassungsrechtliche Standort des öffentlich-rechtlichen Rundfunks, 1987, S. 16. Vgl. auch BVerfGE 90, 60, 88.
295 *Gersdorf*, Rundfunkfreiheit ohne Ausgestaltungsvorbehalt, 1996, S. 30.
296 Vgl. z.B. *Scholz*, JZ 1981, 561 ff.; *Kull*, AfP 1981, 378 ff.; *Starck*, in: von Mangold/Klein/Starck (Hrsg.), GG, Band 1, 4. Aufl. 1999, Art. 5 Abs. 1, 2 Rz. 8 ff.
297 BVerfGE 49, 24, 56 f.; Vgl. auch *Hans H. Klein*, DVBl. 1994, 493.
298 BVerfGE 12, 205, 262; 90, 60, 88; 95, 220, 234.

struktion staatlicher Schutzpflichten[299] liegt so auch dem Konzept vom funktionalen Charakter der Rundfunkfreiheit der Gedanke zugrunde, dass individuelle Freiheit nicht nur durch staatliche Eingriffe, sondern auch durch den Einfluss gesellschaftlicher Kräfte gefährdet sein kann.[300]

Eine solche Gefährdungslage entsteht für den durch Art. 5 Abs. 1 GG geschützten individuellen und öffentlichen Meinungsbildungsprozess insbesondere dann, wenn sich die Kommunikationsabläufe derart ausdifferenzieren, dass spezielle Dienstleister Funktionen übernehmen, die ihnen eine Sonderstellung im Kommunikationsprozess verschaffen. Eine derartige Sonderstellung haben typischerweise diejenigen inne, die die öffentliche Wahrnehmung von Massenmedien kontrollieren können.[301] Dabei handelt es sich zunächst um die Rundfunkprogrammveranstalter selbst. Unter dem Eindruck der Veränderungen der technischen Rahmenbedingungen kommen aber weitere Akteure hinzu, die Schlüsselpositionen in der Rundfunkkommunikation besetzen.[302] Auch diese müssen demnach gegebenenfalls von der rundfunkspezifischen Ausgestaltungsgesetzgebung erfasst werden, damit die Gefahr einer einseitigen Vermachtung der Kommunikationsabläufe verhindert werden kann.

Wegen des besonderen Wirkungspotentials des Rundfunks und seiner „Medium und Faktor" Rolle im Kommunikationsprozess einerseits sowie aufgrund seiner, durch die besonderen Kommunikationsstrukturen bedingten Mißbrauchsanfälligkeit andererseits kann der Rundfunk also nicht ohne weiteres „dem freien Spiel der Kräfte" überlassen werden.[303] Im Gegensatz zur Presse, bei der ein gewisses historisch gewachsenes publizistisches Gleichgewicht kon-

---

299 Vgl. dazu aus dem Schrifttum etwa *Dietlein*, Die Lehre von den grundrechtlichen Schutzpflichten, 1992, S. 34 ff.; *Horst Dreier*, Dimensionen der Grundrechte, 1993 S. 47 ff.; *Hans H. Klein*, DVBl. 1994, 489 ff.; *Unruh*, Zur Dogmatik grundrechtlicher Schutzpflichten, 1996, S. 29 ff.; *Erichsen*, Jura 1997, 85 ff.; *Szczekalla*, Die sogenannten grundrechtlichen Schutzpflichten im deutschen und europäischen Recht, 2002; *Isensee*, in: ders./Kirchhof (Hrsg.), Handbuch des Staatsrechts der Bundesrepublik Deutschland, Band V, 2. Aufl., 2000, § 111 Rdn. 86 ff.
300 *Ruttig*, Der Einfluß des EG-Beihilferechts auf die Gebührenfinanzierung der öffentlich-rechtlichen Rundfunkanstalten, 2001, S. 45. Konzeptionell gilt der Schutzpflichtengedanke für alle Grundrechte, also auch für die Rundfunkfreiheit *Dietlein*, Die Lehre von den grundrechtlichen Schutzpflichten, 1992, S. 74 ff., 80; *Hans H. Klein*, DVBl. 1994, 491 ff; *Isensee*, in: ders./Kirchhof (Hrsg.), Handbuch des Staatsrechts der Bundesrepublik Deutschland, Band V, 2. Aufl., 2000, § 111 Rdn. 3.
301 *Schulz/Seufert/Holznagel*, Digitales Fernsehen – Regulierungskonzepte und -perspektiven, 1999, S. 92 f.
302 Vgl. zu diesen Gatekeeper-Positionen im digitalisierten Rundfunk ausführlich oben im Teil B. III.
303 BVerfGE 31, 314, 325; 57, 295, 327; 83, 238, 319.

statiert werden kann,[304] geht das Bundesverfassungsgericht für den Rundfunkbereich davon aus, dass die Mechanismen des Marktes zur Herstellung eines vielfältigen Meinungs- und Informationsangebotes nicht ausreichend sind.[305] Vielmehr ergibt sich aus der Sonderstellung des Mediums das permanente Risiko, dass aus nicht-kommunikativen Gründen heraus, also etwa aus wirtschaftlichen oder politischen Kalkülen, die freie und öffentliche Meinungsbildung beeinflusst wird.[306] Unter der Prämisse eines insoweit vorauszusetzenden partiellen Marktversagens besteht der spezifische Grund für die verfassungsrechtlich geforderte Ausgestaltung der Rundfunkordnung somit darin, den vielfaltsrelevanten Verwerfungen, die sich bei einem marktmäßigen Selbstlauf für die Versorgungsaufgabe des Rundfunks ergäben, entgegenzuwirken.[307]

5. Zur Rechtfertigung einer Sonderstellung des Rundfunks unter dem Eindruck der Konvergenz der Medien

In der Literatur werden allerdings die These von der herausragenden Wirkungsintensität des Rundfunks und vor allem seine daraus resultierende Sonderstellung in der konvergierenden Kommunikationsordnung zunehmend in Frage gestellt.[308] Dieser Aspekt ist bedeutsam. Denn auf die Annahme einer besonderen „Breitenwirkung, Aktualität und Suggestivkraft" des Mediums Rundfunk gründet sich das primär objektiv-institutionelle dogmatische Verständnis der Rundfunkfreiheit ganz wesentlich. Das Bundesverfassungsgericht betont selbst die Bedeutung des „konkreten Lebenssachverhalts", auf den das Grundrecht bezogen ist, und ohne dessen Einbeziehung eine die normierende Wirkung der Rundfunkfreiheit entfaltende Auslegung nicht möglich erscheint.[309] Wäre also die These von einer Sonderstellung des Rundfunks im Kommunikationsprozess tatsächlich nicht haltbar, wäre auch der grundrechtsdogmatische Ansatz einer besonderen Funktionalisierung der Rundfunkfreiheit in Zweifel zu ziehen.

---

304 BVerfGE 12, 205, 261; 57, 295, 323.
305 BVerfGE 57, 57, 295, 322 ff.; 73, 118, 158.
306 Vgl. BVerfGE 97, 228, 266; *Schulz/Seufert/Holznagel*, Digitales Fernsehen – Regulierungskonzepte und -perspektiven, 1999, S. 92.
307 *Gersdorf*, Chancengleicher Zugang zum digitalen Fernsehen, 1998, S. 25.
308 Vgl. *Hain*, Rundfunkfreiheit und Rundfunkordnung, 1993, S. 49 ff.; *Charissé*, Die Rundfunkveranstaltungsfreiheit und das Zulassungsregime der Rundfunk- und Mediengesetze, 1999, S. 93 ff.; *Bullinger/Mestmäcker*, Multimediadienste, 1997, S. 54 ff.; *Schoch*, JZ 2002, 798 ff.
309 BVerfGE 73, 118, 154.

a) Die „Sondersituation im Bereich des Rundfunks"

In seinem ersten Rundfunkurteil aus dem Jahre 1961 stellte das Bundesverfassungsgericht noch auf eine im Vergleich zur Presse bestehende „Sondersituation im Bereich des Rundfunks" ab. Während innerhalb des Pressewesens eine relativ große Zahl von selbständigen und nach ihrer Tendenz, politischen Färbung oder weltanschaulichen Grundhaltung miteinander konkurrierenden Presseerzeugnissen existiere, müsse wegen der Knappheit der verfügbaren Übertragungsmöglichkeiten einerseits und aufgrund des großen finanziellen Aufwands, den die Veranstaltung von Rundfunk erfordere, andererseits die Zahl der Rundfunkveranstalter verhältnismäßig klein bleiben.[310] Dieser Umstand erfordere besondere Vorkehrungen zur Verwirklichung und Aufrechterhaltung der Rundfunkfreiheit.[311]

Die Annahme einer Sondersituation auf dem Rundfunksektor aus den genannten technischen und wirtschaftlichen Gründen kann jedoch, soweit sie überhaupt jemals gerechtfertigt war,[312] heute keinen Bestand mehr haben.[313] Bereits durch die seit den 1980er Jahren mögliche Übertragung von Rundfunkprogrammen über die Kabelnetze und über Satelliten ist es zu einer maßgeblichen Ausweitung der Sendekapazitäten gekommen. Durch die Digitalisierung der Übertragungswege und durch die Datenreduktions- und Datenkompressiontechnik haben sich die Übertragungskapazitäten erneut vervielfacht. Gleichzeitig mit den Kapazitätserweiterungen sinken zudem die Kosten für die Rundfunkveranstaltung.[314]

---

310 BVerfGE 12, 205, 261.
311 Vgl. BVerfGE 12, 205, 261 und sinngemäß auch BVerfGE 31, 314, 326.
312 Kritisch insoweit *Herzog*, in: Maunz/Dürig (Hrsg.), GG, Band I, Stand Februar 2003, Art. 5 Abs. I, II Rdn. 221 ff.; *Degenhart*, in: Dolzer/Vogel/Graßhof (Hrsg.), Bonner Kommentar zum Grundgesetz, Stand Dezember 2003, Art. 5 Abs. 1 und 2 Rdn. 646.
313 Vgl. *Scholz*, AfP 1995, 357 ff.; *Bullinger*, in: Eckart Klein (Hrsg.), Festschrift für Ernst Benda zum 70. Geburtstag, 1995, S. 34; *Kübler*, AfP 2002, 281; *Starck*, in: von Mangold/Klein/Starck (Hrsg.), GG, Band 1, 4. Aufl. 1999, Art. 5 Abs. I, 2 Rdn. 111. Auch das Bundesverfassungsgericht stellt inzwischen zur Begründung seiner grundrechtsdogmatischen Sonderbehandlung der Rundfunkfreiheit nicht mehr auf das Kriterium der „Sondersituation" des Rundfunks ab, vgl. BVerfGE 57, 295, 322.
314 *Holznagel*, NJW 2002, 2352. Vgl. zu diesen Veränderungen auch *Hoffmann-Riem*, Erosionen des Rundfunkrechts, 1990, S. 9 ff.

b) Die besondere rundfunkspezifische Wirkungsintensität

Das Bundesverfassungsgericht führt heute als entscheidendes Argument für die Annahme einer Sonderstellung des Rundfunks im verfassungsrechtlich durch Art. 5 Abs. 1 GG geschützten Kommunikationsprozess die gegenüber den anderen Massenmedien besondere Wirkungsintensität des Rundfunks an. Es stützt sich damit auf ein empirisches medienwissenschaftliches Argument.

Der Veranstaltung von Rundfunk kommt nach Auffassung des Bundesverfassungsgerichts eine besondere kommunikative Bedeutung zu, weil der Rundfunk durch seine „Breitenwirkung, Aktualität und Suggestivkraft" eine gegenüber den anderen Massenmedien erhöhte publizistische Wirkungsintensität entfaltet.[315] Zwar hat sich gezeigt, dass es für die Medienwirkungsforschung[316] letztlich unmöglich ist, die Wirkung einzelner Medien abschließend zu bestimmen, da diese in einem komplexen Zusammenspiel aus gesellschaftlichen, situativen und interpersonalen Kontexten abläuft.[317] Was Hörfunk und Fernsehen beim Einzelnen oder bei der Masse der Rezipienten bewirken, ist somit trotz des erheblichen kommunikationswissenschaftlichen Forschungsaufwandes nur sehr schwer zu bestimmen.[318] Jedoch gibt es zahlreiche Faktoren, welche die empirische Annahme des Bundesverfassungsgerichts von der besonderen „Suggestivkraft, Aktualität und Breitenwirkung" des Rundfunks stützen können.[319]

aa) Besondere Suggestivkraft

Bereits 1933 verwies *Carl Schmitt* auf die besonderen massenpsychologischen Einwirkungsmöglichkeiten der Rundfunkveranstaltung.[320] Unter dem Eindruck der Indienststellung des Rundfunks in Zeiten der nationalsozialistischen Diktatur bezeichnete *Werner Weber* in den 50er Jahren den Rundfunk als potentielles

---

315 BVerfGE 90, 60, 87. Dazu ausführlich *Lent*, Rundfunk-, Medien-, Teledienste, 2001, S. 29 ff. der von einer besonderen „rundfunkspezifischen Wirkungskraft" spricht.
316 Dazu allgemein *Maletzke*, Medienwirkungsforschung, 1981; *Schenk*, Medienwirkungsforschung, 1987; *Jäckel*, Medienwirkungen, 2. Aufl., 2002.
317 Vgl. *Schulz*, ZUM 1996, 492.
318 *Herrmann/Lausen*, Rundfunkrecht, 2. Aufl., 2004, § 2 Rdn. 152.
319 Vgl. dazu ausführlich *Lent*, Rundfunk-, Medien-, Teledienste, 2001, S. 46 ff. Kritisch demgegenüber *Hain*, Rundfunkfreiheit und Rundfunkordnung, 1993, S. 53 ff.; *Charissé*, Die Rundfunkveranstaltungsfreiheit und das Zulassungsregime der Rundfunk- und Mediengesetze, 1999, S. 93 ff.
320 *Carl Schmitt*, Machtpositionen des modernen Staates, in: ders., Verfassungsrechtliche Aufsätze, 2. Aufl., 1978, S. 369.

Machtmittel allerersten Ranges.[321] Diese Bewertung des Rundfunks als ein mit besonderem suggestiven Wirkungspotential ausgestattetes Medium setzt sich auch in der nachfolgenden Literatur fort.[322] *Lieb* erkennt ein besonderes Strukturmerkmal des Rundfunks in der einzigartigen Machtintensität und Suggestivkraft des Mediums.[323] *Stern/Bethge* begründen die besondere Wirkung des Rundfunks mit dessen typischer Kombination von technischer Fertigkeit, psychologischer Eindringlichkeit und akustisch-visueller Intensität.[324]

Im Anschluss daran hebt auch das Bundesverfassungsgericht die einzigartige audiovisuelle Darbietungsmodalität als Spezifikum des Mediums hervor.[325] Als Bewegtbilddienst kommt dem Fernsehen eine gegenüber reinen Textdiensten erhöhte Suggestivkraft zu.[326] Denn mit Tönen versehene Bewegtbildübertragungen haben eine unmittelbare, emotionale Wirkungsqualität und erhalten so eine besondere Intensität.[327]

Was den Rundfunk von anderen Medien unterscheidet, ist danach insbesondere der Schein von Authentizität, den er ausstrahlt. Da Aussagen im Fernsehen sowohl durch Ton als auch bewegtes Bild unterstützt werden, scheinen sie unmittelbar die Realität wiederzugeben.[328] Aufgrund des auf diese Weise vermittelten Eindrucks des Dabeiseins erhält die Fernsehberichterstattung ungleich größere Glaubwürdigkeit als etwa Aussagen in Printmedien.[329] Audiovisuelle Medien werden in diesem Zusammenhang als „natürliche Medien" bezeichnet, da die Rezipienten das vermittelte Geschehen unmittelbar aufnehmen können, ohne dass – wie etwa beim Lesen – eine zusätzliche kognitive Dekodierung er-

---

321 *Werner Weber*, in: Der Rundfunk im politischen und geistigen Raum des Volkes, Denkschrift der NWDR-Rundfunkschule, 1952, S. 63.
322 Skeptisch jedoch *Hain*, Rundfunkfreiheit und Rundfunkordnung, 1993, S. 49 ff.; *Charissé*, Die Rundfunkveranstaltungsfreiheit und das Zulassungsregime der Rundfunk- und Mediengesetze, 1999, S. 93 ff.
323 *Lieb*, Kabelfernsehen und Rundfunkgesetze, 1974, S. 219.
324 *Stern/Bethge*, Öffentlich-rechtlicher und privatrechtlicher Rundfunk, 1971, S. 42.
325 BVerfGE 97, 228, 259.
326 Vgl. *Jarass*, Online-Dienste und Funktionsbereich des Zweiten Deutschen Fernsehens, 1997, S. 17; *Eberle*, CR 1996, 194.
327 *Schulz*, ZUM 1996, 493. Zum besonderen emotionalen Erleben des Fernsehens („Fernseh-Fühlen") auch *Krotz*, RuF 1993, 477 f.
328 *Pieper/Wiechmann*, ZUM 1995, 88.
329 Vgl. das „Erste DLM-Strukturpapier zur Unterscheidung von Rundfunk und Mediendiensten" 2.1.2 abgedruckt bei *Hartstein/Ring/Kreile/Dörr/Stettner*, Rundfunkstaatsvertrag Kommentar, Stand März 2004, § 2 RStV Rdn. 9 und jüngst erneut das „Dritte DLM-Strukturpapier zur Unterscheidung von Rundfunk und Mediendiensten" 2.3. abrufbar unter http:/www.alm.de. Kritisch dagegen *Hans H. Klein*, Die Rundfunkfreiheit, 1978, S. 70.

forderlich wäre.³³⁰ Auch das Bundesverfassungsgericht hebt diesen Aspekt hervor, wenn es den durch das Medium Fernsehen besonders vermittelten „Anschein der Authentizität und des Miterlebens" betont.³³¹

Hinzu kommt, dass durch die Rundfunkberichterstattung in vielen Fällen Informationen vermittelt werden, die sonst von der Masse der Rezipienten überhaupt nicht wahrgenommen würden. Der Rundfunk wirkt so als Sozialisationsfaktor und „Wirklichkeitskonstrukteur".³³² Besonders für räumlich entfernt liegende Ereignisse gilt oftmals, dass alles das, was nicht durch Fernsehen oder Hörfunk vermittelt wird, im Bewusstsein vieler Menschen überhaupt nicht geschieht.³³³ Allein in der redaktionellen Auswahl der vermittelten Inhalte ist also bereits ein Potential zur manipulativen Steuerung der Rezipienten enthalten. In diesem Zusammenhang spielt nicht nur die Frage eine Rolle, ob ein Ereignis überhaupt präsentiert wird, sondern auch in welcher Weise es dargestellt wird. In jedem Fall entsteht bei einer – zwangsläufig stets subjektiven – redaktionellen Gestaltung von audiovisuell übermittelten Informationen die gesteigerte Gefahr, dass die Wahrnehmung von Ereignissen beim Publikum beeinflusst wird.³³⁴

bb) Besondere Aktualität und Breitenwirkung

Neben der besonderen Suggestivkraft des Rundfunks stellt das Bundesverfassungsgericht auf die besondere „Aktualität und Breitenwirkung" des Mediums ab.³³⁵ Tatsächlich verfügt die Rundfunkberichterstattung über einen Aktualitätsvorsprung gegenüber anderen Massenmedien, insbesondere im Vergleich zur Presse. Dadurch, dass die Fernsehbilder quasi in Nullzeit zum Rezipienten gelangen können, entsteht eine Augenzeugen-Perspektive und damit ein qualitativ völlig anderer Eindruck von der Realität als bei der Rezeption von Texten in Printmedien oder auch im Internet.³³⁶

Als Beispiel sei hier die Berichterstattung über die Terroranschläge vom 11. September 2001 in New York angeführt.³³⁷ Die aktuellsten Informationen über die Geschehnisse boten die von den Fernsehsendern in alle Welt getragen Live-

---

330 *Lent*, Rundfunk-, Medien-, Teledienste, 2001, S. 69 m.w.N.
331 BVerfGE 97, 228, 256.
332 *Bamberger*, in: Demel u.a. (Hrsg.), Funktionen und Kontrolle der Gewalten, 2000, S. 312.
333 Zum Agenda-Setting-Effect *Herrmann/Lausen*, Rundfunkrecht, 2. Aufl., 2004, § 2 Rdn. 154.
334 *Pieper/Wiechmann*, ZUM 1995, 85.
335 BVerfGE 90, 60, 87.
336 *Lent*, Rundfunk-, Medien-, Teledienste, 2001, S. 68 f.
337 Zur Informationsverbreitung und Medienwahl bei der Aufnahme dieses Ereignisses *Emmer/Kuhlmann/Vowe/Wolling*, MP 2002, 166 ff.

Berichte aus den USA. Die Ereignisse sind den meisten Menschen auch deshalb immer noch so präsent, weil sie den Einschlag des zweiten Flugzeuges in den Nordturm des World Trade Centers oder auch den Einsturz der Gebäude am Fernsehbildschirm live miterlebt haben. Die Illusion des unmittelbaren Erlebens der Geschehnisse erweist sich als besonders prägend für die Aufnahme und Verarbeitung der Vorgänge durch die Rezipienten. Das Fernsehen erlangt in solchen Fällen insbesondere in seiner Funktion als „Medium der Erstinformation" besondere Bedeutung für die Art und Weise, wie ein Ereignis in der Öffentlichkeit dauerhaft wahrgenommen wird.[338]

Entscheidend für die besondere Rolle rundfunkvermittelter Kommunikation ist schließlich die besondere Breitenwirkung des Mediums. Eine besondere (massen)kommunikative Wirkung des Rundfunks ergibt sich zum einen aus der Tatsache, dass eine Vielzahl von Menschen an einer Vielzahl von Orten die ausgestrahlten Inhalte empfangen kann. Zum anderen entsteht auch eine besondere mediale Wirkung aus dem zeitgleichen Empfang der übertragenen Inhalte durch die räumlich getrennten Rezipienten. Eine durch das Fernsehen vermittelte Aussage kann in ein und demselben Augenblick einer großen Masse von Empfängern übermittelt werden. Dadurch entsteht für einen identischen Inhalt ein besonderer Multiplikationseffekt.[339] Die dadurch gegebene Breitenwirkung des Rundfunks wird in erster Linie durch die ständige Verfügbarkeit des laufenden Rundfunkprogramms erreicht, auf das der einzelne Fernsehhaushalt permanent zugreifen kann.

cc) Die Übertragung im Programmschema

In diesem Zusammenhang wird in jüngerer Zeit verstärkt die Verbreitung der Inhalte über ein zeitlich planmäßig ablaufendes Gesamtprogramm hervorgehoben, die für die mediale Wirkung des Rundfunks von besonderer Bedeutung sein soll.[340] Im traditionellen analogen Rundfunk verbindet der Rundfunkveranstalter

---

338 Dazu schon *Lieb*, Kabelfernsehen und Rundfunkgesetze, 1974, S. 221 f. Eine Repräsentativbefragung zur Aufnahme der Geschehnisse vom 11. September hat ergeben, dass fast die Hälfte der Bevölkerung – über den Tag verteilt – aus dem Fernsehen von dem Ereignis erfuhr, vgl. *Emmer/Kuhlmann/Vowe/Wolling*, MP 2002, 169.
339 Vgl. das „Erste DLM-Strukturpapier zur Unterscheidung von Rundfunk und Mediendiensten" 2.1.2 abgedruckt bei *Hartstein/Ring/Kreile/Dörr/Stettner*, Rundfunkstaatsvertrag Kommentar, Stand März 2004, § 2 RStV Rdn. 9 sowie jüngst erneut das „Dritte DLM-Strukturpapier zur Unterscheidung von Rundfunk und Mediendiensten" 2.3 abrufbar unter http:/www.alm.de.
340 *Bullinger/Mestmäcker*, Multimediadienste, 1997, S. 52 ff. Vgl. auch *Lent*, Rundfunk-, Medien-, Teledienste, 2001, S. 60 ff., S. 66 f.

eine kontinuierliche Abfolge von audiovisuellen Einzelwerken zu einem redaktionell gestalteten Programmschema. Der Rezipient kann sich in dieses laufende Programm einschalten und wird von dessen Ablauf gefesselt und mitgerissen.

Der Rundfunk in seiner herkömmlichen Form erscheint so als idealtypische Ausprägung eines „Verteildienstes".[341] Der jeweilige Programmveranstalter legt seine Programminhalte und deren zeitliche Ausstrahlungsabfolge einseitig fest und „verteilt" dieses Programm zeitgleich an eine Vielzahl von Rezipienten.[342] Aufgrund des vom Programmveranstalter vorgegebenen Programmablaufs sind die Möglichkeiten der Empfänger, über die Informationsaufnahme frei zu disponieren, relativ beschränkt.[343] Der Zuschauer verfügt – abgesehen von der Möglichkeit des Ein- und Ausschaltens oder einem Kanalwechsel – über keine unmittelbaren Selektions- und Auswahlmöglichkeiten.[344]

Diese einseitig-lineare Kommunikationsstruktur verstärkt ein Rezeptionsverhalten, das durch eine passive und eher unbeteiligte, beiläufige Aufnahme des vorgegebenen Programmangebotes gekennzeichnet ist.[345] Für die meisten Menschen ist die Fernsehnutzung eine Form der Freizeitgestaltung, für die keine große Anstrengung unternommen werden muss, und die als Mittel zur Entspannung genutzt wird.[346] Das Fernsehen ist insoweit das „bequemste Massenmedium".[347] Aktive Leistungen werden vom Rezipienten nicht verlangt. Die Nutzung des in einem festen Programmschema eingebundenen audiovisuellen Angebots erfolgt vielmehr in einer intellektuellen Passivhaltung der Rezipienten. Diese begünstigt die besondere emotionale Wirkungskraft des Rundfunks.[348]

Letzteres gilt insbesondere im Vergleich zur Wirkung von Printmedien. Denn „im Raum organisierte", gedruckte Texte ermöglichen eine individuellere Steuerung des Rezeptionsvorganges und somit die Befriedigung individueller Rezep-

---

341 *Nischan*, Digitale multimediale Videodienste, 2000, S. 16; *Brand*, Rundfunk im Sinne des Artikel 5 Abs. 1 Satz 2 GG, 2002, S. 249.
342 Vgl. zur Definition des Verteildienstes *Gersdorf*, Der verfassungsrechtliche Rundfunkbegriff im Lichte der Digitalisierung der Telekommunikation, 1995, S. 27 f.; *Nischan*, Digitale multimediale Videodienste, 2000, S. 16 f.; *Brand*, Rundfunk im Sinne des Artikel 5 Abs. 1 Satz 2 GG, 2002, S. 249.
343 Vgl. *Hans H. Klein*, Die Rundfunkfreiheit, 1978, S. 71; *Charissé*, Die Rundfunkveranstaltungsfreiheit und das Zulassungsregime der Rundfunk- und Mediengesetze, 1999, S. 93 m.w.N.
344 *Gersdorf*, Der verfassungsrechtliche Rundfunkbegriff im Lichte der Digitalisierung der Telekommunikation, 1995, S. 27; *Brand*, Rundfunk im Sinne des Artikel 5 Abs. 1 Satz 2 GG, 2002, S. 249.
345 *Lent*, Rundfunk, Medien, Teledienste, 2001, S. 60.
346 *Bekkers*, MP 1998, 86.
347 *Lieb*, Kabelfernsehen und Rundfunkgesetze, 1974, S. 220 f. Vgl. auch BVerfGE 97, 228, 256.
348 Vgl. dazu *Lent*, Rundfunk-, Medien-, Teledienste, 2001, S. 60 ff. m.w.N.

tionsbedürfnisse. So kann der Leser einer Tageszeitung einzelne Textpassagen in unterschiedlicher Reihenfolge oder auch gar nicht zur Kenntnis nehmen. Er kann bei der Informationsaufnahme beliebig innehalten. Printmedien bieten deshalb mehr Gelegenheit dazu, in Ruhe eigene Gedanken, die sich bei der Informationsverarbeitung ergeben, fortzuentwickeln.[349] Dies gilt auch für die primär textorientierten Angebote im Internet.[350]

Demgegenüber verleiten das „in der Zeit organisierte" Programmschema einerseits und die Nutzung des Fernsehens als entspannendes „Nebenbei-Medium"[351] andererseits zu einem oberflächlichen und damit auch unkritischeren Rezeptionsverhalten. Eine aktive Verarbeitung der medialen Botschaft findet deshalb in der Regel nicht statt. Die passive und dadurch tendenziell oberflächlichere Rezeption rundfunkvermittelter Kommunikationsinhalte schafft so besondere Möglichkeiten für eine suggestive Beeinflussung der Zuschauer.

c) Veränderungen des besonderen Wirkungspotentials durch Digitalisierung und Konvergenz?

In jüngerer Zeit wird die These von der besonderen „Aktualität, Breitenwirkung und Suggestivkraft" des Mediums Rundfunks zunehmend angezweifelt.[352] Zum Teil wird die Existenz eines sich von anderen Medien signifikant unterscheidenden Wirkungspotentials des Rundfunks grundsätzlich abgestritten, da dies weder empirisch noch medienwissenschaftlich eindeutig belegbar sei.[353] Wie die obigen Ausführungen gezeigt haben, ergeben sich aber sehr wohl Anhaltspunkte, die dafür sprechen, dass zumindest dem herkömmlichen Programmrundfunk eine Sonderstellung gegenüber anderen Formen medialer Kommunikation zukommt. Mit Blick auf die Auswirkungen von Digitalisierung und Konvergenz werden nun aber neue Argumente gegen die These eines besonderen rundfunkspezifischen Wirkungspotentials vorgebracht.

---

349 *Schulz*, ZUM 1996, 492 f. Vgl. dazu auch *Weidenmann*, Der mentale Aufwand beim Fernsehen, in: Groebel/Winterhoff-Spurk (Hrsg.), Empirische Medienpsychologie, 1989, S. 134 ff.
350 Vgl. *Lent*, Rundfunk-, Medien-, Teledienste, 2001, S. 62.
351 Zum Fernsehen als „Nebenbei-Medium" *Hasebrink*, Fernsehen in neuen Medienumgebungen, 2001, S. 42 ff.
352 Vgl. z.B. *Stammler*, ZUM 1995, 106 f.
353 *Hain*, Rundfunkfreiheit und Rundfunkordnung, 1993, S. 49 ff.; *Charissé*, Die Rundfunkveranstaltungsfreiheit und das Zulassungsregime der Rundfunk- und Mediengesetze, 1999, S. 93 ff.

aa) Das Argument der graduellen Individualisierung der Rundfunkkommunikation

In Zusammenhang mit den technologisch bedingten Veränderungen stehen im Zentrum der Argumentation die zu erwartende Vervielfachung und Ausdifferenzierung der Medienangebote. Im Zuge der damit verbundenen verstärkten Zielgruppenorientierung des Angebots werden eine Fragmentierung und Segmentierung des Publikums in eine Vielzahl von Teilöffentlichkeiten erwartet.[354] Die Tatsache, dass sich mit dem medialen Angebot auch die Mediennutzung ausdifferenziert, dass sich also „das Publikum verstreut"[355], soll dann dazu führen, dass der Rundfunk zunehmend seine integrierende Funktion für das Staatsganze verliert und damit letztlich auch seine Sonderstellung im Kommunikationsprozess einbüßt.[356]

Bullinger/Mestmäcker sprechen in diesem Zusammenhang von einem Prozess partieller und gradueller Individualisierung der Rundfunkkommunikation.[357] Aufgrund der Verspartung des Programmangebotes sowie bedingt durch die flexibilisierten Rezeptionsbedingungen digitaler Zugriffs- und Abrufdienste erwarten sie eine Abschwächung des massenkommunikativen Charakters des Rundfunks, der sich zunehmend den Bedingungen der Individualkommunikation annähere.[358] Insbesondere weil bei Zugriffs- und Abrufdiensten die für die herkömmlichen Verteildienste typische einseitige Verknüpfung von einzelnen Beiträgen zu einem redaktionell gestalteten Gesamtprogramm entfalle, würde sich auch deren rundfunkspezifische Wirkungsintensität verringern bzw. bei Abrufdiensten sogar ganz entfallen.[359]

---

354 Vgl. dazu *Holznagel*, Der spezifische Funktionsauftrag des Zweiten Deutschen Fernsehens, 1999, S. 84 f.; *Hasebrink*, Fernsehen in neuen Medienumgebungen, 2001, S. 95 ff.
355 *Hasebrink*, Fernsehen in neuen Medienumgebungen, 2001, S. 95.
356 Vgl. zur Integrationsfunktion des Rundfunks BVerfGE 31, 314, 329; 47, 198, 225; *Holznagel*, Der spezifische Funktionsauftrag des Zweiten Deutschen Fernsehens, 1999, S. 39 ff.
357 *Bullinger/Mestmäcker*, Multimediadienste, 1997, S. 21. Zur These der „Individualisierung der Massenkommunikation" auch *Jäckel*, Wahlfreiheit in der Fernsehnutzung, 1996.
358 *Bullinger/Mestmäcker*, Multimediadienste, 1997, S. 22. Zu individualisierten Zwischenformen von Medien der Massenkommunikation und Individualkommunikation auch bereits *Bullinger*, Kommunikationsfreiheit im Strukturwandel der Telekommunikation, 1980, S. 30 ff.
359 So *Bullinger/Mestmäcker*, Multimediadienste, 1997, S. 55 ff. In der Konsequenz wird aus diesem Grund dann auch die Subsumtion der Abruf- und teilweise auch der Zugriffsdienste unter den verfassungsrechtlichen Rundfunkbegriff abgelehnt, vgl. *Bullinger/Mestmäcker*, Multimediadienste, 1997, S. 57; *Lent*, Rundfunk-, Me-

Hinter dieser Argumentation verbirgt sich die Vorstellung, dass die vom Bundesverfassungsgericht betonte besondere rundfunkspezifische Wirkungskraft ausschließlich bei einer zeitgleichen Übertragung von Inhalten an eine relativ homogene Öffentlichkeit, die als solche gerade in ihrer Gesamtheit rezeptionsfähig und -bereit sein muss, entstehen kann. Eine solche homogene Öffentlichkeit gebe es aber in Zeiten der Konvergenz nicht mehr.[360] Deshalb wird eine besondere mediumsspezifische Wirkungsintensität allenfalls noch den klassischen, als Verteildienst ausgestalteten Rundfunkvollprogrammen zugestanden.[361]

aaa) Die flexibleren Nutzungsmöglichkeiten der neuen Dienste

Richtig an dieser Argumentation ist zunächst, dass im Zuge der digitalisierten Rundfunkverbreitung eine Vielzahl neuer Programmformen und Mediendienste realisierbar wird.[362] Neben der Erweiterung des klassischen Rundfunkangebotes in Gestalt der tradierten Vollprogramme um zielgruppenspezifische Spartenprogramme und unterschiedliche Varianten des Pay-TV[363] geht es dabei auch um eine Reihe neuer medialer Angebote, die zu Zeiten der analogen Rundfunkübertragung technisch nicht umsetzbar waren.[364] Grundsätzlich kann im Hinblick auf das künftige Angebotsspektrum unterschieden werden zwischen den bereits angesprochenen Verteildiensten sowie Zugriffs- und Abrufdiensten.

---

dien-, Teledienste, 2001, S. 116 ff.; *Degenhart,* in: Dolzer/Vogel/Graßhof (Hrsg.), Bonner Kommentar zum Grundgesetz, Stand Dezember 2003, Art. 5 Abs. 1 und 2 Rdn. 685. A.A. jedoch *Gersdorf,* Der verfassungsrechtliche Rundfunkbegriff im Lichte der Digitalisierung der Telekommunikation, 1995, S. 134 ff.; *Michel,* ZUM 1998, 352 f.; *Janik,* AfP 2000, 14; *Brand,* Rundfunk im Sinne des Artikel 5 Abs. 1 Satz 2 GG, 2002, S. 184; *Bethge,* in: Sachs (Hrsg.), Grundgesetz Kommentar, 3. Aufl., 2003, Art. 5 Rdn. 90b.

360 *Schoch,* JZ 2002, 804. Vgl. auch *Vesting,* in: Kops/Schulz/Held (Hrsg.), Von der dualen Rundfunkordnung zur dienstespezifisch diversifizierten Informationsordnung?, 2001, S. 280 ff.
361 Vgl. *Bullinger,* in: Badura/Dreier (Hrsg.), Festschrift 50 Jahre Bundesverfassungsgericht, Band II, 2001, S. 206 ff.
362 Vgl. die Übersichten und Darstellungen bei *Gersdorf,* Der verfassungsrechtliche Rundfunkbegriff im Lichte der Digitalisierung der Telekommunikation, 1995, S. 36 ff.; *Nischan,* Digitale multimediale Videodienste, 2000, S. 21 ff.; *Brand,* Rundfunk im Sinne des Artikel 5 Abs. 1 Satz 2 GG, 2002, S. 154 ff.
363 Vgl. dazu *Hoffmann-Riem,* Pay TV im öffentlich-rechtlichen Rundfunk, 1996, S. 11 ff.; *Hoffmann-Riem,* MP 1996, 73 ff. Zur Entwicklung des Pay-TV in Deutschland auch *Paukens/Schümchen,* Digitales Fernsehen in Deutschland, 2000, S. 81 ff.
364 Dazu zählen z.B. die „interaktiven" Anwendungsoptionen. Dazu *Stipp,* MP 2003, 474.

Verteildienste sind gekennzeichnet durch die Zeitgleichheit der Ausstrahlung der Kommunikationsinhalte und deren Empfang durch eine unbestimmte Anzahl von Empfängern.[365] Die herkömmlichen Rundfunkvollprogramme sind dafür ein Beispiel. Der Veranstalter „verteilt" seine Darbietung, eingebunden in ein festes Programmschema, zeitgleich an die Allgemeinheit. Da Zeitpunkt und Inhaltsabfolge einseitig vom Veranstalter festgelegt werden, beschränken sich die Selektionsmöglichkeiten der Rezipienten bei Verteildiensten auf das An- bzw. Abwählen des jeweiligen Angebots.[366]

Demgegenüber werden im Fall von Zugriffsdiensten die gleichen Informationen, seien es Texte oder Bewegtbildsequenzen, in kurzen Abständen periodisch wiederholt, so dass die Rezipienten je nach individuellem Bedarf turnusmäßig auf sie „zugreifen" können.[367] Auch hier legt der Veranstalter zwar die Inhaltsabfolge der Ausstrahlung einseitig fest. Aufgrund der zyklischen Wiederholung der Inhalte kann der Rezipient jedoch, anders als bei einem Verteildienst, den Zeitpunkt selbst bestimmen, zu dem er auf die dargebotenen Informationen zugreift. Die Abhängigkeit der Rezipienten von den Veranstaltervorgaben wird dadurch ein Stück weit aufgehoben. Die Rezeptionsoptionen werden flexibilisiert.

Noch weitergehende individuelle Selektionsmöglichkeiten bieten Abrufdienste. Sie stellen eine Vielzahl von dauerhaft auf zentralen Servern gespeicherten Daten „auf Abruf" bereit.[368] Diese Art von Diensten wird bisweilen anschaulich als „virtuelle Videotheken" bezeichnet.[369] Denn wie bei einer Videothek können die Rezipienten das gewünschte Programm zu einem beliebigen Zeitpunkt aus dem permanent auf dem Zentralserver bereitgestellten Angebot auswählen und abrufen. Der Zuschauer bestimmt hier also nicht nur, welche Informationen er empfängt, sondern auch, zu welchem Zeitpunkt er den jeweiligen Programmbeitrag rezipiert. Anders als bei Zugriffsdiensten ist er dabei nicht an eine vom Veranstalter gesteuerte Wiederholungsschleife gebunden. Das Gesamtangebot steht ihm permanent zur Verfügung.

Damit wird ein wesentlicher struktureller Unterschied zwischen reinen Verteildiensten auf der einen Seite und den Zugriffs- bzw. Abrufdiensten auf der

---

365 *Gersdorf*, Der verfassungsrechtliche Rundfunkbegriff im Lichte der Digitalisierung der Telekommunikation, 1995, S. 27.
366 *Brand*, Rundfunk im Sinne des Artikel 5 Abs. 1 Satz 2 GG, 2002, S. 249.
367 *Gersdorf*, Der verfassungsrechtliche Rundfunkbegriff im Lichte der Digitalisierung der Telekommunikation, 1995, S. 29.
368 Zur technischen Ausgestaltung von Abrufdiensten vgl. *Gersdorf*, Der verfassungsrechtliche Rundfunkbegriff im Lichte der Digitalisierung der Telekommunikation, 1995, S. 30 ff.
369 Vgl. z.B. *Ladeur*, MMR 2000, 715.

anderen Seite deutlich: Während der Rezipient bei den Verteildiensten an das Ordnungsraster des vorgegebenen Programmschemas gebunden ist, bieten die Zugriffs- und mehr noch die Abrufdienste wesentlich erweiterte Selektions- und Auswahlmöglichkeiten für den Zuschauer. Diesem bleibt nunmehr nicht mehr nur die weitgehend passive Rezeption eines vorgegebenen, redaktionell gestalteten Programms; vielmehr kann er individuell entscheiden, welches Programmangebot er zu welchem Zeitpunkt wahrnehmen möchte.

bbb) Partielle Individualisierung des Rundfunks, aber keine Änderung der spezifischen Wirkungsintensität

Somit erscheint es zunächst zutreffend, von einer zumindest graduellen und partiellen Individualisierung des Mediums Rundfunk auszugehen. Diese entsteht einerseits durch die inhaltliche Verspartung des Gesamtangebots, die einen zielgruppenspezifischen Zuschnitt einzelner Programme ermöglicht. Andererseits wird sie begünstigt durch die soeben dargestellte Flexibilisierung der zeitlichen Rezeptionsmöglichkeiten rundfunkvermittelter Kommunikationsinhalte durch Zugriffs- bzw. Abrufdienste.

Das bedeutet jedoch nicht, dass infolgedessen das Spezifikum der gegenüber anderen Medien besonderen „Aktualität, Breitenwirkung und Suggestivkraft" des Rundfunks verlorenginge, oder dass diesen Angeboten per se der massenkommunikative Charakter abzusprechen wäre. Denn entscheidend ist das Erscheinungsbild des Mediums als Ganzes. Zwar wird sich das Fernsehgerät aller Voraussicht nach von seiner klassischen Form als „Lean-back-Medium", bei dem sich der Zuschauer nur zurücklehnen braucht und mehr oder weniger passiv das vorgegebene Programm rezipieren kann, etwas entfernen.[370] Die Zuschauer erhalten eine größere Auswahlfreiheit und können sich mediale Angebote unabhängig von einseitig vorgegebenen Programmschemata nach Wunsch abrufen. Sie können so bei der Nutzung des Fernsehens insgesamt aktiver werden und es „individueller" nutzen. Derzeit spricht aber nichts dafür, dass sich im herkömmlichen Rundfunk die Grenzen von Individual- und Massenkommunikation völlig auflösen würden, oder dass durch Digitalisierung und technische wie inhaltliche Konvergenz gar ein „Ende der Massenkommunikation" zu erwarten ist.[371] Denn auch wenn die neuen Dienste einen gewissen Autonomiegewinn der Rezipienten

---

370 Vgl. *Hasebrink*, Fernsehen in neuen Medienumgebungen, 2001, S. 105 f. Demgegenüber wird der Computer als ein „Lean-forward-Medium" bezeichnet, also als ein Medium, bei dem der Nutzer aktiv werden, sich „vorbeugen" muss, um damit zu arbeiten.
371 Vgl. *Hoffmann-Riem/Vesting*, MP 1994, 382 ff.; *Holznagel*, Der spezifische Funktionsauftrag des Zweiten Deutschen Fernsehens, 1999, S. 90.

mit sich bringen, so bestimmt doch stets der Veranstalter den über sie vermittelten Inhalt.[372] Im Fall von Abrufdiensten, bei denen eine unmittelbare redaktionelle Verknüpfung der einzelnen Angebote anders als beim herkömmlichen Vollprogramm nicht stattfindet, entfällt zwar die gesteigerte Gefahr einer suggestiven Einflussnahme auf die Rezipienten durch die subjektive redaktionelle Gestaltung im Rahmen eines planvoll ablaufenden Gesamtprogramms. Allein durch die Auswahl des zum Abruf bereitgestellten Materials kann jedoch bereits Einfluss auf die Wahrnehmung von Informationen beim Empfänger ausgeübt werden.[373] Im Übrigen bleibt es auch weiterhin bei der besonderen Suggestivkraft von Fernsehbildern aufgrund ihrer audiovisuellen Darbietungsform und bei dem dadurch vermittelten Anschein von Authentizität und erhöhter Glaubwürdigkeit.

bb) Zur Relevanz einer zeitgleichen Rezeption der Inhalte

Neben der Einbindung in ein festes Programmschema wurden auch die Gleichzeitigkeit der Übertragung eines Ereignisses an eine Vielzahl von Empfänger und der dadurch entstehende Multiplikationseffekt als ein Faktor der besonderen Wirkungsintensität des Rundfunks angeführt. Teilweise wird in diesem Zusammenhang die Auffassung vertreten, dass die rundfunktypische massenkommunikative Wirkung ausschließlich bei tatsächlichem zeitgleichem Empfang der Informationen eintritt.[374] Das würde bedeuten, dass eine rundfunkspezifische Wirkungsintensität bei Zugriffs- und Abrufdiensten zumindest abgeschwächt, wenn nicht sogar ganz zu verneinen wäre.[375]

Die vom Bundesverfassungsgericht im Vergleich zu anderen Medien betonte besondere Breitenwirkung des Rundfunks ergibt sich aber nicht in erster Linie aus dem zeitgleichen Empfang der übertragenen Inhalte, auch wenn dies ein zusätzlicher Faktor sein mag. Unabhängig davon bleibt das Fernsehen als solches nämlich weiter das Medium, aus dem die Mehrzahl der Bevölkerung seinen In-

---

372 *Schulz*, ZUM 1996, 492; *Brand*, Rundfunk im Sinne des Artikel 5 Abs. 1 Satz 2 GG, 2002, S. 97 ff.
373 *Pieper/Wiechmann*, ZUM 1995, 85.
374 Vgl. z.B. *Stammler*, AfP 1975, 750; *Fuhr/Krone*, FuR 1983, 517; *Bullinger*, AfP 1996, S. 6; *Beucher/Leyendecker/von Rosenberg*, Mediengesetze Kommentar, 1999, § 2 RStV Rdn. 4; *Lent*, Rundfunk-, Medien-, Teledienste, 2001, S. 100 ff.
375 Dies wird dann wiederum als Argument dafür herangezogen, Abrufdienste und teilweise auch Zugriffsdienste nicht als Rundfunk im verfassungsrechtlichen Sinne zu qualifizieren, vgl. *Fuhr/Krone*, FuR 1983, 517; *Bullinger/Mestmäcker*, Multimediadienste, 1997, S. 55 ff.; *Beucher/Leyendecker/von Rosenberg*, Mediengesetze Kommentar, 1999, § 2 RStV Rdn. 4; *Lent*, Rundfunk-, Medien-, Teledienste, 2001, S. 100 ff.

formationsbedarf deckt.³⁷⁶ Es erreicht weiterhin ein Massenpublikum und bleibt gesellschaftliches Leitmedium mit Integrationsfunktion für das Staatsganze. Für die Frage der besonderen Breitenwirkung, also der besonderen Wirkung einer massenmedial präsentierten Information, kommt es dabei nicht primär auf den massenhaften gleichzeitigen Empfang, sondern vielmehr auf den massenhaften Empfang einer Information gleichen Inhalts an.³⁷⁷ So kann es keinen entscheidenden Unterschied für die publizistische Wirkung der Tagesschau machen, ob sie um Punkt 20.00 Uhr zeitgleich ihr Publikum erreicht, oder ob sie ihren Weg zu einzelnen Rezipienten als Abrufdienst erst um 22.00 Uhr findet.³⁷⁸ Die besondere Breitenwirkung und damit die gegenüber anderen medialen Angeboten hervorgehobene besondere Wirkungsintensität des Rundfunks ergibt sich in erster Linie aus der diesem Medium eigenen Kombination von massenhafter Verbreitung und audiovisueller Darbietungsform.³⁷⁹ Zwar wird sich das Publikum möglicherweise zielgruppenspezifisch diversifizieren. Die besondere „Breitenwirkung, Aktualität und Suggestivkraft" des Mediums als solches wird dadurch jedoch nicht berührt.³⁸⁰

cc) Zum Argument eines sich wandelnden Rezeptionsverhaltens

Wenn einzelne Sendungen wie bei den herkömmlichen Rundfunkvollprogrammen in ein Programmschema eingebunden sind, so wird dadurch tendenziell ein oberflächlicheres Rezeptionsverhalten ermöglicht. Nicht bestreitbar ist in diesem Zusammenhang die Feststellung, dass die durch die einseitige Programmgestaltung besonders begünstigte passive Rezeption eines herkömmlichen Rundfunkprogramms bei den neuen Abruf- und Zugriffsdiensten zumindest abgeschwächt wird. Es spricht derzeit jedoch wenig dafür, dass der Rundfunk aus diesem Grund seine herkömmliche Funktion als in erster Linie entspannendes „Neben-

---

376 BVerfGE 97, 228, 256.
377 So ausdrücklich das Bundesverfassungsgericht im Baden-Württemberg Beschluss, BVerfGE 74, 297, 351 f. Es besteht deshalb auch kein Anlass dazu, Zugriffs- und Abrufdienste aus diesem Grund nicht dem verfassungsrechtlichen Rundfunkbegriff zuzuordnen, vgl. *Gersdorf*, AfP 1995, 571; *Jarass*, Online-Dienste und Funktionsbereich des Zweiten Deutschen Fernsehens, 1997, S. 15 f.; *Vesting*, Prozedurales Rundfunkrecht, 1997, S. 238 f.; *Janik*, AfP 2000, 14; *Brand*, Rundfunk im Sinne des Artikel 5 Abs. 1 Satz 2 GG, 2002, S. 88; *Bethge,* in: Sachs (Hrsg.), Grundgesetz Kommentar, 3. Aufl., 2003, Art. 5 Rdn. 90b.
378 *Albrecht Hesse*, Rundfunkrecht, 3. Aufl., 2003, S. 81.
379 *Stern/Bethge*, Öffentlich-rechtlicher und privatrechtlicher Rundfunk, 1971, S. 42; *Gersdorf*, AfP 1995, 571.
380 *Gersdorf*, AfP 1995, 572; a.A. aber *Schoch*, JZ 2002, 804.

bei-Medium" verlieren würde.[381] Auch wenn die neuen Dienste den Rezipienten individuellere Selektionsentscheidungen ermöglichen, so werden die ausgewählten medialen Inhalte auch weiterhin in der oben beschriebenen intellektuellen Passivhaltung rezipiert werden.

Dies gilt insbesondere auch mit Blick auf die vielgestaltig denkbaren neuen Möglichkeiten zur Interaktion auf dem Fernsehbildschirm. So wurde beispielsweise im Frühjahr 2003 ein Programmformat in Großbritannien gestartet, bei dem das Publikum über die Fernbedienung live an einer Quizsendung teilnehmen kann. Dabei läuft das Quiz individuell für jeden einzelnen Zuschauer, der mit seiner falschen oder richtigen Antwort das Verhalten der Moderatorin und die weiteren Fragen beeinflussen kann.[382]

Auch wenn die Zuschauer auf diese Weise mehr Gelegenheit zur medialen Interaktion erhalten, bedeutet dies jedoch nicht zwangsläufig, dass derartige punktuelle Einbruchstellen individueller Kommunikationselemente die Wahrnehmung und Rezeption des Massenmediums Rundfunk grundsätzlich verändern werden. Dies belegt auch die bereits erwähnte Oftel-Studie zur Wahrnehmung und Akzeptanz des digitalen Fernsehens in Großbritannien aus dem Jahr 2001. Diese Untersuchung hat ergeben, dass die Zuschauer auf die neuen interaktiven Angebote eher mit Zurückhaltung reagieren.[383] So erschien den Befragten auch die Nutzung des regelmäßig im Wohnzimmer platzierten Fernsehers für den Austausch von E-Mails oder für Home-Banking-Aktivitäten wenig attraktiv. Interessant ist vor allem die Begründung, mit der die Befragten die eher verhaltene Reaktion auf die ihnen zur Verfügung gestellten interaktiven Dienste erklärten. In der Studie wird wörtlich festgestellt:

„All such services (gemeint sind die interaktiven Dienste, Anm. des Verf.) were felt to involve 'work' type activities: thinking, rationalising, judging, assessing etc., whereas respondents felt that their home, and particularly television was a much more casual, looser environment. This environment was a more

---

381 Vgl. *Hasebrink*, Fernsehen in neuen Medienumgebungen, 2001, S. 107; *Eberle*, in: Ständige Deputation des Deutschen Juristentages (Hrsg.), Verhandlungen des 64. Deutschen Juristentages, Bd. II/1, 2002, M 19 ff.; a.A. dagegen *Vesting*, in: Kops/Schulz/Held (Hrsg.), Von der dualen Rundfunkordnung zur dienstespezifisch diversifizierten Informationsordnung?, 2001, S. 282, der davon ausgeht, dass sich zukünftig die Grenzen von medialen „Lean-Back" und „Lean-Forward" Architekturen völlig auflösen werden.
382 Vgl. die Meldung in der Welt am Sonntag vom 9.3.2003. Eine Übersicht der interaktiven Anwendungen des Digitalbouquets der ARD findet sich in Infosat Nr. 193, Heft 3, März 2004, 64 f.
383 Wörtlich heißt es dort: „There were mixed to lukewarm reactions to interactive services", Oftel-Studie (vgl. oben FN 153), S. 10.

emotional, haphazard, serendipitous one, and thus they found it very hard to accommodate most of the on-line services in that context."[384]

Das Publikum zeigt also offensichtlich wenig Bereitschaft zur übermäßigen Aktivität am Fernsehbildschirm, sondern schätzt gerade die eher beiläufige Rezeption des vorgegebenen Angebots.[385] Der Rundfunk wird danach wohl auch in absehbarer Zukunft ein Massenmedium bleiben, das durch eine im Wesentlichen passive Rezeptionsweise gekennzeichnet ist.[386] Er wird folglich auch seine sich aus diesem Umstand ergebende besondere Suggestivkraft behalten.

dd) Die integrative Wirkung der Navigationssysteme

Es ist sogar darüber hinaus damit zu rechnen, dass die gegenüber anderen Kommunikationsformen besondere rundfunkspezifische Wirkungsintensität aufgrund der Digitalisierung des Mediums, dem damit verbundenen Konvergenzphänomen sowie der wachsenden Bedeutung der neuen Dienste tendenziell noch zunehmen wird. Als entscheidender Faktor wird sich in diesem Zusammenhang die integrative Wirkung der elektronischen Benutzerführungssysteme erweisen.[387]

aaa) Grundsätzliche Akzeptanz bei den Rezipienten

Die britische Studie zur Nutzung des digitalen Fernsehens hat nicht nur die Annahme gestützt, dass das Fernsehen seine Funktion als „Nebenbei-Medium" beibehalten wird. Die Untersuchung hat gleichzeitig erste empirische Erkenntnisse zur Akzeptanz der elektronischen Benutzerführungssysteme gebracht. Die Navigatoren wurden, anders als die interaktiven Dienste, von den Befragten durchaus als zweckmäßige Neuerung erkannt und als nutzbringend eingeschätzt. In diesem Zusammenhang heißt es in der Studie: „The EPG was a major breakthrough

---

384 Oftel-Studie (vgl. oben FN 153), S. 11.
385 Vgl. zur eher skeptischen Haltung der Verbraucher gegenüber den interaktiven Diensten auch *Woldt*, MP 2002, S. 44. Von entscheidender Bedeutung ist aber, ob diese bereit sind, für derartige Angebote zu zahlen. Nur unter dieser Voraussetzung werden sich diese Dienste in nennenswertem Umfang überhaupt einführen lassen.
386 So auch die Einschätzung von *Burkart*, Kommunikationswissenschaften, 4. Aufl., 2002, S. 373.
387 Zur Integrationsleistung der elektronischen Benutzerführungssysteme auch *Holznagel*, Der spezifische Funktionsauftrag des Zweiten Deutschen Fernsehens, 1999, S. 94.

for viewers, although they did not see it as a 'product' or service, but rather as simply the new way of finding programmes to watch."[388]

Dies zeigt zum einen, dass die elektronische Navigation nicht bereits deshalb von den Konsumenten abgelehnt wird, weil sie mehr Bedienungsschritte erfordert, also letztlich auch mehr Aktivität verlangt als die bisherige Programmauswahl über die Fernbedienung. Zum anderen scheinen die Navigationssysteme in ihrer Funktion als notwendig zu durchschreitendes Zugangsportal zum digitalen Programm- und Diensteangebot akzeptiert zu werden.[389]

bbb) Strukturierung eines „Metaprogramms"

Von entscheidender Bedeutung ist, dass die elektronischen Benutzerführungssysteme dem Trend zur Verspartung, Individualisierung und allgemeinen Ausdifferenzierung des über den Fernsehbildschirm transportierten Medienangebotes entgegenwirken. Dadurch, dass sie dem gesamten abrufbaren medialen Angebot vorgeschaltet sind, dass sie es insgesamt vernetzen, integrieren sie die einzelnen Angebote wieder zu einem en bloc rezeptionsfähigen, singulären Gesamtangebot. Die elektronischen Benutzerführungssysteme generieren so eine neue, übergeordnete Rezeptionsebene, gewissermaßen ein „Metaprogramm".[390] Sie verbinden die Vielzahl einzelner zielgruppenspezifischer Spartenkanäle, die herkömmlichen Rundfunkvollprogramme und die neuen Abruf- und Zugriffsdienste zu einem Gesamtangebot, aus dem sich der Rezipient dann sein individuelles Programm zusammenstellen kann.

ccc) Fremdbestimmte Komplexitätsreduktion

Wie gesehen, zeichnet sich das traditionelle Rundfunkvollprogramm als klassischer Verteildienst insbesondere dadurch aus, dass es durch die Einbindung der Informationen in ein festes Programmschema und durch dessen redaktionelle Gestaltung zu einer Komplexitätsreduktion des medialen Gesamtangebotes bei-

---

388 Vgl. die Oftel-Studie (oben Fn 153), S. 8. Ein ähnliches Ergebnis haben Untersuchungen in den USA ergeben. Auch dort finden die EPGs großen Anklang bei den Rezipienten, vgl. *Stipp*, MP 2001, 375.
389 Noch ein weiterer Aspekt erscheint interessant: Die Befragten haben das Navigationssystem nicht als eigenständigen „Dienst" begriffen, sondern (lediglich) als neuen Zugangsweg zum Programm. Die Manipulationsmöglichkeiten der Gestalter der Systeme erscheinen deshalb besonders groß, denn die Rezipienten rechnen nicht mit einer gezielten Lenkungswirkung der Navigatoren.
390 *Ladeur*, in: Faber/Frank (Hrsg.), Festschrift für Ekkehart Stein zum 70. Geburtstag, 2002, S. 81 f.; *Leopoldt*, Navigatoren, 2002, S. 76. Vgl. dazu auch bereits oben im Teil D. III. 5.

trägt, indem es Inhalte zusammenstellt, gewichtet und so zur massenhaften Rezeption aufbereitet.[391] Diese Aufgabe der Komplexitätsreduktion werden in Zeiten des Vielkanalfernsehens und der Konvergenz zunehmend die Navigationssysteme übernehmen. Als Metaprogramme machen sie das immer unübersichtlicher werdende mediale Gesamtangebot für die Rezipienten wieder überblickbar und strukturieren sie es für die Rezipienten. Durch die Darstellung und Präsentation der anwählbaren Inhalte werden Informationen gewichtet. Gleichzeitig werden die Rezeptionschancen der Informationen beeinflusst. In besonderer Weise ist dies bei intelligenten Navigationssystemen der Fall, welche die Vorlieben der Nutzer erkennen können und dann selbständig nach entsprechenden vorhandenen Angeboten suchen und diese zur Rezeption vorschlagen. Das jeweilige Angebot ist dann zwar ganz auf den einzelnen Nutzer abgestimmt, aber es basiert durchaus nicht auf einer jeweils neuen individuellen Wahlentscheidung, sondern wird aufgrund eines im Verhalten des jeweiligen Rezipienten abgelesenen Musters „fremdbestimmt", also „programmiert".[392] Dadurch wird der individuellen Rezeptionsentscheidung der Zuschauer ein Informationsaufbereitungsvorgang vorgeschaltet, durch den sich die kommunikative Situation überraschenderweise wieder stark dem traditionellen Rundfunk annähert.[393] Denn letztlich wird die Rolle des konventionellen Redakteurs des Rundfunkvollprogramms nur durch einen computerisierten Auswahlhelfer besetzt.[394] Nunmehr übernehmen eben die Navigationssysteme die Strukturierung eines Programms für die Rezipienten.[395] Insgesamt bleibt also auch der Besuch in der digitalen Rundfunkwelt eine „guided tour".

ee) Zusammenfassung

Trotz aller technischen Neuerungen dürfen die tatsächlichen Veränderungen in der Rundfunkkommunikation, die sich auch durch die Digitalisierung des Mediums ergeben, nicht überschätzt werden.[396] Zwar wird es durch die zunehmende

---

391 Vgl. *Degenhart*, ZUM 1998, 343.
392 *Ladeur*, in: Faber/Frank (Hrsg.), Festschrift für Ekkehart Stein zum 70. Geburtstag, 2002, S. 82.
393 Für den insofern parallel gelagerten Fall des Internets *Brand*, Rundfunk im Sinne des Artikel 5 Abs. 1 Satz 2 GG, 2002, S. 98; *Michel*, ZUM 1998, 351.
394 So schon *Hoffmann-Riem/Vesting*, MP 1994, 385.
395 Vgl. *Hoffmann-Riem*, in: Wassermann u.a. (Hrsg.), Kommentar zum Grundgesetz für die Bundesrepublik Deutschland, Band 1, 3. Aufl., Stand August 2002, Art. 5 Abs. 1, 2 GG Rdn. 182.
396 So auch die Einschätzung von *Hoffmann-Riem/Vesting*, MP 1994, 382 ff.; *Bekkers*, MP 1998, 83 f.; *Eberle*, in: Ständige Deputation des Deutschen Juristentages (Hrsg.), Verhandlungen des 64. Deutschen Juristentages, Bd. II/1, 2002, M 19 ff.;

Programm- und Dienstevielfalt zu einer graduellen Individualisierung des Mediums Rundfunk kommen. Die bislang den Rezeptionsvorgang maßgeblich beeinflussenden Rundfunkvollprogramme werden durch den Trend zur Verspartung, durch die Möglichkeiten virtueller Videotheken und nicht zuletzt auch aufgrund neuer individueller Selektionsmuster, die auch und gerade durch die Funktionsweise der Navigationssysteme begünstigt werden, tendenziell an Bedeutung verlieren.[397]

Gleichzeitig wird jedoch das Gesamtangebot des Rundfunks wieder durch die Navigationssysteme als übergeordnetes Metaprogramm aufbereitet und strukturiert. Daraus folgt, dass sich im Zuge der Digitalisierung die besondere rundfunkspezifische Wirkungsintensität – insbesondere dessen Suggestivkraft und Breitenwirkung – durch die vorgegebene Annäherung des Mediums an die Individualkommunikation keineswegs verringern werden. Das Gegenteil ist vielmehr der Fall. Die Möglichkeiten zur selbstgesteuerten Nutzung des Mediums werden durch die neue Steuerungsebene der Navigationssysteme nicht nur partiell wieder aufgehoben. Es wird durch die lernfähigen Systeme sogar ein erhebliches Potential für eine neue, mediumsspezifische suggestive Einflussnahme und damit eine gesteigerte Manipulationsgefahr geschaffen.

6. Funktion und Grenzen der Ausgestaltungsgesetzgebung

Danach steht fest, dass die Forderung des Bundesverfassungsgerichts nach einer positiven Ausgestaltung der Rundfunkordnung durch den Gesetzgeber auch weiterhin gerechtfertigt ist. Zur Gewährleistung der essentiellen Funktion der Rundfunkfreiheit bedarf es neben dem Ausschluss staatlicher Beherrschung einer positiven Ordnung, die sicherstellt, dass die Vielfalt der bestehenden Meinungen im Rundfunk in möglicher Breite und Vollständigkeit Ausdruck findet. Um dies zu erreichen, sind materielle, organisatorische und prozedurale Regelungen erforderlich, die an der Aufgabe der Rundfunkfreiheit orientiert und deshalb geeignet sind, zu bewirken, was Art. 5 Abs. 1 GG gewährleisten soll,[398] nämlich die Sicherung einer funktionsfähigen Rundfunkordnung im Interesse einer freien individuellen und öffentlichen Meinungsbildung.[399]

Burkart, Kommunikationswissenschaften, 4. Aufl., 2002, 362 ff.; *Albrecht Hesse*, Rundfunkrecht, 3. Aufl., 2003, S. 85 f.
397 Vgl. *Bullinger*, in: Eckart Klein (Hrsg.), Festschrift für Ernst Benda zum 70. Geburtstag, 1995, S. 33 ff.; *Holznagel*, Der spezifische Funktionsauftrag des Zweiten Deutschen Fernsehens, 1999, S. 90 f.
398 BVerfGE 57, 295, 320; 73, 118, 153; 83, 238, 296.
399 BVerfGE 57, 295, 319 f.

a) Die Unterscheidung von Ausgestaltungs- und Schrankengesetzen

Es stellt sich dann aber die Frage nach Bindungen und Grenzen des gesetzgeberischen Handelns. Denn die Wahrnehmung der verfassungsrechtlich vorgegebenen Ausgestaltungsbefugnis führt für einzelne Grundrechtsträger zwangsläufig zu Begrenzungen ihrer Entfaltungsmöglichkeiten.[400] Mehr noch: Die positive Ordnung schafft sogar erst die Grundlage für die Freiheitsbetätigung im Gewährleistungsbereich der Rundfunkfreiheit.[401] Dennoch bedeuten die Ausgestaltungsgesetze nach überwiegender Ansicht keinen Grundrechtseingriff im Sinne des herkömmlichen dogmatischen Verständnisses.[402] Deshalb stellt auch das Bundesverfassungsgericht die Bindungen der Grundrechtsträger an die Vorgaben der gesetzgeberischen Ausgestaltung ausdrücklich neben die aus der Schrankenregelung des Art. 5 Abs. 2 GG folgenden Begrenzungen individueller Entfaltungsinteressen.[403] Das Bundesverfassungsgericht stellt fest: „Die aus Art. 5 Abs. 1 GG folgende Aufgabe, Rundfunkfreiheit rechtlich auszugestalten, berechtigt jedoch nicht zu einer Beschränkung des Grundrechts. Eine solche ist nur gem. Art. 5 Abs. 2 GG zulässig".[404] Dahinter steht die Überlegung, dass bei einer generalisierenden Betrachtungsweise durch die Ausgestaltungsgesetze die Verwirklichung des Zwecks der Rundfunkfreiheit insgesamt gefördert und optimiert wird.[405] Weil sie dem Freiheitsbereich erst Gestalt geben,[406] führen Regelungen, die die Rundfunkfreiheit ausgestalten, selbst bei im Einzelfall für die Grundrechtsträger belastenden Folgen nicht zu einem (verfassungsrechtlich zu

---

400 Vgl. *Jarass*, AöR Bd. 110 (1985), S. 391; *Ruck*, AöR Bd. 117 (1992), 547; *Ladeur/Gostomzyk*, JuS 2002, 1151; a.A. *Gersdorf*, Rundfunkfreiheit ohne Ausgestaltungsvorbehalt, 1996, S. 32 in FN 59.
401 *Gersdorf*, Rundfunkfreiheit ohne Ausgestaltungsvorbehalt, 1996, S. 32 f. Die Rundfunkfreiheit als Rundfunkveranstalterfreiheit ist mithin „gesetzesakzessorisch", vgl. *Bethge*, NVwZ 1997, 4.
402 Vgl. dazu *Bethge*, VVDStRL Heft 57 (1998), S. 29 ff.
403 Vgl. *Jarass*, In welcher Weise empfiehlt es sich, die Ordnung des Rundfunks und sein Verhältnis zu anderen Medien – auch unter dem Gesichtspunkt der Harmonisierung zu regeln?, in: Ständige Deputation des Deutschen Juristentages (Hrsg.), Verhandlungen des 56. Deutschen Juristentages, Band I, 1986, Gutachten G, Rdn. 33.
404 BVerfGE 57, 295, 321. Vgl. auch BVerfGE 73, 118, 166.
405 *Jarass*, In welcher Weise empfiehlt es sich, die Ordnung des Rundfunks und sein Verhältnis zu anderen Medien – auch unter dem Gesichtspunkt der Harmonisierung zu regeln?, in: Ständige Deputation des Deutschen Juristentages (Hrsg.), Verhandlungen des 56. Deutschen Juristentages, Band I, 1986, Gutachten G, Rdn. 33; *Ruck*, AöR Bd. 117 (1992), 547 f.
406 *Hoffmann-Riem*, in: Benda/Maihofer/Vogel (Hrsg.), HdbVerfR, 2. Aufl., 1994, § 7 Rdn. 34.

rechtfertigenden) Grundrechtseingriff. Vielmehr sind die der verfassungsrechtlichen Rechtfertigung bedürftigen Schrankengesetze mit Eingriffscharakter dogmatisch strikt von den freiheitsermöglichenden Ausgestaltungsgesetzen zu unterscheiden.[407]

b) Maßstab zulässiger Ausgestaltung der Rundfunkfreiheit

Obwohl die Ausgestaltungsgesetzgebung auch unter Berücksichtigung ihrer belastenden Effekte allein ein Problem des Art. 5 Abs. 1 GG und nicht des Art. 5 Abs. 2 GG ist,[408] kann nicht von einer „Rundfunkfreiheit in gesetzgeberischer Beliebigkeit" gesprochen werden.[409] Die Ausgestaltungsbedürftigkeit der Rundfunkfreiheit gestattet keine komplette Durchnormierung aller rundfunkrelevanten Bereiche.[410] In diesem Zusammenhang gilt zunächst, dass die Ausgestaltungsbefugnis nur dem formellen Gesetzgeber zukommt, weil grundrechtsrelevante Fragestellungen berührt werden, die den Parlamentsvorbehalt auslösen.[411]

Konkrete Vorgaben für die Art und Weise der Ausgestaltung sind Art. 5 Abs. 1 Satz 2 GG unmittelbar jedoch nicht zu entnehmen.[412] Der Gesetzgeber besitzt insofern einen weiten Gestaltungsspielraum.[413] Insbesondere gibt das Grundgesetz keine bestimmten Modelle für die Rundfunkordnung vor, sondern allenfalls ein Regelungsziel: nämlich die Freiheitlichkeit des Rundfunkwesens.[414] Allein maßgeblich für den Inhalt der Ausgestaltungsgesetzgebung ist die Gewährleistung freier, umfassender und wahrheitsgemäßer Meinungsbildung. Wie der Gesetzgeber dieses Ziel zu erreichen sucht, ist grundsätzlich Sache seiner eigenen

---

407 Zur Unterscheidung von Ausgestaltungs- und Schrankengesetzen *Bethge*, DVBl. 1983, 376 f.; *Ruck*, AöR Bd. 117 (1992), 543 ff.; *Hoffmann-Riem*, in: Benda/Maihofer/Vogel (Hrsg.), HdbVerfR, 2. Aufl., 1994, § 7 Rdn. 34; *Gersdorf*, Rundfunkfreiheit ohne Ausgestaltungsvorbehalt, 1996, S. 32 ff.; *Hoffmann-Riem*, Regulierung der dualen Rundfunkordnung, 2000, S. 106 ff.; *Ladeur/Gostomzyk*, JuS 2002, 1151 ff.
408 Vgl. *Bethge*, DVBl. 1983, 376; *Jarass*, In welcher Weise empfiehlt es sich, die Ordnung des Rundfunks und sein Verhältnis zu anderen Medien – auch unter dem Gesichtspunkt der Harmonisierung zu regeln?, in: Ständige Deputation des Deutschen Juristentages (Hrsg.), Verhandlungen des 56. Deutschen Juristentages, Band I, 1986, Gutachten G, Rdn. 33.
409 *Bethge*, NVwZ 1997, 4.
410 Vgl. *Bethge*, VVDStRL Heft 57 (1998), 34.
411 BVerfGE 57, 295, 320 f. Dazu auch *Bethge*, DÖV 2002, 674.
412 Vgl. *Hoffmann-Riem*, in: Wassermann u.a. (Hrsg.), Kommentar zum Grundgesetz für die Bundesrepublik Deutschland, Band 1, 3. Aufl., Stand August 2002, Art. 5 Abs. 1, 2 GG Rdn. 175.
413 Vgl. BVerfGE 97, 228, 267. Einschränkend aber *Bethge*, NVwZ 1997, 4.
414 BVerfGE 83, 238, 316.

Entscheidung.[415] Von Verfassungs wegen kommt es lediglich darauf an, dass der Rundfunk durch die vom Gesetzgeber geschaffenen Rahmenbedingungen in die Lage versetzt wird, seine dienende Funktion für die individuelle und öffentliche Meinungsbildung zu erfüllen.[416]

Allerdings ist der gesetzgeberische Gestaltungsspielraum auch nicht unbeschränkt. Er endet in jedem Fall dort, wo der Gesetzgeber sich nicht mehr an die Zielvorgaben des Art. 5 Abs. 1 GG hält.[417] Denn Ausgestaltungsgesetze dürfen eben allein der Sicherung der Rundfunkfreiheit dienen.[418] Tun sie dies nicht, sind sie verfassungswidrig. Die Regelungen müssen im Übrigen auch dem allgemeinen rechtsstaatlichen Bestimmtheitsgebot genügen[419] und zumindest geeignet sein, die Zielvorgaben der Rundfunkfreiheit zu erfüllen.[420]

aa) Zur Geltung des Verhältnismäßigkeitsgrundsatzes

Ob darüber hinaus auch die weiteren Anforderungen des Übermaßverbots, also die Kriterien der Erforderlichkeit und der Angemessenheit im engeren Sinne, vom Gesetzgeber zu beachten sind, ist in der Literatur dagegen umstritten.[421] Das Bundesverfassungsgericht hat bislang als Prüfungsmaßstab für die verfassungsrechtliche Zulässigkeit von Ausgestaltungsgesetzen allein das Kriterium

---

415 BVerfGE 57, 295, 321; 73, 118, 153; 74, 297, 324; 83, 238, 296; 87, 181, 198; 90, 60, 94. Kritisch jedoch *Degenhart*, DVBl. 1991, 510 ff.
416 BVerfGE 83, 238, 305.
417 BVerfGE 83, 238, 316; *Albrecht Hesse*, Rundfunkrecht, 3. Aufl., 2003, S. 73. So beschränkt sich die Ausgestaltungsbefugnis auf kommunikationsbezogene Aspekte und deckt nicht den Schutz kommunikationsfremder Rechtsgüter, vgl. BVerfGE 74, 264, 334 ff. Dazu auch *Hoffmann-Riem*, Regulierung der dualen Rundfunkordnung, 2000, S. 97 f.
418 BVerfGE 73, 118, 166; 74, 297, 334.
419 BVerfGE 73, 118, 163 f.; 83, 238, 322.
420 BVerfGE 97, 228, 267.
421 Gegen eine Anwendung der Grundsätze des Übermaßverbots *Ruck*, AöR Bd. 117 (1992), 547 ff.; *Hoffmann-Riem*, in: Benda/Maihofer/Vogel (Hrsg.), HdbVerfR, 2. Aufl., 1994, § 7 Rdn 34 in FN 115; *Jöst*, Verfassungsrechtliche Aspekte des Verhältnisses von Presse und Rundfunk, 1994, S. 33 ff.; *Gersdorf*, Chancengleicher Zugang zum digitalen Fernsehen, 1998, S. 29 ff. Unklar dagegen *Ladeur/Gostomzyk*, JuS 2002, 1152. Kritisch *Walter Schmidt*, Rundfunkvielfalt, 1984, S. 70 f.; *Hain*, Rundfunkfreiheit und Rundfunkordnung, 1993, S. 87 f.; *Ruttig*, Der Einfluß des EG-Beihilferechts auf die Gebührenfinanzierung der öffentlich-rechtlichen Rundfunkanstalten, 2001, S. 46. Differenzierend *Jarass*, In welcher Weise empfiehlt es sich, die Ordnung des Rundfunks und sein Verhältnis zu anderen Medien – auch unter dem Gesichtspunkt der Harmonisierung zu regeln?, in: Ständige Deputation des Deutschen Juristentages (Hrsg.), Verhandlungen des 56. Deutschen Juristentages, Band I, 1986, Gutachten G, Rdn. 36.

der Eignung genannt[422] und grenzt Schrankengesetze, die dem Grundsatz der Verhältnismäßigkeit voll entsprechen müssen, gegenüber Ausgestaltungsregelungen, bei denen größere Entscheidungsfreiräume bestehen, deutlich ab.[423] Diese Vorgehensweise erscheint zutreffend. Denn die Ausgestaltungsgesetze sind Ausdruck eines spezifisch grundrechtlichen Gesetzesvorbehalts, der bereits in Art. 5 Abs. 1 Satz 2 GG selbst angelegt ist und zum Tragen kommt, bevor noch die nachgeordnete Begrenzungsschicht der allgemeinen Gesetze des Art. 5 Abs. 2 GG in Erscheinung tritt.[424] Weil sich die Ausgestaltungsregelungen somit dogmatisch betrachtet auf der Gewährleistungsebene der Rundfunkfreiheit bewegen, besteht kein Raum für die Überprüfung der Regelungen am Maßstab des auf der Ebene der verfassungsrechtlichen Rechtfertigung von Eingriffsakten angesiedelten Übermaßverbots.[425] Denn dort, wo der Staat selbst als Garant der Freiheit auftritt, ist Eingriffs- und Schrankendenken fehl am Platz.[426] Folglich erscheint auch ein Rückgriff auf das Übermaßverbot, das bekanntlich als Schranken-Schranke im Falle eines Grundrechtseingriffs zu beachten ist, nicht angebracht.

bb) Zweck-Mittel-Relation der Ausgestaltungsgesetze

Andererseits bedeutet dies nicht, dass für die Frage der Verfassungsmäßigkeit von Ausgestaltungsregelungen die Zweck-Mittel-Relation völlig ohne Bedeutung wäre.[427] Um die rundfunkspezifische Freiheitsbetätigung aller Betroffenen zu ermöglichen, müssen vielfältige multipolare und -dimensionale Kommunikationsinteressen zum Ausgleich gebracht werden.[428] Die Folge ist eine Gemengelage von Begünstigungen und Belastungen, die der Gesetzgeber derart optimierend zu ordnen hat, dass die Kommunikationsfreiheit insgesamt größtmöglich

---

422 Vgl. *Gersdorf*, Chancengleicher Zugang zum digitalen Fernsehen, 1998, S. 29.
423 Vgl. BVerfGE 73, 118, 166; 83, 238, 326. Vgl. auch *Jöst*, Verfassungsrechtliche Aspekte des Verhältnisses von Presse und Rundfunk, 1994, S. 34.
424 *Bethge*, Die verfassungsrechtliche Problematik der Zulassung von Rundfunkveranstaltern des Privatrechts, 1981, S. 20; *Bethge*, Der verfassungsrechtliche Standort des öffentlich-rechtlichen Rundfunks, 1987, S. 26.
425 Vgl. *Jöst*, Verfassungsrechtliche Aspekte des Verhältnisses von Presse und Rundfunk, 1994, S. 35; *Hoffmann-Riem*, in: Benda/Maihofer/Vogel (Hrsg.), HdbVerfR, 2. Aufl., 1994, § 7 Rdn 34 in FN 115; *Gersdorf*, Chancengleicher Zugang zum digitalen Fernsehen, 1998, S. 28 ff.
426 Vgl. *Bethge*, NJW 1982, S. 4.
427 A.A. aber *Gersdorf*, Chancengleicher Zugang zum digitalen Fernsehen, 1998, S. 31.
428 Vgl. *Ladeur/Gostomzyk*, Die Verwaltung, Bd. 36 (2003), S. 167.

gesichert wird.⁴²⁹ Gerade mit Blick auf die Komplexität dieser Aufgabe kommt dem Gesetzgeber der ihm vom Bundesverfassungsgericht eingeräumte umfassende Einschätzungs- und Gestaltungsspielraum erst zu.⁴³⁰ Bei der Umsetzung der Ausgestaltungsverpflichtung darf dann allerdings keine der zu berücksichtigenden Entfaltungsinteressen übermäßig beeinträchtigt, noch darf „untermäßig" Schutz verweigert werden.⁴³¹ So existiert im Ergebnis eine Spannweite rechtmäßiger Ausgestaltung, die sich zwischen Übermaß- und Untermaßverbot bewegt.⁴³² Dabei sind Übermaß und Untermaß, anders als bei Eingriffsgesetzen, im Fall der Ausgestaltungsregelungen nicht nur als Verbot übermäßiger Beschränkung bzw. als Gebot zur hinreichenden Absicherung individueller Freiheitsverwirklichung zu verstehen. Sie sind vielmehr umfassend auf die Ermöglichung der Freiheitsausübung in einem offenen Kommunikationsprozess bezogen.⁴³³ Ausgestaltungsgesetze sind deshalb in den Fällen verfassungswidrig, in denen ein unangemessenes Verhältnis zwischen den durch sie in Kauf genommenen Beschränkungen individueller Entfaltungsinteressen einerseits und den beabsichtigten Funktionssicherungen der Rundfunkfreiheit andererseits festzustellen ist. So verlangt auch das Bundesverfassungsgericht, dass Gesetze, die die Rundfunkfreiheit ausgestalten, „die von Art. 5 Abs. 1 Satz 2 geschützten Interessen angemessen berücksichtigen."⁴³⁴

c) Zusammenfassung

Es kommt also entscheidend darauf an, dass die vom Gesetzgeber geforderten normativen Maßnahmen organisatorischer, prozeduraler und materieller Art geeignet sind, die von Verfassungs wegen vorgegebenen Zielwerte zu fördern, um deren Willen allein die Rundfunkfreiheit unter dem Ausgestaltungsvorbehalt steht. Darüber hinaus müssen die Interessen aller Betroffenen im Hinblick auf den verfassungsrechtlich vorgegebenen Zielwert, die Funktionsfähigkeit der Kommunikationsordnung zu sichern, angemessen Berücksichtigung finden. Um die Geeignetheit bzw. die Angemessenheit einer Regelung im Einzelfall beur-

---

429 BVerfGE 57, 295, 321. Vgl. *Hoffmann-Riem*, in: Benda/Maihofer/Vogel (Hrsg.), HdbVerfR, 2. Aufl., 1994, § 7 Rdn. 34.
430 *Hoffmann-Riem*, Regulierung der dualen Rundfunkordnung, 2000, S. 98.
431 Zum Untermaßverbot BVerfGE 88, 203, 254. Aus der Literatur *Scherzberg*, Grundrechtsschutz und „Eingriffsintensität", 1989, S. 208 ff.; *Isensee*, in: ders./Kirchhof (Hrsg.), Handbuch des Staatsrechts der Bundesrepublik Deutschland, Band V, 2. Aufl., 2000, § 111 Rdn. 165 f.; *Dietlein*, ZG 1995, 131 ff.; *Hain*, ZG 1996, 75 ff.; *Michael*, JuS 2001, 151 f.
432 *Ladeur/Gostomzyk*, JuS 2002, 1152.
433 *Hoffmann-Riem*, Regulierung der dualen Rundfunkordnung, 2000, S. 108.
434 BVerfGE 97, 228, 267.

teilen zu können, ist es jedoch erforderlich, Zielwerte zu definieren, auf die wiederum die normativen Maßnahmen bezogen werden können. Erst dann kann überhaupt festgestellt werden, ob das gesetzgeberische Handeln geeignet ist, das jeweils verfolgte Regelungsziel zu erreichen, und ob eine angemessene Zweck-Mittel-Relation gegeben ist.

7. Zielwerte der positiven Ordnung

Art. 5 Abs. 1 GG gibt zunächst nur das sehr abstrakt gefasste Ziel der Gewährleistung eines freien individuellen und öffentlichen Meinungsbildungsprozesses vor. Über die grundsätzliche Bedeutung dieser Zielvorgabe herrscht in der Literatur Einigkeit. Man könnte sie als „Primärziel"[435] oder auch „Oberziel"[436] aller Kommunikationsfreiheiten bezeichnen. Da die abstrakte verfassungsrechtliche Vorgabe jedoch nur schwer fassbar ist, besteht für den zur Ausgestaltung der Rundfunkordnung berufenen Gesetzgeber die Notwendigkeit zur näheren Konkretisierung ausdifferenzierter Regulierungsziele. Dabei ist zu berücksichtigen, dass die Konkretisierung normativer Zielvorgaben, ebenso wie die Gesetzesauslegung allgemein, unter Einbeziehung von Realdaten erfolgen muss.[437] So hat sich das Normverständnis an den jeweiligen tatsächlichen Verhältnissen zu orientieren und gerade im Rundfunkbereich auch auf technologische, ökonomische oder kulturelle Veränderungen angemessen zu reagieren. Es muss den aktuellen Gegebenheiten gerecht werden und auch zukünftig zu erwartende Entwicklungen berücksichtigen.[438] Dies hat auch das Bundesverfassungsgericht ausdrücklich festgestellt: „Inhalt und Tragweite verfassungsrechtlicher Bestimmungen hängen (auch) von ihrem Normbereich ab; ihre Bedeutung kann sich bei Veränderungen in diesem Bereich wandeln."[439] Die durch Digitalisierung und Konvergenz entstandene gegenwärtige Umbruchsituation auf dem Rundfunksektor

---

435 *Schulz/Held*, in: Kops/Schulz/Held (Hrsg.), Von der dualen Rundfunkordnung zur dienstespezifisch diversifizierten Informationsordnung?, 2001, S. 125; *Schulz/Jürgens*, Die Regulierung von Inhaltediensten in Zeiten der Konvergenz, 2002, S. 29.
436 *Schulz/Held*, in: Kops/Schulz/Held (Hrsg.), Von der dualen Rundfunkordnung zur dienstespezifisch diversifizierten Informationsordnung?, 2001, S. 124; *Leopoldt*, Navigatoren, 2002, S. 39.
437 Vgl. dazu *Larenz*, Methodenlehre, 5. Aufl., 1983, S. 354 f.; *Müller/Christensen*, Juristische Methodik, Band 1 – Grundlagen Öffentliches Recht, 8. Aufl., 2002, S. 155 ff. und S. 397 ff.
438 Vgl. *Schulz/Jürgens*, Die Regulierung von Inhaltediensten in Zeiten der Konvergenz, 2002, S. 27; *Leopoldt*, Navigatoren, 2002, S. 37.
439 Vgl. BVerfGE 74, 297, 350.

fordert somit zumindest eine Überprüfung der bestehenden Zielvorgaben für die Rundfunkregulierung.[440]

Andererseits: Auch wenn sich der Gewährleistungsbereich der Rundfunkfreiheit bei Änderungen in dem von Art. 5 Abs. 1 Satz 2 GG geschützten Sozialbereich seinerseits wandeln kann, so bleibt das tradierte Primärziel der Sicherung einer freien, individuellen und öffentlichen Meinungsbildung doch erhalten.[441] Es ist deshalb allenfalls zu überlegen, ob auf der „Unterzielebene", also bei der Frage der Konkretisierung der vom Gesetzgeber im Rahmen seines Ausgestaltungsauftrages zu verfolgenden Regulierungsziele, aufgrund der neuen technologischen und wirtschaftlichen Rahmenbedingungen der Rundfunkkommunikation Veränderungen eintreten können bzw. müssen. Dies soll im Folgenden geschehen.

a) Pluralismus als Leitmotiv

Zentraler Bezugspunkt für die Ausgestaltung der Rundfunkordnung ist in der Rechtsprechung des Bundesverfassungsgerichts seit jeher das Leitmotiv des Pluralismus bzw. der kommunikativen Vielfalt.[442] Dabei handelt es sich jedoch – ähnlich wie beim Zielwert der Sicherung einer freien individuellen und öffentlichen Meinungsbildung – um eine Vorgabe, der unmittelbar nur geringe normative Prägnanz zukommt.[443] Denn der Begriff ist seinerseits multidimensional und

---

440 Vgl. dazu ausführlich *Hoffmann-Riem*, Regulierung der dualen Rundfunkordnung, 2000, passim; *Hoffmann-Riem/Schulz/Held*, Konvergenz und Regulierung, 2000, passim; *Schulz/Kühlers*, Konzepte der Zugangsregulierung für digitales Fernsehen, 2000, passim.
441 Vgl. *Albrecht Hesse*, Rundfunkrecht, 3. Aufl., 2003, S. 74.
442 Vgl. BVerfGE 31, 315, 326; 57, 295, 320; 73, 118, 160; 74, 297, 330; 83, 238, 296; 90, 60, 88. Vgl. dazu statt vieler nur *Lerche*, NJW 1982, 1676 ff.; *Walter Schmidt*, Rundfunkvielfalt, 1984, passim; *Ricker/Müller-Malm*, ZUM 1987, 208 ff.; *Schellenberg*, AöR, Bd. 119 (1994), S. 427 ff.; *Krakies*, ZUM 1996, 953 ff.; *Ricker/Schiwy*, Rundfunkverfassungsrecht, 1997, S. 166 ff.; *Kohl* (Hrsg.), Vielfalt im Rundfunk, 1997 passim; *Sporn*, Vielfalt im digitalen Rundfunk, 1999, S. 5 ff.; *Hoffmann-Riem*, in: Wassermann u.a. (Hrsg.), Kommentar zum Grundgesetz für die Bundesrepublik Deutschland, Band 1, 3. Aufl., Stand August 2002, Art. 5 Abs. 1, 2 GG Rdn. 176; *Hoffmann-Riem*, Regulierung der dualen Rundfunkordnung, 2000, S. 98 ff.; *Bamberger*, ZUM 2000, 551 ff.; *Bethge*, in: Horn u.a. (Hrsg.), Festschrift für Walter Schmitt Glaeser zum 70. Geburtstag, 2003, S. 465 ff.; *Kühn*, Meinungsvielfalt im Rundfunk, 2003, S. 48 ff.
443 Vgl. *Bethge*, in: Horn u.a. (Hrsg.), Festschrift für Walter Schmitt Glaeser zum 70. Geburtstag, 2003, S. 465.

facettenreich[444] und kann letztlich nicht mehr sein als ein vages Orientierungsdatum.[445] Insofern hilft er auch zur Konkretisierung des von Art. 5 Abs. 1 Satz 2 GG vorgegebenen abstrakten Gewährleistungsauftrages nur bedingt weiter. Aus diesem Grund ist es notwendig, das Leitmotiv der Pluralitätssicherung in weitere Kategorien zu untergliedern und Unterzielebenen zu definieren.[446] So verfährt auch das Bundesverfassungsgericht, wenn es dem Rundfunkgesetzgeber Leitlinien zur Konkretisierung seines verfassungsrechtlich vorgegebenen Gewährleistungsauftrags auferlegt.

b) Vielfaltssicherung durch aktive „Ausgewogenheitspflege" in der Rechtsprechung des Bundesverfassungsgerichts

Bezogen auf die Rundfunkordnung bedeutet der Zielwert Pluralismus für das Bundesverfassungsgericht zunächst und in erster Linie die Herstellung kommunikativer Vielfalt „in gegenständlicher und meinungsbezogener Hinsicht".[447] Vielfalt steht damit vor allem für Meinungsvielfalt. Durch materielle, organisatorische und prozedurale Regelungen – also durch die vom Gesetzgeber zu schaffende positive Ordnung – ist sicherzustellen, dass die Vielfalt der bestehenden Meinungen im Rundfunk in möglichster Breite und Vollständigkeit Ausdruck findet, und dass auf diese Weise umfassende Information geboten wird.[448] Das Gericht formuliert in diesem Zusammenhang verschiedene weitere Unterziele, die vom Gesetzgeber zu verfolgen sind: [449]

So soll durch die Ausgestaltungsgesetzgebung gewährleistet werden, dass das Gesamtangebot der inländischen Programme der in der Gesellschaft bestehenden

---

444 *Hoffmann-Riem*, in: Wassermann u.a. (Hrsg.), Kommentar zum Grundgesetz für die Bundesrepublik Deutschland, Band 1, 3. Aufl., Stand August 2002, Art. 5 Abs. 1, 2 GG Rdn. 176.
445 *Bethge*, in: Horn u.a. (Hrsg.), Festschrift für Walter Schmitt Glaeser zum 70. Geburtstag, 2003, S. 467
446 Vgl. zu diesen verschiedenen denkbaren Vielfaltsdimensionen und Unterzielebenen etwa *Kübler*, in: Kohl (Hrsg.), Vielfalt im Rundfunk, 1997, S. 23 ff.; *Hoffmann-Riem*, Regulierung der dualen Rundfunkordnung, 2000, S. 98 ff.; *Schulz/Held*, in: Kops/Schulz/Held (Hrsg.), Von der dualen Rundfunkordnung zur dienstespezifisch diversifizierten Informationsordnung?, 2001, S. 127 ff. *Hoffmann-Riem*, in: Wassermann u.a. (Hrsg.), Kommentar zum Grundgesetz für die Bundesrepublik Deutschland, Band 1, 3. Aufl., Stand August 2002, Art. 5 Abs. 1, 2 GG Rdn. 176.
447 BVerfGE 83, 238, 316.
448 BVerfGE 57, 295, 320; 74, 297, 324.
449 Vgl. dazu auch die Zusammenstellung bei *Hoffmann-Riem*, in: Wassermann u.a. (Hrsg.), Kommentar zum Grundgesetz für die Bundesrepublik Deutschland, Band 1, 3. Aufl., Stand August 2002, Art. 5 Abs. 1, 2 GG Rdn. 176.

Meinungsvielfalt auch tatsächlich im Wesentlichen entspricht.[450] Durch die Rundfunkordnung soll die Sicherung gegenständlich uneingeschränkter Information über alle Lebensbereiche unter Zugrundelegung publizistischer Kriterien erreicht werden.[451] Darüber hinaus sind durch den Gesetzgeber Leitgrundsätze für den Inhalt des Gesamtprogramms verbindlich zu machen, die ein Mindestmaß von inhaltlicher Ausgewogenheit, Sachlichkeit und gegenseitiger Achtung gewährleisten.[452] Auch soll es Ziel der Rundfunkgesetzgebung sein, die durch die politische, wirtschaftliche und kulturelle Entwicklung geprägte individuelle Besonderheit des regionalen und lokalen Bereichs zur Darstellung zu bringen.[453] Weiterhin ist durch Ausgestaltungsregelungen der Gefahr entgegenzuwirken, dass auf Verbreitung angelegte Meinungen von der öffentlichen Meinungsbildung ausgeschlossen werden.[454] Durch sein Ordnungsmodell hat der Gesetzgeber schließlich sicherzustellen, dass der Rundfunk nicht einer oder einzelnen gesellschaftlichen Gruppen ausgeliefert wird, und dass alle in Betracht kommenden Kräfte im Gesamtprogrammangebot zu Wort kommen können.[455]

Auch das Bundesverfassungsgericht erkennt zwar an, dass die von ihm ausdrücklich verlangte „gleichgewichtige Meinungsvielfalt"[456] im Medium Rundfunk keine messbare, exakt zu bestimmende Größe darstellt. Es handelt sich dabei eben nur um einen Zielwert, der stets nur annäherungsweise erreicht werden kann.[457] Aus diesem Grund kann es bei der Prüfung der Verfassungsmäßigkeit von Ausgestaltungsgesetzen auch nur darauf ankommen, ob die jeweiligen legislativen Maßnahmen bestimmt und geeignet sind, ein möglichst hohes Maß gleichgewichtiger Vielfalt zu erreichen und zu sichern.[458] Darauf, ob dies dann in jedem Einzelfall auch tatsächlich gelingt, kommt es in diesem Zusammenhang nicht an.

Trotzdem wird dem Gesetzgeber die „Gleichgewichtigkeit („Ausgewogenheit"), in welcher die Vielfalt der bestehenden Meinungsrichtungen im Gesamtprogramm eines Landes zur Darstellung zu bringen sind",[459] als maßgeblicher

---

450 BVerfGE 57, 295, 325; 73, 118, 153.
451 BVerfGE 97, 228, 257 mit Verweis auf BVerfGE 12, 205, 260; 35, 202, 222 f.; 57, 295, 319; 73, 118, 157f.; 74, 297, 325.
452 BVerfGE 57, 295, 325 mit Verweis auf BVerfGE 12, 205, 263 sowie BVerfGE 73, 118, 153.
453 BVerfGE 74, 297, 327.
454 BVerfGE 57, 295, 323.
455 BVerfGE 73, 118, 153.
456 BVerfGE 73, 118, 156.
457 BVerfGE 73, 118, 156.
458 BVerfGE 73, 118, 159.
459 BVerfGE 73, 118, 156. Hier werden die Begriffe „Gleichgewichtigkeit" und „Ausgewogenheit" nebeneinander und synonym benutzt.

Zielwert vorgegeben, der bei der Ausgestaltung der Rundfunkordnung zu verfolgen ist. Daraus lässt sich ein schwerpunktmäßig inhaltebezogenes Pluralismuskonzept des Bundesverfassungsgerichts ableiten.[460] Denn die Rundfunkgesetzgebung soll durch regulatorische Maßnahmen gleichgewichtige *inhaltliche* Vielfalt im Programmangebot der Rundfunkveranstalter garantieren und ein *inhaltlich* ausgewogenes Gesamtprogrammangebot sichern. Insofern kann man vom Leitprinzip einer aktiven staatlichen „Ausgewogenheitspflege" sprechen.[461] Der Gesetzgeber gewährleistet die Erfüllung der Rundfunkaufgabe folglich derzeit primär durch normative Anforderungen an das Programm und nur sekundär durch rundfunkspezifische Organisationsvorschriften.[462]

c) Zur Kritik in der Literatur

Diese Rechtsprechung des Bundesverfassungsgerichts sieht sich seit längerem der Kritik von Seiten der Literatur ausgesetzt.[463] Diese kulminiert in der Grundsatzfrage, ob das abstrakte Ziel einer programminhaltlichen Meinungsvielfalt überhaupt durch regulatorische Vorgaben erreicht werden kann.[464] Bereits der vom Bundesverfassungsgericht verfolgte Ansatz, man könne eine der Gesellschaft adäquate Meinungsvielfalt als Zielwert definieren oder gar mit Hilfe einer gesetzlichen Ordnung durchsetzen, wird von einigen Autoren als verfehlt angesehen.[465]

Zunächst waren es die ordoliberalen Anhänger eines möglichst reinen Marktmodells, die die Auffassung vertraten, dass allein der ökonomische Wettbewerb das Optimum an publizistischer Leistung und damit auch an publizistischer Viel-

---

460 Vgl. *Hoffmann-Riem*, in: Wassermann u.a. (Hrsg.), Kommentar zum Grundgesetz für die Bundesrepublik Deutschland, Band 1, 3. Aufl., Stand August 2002, Art. 5 Abs. 1, 2 GG Rdn. 176.
461 Zum Begriff der Ausgewogenheitspflege *Bullinger/Mestmäcker*, Multimediadienste, 1997, S. 26 f., 68 f., 164 f.
462 Vgl. *Grimm*, in: Haungs/Graß/Maier/Veen (Hrsg.), Civitas, Widmungen für Bernhard Vogel zum 60. Geburtstag, 1992, S. 688: „Der Staat gewährleistet die Erfüllung der Rundfunkaufgabe primär durch normative Anforderungen an das Programm, sekundär durch Organisationsvorschriften, die dem Zweck des Rundfunks entsprechen."
463 Vgl. dazu ausführlich *Schulz*, Gewährleistung kommunikativer Chancengleichheit als Freiheitsverwirklichung, 1998, S. 62 ff.
464 *Schulz/Jürgens*, Die Regulierung von Inhaltediensten in Zeiten der Konvergenz, 2002, S. 34.
465 Vgl. *Bullinger*, AöR 108 (1983), S. 161 ff.; *Hoppmann*, Meinungswettbewerb als Entdeckungsverfahren, in: Mestmäcker (Hrsg.), Offene Rundfunkordnung, 1988, S. 163 ff.; *Engel*, AfP 1994, 185 ff.; *Bremer*, in: Mestmäcker (Hrsg.), Kommunikation ohne Monopole II, 1995, S. 311 ff.

falt sicherstellen könne.[466] Ebensowenig wie die Angebotsvielfalt auf einem Wochenmarkt Ergebnis staatlicher Anordnung, sondern vielmehr spontaner individueller Koordination auf Basis allgemeiner Regeln sei, könne auch „Meinungsvielfalt" staatlicherseits gewährleistet werden.[467] Eine positivrechtlich angestrebte und durchgesetzte Vielfalt auf dem „Marktplatz der Meinungen" wird als staatliche „Meinungsausstellung" kritisiert.[468] Wenn das Bundesverfassungsgericht der Rundfunkordnung aufgebe, die Gesamtheit der in der Gesellschaft bestehenden Anschauungen zu berücksichtigen und diese vor allem gleichgewichtig und ausgewogen zu Gehör zu bringen, verlange es zudem in zweifacher Hinsicht Unmögliches: Zum einen sei es schlicht nicht praktikabel, alle in der Gesellschaft vorhandenen Meinungen zu bestimmen bzw. im Gesamtprogramm einzufangen.[469] Zum anderen sei unklar, welche konkrete mediale Darstellung dann dem jeweiligen „Gewicht" einer Meinung entsprechen soll.

In diesem Zusammenhang wird auch die Zielvorgabe des Bundesverfassungsgerichts kritisiert, dass im Gesamtprogramm Rundfunk „alle gesellschaftlich relevanten Gruppen" bzw. „alle in Betracht kommenden Kräfte" zu Wort kommen sollen.[470] Die positive Rundfunkordnung könne damit bestenfalls erreichen, dass alle bereits vorhandenen Meinungsströmungen Berücksichtigung finden.[471] Dem Modell des Bundesverfassungsgerichts wird aus diesem Grund vorgeworfen, es sei insgesamt zu statisch.[472] Denn für neue, zunächst „nicht relevante" Meinungsströmungen sei darin kein Platz. Im Ergebnis müsse sich „jedes Meinungsbild mit seiner Größe und seinem Platz bescheiden", der ihm von der Rundfunkordnung „zugewiesen" wird.[473]

Unter dem Strich wird damit kritisiert, dass die Möglichkeiten des „Wettbewerbs als Entdeckungsverfahren" (*von Hayek*) nicht bzw. nicht ausreichend genutzt werden können.[474] Das Konzept des Bundesverfassungsgerichts widerspreche vom Ansatz her den anerkannten ökonomisch individualistischen Ordnungstheorien, wonach allein das Marktmodell eine zuverlässige Orientierung des Angebots an die Präferenzen der Nachfrager sicherstellen und damit eine flexi-

---

466 Vgl. zu dieser Argumentationsführung die ausführliche Darstellung bei *Hoffmann-Riem*, in: Benda/Maihofer/Vogel (Hrsg.), HdbVerfR, 2. Aufl., 1994, § 7 Rdn. 75.
467 *Bremer*, in: Mestmäcker (Hrsg.), Kommunikation ohne Monopole II, 1995, S. 320.
468 *Bullinger*, AöR 108 (1983), S. 193.
469 *Pestalozza*, NJW 1981, 2164.
470 Vgl. z.B. BVerfGE 57, 295, 320; 74, 297, 324.
471 *Engel*, AfP 1994, 190.
472 *Pestalozza*, NJW 1981, 2164; *Engel*, AfP 1994, 190.
473 *Bullinger*, AöR 108 (1983), S. 193.
474 Vgl. *Hoppmann*, Meinungswettbewerb als Entdeckungsverfahren, in: Mestmäcker (Hrsg.), Offene Rundfunkordnung, 1988, S. 163 ff.; *Bremer*, in: Mestmäcker (Hrsg.), Kommunikation ohne Monopole II, 1995, S. 311 ff.

ble Anpassung an die sich wandelnden Marktverhältnisse erreichen könne.[475] Der Versuch einer positivrechtlich umgesetzten „Versorgung der Bevölkerung mit einem ausgewogenen Meinungsspektrum" sei demgegenüber nichts anderes als eine staatlich gelenkte „Meinungsplanwirtschaft".[476]

Diese Kritik an der vom Bundesverfassungsgericht vorgegebenen Zielvorstellung einer normativ abgesicherten Abbildung bestimmter Meinungsmuster im Medium Rundfunk setzt sich im jüngeren Schrifttum fort; diesmal allerdings aus einem anderen Blickwinkel. Vor dem Hintergrund der Konvergenz der Medien und der Entwicklung zum Vielkanalfernsehen wird auf die zunehmende Fragmentierung der medialen Öffentlichkeit in eine Vielzahl von einzelnen Teilöffentlichkeiten hingewiesen.[477] Unter diesen Umständen wird das Pluralismuskonzept des Bundesverfassungsgerichts, das an der Widerspiegelung des Gesellschaftsganzen im Gesamtprogramm orientiert ist, als zunehmend inadäquat begriffen. Insbesondere das Regelungsziel, eine auch nur annäherungsweise konkret bestimmbare inhaltliche „Vielfalt im Gesamtprogramm" zu erreichen, wird im Vielkanalfernsehen nicht mehr für sinnvoll gehalten. Denn wie definiert sich ein vielfältiges Gesamtprogramm bei 100, 200 oder gar 500 Programmkanälen? An Spartenprogramme lassen sich zudem schon begrifflich keine Vielfaltsanforderungen stellen.[478] Angesichts der zu erwartenden Entwicklungen könne sich somit im digitalisierten Fernsehen eine Zielvorgabe grundsätzlich nicht (mehr) auf einen bestimmten zu erreichenden „medialen Output", also auf die tatsächliche Repräsentation bestimmter Meinungsmuster im Programm beziehen.[479] Vielmehr erscheine es erforderlich, die bisher schwerpunktmäßig inhalte- und vor allem veranstalterbezogenen Regulierungsvorgaben mit Blick auf den abstrakten Zielwert der Meinungsvielfalt – zumindest tendenziell – auf (infra)strukturelle Sicherungsmaßnahmen zu verlagern.[480]

---

475 Vgl. dazu *Hoffmann-Riem*, in: Benda/Maihofer/Vogel (Hrsg.), HdbVerfR, 2. Aufl., 1994, § 7 Rdn. 76.
476 *Engel*, AfP 1994, 190.
477 Vgl. *Vesting*, Prozedurales Rundfunkrecht, 1997, S. 210 ff. Vgl. zur bereits erfolgten Zuschauerfragmentierung in Großbritannien *Franz*, MP 2003, 466.
478 *Ladeur*, M&K 2000, 104.
479 *Schulz*, Gewährleistung kommunikativer Chancengleichheit als Freiheitsverwirklichung, 1998, S. 170.
480 *Schulz/Held*, in: Kops/Schulz/Held (Hrsg.), Von der dualen Rundfunkordnung zur dienstespezifisch diversifizierten Informationsordnung?, 2001, S. 127; *Schulz/Jürgens*, Die Regulierung von Inhaltediensten in Zeiten der Konvergenz, 2002, S. 35. Vgl. auch *Ladeur*, AfP 1997, 598 ff.

d) Von der Ausgewogenheitspflege zur Offenheitspflege?

Insbesondere *Bullinger* plädiert dehalb für eine vollständige Abkehr vom Zielwert einer vom Gesetzgeber gesteuerten inhaltlichen Ausgewogenheitspflege auf dem Rundfunksektor. An ihre Stelle soll seiner Auffassung nach – ähnlich wie für den Pressemarkt – eine reine Offenheitspflege treten.[481] Regelungsziel der Rundfunkregulierung sollte danach nicht die positivrechtliche Gewährleistung der Abbildung eines ausgewogenen Meinungsspektrums im Gesamtprogramm sein (Ausgewogenheitspflege). Maßgebend wäre vielmehr die Sicherung eines offenen Zugangs für alle Meinungen und Interessen und der Ausschluss einer beherrschenden Stellung einzelner Anbieter auf dem Meinungsmarkt (Offenheitspflege).[482]

Andere Autoren gehen nicht ganz so weit. Auch sie betonen jedoch die Notwendigkeit eines Perspektivwechsels in der Rundfunkregulierung. Vor dem Hintergrund der technologisch bedingten Veränderungen in der Rundfunkdistribution einerseits und des Trends zur Verspartung im Vielkanalfernsehen andererseits verliert der Zielwert einer veranstalterbezogenen, programminhaltlichen Vielfaltssicherung zunehmend an Bedeutung.[483] Umgekehrt wächst aber aufgrund der sich wandelnden tatsächlichen Verhältnisse auf dem Rundfunksektor das Bedürfnis für eine staatliche Struktursteuerung, die angesichts der Ausdifferenzierung der Märkte und der Veränderung der Distributionskette im digitalisierten Fernsehen neben den Rundfunkveranstaltern auch andere Akteure als Adressaten von Vielfaltsanforderungen mit einbezieht.[484] Aus diesem Grund wird gefordert, den Zielwert einer positivrechtlich erzeugten programminhaltlichen „kommunikativen Vielfalt" zumindest tendenziell auf das Regulierungsziel der Gewährleistung „kommunikativer Chancengerechtigkeit" bzw. „kommuni-

---

481 *Bullinger*, in: Badura/Dreier (Hrsg.), Festschrift 50 Jahre Bundesverfassungsgericht, Band II, 2001, S. 211. Vgl. zur Unterscheidung von Ausgewogenheitspflege und Offenheitspflege auch *Bullinger/Mestmäcker*, Multimediadienste, 1997, S. 26 f.; 48 ff.; 68 ff.; 164 f.; *Bullinger*, AfP 1997, 763 ff.; *Bullinger*, AfP 1997, 292; *Bullinger*, in: Jarren/Krotz (Hrsg.), Öffentlichkeit unter Viel-Kanal-Bedingungen, 1998, S. 184 f.
482 *Bullinger*, in: Badura/Dreier (Hrsg.), Festschrift 50 Jahre Bundesverfassungsgericht, Band II, 2001, S. 211. Allenfalls für einen separat zu betrachtenden „nationalen Kulturrundfunk" sollen danach Besonderheiten gelten. Kritisch hierzu *Rossen-Stadtfeld*, M&K 2002, 491 ff.
483 Vgl. *Schulz/Seufert/Holznagel*, Digitales Fernsehen – Regulierungskonzepte und -perspektiven, 1999, S. 94; *Schulz/Kühlers*, Konzepte der Zugangsregulierung für digitales Fernsehen, 2000, S. 11 f.
484 Dazu *Ladeur*, AfP 1997, 598 ff.

kativer Chancengleichheit" umzustellen.[485] Ziel der Ausgestaltungsgesetzgebung soll es danach in erster Linie sein, durch (infra)strukturelle Absicherungen angemessene Zugangschancen im Kommunikationssystem für alle Beteiligten zu gewährleisten. Andererseits soll nach dieser Ansicht aber auch der Zielwert einer positiven, programminhaltlichen Vielfaltssicherung – insbesondere mit Blick auf die Funktion des öffentlich-rechtlichen Rundfunks – nicht gänzlich entfallen. Ein grundsätzlich vorzunehmender regulatorischer Paradigmenwechsel von der bisherigen Ausgewogenheits- zur reinen Offenheitspflege, wie von *Bullinger* gefordert, wird deshalb nicht für erforderlich gehalten.[486]

Im Folgenden soll das Konzept der „kommunikativen Chancengerechtigkeit" kurz erläutert werden.

e) „Kommunikative Chancengerechtigkeit" als Gewährleistungsziel

Bezogen auf das Primärziel des Art. 5 Abs. 1 GG, also die Gewährleistung eines freien, individuellen und öffentlichen Meinungsbildungsprozesses, überschneidet sich das Sekundärziel der „kommunikativen Chancengerechtigkeit" mit dem tradierten Zielwert der positivrechtlich zu sichernden programminhaltlichen „kommunikativen Vielfalt" in vielen Punkten. Der Zielwert der kommunikativen Chancengerechtigkeit geht jedoch teilweise auch darüber hinaus und kann insoweit als das umfassendere Regulierungsziel bezeichnet werden.[487]

aa) Zum Begriff der kommunikativen Chancengerechtigkeit

Der Grundgedanke der kommunikativen Chancengerechtigkeit ist nicht neu. Er findet sich bereits früh in der Rechtsprechung des Bundesverfassungsgerichts. In der „Blinkfüer"-Entscheidung aus dem Jahre 1969 ging es um eine auf politischen Motiven beruhende Aufforderung zum Boykott eines Presseunternehmens,

---

485 Vgl. dazu ausführlich *Schulz*, Gewährleistung kommunikativer Chancengleichheit als Freiheitsverwirklichung, 1998, S. 168 ff. Vgl. auch *Hoffmann-Riem*, in: Schwartländer/Riedel (Hrsg.), Neue Medien und Meinungsfreiheit, 1990, S. 27 ff.; *Hoffmann-Riem*, in: Benda/Maihofer/Vogel (Hrsg.), HdbVerfR, 2. Aufl., 1994, § 7 Rdn. 12 ff.; *Schulz/Seufert/Holznagel*, Digitales Fernsehen – Regulierungskonzepte und -perspektiven, 1999, S. 93 ff.; *Hoffmann-Riem*, Regulierung der dualen Rundfunkordnung, 2000, S. 100 ff; *Schulz/Held*, in: Kops/Schulz/Held (Hrsg.), Von der dualen Rundfunkordnung zur dienstespezifisch diversifizierten Informationsordnung?, 2001, S. 127 ff.; *Schulz/Jürgens*, Die Regulierung von Inhaltediensten in Zeiten der Konvergenz, 2002, S. 35 ff.; *Leopoldt*, Navigatoren, 2002, S. 40 ff.
486 *Schulz/Seufert/Holznagel*, Digitales Fernsehen – Regulierungskonzepte und -perspektiven, 1999, S. 94.
487 Vgl. *Hoffmann-Riem*, Regulierung der dualen Rundfunkordnung, 2000, S. 100 f.

der mit wirtschaftlichen Machtmitteln durchgesetzt werden sollte.[488] In seiner Entscheidung hat das Bundesverfassungsgericht zunächst die Bedeutung der Freiheit der geistigen Auseinandersetzung für das Funktionieren der freiheitlichen Demokratie hervorgehoben und so den die folgende Rechtsprechung wie ein roter Faden durchziehenden funktionalen Bezug aller Kommunikationsfreiheiten (hier: der Pressefreiheit) zum Demokratieprinzip hergestellt. Vor diesem Hintergrund hat das Bundesverfassungsgericht dann die Notwendigkeit betont, dass sich die Freiheit der kommunikativen Auseinandersetzung auf geistige Argumente und auf die Überzeugungskraft von Darlegungen, Erklärungen und Erwägungen stützen können muss. Denn von Verfassungs wegen gewährleistet werden soll der geistige Kampf der Meinungen. Ausdrücklich wird deshalb festgestellt, dass die Ausübung wirtschaftlichen Druckes, der wie im zu entscheidenden Fall für den Betroffenen schwere Nachteile bewirkt und das Ziel verfolgt, die verfassungsrechtlich gewährleistete Verbreitung von Meinungen und Nachrichten zu verhindern, die „Gleichheit der Chancen beim Prozess der Meinungsbildung" verletzt.[489] Damit hat das Gericht das Prinzip der kommunikativen Chancengerechtigkeit zum (verfassungs)rechtlichen Maßstab erhoben. Alle kommunikativen Inhalte sollen prinzipiell die gleiche Chance haben, an die Öffentlichkeit zu gelangen und von dieser wahrgenommen zu werden.[490]

Für den zur Ausgestaltung der Rundfunkordnung berufenen Gesetzgeber bedeutet dies, durch die positive Ordnung sicherzustellen, dass jedermann die reale Chance hat, aktiv und passiv am Kommunikationsprozess teilzunehmen.[491] Das hat das Bundesverfassungsgericht auch für den Rundfunkbereich der Sache nach bestätigt, wenn es vom Gesetzgeber verlangt, durch geeignete Maßnahmen der Gefahr vorzubeugen, „dass auf Verbreitung angelegte Meinungen von der öffentlichen Meinungsbildung ausgeschlossen werden und Meinungsträger, die sich im Besitz von Sendefrequenzen und Finanzmitteln befinden, an der öffentlichen Meinungsbildung vorherrschend mitwirken".[492]

Gleichzeitig leitet das Gericht aber auch weiterhin aus der besonderen kommunikativen Rolle des Rundfunks die positivrechtlich umzusetzende Gewährleistungspflicht des Gesetzgebers ab, für ein programminhaltliches Gesamtangebot zu sorgen, „in dem die für die freiheitliche Demokratie konstitutive Meinungsvielfalt zur Darstellung gelangt".[493]

---

488 BVerfGE 25, 256 ff.
489 BVerfGE 25, 256, 265.
490 *Hoffmann-Riem*, Regulierung der dualen Rundfunkordnung, 2000, S. 101.
491 Vgl. dazu allgemein *Schulz*, Gewährleistung kommunikativer Chancengleichheit als Freiheitsverwirklichung, 1998, S. 178.
492 BVerfGE 57, 295, 323.
493 BVerfGE 57, 295, 323.

bb) „Kommunikative Vielfalt" vs. „Kommunikative Chancengerechtigkeit"

An dieser Stelle wird der Unterschied zwischen dem Konzept einer Pluralismussicherung durch die positivrechtliche Gewährleistung „kommunikativer Vielfalt" im Gesamtprogramm einerseits und einer Vielfaltsicherung durch die Herstellung und Wahrung „kommunikativer Chancengerechtigkeit" andererseits deutlich.

Die positivrechtliche Gewährleistung kommunikativer Vielfalt soll sicherstellen, dass bestimmte Kommunikationsinhalte im Gesamtprogramm verfügbar sind. Zur Sicherung der Angebotsvielfalt hat der Gesetzgeber gegebenenfalls aktive regulatorische Maßnahmen zu treffen. Dagegen ist der Zielwert der kommunikativen Chancengerechtigkeit auf den Erhalt, gegebenenfalls auch auf die Verbesserung der Chancen gerichtet, kommunikative Inhalte zu erstellen, zu verbreiten oder zu empfangen.[494] Die von Verfassungs wegen anzustrebende inhaltliche Pluralität wird auf diese Weise also indirekt erreicht. Meinungsvielfalt entsteht als Ergebnis des staatlicherseits gewährleisteten chancengleichen Zugangs zum Faktormedium Rundfunk.[495] Nicht die positivrechtlich abgesicherte mediale Abbildung eines insgesamt ausgewogenen Meinungsspektrums, sondern die Nutzung der für alle Angebote abgesicherten realen Zugangschancen hat die angestrebte Vielfaltswirkung.[496]

cc) Die Notwendigkeit zum publizistischen Chancenausgleich im Rahmen der positiven Ordnung

Rundfunkregulierung mit dem Ziel der Gewährleistung kommunikativer Chancengerechtigkeit ist folglich partiell durchaus als Offenheitspflicht im Sinne *Bullingers* zu verstehen.[497] Denn sie ist auf die Offenhaltung des Kommunikationsprozesses gerichtet, und damit auf die grundsätzliche Möglichkeit aller, am Kommunikationsprozess teilzuhaben. Darin erschöpft sich der Zielwert der kommunikativen Chancengerechtigkeit jedoch nicht. Auch wenn Maßnahmen zur strukturellen Sicherung des Kommunikationsprozesses die Wahrscheinlich-

---

494 *Hoffmann-Riem*, Regulierung der dualen Rundfunkordnung, 2000, S. 101.
495 *Schulz*, Gewährleistung kommunikativer Chancengleichheit als Freiheitsverwirklichung, 1998, S. 174.
496 *Hoffmann-Riem*, Regulierung der dualen Rundfunkordnung, 2000, S. 101.
497 Auch *Bullinger* leitet seine Forderung zur rundfunkrechtlichen Offenheitspflicht aus dem verfassungsrechtlichen Prinzip der Chancengleichheit ab, vgl. *Bullinger*, in Isensee/Kirchhof (Hrsg.), Handbuch des Staatsrechts, Bd. VI, 2. Aufl., 2001, § 142 Rdn. 149 ff.

keit inhaltlicher Diversifizierung erhöhen,[498] so genügen sie alleine mit Blick auf das Primärziel des Art. 5 Abs. 1 GG den verfassungsrechtlich vorgegebenen Anforderungen an die Rundfunkordnung nicht.

Wie im „Blinkfüer"-Beschluss des Bundesverfassungsgerichts deutlich geworden ist, sollen mit Rücksicht auf den funktionalen Bezug aller Kommunikationsfreiheiten zum Demokratieprinzip ausschließlich kommunikativ begründete Kriterien bei der Verbreitung und Rezeption von Kommunikationsinhalten ausschlaggebend sein.[499] Wirtschaftliche Erwägungen oder zum Beispiel künftig auch technisch begründete Machtpositionen Einzelner im Kommunikationsprozess sollen demgegenüber möglichst keine Rolle spielen. Dieser Zielvorgabe entsprechend, hat sich der Gesetzgeber bei der Umsetzung des Konzepts der kommunikativen Chancengerechtigkeit an publizistischen Kriterien zu orientieren. Ein ausschließlich ökonomisch gesteuerter Rundfunkmarkt garantiert eben noch keinen freien und vor allem pluralen Meinungsmarkt.[500] Im Gegenteil: Der rein ökonomische Wettbewerb ermöglicht die Befriedigung publizistischer Bedürfnisse nur in sehr eingeschränkter Weise.[501] Denn ein idealer publizistischer Wettbewerb besteht dann, wenn aus ihm ein möglichst umfassendes Nebeneinander von Meinungsbildern hervorgeht, in dem sich die Gesellschaft in ihrer Gesamtheit widerspiegelt. Auf diese Weise wird dem Einzelnen eine Plattform geboten, die es ihm ermöglicht, sich zu orientieren, das für ihn Wichtige herauszufiltern und auf dieser Grundlage seine Einstellungen und Ansichten zu bilden und zu entwickeln.[502] Es geht umgekehrt gerade nicht um die Ermöglichung eines Meinungswettbewerbs im Sinne eines ergebnisoffenen Entdeckungsverfahrens, in dem sich dann die „marktstärkste" Meinung durchsetzt. Im Mittelpunkt steht vielmehr die Sicherstellung eines Meinungspluralismus im Sinne einer ausgewogenen Repräsentanz gesellschaftlich relevanter Meinungsbilder, unabhängig von deren jeweiligen Mehrheitsfähigkeit oder publizistischen Marktmacht.[503] Deshalb kann es mit einer reinen staatlichen Offenheitspflege im Sinne *Bullingers* mit dem alleinigen Ziel, den Zugang zum Rundfunk für alle Meinungen und Interessen offenzuhalten und eine beherrschende Stellung einzelner Anbieter auf

---

498 Vgl. zum Konzept der strukturellen Diversifikation *Hoffmann-Riem*, Erosionen des Rundfunkrechts, 1990, S. 38 ff.; *Eifert*, ZUM 1999, 596 ff.; *Hoffmann-Riem*, Regulierung der dualen Rundfunkordnung, 2000, S. 34 f.
499 Vgl. nochmals BVerfGE 25, 256 ff.
500 Vgl. *Bethge*, Rundfunkfreiheit und privater Rundfunk, 1985, S. 17 m.w.N. Dazu auch *Tschon*, Cross Ownership und publizistische Gewaltenteilung, 2002, S. 429 ff.
501 *Hoffmann-Riem*, in: Benda/Maihofer/Vogel (Hrsg.), HdbVerfR, 2. Aufl., 1994, § 7 Rdn. 79.
502 *Tschon*, Cross Ownership und publizistische Gewaltenteilung, 2002, S. 431. Vgl. auch BVerfGE 35, 202, 222,
503 Vgl. *Engel*, ZUM Sonderheft 1993, 569.

dem Meinungsmarkt auszuschließen, nicht sein Bewenden haben.[504] Die bloße repressive Verhinderung eines nicht kommunikativ gerechtfertigten Einflusses auf die Distribution und Rezeption von Kommunikationsinhalten genügt als Zielvorgabe nicht.

Vielmehr muss nach ganz überwiegender Ansicht in der Literatur der Gesetzgeber die Umsetzung und Realisierung kommunikativer Chancengerechtigkeit durch zusätzliche regulatorische Maßnahmen absichern. Insbesondere kann beispielsweise ein Ausgleich mangelnder Kommunikationschancen bestimmter „marktschwacher" Angebote durch positive Förderung bzw. Privilegierung notwendig werden.[505] Ob und welche Maßnahmen zu einem derartigen „künstlichen" publizistischen Chancenausgleich erforderlich sind, hängt von den jeweiligen tatsächlichen Gegebenheiten ab. Die Möglichkeit jedenfalls, dass auch Minderheitenpositionen im Rundfunk angemessenen Ausdruck finden, ist unter Berücksichtigung des Normziels von Art. 5 Abs. 1 GG keine Marktfrage, sondern auch bei den veränderten tatsächlichen Rahmenbedingungen von Verfassungs wegen durch positive Ordnung des staatlichen Gesetzgebers zu garantieren.[506]

Dem widerspricht auch nicht die Grundannahme, dass alle kommunikativen Positionen zunächst gleich zu bewerten sind und auch zu gleichen Bedingungen am Kommunikationsprozess teilhaben sollen.[507] Denn ihre Distribution und Rezeption im Kommunikationsprozess soll nach publizistischen Kriterien erfolgen und darf nicht von kommunikationsfremden Umständen – also beispielsweise

---

504 So aber *Bullinger*, in Isensee/Kirchhof (Hrsg.), Handbuch des Staatsrechts, Bd. VI, 2. Aufl., 2001, § 142 Rdn. 159 ff.; *Bullinger*, in: Badura/Dreier (Hrsg.), Festschrift 50 Jahre Bundesverfassungsgericht, Band II, 2001, S. 211 f.
505 *Hoffmann-Riem*, in: Benda/Maihofer/Vogel (Hrsg.), HdbVerfR, 2. Aufl., 1994, § 7 Rdn. 14; *Schulz/Seufert/Holznagel*, Digitales Fernsehen – Regulierungskonzepte und -perspektiven, 1999, S. 99 f.; *Schulz/Kühlers*, Konzepte der Zugangsregulierung für digitales Fernsehen, 2000, S. 12 f.; *Schulz/Held*, in: Kops/Schulz/Held (Hrsg.), Von der dualen Rundfunkordnung zur dienstespezifisch diversifizierten Informationsordnung?, 2001, S. 128; *Leopoldt*, Navigatoren, 2002, S. 41 f.; *Schulz/Jürgens*, Die Regulierung von Inhaltediensten in Zeiten der Konvergenz, 2002, S. 35; *Schulz*, in: Hahn/Vesting (Hrsg.), Beck'scher Kommentar zum Rundfunkrecht, 2003, § 53 Rdn. 11.
506 *Gersdorf*, Chancengleicher Zugang zum digitalen Fernsehen, 1998, S. 136.
507 Denn grundsätzlich sind auch die Kommunikationsfreiheiten wie alle Freiheitsrechte „privilegienfeindlich" konzipiert *Hoffmann-Riem*, in: Benda/Maihofer/Vogel (Hrsg.), HdbVerfR, 2. Aufl., 1994, § 7 Rdn. 12. Vgl. auch *Bethge*, in: Arndt u.a. (Hrsg.), Festschrift für Walter Rudolf, 2001, S. 414.

von wirtschaftlichen Überlegungen oder von technologischen Voraussetzungen – abhängig sein.[508]

Aus diesem Grund kann es notwendig sein, bestimmte Angebote kompensatorisch zu bevorzugen, wenn und soweit sich ihre publizistische Artikulation entsprechend ihrem meinungsbildenden Gewicht durch eine rein marktmäßige Bereitstellung nicht verwirklichen lässt.[509] Die Privilegierung solcher Angebote bedeutet dann nichts anderes als einen mit Blick auf das Gewährleistungsziel des Art. 5 Abs. 1 GG erforderlichen Ausgleich von Marktmängeln.[510] Diese können etwa dahingehend behoben werden, dass bestimmte Inhalte-Typen oder auch solche Akteure, von denen Produktion und Distribution von strukturell benachteiligten publizistischen Angeboten eher erwartet werden kann, bei der erforderlichen Zugangsregulierung bevorzugt berücksichtigt werden.[511] Dazu gehören typischerweise die öffentlich-rechtlichen Rundfunkanstalten, aber auch andere nicht kommerzielle Rundfunkveranstalter oder die Anbieter von regionalen und lokalen Programmangeboten, wenn sich ein Markt für lokale Informationen aus ökonomischen Gründen gar nicht erst entwickeln kann.[512] Der Gesetzgeber hat deshalb die medialen Distributions- und Rezeptionsbedingungen unter dem Gesichtspunkt der Gewährleistung realer kommunikativer Chancengerechtigkeit so zu gestalten, dass auch Anbieter von Kommunikationsinhalten, die in einem auf Wirtschaftlichkeit ausgerichteten Mediensystem keine ausreichende Nachfrage erzeugen können, dazu in die Lage versetzt werden, ihre publizistischen Energien zu entfalten und am publizistischen Wettbewerb teilzunehmen.[513]

f) Stellungnahme

Tatsächlich sprechen gute Gründe dafür, das tradierte Konzept der primär inhaltebezogenen kommunikativen Vielfaltssicherung zumindest tendenziell durch den Zielwert der Gewährleistung kommunikativer Chancengerechtigkeit zu er-

---

508 *Schulz*, Gewährleistung kommunikativer Chancengleichheit als Freiheitsverwirklichung, 1998, S. 186.
509 *Schulz/Seufert/Holznagel*, Digitales Fernsehen – Regulierungskonzepte und -perspektiven, 1999, S. 99.
510 *Schulz/Held*, in: Kops/Schulz/Held (Hrsg.), Von der dualen Rundfunkordnung zur dienstespezifisch diversifizierten Informationsordnung?, 2001, S. 128.
511 *Schulz/Kühlers*, Konzepte der Zugangsregulierung für digitales Fernsehen, 2000, S. 13; *Schulz*, in: Hahn/Vesting (Hrsg.), Beck'scher Kommentar zum Rundfunkrecht, 2003, § 53 Rdn. 11.
512 *Schulz/Kühlers*, Konzepte der Zugangsregulierung für digitales Fernsehen, 2000, S. 13; *Schulz*, in: Hahn/Vesting (Hrsg.), Beck'scher Kommentar zum Rundfunkrecht, 2003, § 53 Rdn. 11.
513 *Gersdorf*, Chancengleicher Zugang zum digitalen Fernsehen, 1998, S. 136.

gänzen, wenn auch nicht gänzlich zu ersetzen. Denn einerseits ist der Gesetzgeber unter dem Eindruck sich wandelnder Rahmenbedingungen auch weiterhin zur Gewährleistung freier und umfassender Meinungsbildung in der Rundfunkkommunikation durch positive Ordnung verpflichtet. Andererseits richtet sich aber dieser Gewährleistungsauftrag unter den veränderten Verhältnissen einer Vermehrung der Übertragungswege und Programmangebote zunehmend auf die Sicherung eines chancengerechten Zugangs zum Faktormedium Rundfunk.[514] So wird es in Zukunft weniger darum gehen, aktiv für ein inhaltlich ausgewogenes Gesamtprogramm Sorge zu tragen, sondern vielmehr darum, auch unter den sich verändernden Bedingungen durch strukturelle zugangssichernde Maßnahmen eine ausreichende Pluralität der Informationsquellen sicherzustellen.[515]

Insoweit kann das Konzept der kommunikativen Chancengerechtigkeit zur Rückbesinnung auf den Umstand beitragen, dass die Sicherung der Rundfunkfreiheit im Kern ein Organisationsproblem ist und dies auch weiterhin bleibt.[516] Jede konkrete staatliche Vorgabe, die sich auf den Inhalt des Programms bezieht, würde ohnehin am Erfordernis der Staatsfreiheit des Rundfunks scheitern.[517] An diesem Punkt setzt oft die Kritik an der Zielvorgabe des Bundesverfassungsgerichts an, die auf den Idealzustand eines inhaltlich ausgewogenen Gesamtprogramms gerichtet ist. Diese Kritik ist jedoch unberechtigt. Auch das Bundesverfassungsgericht hat stets betont, dass die Rundfunkfreiheit in erster Linie Staatsfreiheit der Berichterstattung bedeutet.[518] Das schließt nicht nur unmittelbare sondern auch mittelbare staatliche Einflüsse auf die Programmveranstaltung aus und verbietet jegliche politische Instrumentalisierung des Rundfunks.[519] Versteht man das Bundesverfassungsgericht also richtig, geht es bei der Zielvorgabe einer

---

514 Vgl. zur Notwendigkeit der Zugangschancensicherung im digitalisierten Rundfunk nur *Gersdorf*, Chancengleicher Zugang zum digitalen Fernsehen, 1998, passim; *Thierfelder*, Zugangsfragen digitaler Fernsehverbreitung, 1999, passim; *Schulz/Kühlers*, Konzepte der Zugangsregulierung für digitales Fernsehen, 2000, passim; *Rinke*, Zugangsprobleme des digitalen Fernsehens, 2001, passim. Einschränkend jedoch die Bewertung bei *Albrecht Hesse*, Rundfunkrecht, 3. Aufl., 2003, S. 74 ff.
515 Vgl. dazu jetzt auch BVerfGE 97, 228, 257 f.
516 Vgl. *Bethge*, in: Horn u.a. (Hrsg.), Festschrift für Walter Schmitt Glaeser zum 70. Geburtstag, 2003, S. 471. Auch *Ladeur*, in: Faber/Frank (Hrsg.), Festschrift für Ekkehart Stein zum 70. Geburtstag, 2002, S. 74 warnt davor, den organisatorischen und prozeduralen Aspekt als wesentlichen Ausfluss der objektiv-rechtlichen Dimension der Rundfunkfreiheit aus den Augen zu verlieren.
517 *Schulz/Held*, in: Kops/Schulz/Held (Hrsg.), Von der dualen Rundfunkordnung zur dienstespezifisch diversifizierten Informationsordnung?, 2001, S. 127. Vgl. zum Gebot der Staatsfreiheit des Rundfunks und den sich daraus ergebenden Konsequenzen *Herrmann/Lausen*, Rundfunkrecht, 2. Aufl., 2004, § 7 Rdn. 81 ff. m.w.N.
518 Vgl. BVerfGE 83, 238, 322 mit Hinweis auf BVerfGE 12, 205, 262 f.
519 Vgl. BVerfGE 90, 60, 88.

programminhaltlichen Pluralität nicht um die staatliche Verordnung einer konkret bestimmbaren Vielfalt von einzelnen Meinungsbildern, sondern um die Gewährleistung eines inhaltlich ausgewogenen Gesamtprogramms durch einen Kanon materieller, organisatorischer und prozeduraler Regelungen.[520]

Problematisch wird das Festhalten am Zielwert einer ausgewogenen programminhaltlichen Vielfalt jedoch aus einem anderen Grund. Denn Gefahren für die Gewährleistung des Meinungspluralismus drohen unter den Bedingungen des Vielkanalfernsehens und bei den sich aus technischen Gründen verändernden Distributionsweise digitalisierten Rundfunks von neuer Seite. Der Programmveranstalter als Inhalteanbieter verliert im digitalisierten Fernsehen seine dominierende Stellung im Mediengefüge und teilt seine Einflussmacht mit anderen Akteuren auf vor-, neben- und nachgelagerten Bereichen der Rundfunkdistribution.[521] Aufgrund der Vermehrung des Rundfunkangebots auf der einen Seite und des sich wandelnden Nutzungsverhaltens auf der anderen Seite verliert die Vorauswahl der Programminhalte, die bisher die Rundfunkveranstalter für ihre Nutzer treffen konnten, an Bedeutung.[522] Demgegenüber eröffnen beispielsweise die Navigationssysteme vermehrte Wahlmöglichkeiten, die den Spielraum jedes Einzelnen für eine individuelle Programmkombination erhöhen. So erreicht den Zuschauer nur noch eine Kombination einzelner Programmfragmente, in denen die durch rechtliche Vorgaben beeinflusste Programmplanung der Rundfunkveranstalter nicht mehr erkennbar ist.[523] Auf diese Weise verliert das tradierte Rundfunkvollprogramm eines Veranstalters an Bedeutung für die Rundfunkrezeption.[524] Es werden neue Akteure relevant, die Dienste beherrschen, die die Chancengerechtigkeit im Kommunikationsprozess beeinträchtigen können. Aus diesem Grund stößt die vornehmlich veranstalterbezogene Rundfunkregulierung – sei es durch außenplurale oder binnenplurale Sicherungsmechanismen – mit dem Ziel der Gewährleistung kommunikativer Vielfalt im Gesamtprogramm an die Grenzen ihrer Leistungsfähigkeit.[525] Denn die „Auswahlanarchie" der Nutzer

---

520 Vgl. BVerfGE 57, 295, 320; 74, 297, 324.
521 Vgl. *Hoffmann-Riem*, in: Wassermann u.a. (Hrsg.), Kommentar zum Grundgesetz für die Bundesrepublik Deutschland, Band 1, 3. Aufl., Stand August 2002, Art. 5 Abs. 1, 2 GG Rdn. 176.
522 *Grimm*, in: Haungs/Graß/Maier/Veen (Hrsg.), Civitas, Widmungen für Bernhard Vogel zum 60. Geburtstag, 1992, S. 692.
523 *Grimm*, in: Haungs/Graß/Maier/Veen (Hrsg.), Civitas, Widmungen für Bernhard Vogel zum 60. Geburtstag, 1992, S. 691.
524 Vgl. zur Auflösung des Veranstalterbegriffs aus diesem Grund *Ladeur*, AfP 1997, 598 f. Zum erwarteten Bedeutungsverlust des Rundfunkvollprogramms auch *Bullinger*, in: Eckart Klein (Hrsg.), Festschrift für Ernst Benda zum 70. Geburtstag, 1995, S. 33 ff.
525 *Schulz*, K&R 2000, 12.

durchkreuzt die regulierbare Programmplanung der Rundfunkveranstalter.[526] Rundfunkregulierung wird deshalb in Zukunft verstärkt Zugangsregulierung bedeuten müssen.[527] Zu nennen sind in diesem Zusammenhang insbesondere die oben ausführlich behandelten vertriebsbezogenen Zugangsprobleme zu Conditional Access Systemen, zu Multiplexing Dienstleistungen und Programmbouquets sowie insbesondere zu den Navigationssystemen.[528]

Gerade die Folgen, die die Funktionsweise der Navigationssysteme für die Rundfunkrezeption mit sich bringt, machen deutlich, dass die derzeitige Veranstalterorientierung des Rundfunkrechts überdacht werden muss. Die Programmveranstalter waren bislang die einzige wesentliche Steuerungsinstanz für die Programminhalte. Als besonders relevante „Informationsfilter" trugen gerade sie entscheidend zur Medium- und Faktorrolle des Rundfunks bei. Diese tradierte Vermittlerfunktion der Rundfunkveranstalter wird nunmehr (zumindest partiell) von den Navigationssystemen übernommen.[529] Auch wenn die notwendige Regulierung der Funktionen der Navigationssysteme weiterhin auf die Sicherung der freien individuellen und öffentlichen Meinungsbildung als Primärziel des Art. 5 Abs. 1 GG und indirekt auch auf den Erhalt programminhaltlicher Vielfalt in der Gesamtveranstaltung Rundfunk abzielt, so kommt es hier doch insbesondere auf die Gewährleistung eines chancengerechten Zugangs zu den Systemen an. Die Eröffnung von Zugangschancen hat dann die gewünschte programminhaltliche Vielfaltswirkung. Insgesamt passt hier der Zielwert der kommunikativen Chancengerechtigkeit also besser als der herkömmliche Zielwert der programminhaltlichen kommunikativen Vielfalt, der als Regulierungsvorgabe nicht ausreicht, um dem ausdifferenzierten Problempotential des digitalisierten Rundfunks gerecht zu werden.

Allerdings ist auch nicht zu erwarten, dass durch die Vermehrung der Programme automatisch ein Grad von Meinungsvielfalt entstehen würde, der das Regulierungsziel einer programminhaltlichen Vielfaltssicherung völlig bedeutungslos machen würde. Wie gesehen bedarf es aufgrund der Unzulänglichkeit des reinen Marktmodells gegebenenfalls eines positiven Chancenausgleichs für marktschwache kommunikative Angebote. Insofern bleibt also auch der Zielwert einer veranstalterbezogenen inhaltlichen Vielfaltssicherung insbesondere mit

---

526 *Grimm*, in: Haungs/Graß/Maier/Veen (Hrsg.), Civitas, Widmungen für Bernhard Vogel zum 60. Geburtstag, 1992, S. 691.
527 Vgl. zu den verschiedenen Problemfeldern *Hoffmann-Riem*, Regulierung der dualen Rundfunkordnung, 2000, S. 138 ff. m.w.N.
528 Aber auch der Zugang des Programmveranstalter zu Programminhalten spielt eine wichtige Rolle. Zum Kurzberichterstattungsrecht vgl. BVerfGE 97, 228 ff. Dazu auch *v. Coelln*, SpuRt 2001, 221 ff.
529 Vgl. auch *Hoffmann-Riem*, Regulierung der dualen Rundfunkordnung, 2000, S. 17.

Blick auf den öffentlich-rechtlichen Rundfunk bedeutsam. Dieser kann aber im Zielwert der Sicherung kommunikativer Chancengerechtigkeit aufgehen und in diesem Kontext als weiteres Unterziel der Rundfunkregulierung eingeordnet werden. Auch das Bundesverfassungsgericht hat in seiner Entscheidung zum Kurzberichterstattungsrecht aus dem Jahre 1998 nicht mehr ausdrücklich auf den Zielwert eines inhaltlich ausgewogenen Gesamtprogramms abgestellt, obwohl dies durchaus nahe gelegen hätte. Vielmehr wird (nur) von der Notwendigkeit zur Sicherung der „Pluralität der Informationsvermittlung" durch die Eröffnung von Zugangsmöglichkeiten zu bestimmten Programminhalten gesprochen.[530]

Nach alledem ist auch zu einem Zeitpunkt, in dem der der endgültige Umstieg vom analogen zum digitalen Fernsehen bevorsteht, der Rundfunk nicht dem freien Spiel der Kräfte zu überlassen. Das notwendige Konzept zur Pluralitätssicherung sollte sich jedoch von einem schwerpunktmäßig programminhaltlichen und veranstalterbezogenen Regulierungsansatz zur Gewährleistung eines chancengerechten, das heißt eines für alle offenen und angemessenen Zugangs zum Faktormedium Rundfunk wandeln. Dafür eignet sich der Zielwert der kommunikativen Chancengerechtigkeit als maßgebliche Zielvorgabe für den die Rundfunkordnung ausgestaltenden Gesetzgeber.

II. Duale Rundfunkordnung und Grundversorgungsauftrag

Es ist dargelegt worden, dass der Gesetzgeber bei der Umsetzung seines rundfunkspezifischen Ausgestaltungsauftrags im Rahmen der positiven Rundfunkordnung über einen weiten Gestaltungsspielraum verfügt. Weder kann aus dem Grundgesetz ein Gebot abgeleitet werden, ein bestimmtes Ordnungsmodell zu wählen, noch besteht eine verfassungsrechtlich begründete Verpflichtung zur durchgängigen Modellkonsistenz.[531] Es kommt alleine darauf an, dass durch die Rundfunkordnung eine umfassende und wahrheitsgemäße Berichterstattung und damit eine freie individuelle und öffentliche Meinungsbildung gewährleistet ist.[532] In der Nachkriegszeit hat der Gesetzgeber zunächst auf eine Monopolstellung binnenpluralistisch organisierter öffentlich-rechtlicher Rundfunkanstalten gesetzt. Mitte der 1980er Jahre ist dieses Modell dann zugunsten eines Nebeneinanders von öffentlich-rechtlichen und privaten Rundfunkveranstaltern im

---

530 BVerfGE 97, 228, 267.
531 Vgl. BVerfGE 83, 238, 296; *Dörr*, VerwArch, 92. Bd. (2001), S. 158.
532 BVerfGE 57, 295, 321; 74, 297, 324.

Rahmen der dualen Rundfunkordnung aufgegeben worden.[533] Das hatte unter anderem zur Folge, dass die Rolle des öffentlich-rechtlichen Rundfunks in diesem System neu zu definieren war. Auch dabei hat die Rechtsprechung des Bundesverfassungsgerichts eine maßgebliche Rolle gespielt. Das Bundesverfassungsgericht sieht das duale System in seiner derzeit bestehenden Form allein durch die Existenz eines funktionstüchtigen öffentlich-rechtlichen Rundfunks verfassungsrechtlich legitimiert. Das zentrale Instrument zur Gewährleistung programmlicher Vielfalt ist die Wahrnehmung der Grundversorgungsaufgabe durch die öffentlich-rechtlichen Rundfunkanstalten.[534] Die Erfüllung dieses Grundversorgungsauftrages ist die unverzichtbare Voraussetzung für die Sicherung der Rundfunkfreiheit in der dualen Rundfunkordnung.

1. Die Entwicklung des Grundversorgungsbegriffs in der Literatur

Die Entwicklung der Rechtsfigur der Grundversorgung muss im historischen Kontext der Diskussion um die Einführung des privaten Rundfunks Ende der 1970er Jahre betrachtet werden. Der Terminus war seinerzeit einer der wesentlichen Ansatzpunkte rundfunkrechtlicher und medienpolitischer Auseinandersetzung um die Streitfrage über das Ob und Wie der Einführung eines Rund-

---

533 Zum Begriff der „dualen Rundfunkordnung" *Niepalla*, Die Grundversorgung durch die öffentlich-rechtlichen Rundfunkanstalten, 1991, S. 45 ff. Kritisch zu dieser Systembeschreibung *Vesting*, K&R 2000, 161 ff.
534 Dazu BVerfGE 73, 118, 158; 74, 297, 324; 87, 181, 203. Vgl. zur Funktion und Bedeutung des Grundversorgungsauftrages nur *Berg*, AfP 1987, 457 ff.; *Stock*, RuF 1987, 16 ff.; *Kull*, AfP 1987, 462 ff.; *Goerlich/Radeck*, JZ 1989, 53 ff.; *Libertus*, Grundversorgungsauftrag und Funktionsgarantie, 1991, passim; *Niepalla*, Die Grundversorgung durch die öffentlich-rechtlichen Rundfunkanstalten, 1991, passim; *Preuss Neudorf*, Grundversorgung und Wettbewerb im dualen Rundfunksystem, 1993, passim; *Scheble*, Perspektiven der Grundversorgung, 1994, passim; *Kresse*, ZUM 1995, 178 ff.; *Bethge*, MP 1996, 66 ff.; *Bethge*, Die verfassungsrechtliche Position des öffentlich-rechtlichen Rundfunks in der dualen Rundfunkordnung, 1996, S. 29 ff.; *Lerche*, in: Ziemske u.a. (Hrsg.), Festschrift für Martin Kriele zum 65. Geburtstag, 1997, S. 357 ff.; *Vesting*, Prozedurales Rundfunkrecht, 1997, S. 169 ff.; *Fromm*, Öffentlich-rechtlicher Programmauftrag und Rundfunkföderalismus, 1998, S. 71 ff.; *Holznagel/Vesting*, Sparten- und Zielgruppenprogramme im öffentlich-rechtlichen Rundfunk, insbesondere im Hörfunk, 1999, S. 42 ff.; *Hoffmann-Riem*, Regulierung der dualen Rundfunkordnung, 2000, S. 206 ff.; *Albrecht Hesse*, Rundfunkrecht, 3. Aufl., 2003, S. 120 ff.; *Gersdorf*, Grundzüge des Rundfunkrechts, 2003, S. 305 ff.; *Herrmann/Lausen*, Rundfunkrecht, 2. Aufl., 2004, § 7 Rdn. 88 ff.

funksystems, das sich durch die institutionalisierte Koexistenz von öffentlich-rechtlichen und privaten Rundfunkveranstaltern auszeichnen sollte.

Der Grundversorgungsbegriff ist seitdem allmählich zum „Schlüsselwort und Reizthema" avanciert,[535] denn er erscheint als Rechtsbegriff nur schwer fassbar und gleichsam „oszillierend".[536] Weil er auf den ersten Blick wenig normative Prägnanz und Konturenschärfe entfaltet, erweist er sich auch in besonderem Maße anfällig für Missdeutungen und Missverständnisse.[537] Auf diese Weise werden die bis heute bestehenden fundamentalen Meinungsverschiedenheiten über Bedeutung und Reichweite des Grundversorgungsauftrages der öffentlich-rechtlichen Rundfunkanstalten verständlich. Umso wichtiger erscheint es dann jedoch, die historischen Wurzeln der Rechtsfigur im Auge zu behalten.

a) Die Grundlagen von Herrmann und Herbert Krüger

Der Begriff der Grundversorgung geht auf *Herrmann* zurück, der ihn im Rahmen seiner Habilitationsschrift in das rechtswissenschaftliche Schrifttum eingeführt hat.[538] *Herrmann* versteht die Grundversorgung als eine aus dem Demokratie- und dem Sozialstaatsprinzip des Art. 20 Abs. 1 GG abgeleitete rundfunkspezifische Erscheinungsform der Daseinsvorsorge.[539] Danach haben alle Bürger einen verfassungsrechtlich begründeten Anspruch auf Teilhabe am Massenkommunikationsmittel Rundfunk zu „ausgewogen-neutralen" Bedingungen.[540] Ist die staatliche Sorge für eine ausgewogen-neutrale Grundversorgung mit Rundfunkdienstleistungen verfassungsrechtlich geboten, so stellt sich die Frage, wie diese sichergestellt werden kann.

Herrmann verweist zunächst auf die besondere Rolle des Massenmediums Rundfunks für den Prozess der freien öffentlichen Meinungsbildung in der de-

---

535 *Bethge*, MP 1996, 66.
536 *Stock*, RuF 1987, 20; *Libertus*, Grundversorgungsauftrag und Funktionsgarantie, 1991, S. 28.
537 *Bethge*, Die verfassungsrechtliche Position des öffentlich-rechtlichen Rundfunks in der dualen Rundfunkordnung, 1996, S. 22.
538 *Herrmann*, Fernsehen und Hörfunk in der Verfassung der Bundesrepublik Deutschland, 1975, S. 322 und passim. Vgl. ausführlich zur Begriffsgeschichte *Niepalla*, Die Grundversorgung durch die öffentlich-rechtlichen Rundfunkanstalten, 1991, S. 33 ff.; *Libertus*, Grundversorgungsauftrag und Funktionsgarantie, 1991, S. 28 ff.; *Preuss Neudorf*, Grundversorgung und Wettbewerb im dualen Rundfunksystem, 1993, S. 79 ff.
539 *Herrmann*, Fernsehen und Hörfunk in der Verfassung der Bundesrepublik Deutschland, 1975, S. 300, 322, 332 f.
540 *Herrmann*, Fernsehen und Hörfunk in der Verfassung der Bundesrepublik Deutschland, 1975, S. 345.

mokratischen Gesellschaft. Dem Rundfunk kommt, wie oben ausführlich dargelegt, eine im Vergleich zu den übrigen Medien gesteigerte publizistische Wirkungsintensität zu, aus der sich eine „natürliche Alleinstellung" im Kreis der Massenmedien ergibt.[541]

Bereits einige Jahre zuvor hatte *Herbert Krüger* auf die besondere Bedeutung der Massenmedien für die öffentliche Meinungsbildung im demokratischen Gemeinwesen und auf eine daraus resultierende „öffentliche Aufgabe der Massenmedien" hingewiesen.[542] *Krüger* geht davon aus, dass ausschließlich privat betriebene Massenmedien diese besondere öffentliche Aufgabe nicht erfüllen können, und dass deshalb zur Ergänzung des privaten Angebotes öffentliche Aufgabenträger notwendig seien.[543] Er begründet dies mit der Markt- und Gewinnorientierung der privaten Betreiber von Massenmedien. Deren einseitig kommerziell ausgerichtete Betätigung würde zwangsläufig zu einer Vernachlässigung ihrer Versorgungsaufgaben führen.[544] Diejenigen Versorgungsleistungen, die privat betriebene, marktwirtschaftlich ausgerichtete Medien aufgrund ihrer Gewinnorientierung nicht erbringen können, müßten deshalb von öffentlichen Aufgabenträgern übernommen werden.[545]

In Fortentwicklung dieses Gedankengangs beschreibt *Herrmann* die auf dem Rundfunksektor notwendige Ergänzungsleistung durch öffentliche Aufgabenträger als „ausgewogen-neutrale Grundversorgung".[546] Reichweite und Umfang der von Verfassungs wegen zu garantierenden Grundversorgung ergeben sich dabei grundsätzlich als Differenz zwischen dem Anspruch der Allgemeinheit auf Erfüllung der öffentlichen Aufgabe des Massenmediums Rundfunk und dem diesbezüglich anzunehmenden Leistungsdefizit privater, gewinnorientiert arbeitender Anbieter. Die Grundversorgung ist somit diejenige Leistung auf dem Rundfunksektor, die eine umfassende Versorgung der Bevölkerung mit Rundfunkdiensten sicherstellt und die gleichzeitig die Gewähr dafür bietet, dass der Rundfunk seiner öffentlichen Aufgabe gerecht werden kann. Nach *Herrmann* soll zu diesem Zweck ein in sich selbst ruhender, dem ökonomischen Wettbewerb ent-

---

541 *Herrmann*, Fernsehen und Hörfunk in der Verfassung der Bundesrepublik Deutschland, 1975, S. 231 f.
542 *Krüger*, Die öffentlichen Massenmedien als notwendige Ergänzung der privaten Massenmedien, 1965, S. 6.
543 *Krüger*, Die öffentlichen Massenmedien als notwendige Ergänzung der privaten Massenmedien, 1965, passim, insbesondere S. 69 ff.
544 *Krüger*, Die öffentlichen Massenmedien als notwendige Ergänzung der privaten Massenmedien, 1965, S. 10 f., 69 ff.
545 *Krüger*, Die öffentlichen Massenmedien als notwendige Ergänzung der privaten Massenmedien, 1965, S. 69 ff.
546 *Herrmann*, Fernsehen und Hörfunk in der Verfassung der Bundesrepublik Deutschland, 1975, S. 345.

rückter öffentlich-rechtlicher Rundfunk eine Art „Ausfallbürgschaft" für das als potentiell defizitär betrachtete Angebot der privaten Veranstalter übernehmen.[547] Die öffentlich-rechtlichen Rundfunkanstalten sollen eine strukturelle Kompensationsfunktion gegenüber den privaten Rundfunkangeboten übernehmen, die der öffentlichen Aufgabe des Rundfunks als exponiertes Massenmedium nur bedingt gerecht werden können.[548] Umgekehrt wird allerdings auch deutlich, dass eine Betätigung Privater auf dem Rundfunksektor unter den Voraussetzungen einer gesicherten Grundversorgung durch die öffentlich-rechtlichen Aufgabenträger nichts im Wege steht. Weder *Krüger* noch *Herrmann* vertraten damals die Auffassung, dass der Rundfunk ausschließlich als öffentlich-rechtlicher Anstaltsfunk betrieben werden müsse.[549]

b) Das Begriffsverständnis von Hans H. Klein und Bullinger

Hans H. Klein folgt hinsichtlich der Rolle der öffentlich-rechtlichen Aufgabenträger einem entgegengesetzten Ansatz. Auch er geht zwar Ende der 1970er Jahre von zunächst bestehenden strukturellen Versorgungsdefiziten (zukünftiger) privater Rundfunkanbieter aus, erwartet aber nach einer Übergangszeit einen Strukturwandel, der diese Defizite (unter Umständen vollständig) beseitigen könnte. Insbesondere aufgrund des technischen Fortschritts und der damit verbundenen Verbreiterung des Rundfunkangebots könnte nach Auffassung *Hans H. Kleins* langfristig gesehen die Notwendigkeit zur Grundversorgung durch einen von ihm als „öffentlich-rechtlichen Integrationsrundfunk" bezeichneten Rundfunk in öffentlicher Trägerschaft vollständig entfallen.[550] Er entwirft damit ein Szenario, in dem die Grundversorgung im Sinne einer rundfunkspezifischen Daseinsvorsorge allein durch private Anbieter sichergestellt werden könnte. Zudem folgert er, dass, jedenfalls solange Pluralität und Chancengerechtigkeit für Programmveranstalter und Rezipienten durch die öffentlich-rechtlichen Rund-

---

547 Vgl. *Stock*, RuF 1987, S. 17; *Preuss Neudorf*, Grundversorgung und Wettbewerb im dualen Rundfunksystem, 1993, S. 81.
548 *Herrmann*, Fernsehen und Hörfunk in der Verfassung der Bundesrepublik Deutschland, 1975, S. 333; *Libertus*, Grundversorgungsauftrag und Funktionsgarantie, 1991, S. 29.
549 Vgl. *Preuss Neudorf*, Grundversorgung und Wettbewerb im dualen Rundfunksystem, 1993, S. 81; *Herrmann*, Fernsehen und Hörfunk in der Verfassung der Bundesrepublik Deutschland, 1975, S. 359 ff.; *Krüger*, Die öffentlichen Massenmedien als notwendige Ergänzung der privaten Massenmedien, 1965, S. 69 ff. Eine derartige Position wäre heute aus europarechtlicher Sicht ohnehin nicht mehr vertretbar, vgl. auch *Bethge*, in: Sachs (Hrsg.), Grundgesetz Kommentar, 3. Aufl., 2003, Art. 5 Rdn. 102 b.
550 *Hans H. Klein*, Die Rundfunkfreiheit, 1978, S. 66, S. 79 f.

funkveranstalter sichergestellt werden, an die privaten Veranstalter geringere Anforderungen im Hinblick auf die Verwirklichung dieser Zielwerte gestellt werden können.[551]

Bullinger schließlich wendet sich gänzlich von dem ursprünglichen Konzept Krügers und Herrmanns ab. Diese hatten die Grundversorgung durch die öffentlich-rechtlichen Rundfunkanstalten als eine qualifizierte Vollversorgung mit Rundfunkleistungen begriffen. Private Anbieter können nach dem Konzept von Herrmann im Rahmen einer dualen Rundfunkordnung zu den öffentlich-rechtlichen Veranstaltern hinzutreten, müssen es aber nicht. Denn auch bei ihrem Fehlen wäre die Versorgung durch den öffentlich-rechtlichen Rundfunksektor vollständig sichergestellt. Bullinger möchte demgegenüber die Aufgabe des öffentlich-rechtlichen Rundfunks auf einen bloßen Defizitausgleich reduzieren.[552] Während inhaltliche und weltanschauliche Vielfalt im Wesentlichen durch ein außenplurales System privater Rundfunkanbieter gesichert werden könne, sollten die öffentlich-rechtlichen Rundfunkanstalten nur den sich durch wirtschaftliche Zwänge ergebenden „Niveauverlust" der kommerzialisierten Rundfunklandschaft ausgleichen. Ihnen verbleibe die öffentliche Aufgabe, ein Kontrastprogramm zu dem in einigen Bereichen defizitären kommerziellen Privatfunk zu bieten. Sie sollen lediglich für eine qualitativ hochwertige „Informations- und Kulturpflege" und für die Veranstaltung von Minderheitenprogrammen auf höherem Niveau zuständig bleiben.[553]

c) Zusammenfassung

Zusammenfassend wird deutlich, wie die Argumentationsfigur der Grundversorgung von der Literatur als Hebel benutzt wurde, um das Verhältnis der öffentlich-rechtlichen und privaten Rundfunkanstalten in dem in der Entstehung befindlichen dualen Rundfunksystem näher zu definieren. Bei Herrmann soll der öffentlich-rechtliche Sektor die Grundversorgung in Form einer beständigen Rundfunkvollversorgung sicherstellen. Bullinger dagegen sieht in der Grundversorgung nur eine durch die Rundfunkanstalten zu erbringenden Korrespondenzleistung zu dem auch von ihm in bestimmten Bereichen als defizitär erkannten Angebotsspektrum der privaten Veranstalter.

---

551 *Hans H. Klein*, Die Rundfunkfreiheit, 1978, S. 80.
552 *Bullinger*, Kommunikationsfreiheit im Strukturwandel der Telekommunikation, 1980, S. 93 ff.
553 *Bullinger*, Kommunikationsfreiheit im Strukturwandel der Telekommunikation, 1980, S. 94 f.

2. Der Grundversorgungsauftrag in der Rechtsprechung des Bundesverfassungsgerichts

1986 hat das Bundesverfassungsgericht in seinem 4. Rundfunkurteil zum ersten Mal zu den aufgeworfenen Fragen Stellung bezogen.[554] In der Niedersachsen-Entscheidung hat es den Begriff der Grundversorgung aus der Literatur aufgegriffen und unter den Voraussetzungen der sich gerade herausbildenden dualen Rundfunkordnung die unerlässliche „Grundversorgung" ausdrücklich als „Sache der öffentlich-rechtlichen Anstalten" bezeichnet.[555] Es ist damit der Position *Kleins* in der Sache entgegengetreten. Wie der Rechtsbegriff der Grundversorgung jedoch mit Inhalt zu füllen ist, ergibt sich aus dieser ersten Entscheidung nicht näher.[556] In der Folge kam es im Schrifttum erneut zu kontroversen Auseinandersetzungen über die Reichweite des von den öffentlich-rechtlichen Rundfunkanstalten wahrzunehmenden Versorgungsauftrages. Die Ansichten reichten von einer Leugnung jedes rechtlichen Stellenwertes der Rechtsfigur über ein Begriffsverständnis im Sinne einer qualifizierten Mindestversorgung bis hin zum Postulat einer umfassenden Vollversorgung.[557] Im Baden-Württemberg-Beschluss vom 24. März 1987[558] sowie in einigen nachfolgenden Entscheidungen[559] hat das Bundesverfassungsgericht dann aber seine Rechtsprechung weiter präzisiert.

a) Elemente der Grundversorgung

Im Baden-Württemberg-Beschluss wurden zunächst die wesentlichen Aspekte des Grundversorgungsauftrages herausgearbeitet und beschrieben. Die Ver-

---

554 Vgl. BVerfGE 73, 118 ff. Eine Dokumentation der Schriftsätze und des Urteils vom 4.11.1986 findet sich bei *Hoffmann-Riem/Starck* (Hrsg.), Das Niedersächsische Rundfunkgesetz vor dem Bundesverfassungsgericht, 1987.
555 BVerfGE 73, 118, 157.
556 Klar gestellt wurde aber bereits, dass es sich bei dem Terminus um einen Rechtsbegriff mit normativer Prägnanz, und nicht etwa nur um eine bloße „Zustandsbeschreibung" handelt vgl. *Bethge*, Die verfassungsrechtliche Position des öffentlich-rechtlichen Rundfunks in der dualen Rundfunkordnung, 1996, S. 42.
557 Vgl. z.B. die unterschiedlichen Ansätze bei *Badura*, JA 1987, 180 ff.; *Bethge*, ZUM 1987, 199 ff.; *Berg*, AfP 1987, 457 ff., *Kull*, AfP 1987, 462 ff.; *Schmitt Glaeser*, DVBl. 1987, 14 ff.; *Stock*, RuF 1987, 16 ff. Vgl. zudem die zahlreichen weiteren Nachweise bei *Libertus*, Grundversorgungsauftrag und Funktionsgarantie, 1991, S. 43 mit FN 63.
558 BVerfGE 74, 297 ff.
559 BVerfGE 83, 238, 298; 87, 81, 199 f.; 90, 60, 99.

pflichtung zur Grundversorgung beinhaltet danach drei Elemente:[560] Erstens die Nutzung einer Übertragungstechnik, bei der ein Empfang für alle gesichert ist.[561] Zweitens ein inhaltlicher Standard der Programme im Sinne eines Angebotes, das nach seinen Gegenständen und der Art ihrer Darbietungen oder Behandlungen dem klassischen Rundfunkauftrag nicht nur zum Teil, sondern voll entspricht. Und schließlich, drittens, die wirksame Sicherung gleichgewichtiger Vielfalt in der Darstellung der bestehenden Meinungsrichtungen im öffentlich-rechtlichen Rundfunk durch organisatorische und verfahrensrechtliche Vorkehrungen. Aus diesem „Dreiklang von Technik, Inhalt und Organisation"[562] lassen sich nun wiederum mehrere Schlussfolgerungen ableiten.

b) Quantitative Anforderungen an die Grundversorgung

Zunächst setzt die Grundversorgung stets eine Mehrzahl von Programmen voraus, weil sichergestellt werden muss, dass für die Gesamtheit der Bevölkerung ein umfassendes Programmangebot gewährleistet wird.[563] Das Bundesverfassungsgericht hat sich im Baden-Württemberg-Beschluss darauf festgelegt, dass zumindest die im Zeitpunkt der Niedersachsen-Entscheidung terrestrisch verbreiteten öffentlich-rechtlichen Programme der unerlässlichen Grundversorgung zuzurechnen sind.[564] Ob diese Aussage so Bestand haben kann, ist jedoch zweifelhaft. Denn träfe dies zu, so wäre dem öffentlich-rechtlichen Rundfunk die Möglichkeit genommen, von sich aus diesen Bestand zu reduzieren, etwa zugunsten anderer, neuer Programmangebote.[565] Nach allgemeiner Ansicht verbürgt aber Art. 5 Abs. 1 Satz 2 GG weder den Status quo der öffentlich-rechtlichen Organisationsstruktur, noch auch nur einen Numerus clausus der öffentlich-rechtlichen Rundfunkanstalten.[566] Besitzt also keine öffentlich-rechtliche Anstalt einen Existenzgewährleistungsanspruch,[567] so kann dies wohl kaum für ein einzelnes Programmangebot gelten. Vielmehr wird man das Bundesverfassungsge-

---

560 BVerfGE 74, 297, 326.
561 Die Feststellung in BVerfGE 73, 118, 123 dies sei „bis auf weiteres die terrestrische Sendetechnik" hat das Gericht in BVerfGE 83, 238, 299 f. auf die neuen Übertragungstechniken erweitert.
562 *Lerche*, in: Ziemske u.a. (Hrsg.), Festschrift für Martin Kriele zum 65. Geburtstag, 1997, S. 358.
563 BVerfGE 74, 297, 326.
564 BVerfGE 74, 297, 326.
565 So zutreffend *Lerche*, in: Ziemske u.a. (Hrsg.), Festschrift für Martin Kriele zum 65. Geburtstag, 1997, S. 359.
566 *Bethge*, JZ 1985, 308; *Libertus*, Grundversorgungsauftrag und Funktionsgarantie, 1991, S. 104 m.w.N. in FN 12.
567 Vgl. BVerfGE 89, 144, 153; *Bethge*, ZUM Sonderheft 1995, 516.

richt dahingehend verstehen müssen, dass zwar keine substantielle Verkleinerung des Programmangebotes zulässig ist, dass aber sehr wohl organisatorische und programmliche Umstrukturierungen sowie – in gewissem Umfang – auch Programmerweiterungen erlaubt sind. Darauf wird noch zurückzukommen sein.

c) Grundversorgung keine Mindestversorgung

Ebenfalls im Baden-Württemberg-Beschluss hat das Bundesverfassungsgericht den Bestrebungen in der Literatur, den Begriff der Grundversorgung als eine „Mindestversorgung" auszulegen, eine klare Absage erteilt.[568] Denn es muss nach der Konzeption des Gerichts sichergestellt werden, dass für die Gesamtheit der Bevölkerung Programme geboten werden, welche umfassend und in voller Breite des klassischen Rundfunkauftrages informieren, und dass dadurch Meinungsvielfalt in der verfassungsrechtlich gebotenen Weise gewährleistet ist.[569] Bestünde das öffentlich-rechtliche Programmangebot lediglich aus einer Ansammlung von Nischensendungen, die im werbefinanzierten privaten Rundfunk mangels ausreichender Nachfrage keinen Platz finden, so verlöre ein solches Programm derart an Attraktivität, dass es seine Funktion für eine umfassende öffentliche Meinungsbildung aus sich heraus nicht mehr erfüllen könnte.[570] Nicht zuletzt deshalb ist die Grundversorgung „umfassend zu verstehen".[571] Grundversorgung ist Vollversorgung.

d) Der Grundversorgungsauftrag als Legitimation der dualen Rundfunkordnung

Von zentraler Bedeutung ist des weiteren der Umstand, dass der Grundversorgungsauftrag, so wie ihn das Bundesverfassungsgericht versteht und entwickelt hat, untrennbar mit dem Modell der dualen Rundfunkordnung verbunden ist.[572] Entscheidet sich der Gesetzgeber für eine Rundfunkordnung, in der öffentlich-rechtliche und private Programmanbieter nebeneinander bestehen, so ist die Grundversorgung durch die öffentlich-rechtlichen Rundfunkanstalten sicherzustellen. Denn erst die Erfüllung des Grundversorgungsauftrages durch den öffentlich-rechtlichen Rundfunk gibt dem Gesetzgeber die Möglichkeit, den Privatfunk nur auf einen „Grundstandard gleichgewichtiger Vielfalt" in seinem Programmangebot zu verpflichten.[573] Solange und soweit wirksam sichergestellt

---

568 BVerfGE 74, 297, 325 f. Vgl. auch BVerfGE 83, 238, 297; 87, 181, 199.
569 BVerfGE 74, 296, 325 mit Hinweis auf BVerfGE 73, 118, 157 f.
570 Vgl. *Albrecht Hesse*, Rundfunkrecht, 3. Aufl., 2003, S. 125.
571 BVerfGE 83, 238, 299.
572 *Bethge*, MP 1996, 67.
573 Vgl. BVerfGE 73, 118, 159; 74, 297, 325; 83, 238, 297.

wird, dass die öffentlich-rechtlichen Rundfunkanstalten die unerlässliche Grundversorgung der Bevölkerung übernehmen, ist es gerechtfertigt, an die Breite des Programmangebots und die Sicherung gleichgewichtiger Vielfalt im privaten Rundfunk nicht ähnlich hohe Anforderungen zu stellen, wie dies für den öffentlich-rechtlichen Rundfunk der Fall ist.[574] So ist das Verhältnis beider Akteure in der dualen Rundfunkordnung von einer „funktionellen Akzessorietät" geprägt.[575] Die umfassende Grundversorgung des öffentlich-rechtlichen Rundfunks erlaubt erst die Veranstaltung von Rundfunk durch private Anbieter in der bestehenden Art und Weise.[576] Die verfassungsrechtliche Zulässigkeit und damit der Bestand der dualen Rundfunkordnung sind also abhängig von der Erfüllung des Grundversorgungsauftrages durch den öffentlich-rechtlichen Rundfunk und die Sicherung dieser Position durch den Gesetzgeber.[577]

e) Keine Privatisierbarkeit der Grundversorgung

Daraus folgt auch, dass in der dualen Rundfunkordnung allein der öffentlich-rechtliche Rundfunk die unerlässliche Grundversorgung wahrnehmen kann.[578] Insbesondere kann die Grundversorgung nicht (und schon gar nicht „zum Teil") von privaten Veranstaltern übernommen werden.[579] Schon aufgrund ihrer Finanzierung durch Werbeeinnahmen wird es den kommerziellen Anbietern rein faktisch nicht möglich sein, für diejenige umfassende Vielfalt zu sorgen, die für die Funktionsfähigkeit der Rundfunkordnung notwendig ist.[580] Das Ziel privater Rundfunkveranstalter ist die Gewinnerzielung und nicht die Erfüllung einer wie auch immer gearteten, altruistisch wahrgenommenen publizistischen Aufgabe.[581] Aus dem soeben beschriebenen Interdependenzverhältnis des öffentlich-recht-

---

574 BVerfGE 83, 238, 297.
575 *Goerlich/Radeck*, JZ 1989, 55.
576 *Bethge*, Die verfassungsrechtliche Position des öffentlich-rechtlichen Rundfunks in der dualen Rundfunkordnung, 1996, S. 45; *Eifert*, ZUM 1999, 595.
577 *Bethge*, ZUM 1991, 338.
578 Vgl. nur *Holznagel*, Der spezifische Funktionsauftrag des Zweiten Deutschen Fernsehens, 1999, S. 19 f.
579 Vgl. *Bethge*, Die verfassungsrechtliche Position des öffentlich-rechtlichen Rundfunks in der dualen Rundfunkordnung, 1996, S. 46 m.w.N. in FN 70. Differenzierend *Scheble*, Perspektiven der Grundversorgung, 1994, S. 145 ff. Verfehlt insoweit *Fromm*, Öffentlich-rechtlicher Programmauftrag und Rundfunkföderalismus, 1998, S. 85.
580 *Holznagel*, Der spezifische Funktionsauftrag des Zweiten Deutschen Fernsehens, 1999, S. 20.
581 *Mahrenholz*, in: Assmann u.a. (Hrsg.), Freundesgabe für Friedrich Kübler zum 65. Geburtstag, 1997, S. 265.

lichen und privaten Rundfunks in der dualen Rundfunkordnung ergibt sich damit zwingend, dass die Grundversorgungsaufgabe nicht, jedenfalls nicht ohne Bedeutungswandel, auf den privaten Rundfunk übertragen werden kann.[582] Die Erfüllung des Grundversorgungsauftrages gerade durch die öffentlich-rechtlichen Rundfunkanstalten ist damit nicht disponibel.[583]

f) Keine Grenzziehungs- und Aufgabenverteilungsfunktion der Grundversorgungsaufgabe

Andererseits können sich natürlich auch die privaten Anbieter um die Erfüllung von solchen Programmanliegen bemühen, die inhaltlich dem Grundversorgsanspruch ganz oder zum Teil entsprechen.[584] Das hebt auch das Bundesverfassungsgericht hervor, wenn es ausführt, bei der Definition des Grundversorgungsauftrages handele es sich nicht „um eine Grenzziehung oder Aufgabenverteilung zwischen öffentlich-rechtlichem und privatem Rundfunk, etwa in dem Sinne, dass Programme oder Sendungen, die der Grundversorgung zuzurechnen sind, dem öffentlich-rechtlichen, alle übrigen dem privaten Rundfunk vorbehalten sind oder vorbehalten werden könnten".[585] Auch wenn die Privaten nur zur Einhaltung eines „Grundstandards gleichgewichtiger Vielfalt"[586] verpflichtet sind, können sie ihren Vielfaltsstandard zumindest theoretisch jederzeit auf „Grundversorgungsniveau" anheben. Abgesehen davon, dass ein solches Szenario aus medienökonomischer Sicht eher unwahrscheinlich erscheint, besteht jedenfalls keine Garantie, dass dieser Standard auf Dauer aufrechterhalten würde. Die privaten Rundfunkveranstalter könnten nämlich von ihrer insoweit „überobligationsmäßigen" Programmbetätigung aufgrund ihrer grundrechtlich geschützten Programmautonomie jederzeit wieder Abstand nehmen.[587] Selbst wenn die privaten Anbieter also ein (Gesamt-) Programm veranstalten würden, dem inhaltlich „Grundversorgungsqualität" zu attestieren wäre, wäre dies dennoch keine Grundversorgung im rechtstechnischen Sinne.[588]

---

582 *Hoffmann-Riem*, Regulierung der dualen Rundfunkordnung, 2000, S. 207.
583 *Bethge*, Die verfassungsrechtliche Position des öffentlich-rechtlichen Rundfunks in der dualen Rundfunkordnung, 1996, S. 46.
584 Vgl. *Bethge*, MP 1996, 67.
585 BVerfGE 74, 297, 326.
586 Vgl. nur BVerfGE 73, 118, 159 f.
587 Darauf verweisen zu Recht *Bethge*, MP 1996, 67 und *Albrecht Hesse*, BayVBl. 1997, 139.
588 *Hoffmann-Riem*, Regulierung der dualen Rundfunkordnung, 2000, S. 208.

g) Dynamisches Verständnis der Grundversorgung

Ebenso wie das Leitmotiv der Pluralitätssicherung bezeichnet auch der Grundversorgungsauftrag letztlich (nur) einen Zielwert.[589] Dieser bleibt auch unter den sich verändernden Rahmenbedingungen bestehen, ist allerdings den sich wandelnden, insbesondere technischen Gegebenheiten anzupassen. Denn die öffentlich-rechtlichen Rundfunkanstalten müssen jederzeit dazu in der Lage sein, ihren verfassungsrechtlich begründeten Auftrag wirksam zu erfüllen. Die Grundversorgungsaufgabe hat deshalb keinen statischen Charakter.[590] Sie ist vielmehr „gegenständlich und zeitlich offen und dynamisch".[591]

Aus diesem Grund hat das Bundesverfassungsgericht – jedenfalls für die Dauer der medienpolitischen Grundentscheidung zugunsten der dualen Rundfunkordnung – eine Bestands- und Entwicklungsgarantie für den öffentlich-rechtlichen Rundfunk unmittelbar aus Art. 5 Abs. 1 Satz 2 GG abgeleitet.[592] Diese Bestands- und Entwicklungsgarantie bedeutet dabei nichts anderes als die Sicherung der rechtstatsächlichen Voraussetzungen, welche die Grundversorgung der Bevölkerung durch die öffentlich-rechtlichen Rundfunkanstalten erst möglich machen.[593] Während die Bestandsgarantie die notwendige normative Absicherung des Status quo bezeichnet, zielt die Entwicklungsgarantie zum einen auf die zukunftsgerichtete Fortschreibung der Bestandsgarantie in technischer und programmlicher Hinsicht.[594] Zum anderen beinhaltet sie eine umfassende Finanzierungsgewährleistung für den öffentlich-rechtlichen Rundfunk.[595]

Die Entwicklungsgarantie im Hinblick auf die programmlich-inhaltlichen und die technischen Voraussetzungen zur Sicherung der Grundversorgung hat das Bundesverfassungsgericht im 6. Rundfunkurteil zur Verfassungsmäßigkeit des WDR-Gesetzes zumindest ansatzweise präzisiert.[596] In technischer Hinsicht kann sich danach die Gewährleistung nicht auf eine bestimmte Übertragungs-

---

589 *Albrecht Hesse*, Rundfunkrecht, 3. Aufl., 2003, S. 123 f.
590 *Bethge*, Die verfassungsrechtliche Position des öffentlich-rechtlichen Rundfunks in der dualen Rundfunkordnung, 1996, S. 50.
591 BVerfGE 83, 238, 299.
592 BVerfGE 83, 238, 298 f.; 90, 60, 91. Vgl. dazu etwa *Ory*, AfP 1987, 466 ff.; *Selmer*, Bestands- und Entwicklungsgarantie für den öffentlich-rechtlichen Rundfunk in einer dualen Rundfunkordnung, 1988, passim; *Libertus*, Grundversorgungsauftrag und Funktionsgarantie, 1991, S. 124 ff.
593 BVerfGE 83, 238, 299.
594 *Libertus*, Grundversorgungsauftrag und Funktionsgarantie, 1991, S. 132.
595 BVerfGE 90, 60, 91. In gewissem Umfang tritt auch noch eine föderative Komponente hinzu, vgl. *Bethge*, Die verfassungsrechtliche Position des öffentlich-rechtlichen Rundfunks in der dualen Rundfunkordnung, 1996, S. 93 ff.
596 BVerfGE 83, 238 ff.

technik beschränken. Vielmehr wird auch die Nutzung neuer Übertragungsformen von der Gewährleistung der Grundversorgung umfasst, sobald diese zu den tradierten Übertragungstechniken hinzutreten.[597] Ähnliches hat das Gericht mit Blick auf Erscheinungsbild und Umfang des Programmangebotes festgestellt. Auch dieses kann nicht auf einem bestimmten Niveau eingefroren werden; es muss vielmehr für neue Formen und Inhalte offen bleiben, damit die öffentlich-rechtlichen Rundfunkanstalten ihren verfassungsrechtlichen Auftrag erfüllen können.[598] Das betrifft beispielsweise die Einrichtung von Spartenprogrammen[599] oder in jüngerer Zeit die Entwicklung und das Angebot programmbezogener Internetpräsentationen[600] durch die öffentlich-rechtlichen Rundfunkanstalten.

Dahinter steht die Überlegung, dass der öffentlich-rechtliche Rundfunk seinem umfassend zu verstehenden Grundversorgungsauftrag nur gerecht werden kann, wenn er auch unter sich verändernden tatsächlichen Rahmenbedingungen als ein ernst zu nehmender publizistischer Faktor neben den privaten Rundfunkanbietern erhalten bleibt. Dafür muss er in die Lage versetzt werden, ein Programm- und Diensteangebot für die ganze Bevölkerung anzubieten, das im Wettbewerb mit den privaten Veranstaltern standhalten kann.[601]

Auf der anderen Seite hat das Bundesverfassungsgericht aber auch klargestellt, dass der private Rundfunk nicht Bedingungen unterworfen werden darf, die ihn erheblich erschweren oder gar unmöglich machen würden.[602] Auch wenn der Grundversorgungsbegriff also grundsätzlich entwicklungsoffen zu verstehen ist, bedeutet dies nicht, dass er grenzenlos wirkt. Dem Marginalisierungsverbot der öffentlich-rechtlichen Säule der dualen Rundfunkordnung korrespondiert mit Blick auf das Angebot der privaten Veranstalter ein Marktverstopfungsverbot.[603]

Wo jedoch die Grenzen des Betätigungsfeldes der öffentlich-rechtlichen Anstalten im Einzelnen liegen, wurde vom Bundesverfassungsgericht bisher nicht abschließend geklärt. Denn was die Funktionserfüllung des öffentlich-rechtlichen Rundfunks erfordert, lässt sich eben nicht ein für allemal bestimmen, sondern hängt von den jeweiligen Umständen ab. Diese sind im Wesentlichen durch

---

597 BVerfGE 83, 238, 299.
598 BVerfGE 83, 238, 299.
599 Vgl. etwa *Holznagel/Vesting*, Sparten- und Zielgruppenprogramme im öffentlich-rechtlichen Rundfunk, insbesondere im Hörfunk, 1999, S. 42 ff.
600 Vgl. dazu *Jarass*, Online-Dienste und Funktionsbereich des Zweiten Deutschen Fernsehens, 1997, S. 9 ff.; *Degenhart*, ZUM 1998, 334 ff.; *ders.* Der Funktionsauftrag des öffentlich-rechtlichen Rundfunks in der „Digitalen Welt", 2001, S. 62 ff.
601 BVerfGE 90, 60, 92.
602 BVerfGE 83, 238, 311.
603 *Eifert*, ZUM 1999, 599.

die technische Entwicklung und das Verhalten der privaten Anstalten geprägt, denen gegenüber der öffentlich-rechtliche Rundfunk im dualen System publizistisch konkurrenzfähig bleiben muss, wenn dieses System nicht insgesamt die Anforderungen des Art. 5 Abs. 1 Satz 2 GG verfehlen soll.[604] Auch wenn das Bundesverfassungsgericht in seinen Rundfunkurteilen eine Reihe von Aussagen zur Bestimmung des Versorgungsauftrages des öffentlich-rechtlichen Rundfunks gemacht hat, muss dessen Reichweite also notwendigerweise partiell unbestimmt bleiben. Dies hat dazu geführt, dass der Begriff des Grundversorgungsauftrages auch weiterhin sowohl zu Gunsten als auch zu Lasten der öffentlich-rechtlichen Rundfunkanstalten eingesetzt wird, wenn es um die Eingrenzung ihres Betätigungsfeldes geht.[605] Während die Vertreter des öffentlich-rechtlichen Rundfunks den Begriff möglichst weit ausdehnen wollen, interpretieren die privaten Rundfunkveranstalter ihn tendenziell restriktiv.

h) „Grundversorgung", „klassischer Programmauftrag", „essentielle Funktionen"

Die Auftragsbestimmung des öffentlich-rechtlichen Rundfunks wird zusätzlich dadurch erschwert, dass das Bundesverfassungsgericht im Laufe der Zeit unterschiedliche Begriffe in die Diskussion eingeführt hat, die es teilweise synonym, teilweise aber auch alternativ verwendet.[606] Unklar bleibt insbesondere das Verhältnis des Auftrags zur „Grundversorgung" einerseits, zum ebenfalls erwähnten „klassischen Programmauftrag" bzw. zur Gewährleistung der „essentiellen Funktionen" des Rundfunks andererseits. Dies alles sind Aufgaben, die das Bundesverfassungsgericht dem öffentlich-rechtlichen Rundfunk zugewiesen hat.

aa) Wortwahl im Niedersachsen-Urteil

Im Niedersachsen-Urteil benutzt das Gericht alle drei Begriffe nebeneinander. Zum einen betont es die Notwendigkeit, dass der „klassische Auftrag" des Rundfunks erfüllt wird, „der neben seiner Rolle für die Meinungs- und politische Willensbildung, neben Unterhaltung und über laufende Berichterstattung hinausgehender Information auch seine kulturelle Verantwortung umfasst."[607] Der „klassische Rundfunkauftrag" beinhaltet danach also insbesondere vier Elemen-

---

604 BVerfGE 87, 181, 203; 90, 60, 93.
605 Vgl. *Ruttig*, Der Einfluß des EG-Beihilferechts auf die Gebührenfinanzierung der öffentlich-rechtlichen Rundfunkanstalten, 2001, S. 57.
606 Vgl. dazu die Analyse der Rechtsprechung bei *Kresse*, ZUM 1995, 179 f.; *Lent*, Rundfunk-, Medien-, Teledienste, 2001, S. 186 ff.
607 BVerfGE 73, 118, 158.

te, nämlich die Förderung der Meinungsbildung in der demokratischen Gesellschaft, die Erfüllung der Funktionen des Rundfunks als Unterhaltungs- und Informationsmedium sowie eine kulturstaatliche Aufgabe.[608]
Sodann stellt das Gericht fest, dass „diese essentiellen Funktionen" (gemeint sind hier die soeben genannten Spezifikationen des „klassischen Rundfunkauftrages") in erster Linie Funktionen der öffentlich-rechtlichen Rundfunkanstalten sind.[609] Darauf folgt die entscheidende Wendung, dass darin (d.h. in den essentiellen Funktionen) *und* in der Gewährleistung der Grundversorgung für alle, der öffentlich-rechtliche Rundfunk seine besondere Eigenart findet. Die Sicherstellung der „essentiellen Funktionen" des Rundfunks ist also offensichtlich nicht deckungsgleich mit dem Auftrag zur „Grundversorgung".

bb) Bedeutung der sprachlichen Unterscheidungen

In der Literatur werden die beschriebenen semantischen Differenzierungen dagegen nicht immer nachvollzogen. So wird die Auffassung vertreten, dass die Erfüllung der essentiellen Funktionen bzw. des klassischen Rundfunkauftrages mit der Grundversorgungsaufgabe gleichzusetzen ist.[610] Teilweise wird die Sicherung der essentiellen Funktionen des Rundfunks aber auch als ein Teilaspekt der Grundversorgung begriffen.[611]
Das Bundesverfassungsgericht hat seine begriffliche Unterscheidung jedoch nicht aufgegeben, sondern vielmehr in nachfolgenden Judikaten ausdrücklich beibehalten.[612] So hat es insbesondere mehrfach betont, dass das im Rahmen der Bestands- und Entwicklungsgarantie verfassungsrechtlich gewährleistete Betätigungsfeld der öffentlich-rechtlichen Rundfunkanstalten nicht auf den Bereich der Grundversorgung beschränkt ist. Vielmehr hat es ausdrücklich festgestellt, dass die Finanzierungsgarantie sich zwar zunächst auf all das erstreckt, was zur Aufrechterhaltung der Grundversorgung unerlässlich ist.[613] Gleichzeitig endet die finanzielle Gewährleistungspflicht des Gesetzgebers aber nicht bei der

---

608 Vgl. dazu im Einzelnen *Libertus*, Grundversorgungsauftrag und Funktionsgarantie, 1991, S. 89 ff.
609 BVerfGE 73, 118, 158.
610 *Bethge*, Die verfassungsrechtliche Position des öffentlich-rechtlichen Rundfunks in der dualen Rundfunkordnung, 1996, S. 43 ff.; *Mahrenholz*, in: Assmann u.a. (Hrsg.), Freundesgabe für Friedrich Kübler zum 65. Geburtstag, 1997, S. 253.
611 *Badura*, JA 1987, 186; *Niepalla*, Die Grundversorgung durch die öffentlich-rechtlichen Rundfunkanstalten, 1991, S. 81.
612 Vgl. BVerfGE 87, 181, 199 f.; 90, 60, 90.
613 BVerfGE 87, 181, 203 mit Verweis auf BVerfGE 73,118, 158; 74, 297, 324 ff.; 83, 238, 298, 310.

Grundversorgung.[614] Vielmehr gibt es einen Bereich „jenseits der Grundversorgung"[615], der ebenfalls von der Bestands- und Entwicklungsgarantie des öffentlich-rechtlichen Rundfunks erfasst wird.[616] Diese Aufgabenzuweisung, die gewissermaßen außerhalb des „Kernbereichs" der Grundversorgung liegt, wird in der Literatur als „Ergänzungs- und Zusatzversorgung" bezeichnet, die von den öffentlich-rechtlichen Rundfunkanstalten erbracht werden kann.[617] Auch in diesem Bereich, zu dem nach Karlsruher Lesart zum Beispiel regionale oder lokale Programmangebote oder Spartenprogramme zählen,[618] sollen und müssen gegebenenfalls die „essentiellen Funktionen" des Rundfunks von den öffentlich-rechtlichen Rundfunkanstalten erfüllt werden.

cc) Schlussfolgerung

Das bedeutet also, dass das verfassungsrechtlich garantierte, dynamisch zu verstehende Tätigkeitsfeld der öffentlich-rechtlichen Rundfunkanstalten zwar nicht durch den Grundversorgungsauftrag beschränkt wird.[619] Die Grenzen der auf die Grundversorgung bezogenen Bestands- und Entwicklungsgarantie ergeben sich im Einzelfall vielmehr aus der Funktion des Rundfunks selbst.[620] Die Tätigkeit der öffentlich-rechtlichen Rundfunkanstalten muss sich nach Maß und Umfang stets im Rahmen dessen halten, was „zur Wahrung ihrer Funktion erforderlich" ist.[621]

i) Vom Grundversorgungs- zum Funktionsauftrag?

Was aber ist im Einzelnen zur Wahrung dieser Funktion des öffentlich-rechtlichen Rundfunks in der dualen Rundfunkordnung erforderlich? Unabhängig davon, ob eine Differenzierung zwischen der „unerlässlichen Grundversorgung" und einem darüber hinausgehenden Bereich der Aufgabenerfüllung im Rahmen einer wie auch immer gearteten „Ergänzungs- und Zusatzversorgung" tatsächlich

---

614 BVerfGE 87, 181, 203.
615 BVerfGE 74, 297, 332.
616 Vgl. *Scheble*, Perspektiven der Grundversorgung, 1994, S. 110 ff.; *Fromm*, Öffentlich-rechtlicher Programmauftrag und Rundfunkföderalismus, 1998, S. 55.
617 Vgl. *Hoffmann-Riem*, Pay TV im öffentlich-rechtlichen Rundfunk, 1996, S. 65 f.; *Degenhart*, ZUM 1998, 339; *Fromm*, Öffentlich-rechtlicher Programmauftrag und Rundfunkföderalismus, 1998, S. 92 ff.; *Lent*, Rundfunk-, Medien-, Teledienste, 2001, S. 186 ff.; *Gersdorf*, Grundzüge des Rundfunkrechts, 2003, S. 141 f.
618 BVerfGE 74, 297, 327 ff., 345.
619 BVerfGE 87, 181, 203.
620 BVerfGE 83, 238, 299.
621 BVerfGE 87, 181, 203; 90, 60, 92.

sinnvoll ist,[622] fordert diese Formulierung des Bundesverfassungsgerichts zur näheren Präzisierung des Funktionsbereichs des öffentlich-rechtlichen Rundfunks heraus. Zum einen, weil mit Blick auf die Finanzierungsgarantie der Gesetzgeber den Rundfunkanstalten nur die Finanzierung derjenigen Programme ermöglichen muss, deren Veranstaltung ihrer spezifischen Funktion nicht nur entspricht, sondern auch zur Wahrung dieser Funktion erforderlich ist.[623] Zum anderen, weil der private Rundfunk eben nicht mit rechtstatsächlichen Verhältnissen konfrontiert werden darf, die seine Veranstaltung erheblich erschweren oder gar unmöglich machen.[624] So findet die öffentlich-rechtliche Programmbetätigung ihre Grenze jedenfalls dort, wo durch die Konkurrenz der öffentlich-rechtlichen Anbieter Chancengleichheit und Entwicklungsmöglichkeiten des Privatfunks nicht mehr gewährleistet sind.[625]

Zum Zeitpunkt des Niedersachsen-Urteil stand das Bundesverfassungsgericht noch vor der Aufgabe, die grundlegenden Eckwerte der dualen Rundfunkordnung zu definieren. Dazu wurde die Grundversorgungsaufgabe präzisiert und später die darauf bezogene Bestands- und Entwicklungsgarantie des öffentlich-rechtlichen Rundfunks entwickelt. In jüngerer Zeit geht es nicht zuletzt aufgrund der zunehmend konvergenten Medienumgebung immer öfter um die konkrete Frage, welche Aktivitäten zum verfassungsrechtlich gewährleisteten Aufgabenbereich der öffentlich-rechtlichen Rundfunkanstalten gehören und welche nicht.[626] Besonders umstritten sind derzeit die Möglichkeiten und Grenzen der Betätigung der öffentlich-rechtlichen Rundfunkanstalten im Online-Bereich.[627] Aus diesem Grund hat die Auseinandersetzung um die Reichweite der entwicklungsoffen verstandenen Grundversorgungsaufgabe der Anstalten bzw. der ebenso dynamischen Funktionszuweisung im Rahmen der Bestands- und Entwicklungsgarantie in letzer Zeit verstärkte Aufmerksamkeit erfahren. Im Mittelpunkt

---

622 Kritisch *Albrecht Hesse*, Rundfunkrecht, 3. Aufl., 2003, S. 126, der die Auffassung vertritt, dass all das, was in der Literatur als über die Grundversorgung hinaus gehende „Zusatzversorgung" bezeichnet wird, auch dem Bereich der Grundversorgung zugerechnet werden kann. Ähnlich auch *Bethge*, MP 1996, 69.
623 Vgl. BVerfGE 90, 60, 92 mit Verweis auf BVerfGE 74, 297, 342; 87, 181, 202.
624 BVerfGE 83, 238, 311.
625 Vgl. OLG Dresden, GRUR 1996, 74.
626 Vgl. *Holznagel*, Der spezifische Funktionsauftrag des Zweiten Deutschen Fernsehens, 1999, S. 20. Das Thema war aber auch schon in den 70er Jahren aktuell, vgl. etwa *Maunz*, DVBl. 1974, 1 ff.; *Hans Peter Ipsen*, DÖV 1974, 721 ff.
627 Vgl. *Jarass*, Online-Dienste und Funktionsbereich des Zweiten Deutschen Fernsehens, 1997, passim; *Kreile/Neuenhahn*, K&R 1998, 41 ff.; *Michel*, ZUM 1998, 350 ff.; *Schoch*, AfP 1998, 253 ff.; *Degenhart*, Der Funktionsauftrag des öffentlich-rechtlichen Rundfunks in der „Digitalen Welt", 2001, passim; *Rath-Glawatz*, AfP 2003, 9 ff.; *Heim*, K&R 2004, 121 ff.

der Diskussion steht dabei seit einigen Jahren die Forderung nach der Definition eines „Funktionsauftrages" des öffentlich-rechtlichen Rundfunks, der den herkömmlichen Grundversorgungsauftrag ablösen soll.[628]

aa) Ansätze in der Rechtsprechung des Bundesverfassungsgerichts

Tatsächlich ist in jüngeren Entscheidungen des Bundesverfassungsgerichts der Begriff der Grundversorgung als zentrale Aufgabenzuweisung des öffentlich-rechtlichen Rundfunks etwas in den Hintergrund getreten.[629] Statt dessen betont das Bundesverfassungsgericht verstärkt die „Funktion des öffentlich-rechtlichen Rundfunks"[630] oder etwa die ihm „zukommende Funktion im dualen System",[631] die es im Rahmen der positiven Rundfunkordnung durch den Gesetzgeber zu sichern gilt. Dabei fungiert diese Funktionszuweisung wie gesehen nicht nur als Aufgabenbeschreibung, sondern gleichzeitig als Grenze des verfassungsrechtlich garantierten Betätigungskreises der öffentlich-rechtlichen Rundfunkanstalten.[632] Letzteres hat denjenigen Stimmen in der Literatur wieder Auftrieb gegeben, die eine stärkere Limitierung der (Programm-) Tätigkeit der öffentlich-rechtlichen Rundfunkanstalten anstreben.[633] Die Definition eines möglichst klar und vor allem eng umrissenen Funktionsauftrages soll die dynamisch verstandene Grundversorgungsaufgabe und die Bestands- und Entwicklungsgarantie der öffentlich-rechtlichen Rundfunkanstalten in die Schranken weisen und auf diese Weise zu einem Paradigmenwechsel mit Blick auf das als uferlos empfundene entwick-

---

628 Vgl. zu dieser kontroversen Diskussion die Beiträge von *Bullinger*, Die Aufgaben des öffentlichen Rundfunks, 1999, S. 13 ff.; *Holznagel/Vesting*, Sparten- und Zielgruppenprogramme im öffentlich-rechtlichen Rundfunk, insbesondere im Hörfunk, 1999, S. 42 ff.; *Ladeur*, M&K 2000, 93 ff.; *Hoffmann-Riem*, Regulierung der dualen Rundfunkordnung, 2000, S. 208 ff.; *Degenhart*, Der Funktionsauftrag des öffentlich-rechtlichen Rundfunks in der „Digitalen Welt", 2001, S. 67 ff.; *Gounalakis*, AfP 2003, 395 ff.; *Albrecht Hesse*, Rundfunkrecht, 3. Aufl., 2003, S. 128 ff.; *Gersdorf*, Grundzüge des Rundfunkrechts, 2003, S. 139 ff.
629 So die Beobachtung bei *Pieper/Hess*, ZUM 1994, 484 f.; *Hoffmann-Riem*, Pay TV im öffentlich-rechtlichen Rundfunk, 1996, S. 64; *Bullinger*, Länderfinanzausgleich und Rundfunkfinanzausgleich, 1998, S. 46 in FN 98; *Holznagel/Vesting*, Sparten- und Zielgruppenprogramme im öffentlich-rechtlichen Rundfunk, insbesondere im Hörfunk, 1999, S. 55 ff.; *Holznagel*, Der spezifische Funktionsauftrag des Zweiten Deutschen Fernsehens, 1999, S. 20; *Hoffmann-Riem*, Regulierung der dualen Rundfunkordnung, 2000, S. 206.
630 BVerfGE 87, 181, 198.
631 BVerfGE 90, 60, 90.
632 Vgl. *Berg*, MP 1991, 218.
633 Vgl. insbesondere *Bullinger*, Die Aufgaben des öffentlichen Rundfunks, 1999, S. 77 ff.

lungsoffene Aufgabenverständnis führen. In diesem Zusammenhang wurde in der Vergangenheit vom Gesetzgeber die Formulierung eines exakt umrissenen Numerus clausus der Aufgaben des öffentlich-rechtlichen Rundfunks gefordert.[634] Tatsächlich sieht der Rundfunkstaatsvertrag der Länder in der Fassung des Siebten Rundfunkänderungsstaatsvertrages, der zum 1. April 2004 in Kraft getreten ist, nunmehr eine Selbstverpflichtung von ARD und ZDF zur Konkretisierung ihres „jeweiligen Auftrages" vor, vgl. § 11 Abs. 4 RStV.[635] Nach dem Vorbild der britischen BBC sind die Rundfunkanstalten gehalten, Inhalt und Umfang ihrer programmlichen Leistungen festzulegen und zu veröffentlichen. Zu einer Fixierung eines Funktionsauftrages der öffentlich-rechtlichen Rundfunkanstalten durch den Gesetzgeber ist es damit aber gerade nicht gekommen. Weder findet sich in der gesetzlichen Regelung der Begriff Funktionsauftrag, noch werden den Rundfunkanstalten inhaltliche Vorgaben für die Ausgestaltung ihres Auftrages gemacht. Letztere bleibt weiterhin der Autonomie der Rundfunkanstalten überlassen.[636]

bb) Interpretation der Aussagen des Bundesverfassungsgerichts

Damit hält sich der Gesetzgeber an die Linie des Bundesverfassungsgerichts. Abgesehen davon, dass das Gericht den Begriff des „Funktionsauftrags" selbst noch nicht benutzt hat, verkennen Deutungen, die in der jüngeren Judikatur einen Wandel der Rechtsprechung erblicken wollen, Hintergründe und Intention der teilweise modifizierten Wortwahl des Gerichts. Denn die Gewährleistung der Grundversorgung durch die öffentlich-rechtlichen Rundfunkanstalten wird vom Bundesverfassungsgericht auch weiterhin als conditio sine qua non der Verfassungsmäßigkeit der dualen Rundfunkordnung verstanden. So hat das Gericht im Gebührenurteil erneut ausdrücklich festgestellt, dass die verfassungsrechtliche Zulässigkeit des dualen Systems von der umfassenden Funktionstüchtigkeit des öffentlich-rechtlichen Rundfunks unmittelbar abhängig ist.[637] Denn angesichts der programmlichen (Vielfalts-) Defizite des kommerziellen Rundfunks wird dieses Ordnungsmodell erst durch die Existenz eines wettbewerbsfähigen öffentlich-rechtlichen Rundfunks legitimiert. Nur unter dieser Voraussetzung können an die vielfaltsgenerierende Breite des Programmangebots im privaten

---

634 Aus europarechtlicher Perspektive argumentierend *Storr*, K&R 2002, 471. Vgl. aber dagegen *Eberle*, in: Eberle/Ibler/Lorenz (Hrsg.), Festschrift für Winfried Brohm zum 70. Geburtstag, 2002, S. 55 f.
635 Dazu *Albrecht Hesse*, Rundfunkrecht, 3. Aufl., 2003, S. 129 f.; *Eberle*, MMR 2003, 626.
636 Vgl. *Albrecht Hesse*, Rundfunkrecht, 3. Aufl., 2003, S. 129.
637 BVerfGE 90, 60, 91.

Rundfunk weiterhin reduzierte Anforderungen gestellt werden.[638] Wie dargelegt bedeutet dies umgekehrt aber nicht, dass die privaten Anbieter nicht ebenso wie die öffentlich-rechtlichen Rundfunkanstalten zum Vielfaltsziel beitragen können und dies auch tun. Es gibt also keine strikte Trennlinie zwischen den Betätigungsfeldern des öffentlich-rechtlichen Rundfunks und der privaten Rundfunkanbieter.

Deshalb wäre es auch verfehlt, trotz der sicherlich gegebenen Suggestivität des Begriffs die „duale" Rundfunkordnung als ein System zu begreifen, in dem zwei Grundpfeiler strikt voneinander getrennt existieren, und in dem dann dem öffentlich-rechtlichen Rundfunk eine klar abgrenzbare Komplementärfunktion zum privat betriebenen Rundfunk zugewiesen ist.[639] Denn in der „gemischten Rundfunkverfassung",[640] die die duale Rundfunkordnung auszeichnet, kann es bereits systembedingt keine klare Bereichsabgrenzung zwischen den beiden das System tragenden Säulen geben.[641]

Aus diesem Grund kann die von der Literatur registrierte „Funktionszuweisung" in der Rechtsprechung auch nicht als eine Tendenz gedeutet werden, die dynamisch zu verstehende Bestands- und Entwicklungsgarantie des öffentlich-rechtlichen Rundfunks in Frage zu stellen. Es geht dem Bundesverfassungsgericht im Gegenteil wohl eher darum, den tradierten Begriff der „Grundversorgung" von seinem Potential für Mißdeutungen zu entlasten und den Bestrebungen in der Literatur, mit seiner Hilfe Grenzmarkierungen zwischen den beiden Säulen der dualen Rundfunkordnung vorzunehmen, entgegenzuwirken. Ziel der Zuweisung von über den Grundversorgungsauftrag hinausgehenden „Funktionen" an den öffentlich-rechtlichen Rundfunk ist es also, das systemimmanente dynamische Verständnis der Bestands- und Entwicklungsgarantie unter sich ändernden Rahmenbedingungen einzufangen und zu erhalten.[642]

cc) Ergebnis

Aus diesem Grunde erscheint die Diskussion um einen Funktionsauftrag des öffentlich-rechtlichen Rundfunks, der sich vom herkömmlichen Grundversorgungsauftrag unterscheidet, im Ergebnis auch nicht weiterführend. Sofern das Verständnis dieses Funktionsauftrages zu einer Relativierung der Rolle des öffentlich-rechtlichen Rundfunks im dualen System führen soll, verfehlt dies die vom Bundesverfassungsgericht in ständiger Rechtsprechung aufgezeigten ver-

---

638 BVerfGE 83, 238, 297.
639 *Bethge*, ZUM 1987, 202.
640 *Bethge*, ZUM 1987, 202.
641 *Hoffmann-Riem*, Pay TV im öffentlich-rechtlichen Rundfunk, 1996, S. 65.
642 *Hoffmann-Riem*, Regulierung der dualen Rundfunkordnung, 2000, S. 209.

fassungsrechtlich vorgegebenen Anforderungen an dieses Regulierungsmodell. Sofern aber der Funktionsauftrag richtigerweise ebenso dynamisch verstanden wird wie die auf den Grundversorgungsauftrag bezogene Bestands- und Entwicklungsgarantie, besteht dem Grunde nach keine Notwendigkeit zur sprachlichen Umetikettierung dieser Rechtsfigur. Es fragt sich dann nämlich, ob hier „nicht letztlich nur alter dogmatischer Wein in neue begriffliche Schläuche abgefüllt wird".[643]

Auch wenn also dem Begriff des Funktionsauftrages des öffentlich-rechtlichen Rundfunks inhaltlich keine über den Grundversorgungsauftrag hinausgehende Bedeutung zuzumessen ist, so erscheint er aus einem Grund doch einen gewissen semantischen Vorteil zu bieten. Wie gesehen stellt die Erfüllung der Grundversorgungsaufgabe durch die öffentlich-rechtlichen Rundfunkanstalten die Funktionsfähigkeit der dualen Rundfunkordnung als Ganzes sicher. Im Rahmen der auf den Grundversorgungsauftrag bezogenen Bestands- und Entwicklungsgarantie stand bislang die Erfüllung des „klassischen Rundfunkauftrages" und eventuell einer darauf bezogenen „Ergänzungs- und Zusatzversorgung" mit Rundfunk*programmen* im Vordergrund. In der zunehmend ausdifferenzierten digitalen Medienwelt muss jedoch – abgesehen von der unmittelbaren Programmveranstaltung – auch eine Reihe von vor-, neben- und nachgelagerten Bereichen in das Begriffsverständnis mit einbezogen werden. Gerade von diesen Tätigkeitsfeldern nämlich hängt im digitalisierten Rundfunk im gesteigerten Maße ab, ob der öffentlich-rechtliche Rundfunk seine Funktionen in der dualen Rundfunkordnug erfüllen kann oder nicht. Aus diesem Grund ist der Begriff des „Funktionsauftrags" teilweise tatsächlich besser geeignet, um die gesamte Aufgabe des öffentlich-rechtlichen Rundfunks begrifflich zu bündeln.[644] Es gilt jedoch nochmals darauf hinzuweisen: Auch wenn mit dem Begriff des Funktionsauftrages das verfassungsrechtliche Anliegen möglicherweise besser erfasst und umschrieben werden kann, birgt er inhaltlich doch nichts Neues.[645] Deshalb kann hier auch ohne Bedenken an der tradierten Terminologie vom Grundversorgungsauftrag und der darauf bezogenen Bestands- und Entwicklungsgarantie festgehalten werden.

---

643 So zu Recht *Degenhart*, Der Funktionsauftrag des öffentlich-rechtlichen Rundfunks in der „Digitalen Welt", 2001, S. 71.
644 So *Hoffmann-Riem*, Regulierung der dualen Rundfunkordnung, 2000, S. 209.
645 So im Ergebnis auch *Albrecht Hesse*, Rundfunkrecht, 3. Aufl., 2003, S. 128. A.A. aber *Gersdorf*, Grundzüge des Rundfunkrechts, 2003, S. 139 ff., der den Funktionsauftrag als eigenständige übergreifende Kategorie versteht, die sowohl den Grundversorgungsauftrag als auch die Zusatz- und Ergänzungsversorgung umfasst.

j) Zusammenfassung

Der Gesetzgeber hat sich im Rahmen seiner Ausgestaltungsbefugnis der Rundfunkordnung für ein Regelungsmodell entschieden, in dem öffentlich-rechtliche und private Rundfunkanstalten nebeneinander bestehen, und in dem gleichzeitig eine weitgehende Freistellung der privaten Anbieter von strengen inhaltlichen Programmbindungen erfolgt. Damit diese Lockerung der Bindungen privatrechtlichen Rundfunks in programmlicher Hinsicht im dualen System Bestand haben können, bedarf es der Gewährleistung der unerlässlichen Grundversorgung durch einen publizistisch konkurrenzfähigen öffentlich-rechtlichen Rundfunk. Damit dies auch so bleibt, kommt den öffentlich-rechtlichen Rundfunkanstalten eine Bestands- und Entwicklungsgarantie zu, deren Reichweite lediglich durch die Funktion des Rundfunks selbst begrenzt wird. Sowohl Grundversorgungsauftrag als auch Bestands- und Entwicklungsgarantie und der damit gleichzusetzende Funktionsauftrag des öffentlich-rechtlichen Rundfunks sind entwicklungsoffen und dynamisch zu verstehen. Auch unter sich wandelnden Rahmenbedingungen müssen die öffentlich-rechtlichen Rundfunkanstalten in die Lage versetzt werden, ihren verfassungsrechtlich begründeten umfassenden Versorgungsauftrag zu erfüllen.

F. Öffentlich-rechtlicher Rundfunk und elektronische Benutzerführungssysteme

Im Rahmen der Bestands- und Entwicklungsgarantie ist die Erfüllung der Grundversorgungsaufgabe durch die öffentlich-rechtlichen Rundfunkanstalten auch unter den technischen Rahmenbedingungen im digitalisierten Rundfunk sicherzustellen.[646] Wie oben ausführlich erläutert, spielt bei der Distribution digitalisierter Rundfunkprogramme eine Reihe von Vertriebsdienstleistungen eine wichtige Rolle, die der eigentlichen Programmveranstaltung vor-, neben- oder nachgelagert sind. Von ganz besonderer Bedeutung für die Rezeption einzelner Programmangebote, also auch derjenigen der öffentlich-rechtlichen Rundfunkanstalten, erweisen sich dabei die elektronischen Benutzerführungssysteme. Nur diejenigen Programmangebote, die über die Navigationssysteme aufgefunden und angesteuert werden können, erreichen auch die Rezipienten. Im Rahmen seines Ausgestaltungsauftrages hat der Gesetzgeber mit Blick auf den verfassungsrechtlich vorgegebenen Zielwert der kommunikativen Chancengerechtigkeit deshalb zu gewährleisten, dass alle Programmangebote öffentlich-rechtlicher und privater Veranstalter, die über die Navigationssysteme vermittelt werden, die Rezipienten gleichberechtigt erreichen können.[647]

I. Zuordnung der elektronischen Benutzerführungssysteme zum Gewährleistungsbereich der Rundfunkfreiheit

Damit der Ausgestaltungsauftrag des Gesetzgebers jedoch überhaupt greifen kann, müssen die Navigationssysteme dem Gewährleistungsbereich der Rundfunkfreiheit aus Art. 5 Abs. 1 Satz 2 GG zugeordnet werden können. Denn die Rundfunkfreiheit kann nur dort ihren dirigierenden Einfluss entfalten, wo es sich tatbestandlich auch um Rundfunk handelt.[648] Grundsätzlich können also nur Dienstleistungen und Sachverhalte, die Rundfunk im verfassungsrechtlichen Sinne darstellen bzw. mit ihm in engem Zusammenhang stehen, dem rundfunkrechtlichen Ausgestaltungsvorbehalt unterfallen. Nicht zuletzt hängt von der

---

646 Vgl. nur *Kresse*, ZUM 1995, 185; *Gersdorf*, Chancengleicher Zugang zum digitalen Fernsehen, 1998, S. 131 f.
647 *Libertus*, ZUM 1996, 396.
648 *Michel*, ZUM 1998, 350; *Albrecht Hesse*, Rundfunkrecht, 3. Aufl., 2003, S. 77.

tatbestandlichen Einordnung als Rundfunk im Sinne des Art. 5 Abs. 1 Satz 2 GG auch die Regelungszuständigkeit im bundesstaatlichen Kompetenzgefüge ab.[649] Zu klären ist also, ob die Gestaltung und Verbreitung von proprietären und programmübergreifenden EPGs, aber auch der übergeordneten Basisnavigatoren, dem Gewährleistungsbereich der Rundfunkfreiheit zuzuordnen ist. Dabei sind zwei Aspekte zu unterscheiden: Zum einen die Frage, was verfassungsrechtlich unter Rundfunk zu verstehen ist; es geht also um die Definition des verfassungsrechtlichen Rundfunkbegriffs. Zum anderen die Frage, welche konkreten Sachverhalte dann unmittelbar als Rundfunk oder auch nur mittelbar, weil in engem sachlichen Zusammenhang damit stehend, in den Gewährleistungsbereich der Rundfunkfreiheit einzubeziehen sind.[650] Denn auch wenn ein Angebot nicht selbst als Rundfunk im verfassungsrechtlichen Sinne einzuordnen ist, kann es als Hilfstätigkeit oder unterstützende Randbetätigung unter dem Gesichtspunkt der Annexfunktion in den Schutzbereich der Rundfunkfreiheit fallen.[651]

1. Der verfassungsrechtliche Rundfunkbegriff

Unmittelbar in den Gewährleistungsbereich der Rundfunkfreiheit fallen alle medialen Angebote, die Rundfunk im verfassungsrechtlichen Sinne darstellen. Inhalt und Reichweite des verfassungsrechtlichen Rundfunkbegriffs sind seit jeher Thema kontroverser wissenschaftlicher Auseinandersetzungen. Besonders in den letzten Jahren haben die Vielzahl der durch die Digitalisierung möglich gewordenen neuen Dienste und das Problem ihrer verfassungsrechtlichen Einordnung zu einer Fülle unterschiedlicher Definitionsansätze geführt.[652]

Das Grundgesetz selbst definiert den Begriff des Rundfunks nicht. In Art. 5 Abs. 1 Satz 2 GG wird er schlicht vorausgesetzt. Zwar existieren diverse ein-

---

649 Das gilt insbesondere dann, wenn es um die Abgrenzung zu Telekommunikationsdienstleistungen geht, vgl. *Hoffmann-Riem*, AfP 1996, 9.
650 *Jarass*, AfP 1998, 133; *ders.*, in: Jarass/Pieroth, Grundgesetz Kommentar, 7. Aufl., 2004, Art. 5 Rdn. 36 ff.; *Schulze-Fielitz*, in: Horst Dreier (Hrsg.), GG Kommentar, Band I, 1996, Art. 5 I, II Rdn. 76 ff.
651 *Michel*, ZUM 1998, 353; *Jarass*, AfP 1998, 137.
652 Vgl. zur Definition des Rundfunkbegriffs in der neuen Medienumgebung nur *Gersdorf*, Der verfassungsrechtliche Rundfunkbegriff im Lichte der Digitalisierung der Telekommunikation, 1995, passim; *Pieper/Wiechmann*, ZUM 1995, 82 ff.; *Bullinger*, AfP 1996, 1 ff.; *Hochstein*, NJW 1997, 2977 ff.; *Dittmann u.a. (Hrsg.)*, Der Rundfunkbegriff im Wandel der Medien, 1997, passim; *Nischan*, Digitale multimediale Videodienste, 2000, S. 55 ff.; *Lent*, Rundfunk-, Medien-, Teledienste, 2001, S. 75 ff.: *Janik*, AfP 2000, 7 ff.; *Brand*, Rundfunk im Sinne des Artikel 5 Abs. 1 Satz 2 GG, 2002, passim.

fachgesetzliche Umschreibungen, wie etwa in § 2 Abs. 1 RStV oder auch in einigen Landesmediengesetzen.[653] Diese Bestimmungen können jedoch mit Blick auf die verfassungsrechtliche Definition des Rundfunkbegriffs allenfalls als Orientierungspunkt und Argumentationshilfe dienen.[654] Denn der einfache Gesetzgeber kann nicht präformieren, wie die verfassungsrechtlichen Vorgaben zu verstehen sind.[655] Die Elemente des verfassungsrechtlichen Rundfunkbegriffs müssen vielmehr unmittelbar auf der normativen Ebene des Grundgesetzes ermittelt werden.[656] Deshalb hat auch das Bundesverfassungsgericht bereits im Baden-Württemberg-Beschluss klar gestellt, dass für die Definition des verfassungsrechtlichen Rundfunkbegriffs einfachgesetzliche Begriffsbestimmungen nicht ausschlaggebend sein können.[657] Andererseits hat sich das Bundesverfassungsgericht aber auch nicht auf eine eigene Definition dessen, was unter Rundfunk im verfassungsrechtlichen Sinne zu verstehen ist, festgelegt. Es hat im Gegenteil sogar ausdrücklich betont, dass sich der in Art. 5 Abs. 1 Satz 2 GG verwendete Begriff „Rundfunk" letztlich überhaupt nicht in einer ein für alle Mal gültigen Definition erfassen lässt.[658] Im WDR-Urteil heißt es dazu:

„Der verfassungsrechtliche Begriff des Rundfunks läßt sich nicht abschließend definieren. Sein Gehalt kann sich vielmehr bei tatsächlichen Veränderungen in dem von Art. 5 Abs. 1 Satz 2 GG geschützten Sozialbereich wandeln. Soll die Rundfunkfreiheit unter den Bedingungen raschen technischen Wandels ihre normative Kraft bewahren, dann darf bei der Bestimmung von Rundfunk nicht nur an eine bereits eingeführte Technik angeknüpft werden. Anderenfalls könnte sich die grundrechtliche Gewährleistung nicht auf jene Bereiche erstrecken, in denen gleichfalls die Funktionen des Rundfunks, wenn auch mit neuen Mitteln, erfüllt werden." [659]

Auffällig ist, dass das Bundesverfassungsgericht auch im vorliegenden Zusammenhang auf die „Funktionen des Rundfunks" verweist. Insofern gilt hier offenbar dasselbe wie bei der Konkretisierung des von den öffentlich-rechtlichen

---

653 Auch auf europarechtlicher Ebene, nämlich in Art. 1 lit a) der EG-Fernsehrichtlinie findet sich eine Begriffsbestimmung, vgl. dazu *Gersdorf*, Der verfassungsrechtliche Rundfunkbegriff im Lichte der Digitalisierung der Telekommunikation, 1995, S. 68 ff. Einen allgemein verbindlichen Rundfunkbegriff gibt es im Europarecht de lege lata jedoch nicht, vgl. *Brand*, Rundfunk im Sinne des Artikel 5 Abs. 1 Satz 2 GG, 2002, S. 24.
654 Kritisch selbst dazu *Schulz*, ZUM 1996, 488.
655 *Schulz*, ZUM 1996, 488; *Jarass*, AfP 1998, 133.
656 *Gersdorf*, Der verfassungsrechtliche Rundfunkbegriff im Lichte der Digitalisierung der Telekommunikation, 1995, S. 83.
657 BVerfGE 74, 297, 352.
658 BVerfGE 74, 297, 350.
659 BVerfGE 83, 238, 302.

Rundfunkanstalten zu leistenden Grundversorgungsauftrages. Auch dessen Reichweite hängt letztlich von der Schutzbedürftigkeit der Funktionen des Rundfunks mit Blick auf die Gewährleistung eines freien individuellen und öffentlichen Meinungsbildungsprozesses ab. Hier wie dort ist folglich ein entwicklungsoffenes und dynamisches Begriffsverständnis unabdingbar, das den jeweiligen rechtstatsächlichen Gegebenheiten gerecht werden kann.

Damit erschließt sich auch der methodische Ansatz der Rechtsprechung bei der Bestimmung des Gewährleistungsbereichs des Art. 5 Abs. 1 Satz 2 GG: Normziel und Realbereich verweisen im Fall der Rundfunkfreiheit derart aufeinander, dass der Schutzbereich von den jeweiligen Sachstrukturen des einschlägigen Handlungsfeldes unmittelbar abhängig ist.[660] Aus diesem Grund ist der Rundfunkbegriff keiner feststehenden und eindeutig zu umreißenden Definition zugänglich, unter die ein Sachverhalt oder eine Dienstleistung ohne Weiteres subsumiert werden könnte. Vielmehr sind umgekehrt die Konturen seines Gewährleistungsbereichs ihrerseits das Ergebnis des zur Sicherung der freien individuellen und öffentlichen Meinungsbildung jeweils notwendigen normativen Ordnungsrahmens.[661] Die Definition des Rundfunkbegriffs ist unmittelbar vom „normativen Funktionszweck" abhängig, den die Rundfunkfreiheit verbürgt.[662] Ausgangspunkt einer jeden Begriffsbestimmung hat folglich das Normziel des Art. 5 Abs. 1 Satz 2 GG zu sein, nämlich die Sicherung der freien Meinungsbildung unter den Bedingungen der modernen Massenkommunikation.[663] Von besonderer Bedeutung ist dabei der Schutz der Vermittlerfunktion des Rundfunks als „Medium und Faktor" im Kommunikationsprozess.

Aufgrund der Offenheit des verfassungsrechtlichen Rundfunkbegriffs werden in der Literatur Zweifel geäußert, ob es zur Bestimmung des Gewährleistungsbereichs der Rundfunkfreiheit tatsächlich sinnvoll ist, beim Rundfunkbegriff anzusetzen.[664] Diese Vorbehalte sind teilweise berechtigt: Denn wenn die Begriffsdefinition richtigerweise dynamisch und entwicklungsoffen erfolgt, kann es für die praktische Umsetzung der verfassungsrechtlichen Vorgaben nicht entscheidend auf einen notwendigerweise unscharf bleibenden Bedeutungsgehalt des Rundfunkbegriffs ankommen.[665] Erforderlich wäre ein konsentiertes und eindeutig umrissenes Begriffsverständnis, das es aber gerade nicht gibt.[666] Aus diesem

---

660 *Hoffmann-Riem/Vesting*, MP 1994, 388.
661 *Albrecht Hesse*, Rundfunkrecht, 3. Aufl., 2003, S. 81.
662 *Lent*, Rundfunk-, Medien-, Teledienste, 2001, S. 75.
663 BVerfGE 83, 238, 296; *Degenhart*, ZUM 1998, 340.
664 Vgl. *Schoch*, AfP 1998, 255; ähnlich *Hochstein*, NJW 1997, 2978; *Janik*, AfP 2000, 10.
665 *Hochstein*, NJW 1997, 2978.
666 *Schoch*, AfP 1998, 255.

Grund kann es letztlich nur darum gehen, Bereiche auszumachen, in denen Schutzwirkungen und Gewährleistungen der Verfassung im Hinblick auf die Funktion des Rundfunks Geltung beanspruchen, um freie individuelle und öffentliche Meinungsbildung sicherzustellen.[667] Gerade angesichts der vielfältigen denkbaren medialen Informations- und Kommunikationsangebote sind für die Frage, ob diese Angebote jeweils als Rundfunk im verfassungsrechtlichen Sinne gelten können oder ob sie zumindest in den Gewährleistungsbereich der Rundfunkfreiheit einzubeziehen sind, die Mittlerfunktion des Rundfunks und dessen Relevanz für den individuellen und öffentlichen Meinungsbildungsprozess ausschlaggebend.[668]

2. Tatbestandsmerkmale des verfassungsrechtlichen Rundfunkbegriffs

Dies bedeutet jedoch nicht, dass der verfassungsrechtliche Rundfunkbegriff einer Auslegung im Hinblick auf seine wesensbestimmenden Merkmale überhaupt nicht zugänglich wäre.[669] Eine subsumtionsfähige Annäherung an den Bedeutungsgehalt ist bereits aus kompetenzrechtlichen Gründen erforderlich. Sie ist auch durchführbar. Bei der Begriffsbestimmung ist freilich im Auge zu behalten, dass jedem Tatbestandselement die verfassungsrechtliche Funktion der Rundfunkfreiheit gegenübergestellt werden muss.[670] Außerdem können die Merkmale stets nur zeit- und situationsgebunden wirken.[671] Sie unterliegen Veränderungen, wenn ein Wandel im zugrundeliegenden Realbereich unter der Berücksichtigung der Funktionen der Rundfunkfreiheit eine Anpassung erfordert. Erneut gilt es also darauf zu verweisen, dass Inhalt und Tragweite verfassungsrechtlicher Begriffe und Bestimmungen stets auch von ihrem Normbereich abhängen. Ihre Bedeutung kann sich bei Veränderungen in diesem Bereich wandeln. Das gilt auch für den Rundfunkbegriff.[672]

Die Literatur lehnt sich bei der Begriffsdefinition im Allgemeinen an die historisch begründete Formulierung in § 2 Abs. 1 Satz 1 RStV an.[673] Danach ist Rundfunk „die für die Allgemeinheit bestimmte Veranstaltung und Verbreitung

---

667 *Hochstein*, NJW 1997, 2978.
668 *Janik*, AfP 2000, 10.
669 Vgl. nur *Michel*, ZUM 1998, 351.
670 *Bethge*, in: Fuhr/Rudolf/Wasserburg (Hrsg.), Recht der Neuen Medien, 1989, S. 95.
671 *Lent*, Rundfunk-, Medien-, Teledienste, 2001, S. 77.
672 So ausdrücklich das Bundesverfassungsgericht in BVerfGE 74, 297, 350.
673 Die dortige Umschreibung des Rundfunkbegriffs geht auf eine Definition von *Bredow* aus dem Jahre 1947 zurück. Vgl. dazu *Brand*, Rundfunk im Sinne des Artikel 5 Abs. 1 Satz 2 GG, 2002, S. 37.

von Darbietungen aller Art in Wort, in Ton und in Bild unter Benutzung elektromagnetischer Schwingungen ohne Verbindungsleitung oder längs oder mittels eines Leiters". Da es nicht darauf ankommt, ob die Übermittlung der Wellen an bestimmte Leitungen gebunden ist oder nicht,[674] ist Rundfunk also kurz gefasst die Veranstaltung und Verbreitung von Darbietungen aller Art für die Allgemeinheit mit Hilfe elektrischer Schwingungen.[675] In der Regel werden auf der Grundlage dieser Begriffsbeschreibung drei eigenständige Tatbestandsmerkmale des verfassungsrechtlichen Rundfunkbegriffs unterschieden:[676]

Es muss sich (1) um eine Veranstaltung von Darbietungen aller Art handeln, diese muss (2) an die Allgemeinheit gerichtet sein und zudem (3) elektronisch übertragen werden. Dieser Definitionsansatz soll auch bei der folgenden Konkretisierung zugrunde gelegt werden.

a) Adressierung an die Allgemeinheit

Das erste Tatbestandsmerkmal des Rundfunkbegriffs ergibt sich aus der systematischen Notwendigkeit zur Abgrenzung der Rundfunkfreiheit aus Art. 5 Abs. 1 Satz 2 GG zu den Individualkommunikationsfreiheiten aus Art. 5 Abs. 1 Satz 1 GG.[677] Denn die Rundfunkfreiheit erfährt genau wie die Presse- und Filmfreiheit aufgrund ihrer Funktion als Massenkommunikationsfreiheit eine gesonderte Berücksichtigung in Art. 5 Abs. 1 Satz 2 GG. Im Gegensatz zur Individualkommunikation, bei der sich einzelne Kommunikatoren mehr oder weniger gleichberechtigt gegenüberstehen, werden in der Massenkommunikation Daten einseitig an einen breiten Empfängerkreis übermittelt. Gerade weil der Rundfunk dazu in der Lage ist, Informationen zeitgleich an eine Vielzahl von Rezipienten zu übertragen, erzielt er seine mediumsspezifische Breitenwirkung, die seine besondere Funktion für den individuellen und öffentlichen Meinungsbildungsprozess auslöst.[678] Voraussetzung für die Einordnung einer Kommunikationsform als Rundfunk ist deshalb, dass das Angebot an die Allgemeinheit gerichtet ist. Dies ist dann der Fall, wenn sich die mediale Darbietung an einen unbestimmten Perso-

---

674 *Herzog*, in: Maunz/Dürig (Hrsg.), GG, Band I, Stand Februar 2003, Art. 5 Abs. I, II Rdn. 195
675 *Jarass*, in: Jarass/Pieroth, Grundgesetz Kommentar, 7. Aufl., 2004, Art. 5 Rdn. 36.
676 So etwa *Hoffmann-Riem*, AfP 1996, 10; *Michel*, ZUM 1998, 351 ff.; *Janik*, AfP 2000, 8; *Leopoldt*, Navigatoren, 2002, S. 52. Anders aber z.B. *Brand*, Rundfunk im Sinne des Artikel 5 Abs. 1 Satz 2 GG, 2002, S. 41 ff., der fünf Tatbestandsmerkmale unterscheidet. Anders auch *Gersdorf*, Der verfassungsrechtliche Rundfunkbegriff im Lichte der Digitalisierung der Telekommunikation, 1995, S. 91 ff., der von vier Elementen ausgeht.
677 *Jarass*, AfP 1998, 134.
678 Vgl. *Nischan*, Digitale multimediale Videodienste, 2000, S. 106.

nenkreis, das heißt an eine beliebige Öffentlichkeit wendet.[679] Allein entscheidend ist dabei, dass die Adressatengruppe nicht bereits im Vorhinein festgelegt ist. Keine Rolle spielt dagegen, wie groß der jeweilige Empfängerkreis zahlenmäßig ist.[680]
Die elektronischen Benutzerführungssysteme erfüllen diese Voraussetzung problemlos, denn sie sind an einen im Vorhinein nicht festgelegten Rezipientenkreis und damit an die beliebige Öffentlichkeit gerichtet.[681] Das gilt im Übrigen auch für programmgebundene Navigatoren, die im Rahmen eines entgeltpflichtigen Pay-TV Programmbouquets betrieben werden, oder für solche elektronische Benutzerführungssysteme, für deren Benutzung gesondert bezahlt werden muss.[682] Auch diese Angebote richten sich an die Allgemeinheit. Denn dafür reicht es aus, dass ein zunächst unbestimmter Personenkreis das mediale Angebot nutzen kann, auch wenn es dann im Ergebnis nur von einem Teil der Allgemeinheit tatsächlich rezipiert wird.

b) Darbietung

Besonders umstritten ist die Frage, wie das Tatbestandsmerkmal der Darbietung auszulegen ist.[683] Dabei handelt es sich um das „Kernstück des verfassungsrechtlichen Rundfunkbegriffs".[684] Im Tatbestandsmerkmal der Darbietung bündelt sich der besondere funktionale Bezug der Rundfunkfreiheit zum übergeordneten Gewährleistungsziel aller Kommunikationsfreiheiten, nämlich der Sicherung einer freien individuellen und öffentlichen Meinungsbildung.

aa) Relevanz für die Meinungsbildung

Mit Blick auf diese besondere Stellung des Rundfunks in der Kommunikationsordnung sind alle diejenigen Kommunikationsangebote als Darbietung im rundfunkverfassungsrechtlichen Sinne zu qualifizieren, die zur individuellen und öffentlichen Meinungsbildung bestimmt oder zumindest geeignet sind.[685] Erfasst

---

679 *Gersdorf*, AfP 1995, 569; *Hoffmann-Riem*, AfP 1996, 10; *Michel*, ZUM 1998, 352; *Jarass*, AfP 1998, 134; *Janik*, AfP 2000, 8.
680 *Jarass*, AfP 1998, 134.
681 *Nischan*, Digitale multimediale Videodienste, 2000, S. 174.
682 *Leopoldt*, Navigatoren, 2002, S. 52.
683 Vgl. zu den unterschiedlichen Ansätzen ausführlich *Gersdorf*, Der verfassungsrechtliche Rundfunkbegriff im Lichte der Digitalisierung der Telekommunikation, 1995, S. 92 ff.; *Brand*, Rundfunk im Sinne des Artikel 5 Abs. 1 Satz 2 GG, 2002, S. 61 ff. m.w.N.
684 *Gersdorf*, AfP 1995, 569.
685 *Hoffmann-Riem*, AfP 1996, 11.

werden damit alle für den Meinungsbildungsprozess relevanten Inhalte.[686] Dabei spielt es keine Rolle, ob es sich um mediale Angebote aus dem Bereich der Information, Bildung oder Unterhaltung handelt.[687] Einen Beitrag zur Meinungsbildung kann der Rundfunk in seinen unterhaltenden, beratenden und bildenden Teilen ebenso erbringen wie in den informierenden.[688]

bb) Redaktionelle Gestaltung

Bei der Auslegung des Tatbestandsmerkmals der Darbietung muss jedoch zusätzlich die besondere Vermittlerrolle des Rundfunks als „Medium und Faktor" in der Kommunikationsordnung berücksichtigt werden. Der Rundfunk zeichnet sich ja gerade dadurch aus, dass er dem Einzelnen und den gesellschaftlichen Gruppen Gelegenheit zu meinungsbildendem Wirken gibt und gleichzeitig selbst an der Meinungsbildung beteiligt ist.[689] Entscheidend für den originären Anteil des Rundfunks an der Meinungsbildung ist die publizistische Aufbereitung der Informationsinhalte im Vorfeld ihrer Verbreitung an die Rezipienten. Für die Einordnung als Darbietung ist aus diesem Grunde eine zumindest ansatzweise redaktionelle Gestaltung des jeweiligen Angebots erforderlich.[690] Für die Qualifizierung eines medialen Angebots als Rundfunk im verfassungsrechtlichen Sinn ist somit nicht ausschließlich die tatsächliche oder potentielle Relevanz für die Meinungsbildung entscheidend. Hinzu kommen muss eine redaktionelle Bearbeitung der Inhalte, die allerdings bereits dann anzunehmen ist, wenn Informationen aus verschiedenen Quellen mit Blick auf die Rezipienten gefiltert und zu einem von den Rezipienten nutzbaren Produkt zusammengefasst werden.[691] An die Art und Weise der redaktionellen Aufbereitung sind also keine hohen Anforderungen zu stellen. Deshalb greift die Ansicht zu kurz, die unter das Tatbestandsmerkmal der Darbietung allein die „Herstellung und Verbreitung eines planhaft ablaufenden Gesamtprogramms" subsumieren möchte.[692] Dieses Begriffsverständnis wäre mit Blick auf die umfassende Funktionszuweisung der Rundfunkfreiheit zu eng. Auch auf eine besondere „publizistische Relevanz" im Sinne einer besonders herausragenden Bedeutung des jeweiligen medialen Bei-

---

686 *Gersdorf*, AfP 1995, 569; *Michel*, ZUM 1998, 351.
687 *Jarass*, AfP 1998, 134.
688 *Hoffmann-Riem*, AfP 1996, 11.
689 BVerfGE 35, 202, 222.
690 *Michel*, ZUM 1998, 351; *Jarass*, Online-Dienste und Funktionsbereich des Zweiten Deutschen Fernsehens, 1997, S. 13; *Janik*, AfP 2000, 8.
691 *Jarass*, AfP 1998, 135.
692 So aber wohl *Bullinger*, AfP 1996, 8; *Bullinger/Mestmäcker*, Multimediadienste, 1997, S. 52 ff.

trages für die individuelle und öffentliche Meinungsbildung kann es nicht ankommen.[693] Nur solche redaktionell gestalteten Angebote, denen überhaupt keine Relevanz für die individuelle und öffentliche Meinungsbildung zukommt, stellen keine Darbietungen im rundfunkverfassungsrechtlichen Sinn dar.[694]

cc) Navigationssysteme als Darbietungen

Legt man – wie hier – ein weites Verständnis des Tatbestandsmerkmals der Darbietung zugrunde, lassen sich die Navigationssysteme unproblematisch hierunter subsumieren.

Denn zum einen sind sie unmittelbar relevant für den individuellen und öffentlichen Meinungsbildungsprozess. Allein durch die Art und Weise ihrer Gestaltung können sie Einfluss auf die Rezeption einzelner Programm- und Diensteangebote nehmen. Mittels Aufmachung und Präsentation können die Selektionsentscheidungen der Rezipienten unmittelbar beeinflusst werden. Die Nutzer können bewusst zu bestimmten Inhalten hingeführt oder umgekehrt von diesen ferngehalten werden. Die Navigatoren sind auf diese Weise in der Lage, das Interesse der Rezipienten zu lenken und damit die Wahrnehmung medialer Inhalte beim Publikum unmittelbar zu steuern.[695] Dadurch nehmen sie Einfluss auf den individuellen und öffentlichen Meinungsbildungsprozess.

Zum anderen unterliegen die elektronischen Benutzerführungssysteme aber auch einer redaktionellen Gestaltung durch die Betreiber dieser Systeme, da über sie in der Regel originäre Kommunikationsinhalte vermittelt werden. Das können beispielsweise programmbezogene Hintergrundinformationen oder auch programmbegleitende Gewinnspiele, etc. sein. Das Kriterium der redaktionellen Gestaltung ist damit unproblematisch bei solchen Benutzerführungssystemen erfüllt, deren Inhalt von einem Redaktionsteam betreut und verantwortet wird.[696] Angesichts der wichtigen Marketingfunktion der proprietären, aber auch der senderübergreifenden EPGs wird das für diese Systeme in der Praxis immer der Fall sein. Gerade darin liegt ja ihr publizistischer Mehrwert für die Programmanbieter.

---

693 So zutreffend *Gersdorf*, Der verfassungsrechtliche Rundfunkbegriff im Lichte der Digitalisierung der Telekommunikation, 1995, S. 94; *Hoffmann-Riem*, AfP 1996, 12.
694 Das wird aber wohl nur äußerst selten der Fall sein. Als Beispiel werden Verkehrsleitsysteme genannt, vgl. *Gersdorf*, AfP 1995, 569.
695 *Leopoldt*, Navigatoren, 2002, S. 58.
696 *Leopoldt*, Navigatoren, 2002, S. 57.

Aber selbst dann, wenn ein Navigationssystem keine derartigen eigenständigen Kommunikationsinhalte bieten sollte, ist das Darbietungskriterium erfüllt.[697] Zumindest denkbar sind Navigatoren, die ausschließlich die technische Steuerungsfunktion im digitalen Medienumfeld übernehmen, ohne darüber hinaus eigene mediale Inhalte zu liefern. Selbst diese Systeme sind jedoch auf eine Weise konfiguriert, die ihrerseits als gewissermaßen vorgelagerte, aber ständig weiterwirkende, redaktionelle Gestaltung zu werten ist. So sind beispielsweise die Listenplätze der einzelnen Programmangebote redaktionell vorprogrammiert. Allein darüber kann bereits Einfluss auf die Rezeptionspräferenzen in einem immer weniger durchschaubaren Medienumfeld genommen werden.[698] Auch kann durch entsprechende Gestaltung der Software darüber entschieden werden, welche Programm- und Diensteangebote von den Nutzern überhaupt angesteuert werden können. Hier kann man also ebenfalls von einer Darbietung im rundfunkverfassungsrechtlichen Sinne sprechen.

c) Fermeldetechnische Verbreitung

Drittes Element des verfassungsrechtlichen Rundfunkbegriffs ist die Verbreitung der Darbietungen mittels elektromagnetischer Schwingungen.[699] Dieses Tatbestandsmerkmal dient der Differenzierung des Gewährleistungsbereichs der Rundfunkfreiheit vom Schutzbereich der Presse- und Filmfreiheit.[700] Denn die Abgrenzung der verschiedenen Freiheitsbereiche des Art. 5 Abs. 1 Satz 2 GG hängt von dem jeweils gewählten Verbreitungsmittel ab.[701] Als Übertragungswege für Rundfunkdarbietungen kommen dabei neben terrestrischen Frequenzen, dem breitbandigen Kabelnetz und Satellitenkanälen auch schmalbandige Telefonnetze und die für die optische Nachrichtenübertragung konzipierten Glasfasernetze in Betracht.[702] Navigationssysteme werden stets mittels elektromagnetischer Schwingungen über einen dieser genannten Verbreitungswege zu den Rezipienten übertragen und erfüllen damit auch das dritte Tatbestandsmerkmal des verfassungsrechtlichen Rundfunkbegriffs.[703]

---

697 A.A. wohl *Leopoldt*, Navigatoren, 2002, S. 57.
698 Vgl. *Libertus*, ZUM 1996, 396.
699 Dazu ausführlich *Brand*, Rundfunk im Sinne des Artikel 5 Abs. 1 Satz 2 GG, 2002, S. 43 ff. und 50 ff.
700 *Hoffmann-Riem*, AfP 1996, 12; *Jarass*, AfP 1998, 136.
701 BVerfGE 83, 238, 313.
702 Vgl. *Gersdorf*, Der verfassungsrechtliche Rundfunkbegriff im Lichte der Digitalisierung der Telekommunikation, 1995, S. 120.
703 *Leopoldt*, Navigatoren, 2002, S. 61.

3. Ergebnis

Als Ergebnis lässt sich festhalten, dass die elektronischen Benutzerführungssysteme, und zwar sowohl proprietäre und programmübergreifende EPGs als auch die übergeordneten Basisnavigatoren, Rundfunk im verfassungsrechtlichen Sinne darstellen. Sie sind deshalb dem Gewährleistungsbereich der Rundfunkfreiheit zuzuordnen und unterliegen folglich auch dem rundfunkspezifischen Ausgestaltungsvorbehalt des Gesetzgebers. Darüber besteht in der Literatur im Ergebnis wohl auch weitgehend Einigkeit.[704] Da die Navigatoren selbst und unmittelbar Rundfunk im Sinne des verfassungsrechtlichen Rundfunkbegriffs darstellen,[705] besteht auch keine Notwendigkeit, die elektronischen Benutzerführungssysteme dogmatisch (nur) als „unterstützende Randbetätigung" oder als „Annex" dem Schutzbereich des Art. 5 Abs. 1 Satz 2 GG zuzuordnen.[706]

Bereits jetzt sei jedoch darauf hingewiesen, dass eine Zuordnung zum Rundfunk noch nichts über den erforderlichen einfachgesetzlichen Regulierungsumfang aussagt. Denn der Gesetzgeber kann – abhängig vom jeweiligen Gefährdungspotential für die freie individuelle und öffentliche Meinungsbildung – ein „System der abgestuften Regelungsdichte" für unterschiedliche Rundfunkangebote vorsehen.[707] Die Länder folgen diesem Prinzip, indem sie im Rundfunkstaatsvertrag sowie im Mediendienstestaatsvertrag ein abgestuftes Regulierungsniveau geschaffen haben. Für die Navigationssysteme gilt derzeit die Regelung in § 53 RStV, auf die in Abschnitt G. II. ausführlich eingegangen wird.

---

[704] Ablehnend aber *Monopolkommission*, Hauptgutachten XII, 1998, Rdn. 546.
[705] So auch *Hoffmann-Riem*, AfP 1996, 14; *Leopoldt*, Navigatoren, 2002, S. 63.
[706] So aber *Gersdorf*, Chancengleicher Zugang zum digitalen Fernsehen, 1998, S. 75 und wohl auch *Hartstein/Ring/Kreile/Dörr/Stettner*, Rundfunkstaatsvertrag Kommentar, Stand März 2004, § 53 RStV Rdn. 3. Die meisten Autoren bleiben undeutlich: Nach *Thierfelder*, Zugangsfragen digitaler Fernsehverbreitung, 1999, S. 148 handelt es sich bei den Navigationssystemen um einen „rundfunkbezogenen Komplex". In der „Negativliste" der Bundesländer zum Rundfunkbegriff, abgedruckt in epd/Kirche und Rundfunk Nr. 87 vom 4.11.1995, S. 19 f. wird ihnen lediglich „rundfunkrechtliche Relevanz" attestiert. Von einem „rundfunkrechtlich relevanten Angebot" spricht auch *Christoph Wagner*, Rechtsfragen digitalen Kabelfernsehens, 1996, S. 137; *Weisser*, ZUM 1997, 884 ordnet die Navigatoren als „rundfunkbezogene" Dienstleistung ein.
[707] Vgl. *Pieper/Wiechmann*, ZUM 1995, 93 ff.; *Gersdorf*, Der verfassungsrechtliche Rundfunkbegriff im Lichte der Digitalisierung der Telekommunikation, 1995, S. 149 ff.; *Hoffmann-Riem*, AfP 1996, 12; *Michel*, ZUM 1998, 354 ff.; *Nischan*, Digitale multimediale Videodienste, 2000, S. 94 m.w.N.

II. Zur Reichweite der Befugnis öffentlich-rechtlicher Rundfunkanstalten zum Betrieb elektronischer Benutzerführungssysteme

Auch wenn die elektronischen Benutzerführungssysteme grundsätzlich vom Gewährleistungsbereich der Rundfunkfreiheit erfasst werden, ist damit noch nicht ohne Weiteres entschieden, ob die öffentlich-rechtlichen Rundfunkanstalten auch befugt sind, Navigatoren selbst zu betreiben, und wie weit eine solche Befugnis gegebenenfalls im Einzelnen reicht. Anders als privaten Rundfunkveranstaltern steht den öffentlich-rechtlichen Rundfunkanstalten nämlich keine umfassende privatrechtliche und wirtschaftliche Handlungsfreiheit zu. Sie dürfen sich vielmehr nur in dem ihnen vom Gesetzgeber zugewiesenen Aktionsradius bewegen.[708] Dieser allen Anstalten des öffentlichen Rechts zugewiesene Wirkungskreis wird gemeinhin auch als Funktionsbereich der Anstalt bezeichnet.[709] Für Art und Umfang der aus dem Funktionsbereich abzuleitenden Tätigkeit ist die jeweilige gesetzliche Aufgabenbestimmung zugleich „Pflicht und Rahmen".[710] Eine Überschreitung des Funktionsbereichs durch eine Rundfunkanstalt wäre demnach rechtswidrig.[711]

1. Grundsätzliche Befugnis zur Programminformation

In diesem Zusammenhang ist unstreitig, dass der Programmauftrag der öffentlich-rechtlichen Rundfunkanstalten auch die grundsätzliche Befugnis umfasst, der Öffentlichkeit ihr Programm mitzuteilen.[712] Denn die Programminformation ist eine unabdingbare Voraussetzung für die Programmrezeption.[713] Der Veröffentlichungsbefugnis korrespondiert sogar eine – freilich eingeschränkte – Ver-

---

708 *Scholz*, Rundfunkeigene Programmpresse?, 1982, S. 24 ff.; *Kübler*, Rundfunkauftrag und Programminformation, 1985, S. 21 ff.; *Kreile/Neuenhahn*, K&R 1998, 42. Vgl. auch BVerfGE 83, 238, 303.
709 Vgl. *Schroeder*, in: Jagenburg u.a. (Hrsg.), Festschrift für Walter Oppenhoff zum 80. Geburtstag, 1985, S. 391. Zur Begrifflichkeit auch *Siekmann*, Programminformationen der öffentlich-rechtlichen Rundfunkanstalten, 2000, S. 81 ff.
710 *Degenhart*, ZUM 1998, 334; *Herrmann/Lausen*, Rundfunkrecht, 2. Aufl., 2004, § 10 Rdn. 1.
711 *Schroeder*, in: Jagenburg u.a. (Hrsg.), Festschrift für Walter Oppenhoff zum 80. Geburtstag, 1985, S. 396.
712 Vgl. nur *Kübler*, Rundfunkauftrag und Programminformation, 1985, S. 28; *Bethge*, Der verfassungsrechtliche Standort des öffentlich-rechtlichen Rundfunks, 1987, S. 70.
713 *Hoffmann-Riem*, RuF 1983, 393; *Kübler*, Rundfunkauftrag und Programminformation, 1985, S. 29.

öffentlichungsverpflichtung. Diese ergibt sich unmittelbar aus der verfassungsrechtlich anerkannten Pflicht jeder staatlichen – oder mit Bezug auf die Rundfunkanstalten besser: öffentlichen – Verwaltung zur Transparenz und informierenden Publizität.[714] Diese trifft auch die öffentlich-rechtlich organisierten Rundfunkanstalten,[715] obwohl sie weder zur unmittelbaren noch zur mittelbaren Staatsverwaltung zählen.[716] Der öffentlich-rechtliche Status der Anstalten allein löst aber eine Publizitätsverpflichtung aus, die sich aus dem Rechtsstaats- und Demokratieprinzip ableiten lässt. Daraus folgt wiederum ein Recht zur Öffentlichkeitsarbeit und zur informativen Selbstdarstellung der Rundfunkanstalten.[717] Bei der Bekanntmachung ihres Programms können sich diese dabei nicht nur der genuinen Mittel des Rundfunks bedienen, sondern auch andere Wege beschreiten.[718] Dazu zählen etwa die Information des Publikums in schriftlicher Form durch Druckwerke, aber auch die Präsentation des Programmangebots im Internet. Insoweit ist die Befugnis der öffentlich-rechtlichen Rundfunkanstalten zur Programminformation also bereits von dem für jede Anstalt gesetzlich determinierten Programmauftrag gedeckt.[719] Es bestehen aber auch Grenzen.

2. Das Recht zur Herausgabe von Programmzeitschriften

Mit Blick auf die Begrenzungen des Betätigungsfeldes war in den 1980er Jahren die Frage umstritten, ob den öffentlich-rechtlichen Rundfunkanstalten ein Recht zur Herausgabe von sogenannten „rundfunkeigenen Programmzeitschriften" zusteht.[720] Gemeint sind damit nicht bulletinartige, mehr oder weniger kommen-

---

714 Vgl. dazu allgemein BVerfGE 20, 56, 100; 44, 125, 147 ff. Zur Legitimation informalen Staatshandelns allgemein auch *Bethge*, Jura 2003, 327 ff.
715 Vgl. *Scholz*, Rundfunkeigene Programmpresse?, 1982, S. 37 f. A.A. aber insoweit *Bethge*, Die verfassungsrechtliche Position des öffentlich-rechtlichen Rundfunks in der dualen Rundfunkordnung, 1996, S. 53 f. m.w.N.
716 Denn das verbietet schon der Grundsatz der Staatsfreiheit des Rundfunks, vgl. nur *Gounalakis*, AfP 2003, 400. Zur Einordnung der Rundfunkanstalten als anstaltsrechtlicher Sondertypus auch *Albrecht Hesse*, Rundfunkrecht, 3. Aufl., 2003, S. 140 ff.; *Mand*, AfP 2003, 290 ff.
717 *Scholz*, Rundfunkeigene Programmpresse?, 1982, S. 37 f.; *Siekmann*, Programminformationen der öffentlich-rechtlichen Rundfunkanstalten, 2000, S. 103 f.
718 *Bethge*, JZ 1986, 369.
719 Derartige Aktivitäten sind sogar „integraler Bestandteil" der Programmfreiheit, vgl. *Bethge*, JZ 1986, 369; *Tettinger*, AfP 1986, 308.
720 Vgl. dazu *Scholz*, Rundfunkeigene Programmpresse?, 1982, passim; *Ulmer*, Programminformationen der Rundfunkanstalten, 1983, passim; *Hoffmann-Riem*, RuF 1983, 318 ff.; *Kübler*, Rundfunkauftrag und Programminformation, 1985, passim; *Bethge*, JZ 1986, 366 ff.; *Emmerich/Steiner*, Möglichkeiten und Grenzen der wirt-

tarlose Informationen der Öffentlichkeit über das Programm bzw. Anstaltsinterna, die aus den soeben genannten Gründen unproblematisch zulässig sind, sondern Printpublikationen, die nach Art und Aufmachung mit den herkömmlichen Programmzeitschriften in Wettbewerb treten können.

a) Differenzierte Ansichten im Schrifttum

In der Literatur wurden gegen eine solche Befugnis der öffentlich-rechtlichen Rundfunkanstalten, insbesondere mit Blick auf das Grundrecht der Pressefreiheit, verfassungsrechtliche Bedenken angemeldet. So hat *Scholz* in diesem Zusammenhang versucht, ein „Verlegerprivileg" für gedruckte Programminformationen nachzuweisen, das nur in begrenzten Ausnahmefällen eine Betätigung der Rundfunkanstalten auf diesem Gebiet zulassen würde.[721] *Scholz* stützt sich bei seiner Argumentation zum einen auf das verfassungsrechtliche Verbot der Staatspresse, gegen das die öffentlich-rechtlichen Rundfunkanstalten seiner Ansicht nach verstoßen würden, sobald sie eigene Publikationen herausgäben, die tatbestandlich Presseerzeugnisse darstellen.[722] Zum anderen würde die Herausgabe von Programmzeitschriften durch die Rundfunkanstalten einen nicht gerechtfertigten Eingriff in die Pressefreiheit der privaten Verleger dieser Publikationen bedeuten.[723]

Diese Argumentation hat jedoch zu Recht Widerspruch erfahren. Zwar können sich die Rundfunkanstalten selbst nicht auf das Grundrecht der Pressefreiheit berufen. Ihnen steht nur das Grundrecht der Rundfunkfreiheit zur Verfügung.[724] Das bedeutet aber nicht, dass damit jede Form der Programmpresse automatisch und exklusiv den privatwirtschaftlichen Presseunternehmen vorbehalten wäre.[725] Weder gibt es einen verfassungsrechtlichen Grundsatz der publizistischen Gewaltenteilung, aus dem sich ein strikte Funktionstrennung zwischen Presse und Rundfunk ergeben würde, so dass Überlagerungen beider Bereiche nicht statt-

---

schaftlichen Betätigung der öffentlich-rechtlichen Rundfunkanstalten, 1986, S. 95 ff.; *Emmerich*, AfP 1986, 206 ff.; *Tettinger*, AfP 1986, 306 ff.; *Beucher/Eckhardt*, RuF 1990, 183 ff.; *Berg*, MP 1991, 218 f.
721 *Scholz*, Rundfunkeigene Programmpresse?, 1982, S. 41 f.
722 *Scholz*, Rundfunkeigene Programmpresse?, 1982, S. 32.
723 *Scholz*, Rundfunkeigene Programmpresse?, 1982, S. 50 ff. Diese Auffassung vertritt auch *Emmerich*, AfP 1986, 209.
724 *Bethge*, Der verfassungsrechtliche Standort des öffentlich-rechtlichen Rundfunks, 1987, 64 ff. Vgl. auch BVerfGE 59, 231, 254 f. 78, 101, 102 f.; 83, 238, 312. Vgl. nunmehr allerdings mit Blick auf die Schutzwirkungen des Art. 10 GG BVerfGE 107, 299 ff.
725 *Tettinger*, AfP 1986, 307.

finden dürften.[726] Noch verstößt die Herausgabe von Programmzeitschriften gegen das Verbot der Staatspresse, weil den öffentlich-rechtlichen Rundfunkanstalten ungeachtet ihrer öffentlich-rechtlichen Rechtsnatur die Unabhängigkeit von staatlicher Einflussnahme durch das fundamentale Strukturprinzip der Staatsfreiheit des Rundfunks verfassungsrechtlich gewährleistet ist.[727] Bereits aus diesem Grunde muss einer etwaigen Betätigung der öffentlich-rechtlichen Rundfunkanstalten auf dem Markt für Programmzeitschriften auch die Eingriffsqualität mit Blick auf die etwaige Verletzung von Grundrechten der privatwirtschaftlichen Verleger abgesprochen werden.[728] Insgesamt ergibt sich also, dass sich aus dem Verhältnis von Rundfunk- und Pressefreiheit kein prinzipielles Verbot einer rundfunkeigenen Programmpresse ableiten lässt. Vielmehr gehört die Programminformation auf drucktechnischem Wege als Annex zur Rezeption der Kommunikationsinhalte des Rundfunks.[729] Daraus folgt dann auch, dass die Herausgabe von Programmzeitschriften verfassungsrechtlich über die Annexzuständigkeit (zumindest auch) der Rundfunkfreiheit zuzuordnen ist.[730] Aus diesem Grund ergeben sich aber auch Einschränkungen für die Publikationsbefugnis der öffentlich-rechtlichen Rundfunkanstalten, die der Gesetzgeber bei der einfachgesetzlichen Umsetzung der verfassungsrechtlichen Vorgaben zu beachten hat.

b) Die Rechtsprechung des Bundesverfassungsgerichts

Das hat auch das Bundesverfassungsgericht in seinem Urteil zur Verfassungsmäßigkeit des WDR-Gesetzes vom 5. Februar 1991 ausdrücklich hervorgehoben. Dort hat es zwar entschieden, dass die Vorschrift in § 3 Abs. 7 WDR-Gesetz, die dem WDR die Veröffentlichung von Druckwerken mit vorwiegend programmbezogenem Inhalt erlaubt, mit dem Grundgesetz vereinbar ist.[731] Es hat der Befugnis der öffentlich-rechtlichen Rundfunkanstalten zur Herausgabe von Programmzeitschriften aber gleichzeitig Grenzen gezogen.

---

726 Vgl. *Hans H. Klein*, Die Rundfunkfreiheit, 1978, S. 56 f.; *Bethge*, in: Horn u.a. (Hrsg.), Festschrift für Walter Schmitt Glaeser zum 70. Geburtstag, 2003, S. 471 f.
727 *Hoffmann-Riem*, RuF 1983, 384 ff.; *Tettinger*, AfP 1986, 307. Deshalb kann hier auch dahinstehen, ob es ein solches Verbot der Staatspresse überhaupt gibt, vgl. *Bethge*, Der verfassungsrechtliche Standort des öffentlich-rechtlichen Rundfunks, 1987, S. 72.
728 Zu weiteren Argumenten *Hoffmann-Riem*, RuF 1983, 386 f.
729 *Hoffmann-Riem*, RuF 1983, 393.
730 Vgl. bereits *Bethge*, Rundfunkfreiheit und privater Rundfunk, 1985, S. 46; *Bethge*, JZ 1986, 369.
731 Vgl. BVerfGE 83, 238, 312 ff. Dazu auch ausführlich *Siekmann*, Programminformationen der öffentlich-rechtlichen Rundfunkanstalten, 2000, S. 63 ff.

aa) Die Rundfunkfreiheit als Grundlage der Veröffentlichungsbefugnis

Zunächst stellt das Gericht in seiner Entscheidung klar, dass die Befugnis des WDR zur Veröffentlichung vorwiegend programmbezogener Druckwerke ihre verfassungsrechtliche Grundlage nicht in der Pressefreiheit, sondern in der Rundfunkfreiheit findet.[732] Für die verfassungsrechtliche Beurteilung der Reichweite dieser Befugnis kommt es deshalb maßgeblich darauf an, ob und in welchem Umfang sie dazu beiträgt, die Erfüllung der Aufgaben des WDR sicherzustellen, die in der dienenden Funktion der Rundfunkfreiheit begründet liegen. Wenn und soweit die Veröffentlichung von Programmzeitschriften diesem Aufgabenkreis als eine unterstützende Randbetätigung zugeordnet werden kann, ist sie von der Rundfunkfreiheit abgesichert.[733]

bb) Programmbezug als entscheidendes Begrenzungskriterium

Entscheidendes Beurteilungskriterium für die Frage, ob ein solcher funktionaler Zusammenhang besteht, ist nach der Rechtsprechung des Bundesverfassungsgerichts der Programmbezug, der die Gestaltung der Programmzeitschrift durchgängig prägen muss. So könnte beispielsweise ein redaktioneller Teil, der nicht mehr auf das Gesamtprogramm der jeweiligen Anstalt bezogen wäre, sondern eine hiervon losgelöste pressemäßige Berichterstattung oder allgemein unterhaltende Beiträge enthielte, in der Rundfunkfreiheit keine verfassungsmäßige Grundlage mehr finden.[734] Diese Notwendigkeit einer Beschränkung auf programmbezogene Informationen – so das Gericht weiter – schließt gleichzeitig eine wirtschaftliche Zielsetzung der Druckwerke aus.[735]

Das bedeutet, dass die öffentlich-rechtlichen Rundfunkanstalten durch eine geeignete Aufmachung und Präsentation der Programminformationen anstreben können, die Aufmerksamkeit des Publikums zu erlangen.[736] Den Rundfunkanstalten steht ein Recht zu, ihr Programm in gefälliger Form zu verkaufen, indem sie es redaktionell verpacken und werbend an den Mann bringen.[737] Andererseits darf die Publikation einer Programmzeitschrift aber nicht auf die Erzielung eines wirtschaftlichen Ertrages ausgerichtet sein.[738] Denn würde sie vorrangig oder gar

---

732 BVerfGE 83, 238, 312.
733 BVerfGE 83, 238, 313.
734 BVerfGE 83, 238, 314.
735 BVerfGE 83, 238, 314.
736 BVerfGE 83, 238, 313 f.
737 So bereits *Bethge*, JZ 1986, 369.
738 So aber noch *Tettinger*, AfP 1986, 308; *Libertus*, Grundversorgungsauftrag und Funktionsgarantie, 1991, S. 148 f.

allein Finanzierungszwecken dienen, wäre ihre Herausgabe nicht mehr von der Informationsaufgabe der Anstalt und damit von der Rundfunkfreiheit gedeckt.[739]
Aufgrund der Herleitung der Publikationsbefugnis aus der Rundfunkfreiheit ergibt sich ein weiteres beschränkendes Kriterium, auf das *Bethge* zutreffend hingewiesen hat: Die Rundfunkanstalten müssen auch bei der Herausgabe von Programmzeitschriften die sie typischerweise treffenden rundfunkspezifischen Bindungen beachten, also etwa Ausgewogenheit, Staats- und Parteiferne, Pluralismus und Objektivität.[740] Diese Bindungen sind aufgrund des funktionalen Bezuges der Veröffentlichungsbefugnis zur Rundfunkfreiheit hier genauso einschlägig wie bei der Programmgestaltung selbst. Den Aspekt hat wohl auch das Bundesverfassungsgericht berücksichtigt, wenn es verlangt, dass die rundfunkeigene Programmpresse „umfassende und qualifizierte Information über das Programmangebot" liefern muss.[741]

c) Die Bedeutung des Parlamentsvorbehalts

Demnach ist die Herausgabe von Programmzeitschriften durch öffentlich-rechtliche Rundfunkanstalten zulässig, solange sich die Rundfunkanstalten innerhalb der beschriebenen Grenzen bewegen. Fraglich bleibt aber, ob dieser Tätigkeitsrahmen ausdrücklich durch Gesetz festgelegt werden muss. Das Bundesverfassungsgericht hat diese Frage nicht eindeutig beantwortet, denn in dem von ihm zu entscheidenden Fall hat mit § 3 Abs. 7 WDR-Gesetz jedenfalls eine solche Regelung vorgelegen. In der Literatur ist die Frage nach wie vor umstritten.[742]
Nach einer Ansicht findet die Veröffentlichungsbefugnis bereits durch die allgemeine gesetzliche Aufgabenbestimmung der Rundfunkanstalten eine ausreichende Legitimationsbasis.[743] Ausdrückliche Ermächtigungsnormen wie etwa § 3 Abs. 7 WDR-Gesetz hätten demnach lediglich deklaratorischen Charakter.[744]

---

739 BverfGE 83, 238, 314.
740 Vgl. *Bethge*, JZ 1986, 369; *Bethge*, Der verfassungsrechtliche Standort des öffentlich-rechtlichen Rundfunks, 1987, S. 72. Im Anschluss daran auch *Tettinger*, AfP 1986, 308; *Siekmann*, Programminformationen der öffentlich-rechtlichen Rundfunkanstalten, 2000, S. 167 ff.
741 Vgl. BVerfGE 83, 238, 314.
742 Vgl. zu den unterschiedlichen Ansichten *Siekmann*, Programminformationen der öffentlich-rechtlichen Rundfunkanstalten, 2000, S. 129 ff. m.w.N.
743 Vgl. *Kübler*, Rundfunkauftrag und Programminformation, 1985, S. 40 f.; *Libertus*, AfP 1992, 231; *Siekmann*, Programminformationen der öffentlich-rechtlichen Rundfunkanstalten, 2000, S. 146.
744 So etwa *Berg*, MP 1991, 291; *Ricker/Schiwy*, Rundfunkverfassungsrecht, 1997, S. 372 f.

Dem ist jedoch entgegenzuhalten, dass sich die doch relativ engen Grenzen der Veröffentlichungsbefugnis nicht hinreichend bestimmt aus dieser allgemeinen Aufgabenzuweisung ergeben. In der zunehmend konvergenten Medienumgebung bestehen zudem immer vielfältigere Möglichkeiten zur Programminformation, seien es elektronische Benutzerführungssysteme, Online-Portale im Internet oder auch SMS-Dienste über die Mobiltelephonie. Insofern erscheint eine differenzierte gesetzliche Aufgabenumschreibung erforderlich. Hinzu kommt, dass es bei Nichtbeachtung der sich letztlich unmittelbar aus Art. 5 Abs. 1 Satz 2 GG ergebenden Grenzen der Veröffentlichungsbefugnis durchaus zu kollidierenden Grundrechtspositionen von konkurrierenden Drittanbietern kommen kann. Die Aufgabe, diese Kollisionslage zu regeln, kann aber nicht den potentiellen Kontrahenten selbst – also insbesondere nicht den Rundfunkanstalten im Rahmen ihres Selbstverwaltungsrechts – überlassen werden.[745] Vielmehr ist der parlamentarische Gesetzgeber in diesem Fall selbst zur legislatorischen Schlichtung verpflichtet.[746] Es bedarf also für die Herausgabe von Programmzeitschriften einer ausdrücklichen gesetzlichen Ermächtigung, die die begrenzte Reichweite dieser Befugnis und insbesondere die strikte Orientierung an der Aufgabenerfüllung der öffentlich-rechtlichen Rundfunkanstalten hinreichend bestimmt klarstellt. Bisher enthielten nicht alle Landesmediengesetze ausdrückliche gesetzliche Normierungen im Hinblick auf die Programminformationsbefugnis der betreffenden Rundfunkanstalten.[747] Durch den Siebten Rundfunkänderungsstaatsvertrag wurde jedoch nunmehr eine für alle öffentlich-rechtlichen Rundfunkanstalten geltende Klausel in § 11 Abs. 1 RStV aufgenommen, die es den Anstalten erlaubt, „programmbegleitend Druckwerke und Mediendienste mit programmbezogenem Inhalt" anzubieten. Damit ist dem Grundsatz des Gesetzesvorbehalts in jedem Fall genüge getan.

3. Programminformation und Grundversorgungsauftrag

Vom Erfordernis zur Beachtung des Parlamentsvorbehalts zu unterscheiden ist die Frage, inwieweit die Programminformationstätigkeit als Teil des Grundversorgungsauftrages der öffentlich-rechtlichen Rundfunkanstalten relevant wird. Im Mittelpunkt des Grundversorgungsauftrages steht die Programmfunktion selbst, das heißt die Verpflichtung der Rundfunkanstalten zur Ausstrahlung von

---

745 *Beucher/Eckhardt*, RuF 1990, 188.
746 *Bethge*, JZ 1986, 370; *Tettinger*, AfP 1986, 308.
747 Vgl. dazu die Übersicht bei *Siekmann*, Programminformationen der öffentlich-rechtlichen Rundfunkanstalten, 2000, S. 251 ff.

Rundfunkprogrammen, die mit Blick auf die Funktion des Rundfunks für die individuelle und öffentliche Meinungsbildung bestimmten inhaltlich-qualitativen und programmlich-quantitativen Standards genügen müssen.[748] Unmittelbar grundversorgungsrelevant sind aber nicht nur der eigentliche Programmbereich, der von der Beschaffung der Information bis zu ihrer Verbreitung reicht,[749] sondern auch alle darüber hinausgehenden, für die Erfüllung der Programmfunktion sachnotwendigen Einrichtungen und Aktivitäten.[750] Da die Programminformation eine unverzichtbare Voraussetzung für die Programmrezeption darstellt, ist sie folglich auch Bestandteil der Grundversorgung.[751] Aus dem dynamischen Charakter des Grundversorgungsauftrages ergibt sich weiter, dass Art und Ausmaß der erlaubten Programminformationstätigkeit nicht ein für alle mal festgelegt werden können, sondern dass die Reichweite der Publikationsbefugnis den jeweiligen Umständen anzupassen ist.[752] Das Recht der öffentlich-rechtlichen Rundfunkanstalten zur Programminformation ist also in der dualen Rundfunkordnung Teil ihres dynamisch zu verstehenden Grundversorgungsauftrages und unterfällt damit auch der Bestands- und Entwicklungsgarantie des öffentlich-rechtlichen Rundfunks.

4. Elektronische Benutzerführungssysteme

Wie zu Beginn dieser Arbeit dargestellt, dienen die elektronischen Benutzerführungssysteme nicht nur der schlichten Navigation durch das digitalisierte Rundfunkangebot, sondern sie stehen den Rezipienten vor allem als wichtiges Orientierungsinstrument und als Auswahlhilfe zur Verfügung. Insofern können die Navigatoren als die Programmzeitschriften des digitalisierten Fernsehens bezeichnet werden. Die Nutzer informieren sich mit Hilfe der Systeme über das Programmangebot, lassen sich Programmvorschläge unterbreiten und entscheiden sich dann für die Rezeption eines bestimmten Angebots. Es ist also für die Rundfunkveranstalter bedeutsam, dass sie ihr Programm mit Hilfe und mittels der Navigatoren angemessen präsentieren können. Aus diesem Grund kann auch die Befugnis der öffentlich-rechtlichen Rundfunkanstalten zur Programminfor-

---

748 Vgl. *Libertus*, ZUM 1996, 396.
749 Vgl. BVerfGE 78, 101, 102 f.; 90, 60, 87; 91, 125, 134.
750 *Bethge*, Die verfassungsrechtliche Position des öffentlich-rechtlichen Rundfunks in der dualen Rundfunkordnung, 1996, S. 58.
751 Vgl. *Siekmann*, Programminformationen der öffentlich-rechtlichen Rundfunkanstalten, 2000, S. 184.
752 *Siekmann*, Programminformationen der öffentlich-rechtlichen Rundfunkanstalten, 2000, S. 184.

mation mit Hilfe von elektronischen Benutzerführungssystemen nicht grundsätzlich in Frage gestellt werden. Auch hier bestehen aber Grenzen, wie im Folgenden aufzuzeigen sein wird.

a) Programmgebundene Navigationssysteme

Mit Blick auf ihr Recht, proprietäre EPGs zu betreiben, also programmgebundene Navigationssysteme, die nur die Navigation durch das Angebot der jeweiligen öffentlich-rechtlichen Rundfunkanstalt ermöglichen, gelten im Wesentlichen dieselben Grundsätze, die zu der Frage der rundfunkeigenen Programmpresse entwickelt wurden. Genau wie bei der Programmpresse handelt es sich bei diesen Navigatoren um einen Bereich, der als Annex der eigentlichen Programmtätigkeit zuzuordnen ist.[753] Ebenso wie die Programmzeitschriften sind die Navigationssysteme eine wesentliche Voraussetzung für die Programmrezeption durch das Publikum. Bei den elektronischen Programmführern gilt dies jedoch noch in verstärktem Maße. Denn anders als die Programmzeitschriften, die zwar für viele Rezipienten eine wichtige, aber doch nicht unabdingbare Auswahlhilfe darstellen, sind die Navigatoren aufgrund der technischen Gegebenheiten im digitalisierten Rundfunk zwingend notwendig, um ein bestimmtes Programmangebot anzusteuern und zu empfangen. Die öffentlich-rechtlichen Rundfunkanstalten sind also grundsätzlich befugt, proprietäre Navigationssysteme zu betreiben.

aa) Grenzen der Ausgestaltungsbefugnis

Bei der inhaltlichen Gestaltung der programmgebundenen Systeme müssen sich die öffentlich-rechtlichen Rundfunkanstalten aber an dieselben Grenzen halten wie bei der Publikation von rundfunkeigenen Programmzeitschriften. Auch hier bestimmt ihr Programmauftrag die Reichweite der Gestaltungsmöglichkeiten. Das bedeutet zunächst, dass die proprietären Navigatoren einen durchgängigen Programmbezug aufweisen müssen. Das wird regelmäßig bereits dadurch gewährleistet sein, dass die proprietären EPGs nur für die Navigation durch das eigene Programm, bzw. das eigene Programmbouquet ausgelegt sind. Genau wie bei der Gestaltung von rundfunkeigenen Programmzeitschriften können die Rundfunkanstalten durch geeignete Aufmachung und Präsentation der Programminformationen versuchen, die Aufmerksamkeit des Publikums zu erlangen und die Rezipienten durch entsprechende Gestaltung der Systeme im jeweiligen

---

753 Anders als die Printpublikationen stellen diese Navigatoren aber selbst Rundfunk im verfassungsrechtlichen Sinne dar, vgl. dazu ausführlich Teil F. I. Die Abgrenzungsproblematik zur Pressefreiheit stellt sich hier also nicht.

Angebotsbouquet zu halten. Sie können also redaktionell aktiv werden. Es besteht die Möglichkeit, einzelne Angebote gezielt zu bewerben oder die Zuschauer mit Hilfe intelligenter Navigatoren zu bestimmten Programmangeboten hinzuführen. Dabei müssen die Rundfunkanstalten aber stets die rundfunkspezifischen Bindungen beachten, also Ausgewogenheit, Staats- und Parteiferne, Pluralismus und Objektivität, welche für sie auch bei der inhaltlichen Ausgestaltung der elektronischen Programmführer verbindlich sind.

bb) Freiraum zur publizistischen Arbeit

Andererseits ist aber darauf hinzuweisen, dass sich in der Gestaltung der Benutzeroberfläche eines programmgebundenen Navigationssystems ein Teil der publizistischen Arbeit des jeweiligen Rundfunkveranstalters manifestiert.[754] Deshalb ist mit Blick auf die Ausgestaltung eines solchen Systems durch die öffentlich-rechtlichen Rundfunkanstalten zweierlei zu beachten:
Erstens ist die Gestaltung des Programmführers Teil ihrer verfassungsrechtlich gewährleisteten Programmautonomie, die sich nicht nur auf die Produktion einzelner Sendungen bezieht, sondern auch die Entscheidung über die Art und Weise der Präsentation des Gesamtangebotes umfasst.[755] Zweitens sind wie gesehen nicht nur der eigentliche Programmbereich unmittelbar grundversorgungsrelevant, sondern auch alle darüber hinausgehenden, für die Erfüllung der Programmfunktion sachnotwendigen Aktivitäten. Der entwicklungsoffene Grundversorgungsauftrag der öffentlich-rechtlichen Rundfunkanstalten erstreckt sich auch auf den digitalisierten Rundfunk und damit auf alle Dienstleistungen, die zur Erfüllung der Grundversorgungsaufgabe in diesem Umfeld erforderlich sind. In Art und Weise der Funktionserfüllung sind die Rundfunkanstalten dabei grundsätzlich frei. Die Bestimmung dessen, was ihre verfassungsrechtlich vorgegebene und gesetzlich näher umschriebene Funktion publizistisch erfordert, steht ihnen selber zu.[756] Die Gestaltung der Benutzeroberfläche eines programmgebundenen Navigationssystems ist deshalb originäre Aufgabe eines öffentlich-rechtlichen Rundfunkveranstalters, die auch unmittelbar am Grundversorgungsauftrag teil hat.[757]
Genau wie bei der Publikation einer Programmzeitschrift darf der Betrieb eines programmgebundenen Navigationssystems allerdings nicht auf die Erzielung eines wirtschaftlichen Ertrages ausgerichtet sein. Dieser Punkt wird in der Praxis

---

754 *Gersdorf*, Chancengleicher Zugang zum digitalen Fernsehen, 1998, S. 161.
755 *Gersdorf*, Chancengleicher Zugang zum digitalen Fernsehen, 1998, S. 161.
756 Vgl. BVerfGE 90, 60, 91.
757 *Gersdorf*, Chancengleicher Zugang zum digitalen Fernsehen, 1998, S. 131 f.

kein Problem darstellen, denn weder sind die Angebote für die Nutzer kostenpflichtig, noch ist zu erwarten, dass nennenswerte Werbeeinnahmen aus dem Betrieb des Systems als solchem erzielt werden können.

cc) Parlamentsvorbehalt

Fraglich ist zuletzt, ob auch für den Betrieb eines programmgebundenen Navigationssystems durch die öffentlich-rechtlichen Rundfunkanstalten der Parlamentsvorbehalt gilt. In der Praxis ist dieses Problem derzeit nicht von Bedeutung, denn in § 19 Abs. 3 Satz 2 RStV wird sowohl der ARD als auch dem ZDF gestattet, ihr digitales Programmangebot „zu einem Gesamtangebot unter einem elektronischen Programmführer zusammenzufassen". Damit besteht jedenfalls eine ausreichende gesetzliche Ermächtigungsgrundlage zum Betrieb von programmgebundenen Navigationssystemen durch ARD und ZDF. Anders als bei den Programmzeitschriften ist beim Betrieb eines solchen Systems die Gefahr einer Kollision mit Grundrechten anderer, insbesondere privater Rundfunkveranstalter, nicht ersichtlich. Aufgrund dessen wird man im Unterschied zur Publikation von programmbegleitenden Printmedien davon ausgehen können, dass die Regelung in § 19 RStV rein deklaratorischen Charakter hat. Der Betrieb eines programmgebundenen Navigationssystems ist bereits vom allgemeinen Programmauftrag der Rundfunkanstalten gedeckt und bedarf keiner ausdrücklichen gesonderten gesetzlichen Ermächtigung.[758]

b) Programmübergreifende Navigationssysteme

Eine andere Frage ist jedoch, ob die öffentlich-rechtlichen Rundfunkanstalten auch zum Betrieb von programmübergreifenden Navigationssystemen befugt sind, also zur Gestaltung von Systemen, über die nicht nur anstaltseigene Programme angesteuert werden können, sondern auch Angebote anderer Sender, insbesondere diejenigen der privaten Rundfunkveranstalter.

aa) Betrieb programmübergreifender Navigatoren grundsätzlich unzulässig

Aus den bisherigen Ausführungen ergibt sich, dass der Betrieb eines programmübergreifenden Navigationssystems grundsätzlich unzulässig ist. Denn die Ausgestaltung eines derartigen Systems wäre nicht mehr vom Programmauftrag der öffentlich-rechtlichen Rundfunkanstalten gedeckt. Ein durchgängiger

---

758 A.A. wohl *Siekmann*, Programminformationen der öffentlich-rechtlichen Rundfunkanstalten, 2000, S. 223 f.

Bezug zum Programm vornehmlich der öffentlich-rechtlichen Rundfunkanstalten, wie dies vom Bundesverfassungsgericht mit Blick auf die rundfunkeigene Programmpresse zu Recht gefordert wird,[759] wäre in diesem Fall nicht zu gewährleisten. Auch im Fall der drucktechnisch verbreiteten Programmpresse ist den öffentlich-rechtlichen Rundfunkanstalten die Einbeziehung von Programminformationen anderer Rundfunkveranstalter nicht gestattet. Die bisweilen geäußerte gegenteilige Auffassung in der Literatur überzeugt nicht.[760] Damit würden die öffentlich-rechtlichen Rundfunkanstalten die Grenzen ihres Programmauftrages klar überschreiten. Das ihnen zustehende Recht zur Programminformation ist an ihren Programmauftrag gebunden und nur dann von diesem gedeckt, wenn die entsprechende Betätigung dem Aufgabenkreis der Anstalt als eine lediglich unterstützende Randbetätigung zugeordnet werden kann.[761] Dies ist aber wiederum nur dann der Fall, wenn die öffentlich-rechtlichen Rundfunkanstalten sich auf die Präsentation ihres eigenen Programms beschränken.

Diese Grundsätze sind auf den Betrieb eines eigenen programmübergreifenden Navigationssystems durch die öffentlich-rechtlichen Rundfunkanstalten übertragbar. Genau wie die Veröffentlichungsbefugnis von Programmzeitschriften findet die Befugnis zum Betrieb von Navigationssystemen ihre wichtigste Grundlage im Recht zur medialen Selbstdarstellung der Rundfunkanstalten. Um dem Publikum das eigene Programm auch im digitalisierten Umfeld zu vermitteln, reicht aber – zumindest derzeit – der Betrieb eines programmgebundenen Navigationssystems aus.

bb) Zur Rechtslage beim Wegfall programmgebundener Systeme

Andererseits ist allerdings nicht auszuschließen, dass sich mittel- bis langfristig programmübergreifende Navigationssysteme auf dem Markt durchsetzen und proprietäre Systeme einzelner Programmanbieter an Bedeutung verlieren oder sogar ganz überflüssig werden. Denn in der Tat sind senderübergreifende Systeme für die Rezipienten wesentlich nutzbringender. Für sie ist ein einheitliches System, über das alle empfangbaren Programme, öffentlich-rechtliche wie private, angesteuert werden können, wesentlich attraktiver, weil sie auf diese Weise eine Gesamtübersicht des empfangbaren Angebots erhalten. Dies macht

---

759 Vgl. nochmals BVerfGE 83, 238, 314.
760 Vgl. etwa *Kübler*, Rundfunkauftrag und Programminformation, 1985, S. 46 f.; *Siekmann*, Programminformationen der öffentlich-rechtlichen Rundfunkanstalten, 2000, S. 164 ff. Diese Autoren argumentieren insbesondere mit dem Umstand, dass nur so ein auch für das Publikum hinreichend attraktives Produkt realisiert werden könne.
761 Vgl. BVerfGE 83, 238, 313.

es wahrscheinlich, dass sich in Zukunft senderübergreifende elektronische Programmführer auf dem Markt etablieren werden. In der Folge ist dann aber anzunehmen, dass proprietäre Navigatoren einzelner Programmanbieter, wie beispielsweise der EPG der ARD, für das Publikum zunehmend unattraktiv werden. Daher ist zu überlegen, ob es in einem solchen Fall erforderlich ist, den öffentlich-rechtlichen Rundfunkanstalten ein Recht zur selbständigen Ausgestaltung von programmübergreifenden Benutzerführungssystemen zuzusprechen.

aaa) Sicherung der Funktion und Aufgabe des öffentlich-rechtlichen Rundfunks

Für die verfassungsrechtliche Beurteilung eines solchen Rechts kommt es wiederum maßgeblich darauf an, ob und in welchem Umfang der Betrieb des jeweiligen Systems notwendig erscheint, damit die Erfüllung der Funktion und Aufgabe der öffentlich-rechtlichen Rundfunkanstalten in der dualen Rundfunkordnung sichergestellt ist. Diese Funktion ist zugleich Maßstab und Grenze ihres Betätigungsrahmens. Von besonderer Bedeutung sind dabei die Sicherung kommunikativer Chancengerechtigkeit und die damit unmittelbar zusammenhängende Gewährleistung der Grundversorgungsaufgabe durch die öffentlich-rechtlichen Rundfunkanstalten. Aus diesen beiden wesentlichen Strukturvorgaben lässt sich die Notwendigkeit zur Schaffung und Wahrung von Zugangs- und Empfangschancengerechtigkeit gerade mit Blick auf das Programmangebot des öffentlich-rechtlichen Rundfunks ableiten. So muss gewährleistet sein, dass das gesamte grundversorgungsrelevante Angebot der öffentlich-rechtlichen Rundfunkanstalten einerseits seinen Weg zu den Rezipienten findet und dass andererseits die Rezipienten dieses Angebot auch diskriminierungsfrei nutzen können.[762]

bbb) Risiken für die Zugangsfreiheit

Bislang werden die digitalen Programmbouquets der einzelnen Rundfunkveranstalter über den Basisnavigator bzw. die nachgelagerten programmgebundenen EPGs angesteuert. Unter diesen Bedingungen bestehen keine nennenswerten Gefahren für die kommunikativen Rezeptionschancen des öffentlich-rechtlichen Rundfunks, solange der Zugang zu ihren proprietären Programmführern gewährleistet ist, und das Programm über den Basisnavigator diskriminierungsfrei angesteuert werden kann. Entfällt jedoch die Möglichkeit zur ausreichenden Präsentation des Programmangebots über einen von den Anstalten selbst gestalteten programmgebundenen EPG, so entstehen substantielle Risiken für den Bestand

---

762 Vgl. *Libertus*, ZUM 1996, 396.

der kommunikativen Chancengerechtigkeit. Es ist nämlich zu erwarten, dass die Betreiber programmübergreifender Navigationssysteme vornehmlich Unternehmen sein werden, die mit den Veranstaltern privater Rundfunkangebote verbunden sind. Diese haben wirtschaftlich motivierte Anreize, bei der Gestaltung der programmübergreifenden EPGs ihre eigenen medialen Angebote bei der Präsentation zu bevorzugen. Eine solche Situation ist insbesondere bei intelligenten Systemen problematisch, mit deren Hilfe die Rezipienten ohne ihr Wissen und Zutun gezielt zu bestimmten Programmangeboten gelenkt werden können.

ccc) Konsequenzen

Fraglich ist aber, ob allein dieses Risiko ausreicht, den öffentlich-rechtlichen Rundfunkanstalten ein Recht einzuräumen, selbst programmübergreifende elektronische Programmführer zu betreiben und zu gestalten. Dagegen sprechen gewichtige Argumente.

In diesem Fall würde zunächst das wichtige Beschränkungskriterium des Programmbezugs aufgegeben. Denn um ein konkurrenzfähiges Produkt anbieten zu können, müsste das Navigationssystem eine umfassende Übersicht über alle relevanten medialen Angebote enthalten, also insbesondere diejenigen der privaten Wettbewerber. Dadurch bestünde aber nunmehr umgekehrt die Gefahr, dass die öffentlich-rechtlichen Rundfunkanstalten jetzt ihrerseits das eigene Programmangebot bevorzugt präsentieren. Selbst wenn sich diese Annahme als unzutreffend herausstellen sollte, so erscheint der Betrieb eines anstaltseigenen, programmübergreifenden Navigationssystems jedenfalls nicht erforderlich zur Sicherung der Rezeptionschancen des öffentlich-rechtlichen Programmangebots im digitalisierten Rundfunk.

Die Wahrung kommunikativer Chancengerechtigkeit kann ebenso gut – ja muss sogar – durch entsprechende gesetzliche Vorgaben für die Betreiber der programmübergreifenden Navigationssysteme gesichert werden. Durch regulatorische Maßnahmen kann nämlich hinreichend gewährleistet werden, dass eine sachwidrige Benachteiligung oder Begünstigung einzelner Programmanbieter ausgeschlossen ist. Auf die Frage, wie dies im Einzelnen geschehen kann, wird noch zurückzukommen sein. Ermöglichen aber die Betreiber von programmübergreifenden Navigatoren allen Rundfunkanbietern chancengleichen Zugang zu ihrem System und stellen sie gleichzeitig durch eine entsprechende Ausgestaltung des Navigators Empfangschancengerechtigkeit her, so ist den verfassungsrechtlichen Anforderungen in ausreichendem Maße Rechnung getragen.

ddd) Vorrang regulatorischer Zugangschancensicherung

Es ist sogar festzustellen, dass im Ergebnis regulatorische Maßnahmen der beschriebenen Art das einzige probate Mittel darstellen, um die auf dem Rundfunksektor erforderliche kommunikative Chancengerechtigkeit wirksam zu sichern. Es ist nämlich nicht ausreichend, wenn es auf dem Markt diverse miteinander konkurrierende programmübergreifende Navigationssysteme gibt, unter denen der Nutzer dann frei wählen kann. Die Rezipienten werden sich in der Regel für eines entscheiden und dieses dann ausschließlich nutzen. Deshalb muss im Ergebnis jedes auf dem Markt befindliche programmübergreifende Navigationssystem, sei es ein Basisnavigator, eine EPG-Anwendung oder ein kombiniertes System, bereits für sich genommen den verfassungsrechtlichen Anforderungen im Hinblick auf die Gewährleistung von Zugangs- und Empfangschancengerechtigkeit für alle Programmangebote genügen. Da aufgrund der Strukturen in der Medienbranche nicht zu erwarten ist, dass automatisch alle Angebote über alle Navigatoren diskriminierungsfrei zur Darstellung gelangen, muss der Gesetzgeber im Rahmen der positiven Rundfunkordnung an diesem Punkt in jedem Fall tätig werden.

Daraus ergibt sich aber dann gleichzeitig, dass sich ein Recht zum Betrieb von programmübergreifenden Navigationssystemen durch die öffentlich-rechtlichen Rundfunkanstalten mit dem Argument, dies wäre zur Wahrung der kommunikativen Chancengerechtigkeit erforderlich, nicht begründen lässt. Kommunikative Chancengerechtigkeit kann nicht durch die Existenz eines öffentlich-rechtlichen Konkurrenzprodukts auf dem Navigatorenmarkt gesichert werden, das seinerseits den erforderlichen Objektivitätsanforderungen nicht unbedingt genügt.

Eine umfassende Zugangs- und Empfangschancengerechtigkeit mit Blick auf alle Programmangebote für alle programmübergreifenden Navigatoren kann wirksam nur durch eine angemessene gesetzliche Zugangsregulierung erreicht werden. Daher scheidet ein Recht der öffentlich-rechtlichen Rundfunkanstalten zum Betrieb von programmübergreifenden Navigationssystemen auch im Falle eines Bedeutungsverlustes von proprietären EPGs grundsätzlich aus. Wenn die erforderliche wirksame Zugangsregulierung existiert, dann gibt es keinen Grund, den öffentlich-rechtlichen Rundfunkanstalten ein Betätigungsrecht in diesem Bereich zuzusprechen, das im Ergebnis über ihren Programmauftrag hinausgehen würde.

cc) Kooperationsmöglichkeiten mit Dritten

Auf einem anderen Blatt steht aber die Frage, ob der öffentlich-rechtliche Rundfunk beim Betrieb eines programmübergreifenden Navigationssystems mit Dritten zusammenarbeiten kann. Gemeint ist damit nicht eine einfache Zusammenarbeit in Form der Weitergabe von Programminformationen an die Betreiber der Systeme, damit das Programmangebot der öffentlich-rechtlichen Rundfunkanstalten über diese präsentiert werden kann. Eine solche Kooperation ist unproblematisch zulässig. Diese Situation wäre vergleichbar mit der Weitergabe von Programminformationen an die Programmzeitschriftenverlage, die diese dann redaktionell aufbereiten und abdrucken. Es geht vielmehr um den eigenständigen Betrieb eines programmübergreifenden Navigationssystems in Kooperation mit privaten Programmanbietern oder sonstigen privatwirtschaftlich organisierten Medienunternehmen.[763]

aaa) Kooperation grundsätzlich zulässig

Einigkeit besteht zunächst darüber, dass die Kooperation zwischen öffentlich-rechtlichen Rundfunkanstalten und privaten Medienunternehmen nicht von vornherein verfassungswidrig ist.[764] Allerdings ist eine solche Zusammenarbeit verfassungsrechtlich auch „nicht unproblematisch".[765] Denn es besteht die Gefahr, dass durch diese Zusammenarbeit die publizistische Konkurrenz als ein entscheidender Garant der Meinungsvielfalt im dualen System unterlaufen würde.[766] Es muss deshalb sichergestellt sein, dass die eigenständige Funktionsfähigkeit der beiden tragenden Säulen des dualen Systems prinzipiell erhalten bleibt. Das gilt insbesondere mit Blick auf die öffentlich-rechtlichen Rundfunkanstalten, die ja bereits von Verfassungs wegen zu anderen programminhaltlichen Zielsetzungen verpflichtet sind als die privatwirtschaftlich organisierten Rundfunkveranstalter. Das bedeutet aber im Ergebnis nicht, dass die beiden Säulen des dualen Systems strikt voneinander getrennt zu halten sind. Eine Ver-

---

763 Eine solche Kooperation ist offenbar zwischen der ARD, der Bauer-Verlagsgruppe und der Deutschen Mailbox GmbH bereits geplant. Die redaktionelle Betreuung des gemeinsam produzierten EPGs soll der Bauer Verlag übernehmen, vgl. *Zervos*, Digitales Fernsehen in Deutschland, 2003, S. 56. Auch wurden angeblich Absprachen zwischen ARD/ZDF und der Kabel Deutschland GmbH & Co. KG bei der Gestaltung eines „Kabelnavigators" getroffen.
764 Vgl. zur Zusammenarbeit von öffentlich-rechtlichen und privaten Programmanbietern BVerfGE 83, 238, 303 ff.
765 BVerfGE 83, 238, 305.
766 Vgl. *Eifert*, ZUM 1999, 597.

pflichtung zur durchgängigen Modellkonsistenz besteht insofern nicht.[767] Kooperationen sind möglich, solange gewährleistet bleibt, dass die öffentlich-rechtlichen Rundfunkanstalten ihren verfassungsrechtlichen Auftrag, also insbesondere den Grundversorgungsauftrag, nicht zu Lasten von wirtschaftlichen Zielsetzungen vernachlässigen.[768] Es muss also sichergestellt sein, dass die jeweiligen Bindungen und Pflichten der Partner durch die Kooperation nicht umgangen oder abgeschwächt werden.[769] Auch hier gilt wieder, dass es im Ergebnis allein darauf ankommt, ob der Rundfunk seine dienende Funktion für die individuelle und öffentliche Meinungsbildung erfüllen kann. Ist dies der Fall, dann steht auch einer Zusammenarbeit von öffentlich-rechtlichen Rundfunkanstalten und privaten Medienunternehmen nichts entgegen.

bbb) Grenzen der Kooperationsbefugnis

Übertragen auf die Frage nach den Möglichkeiten einer Kooperation von öffentlich-rechtlichen Rundfunkanstalten und anderen Medienunternehmen beim Betrieb und bei der Gestaltung eines programmübergreifenden Navigationssystems bedeutet das Folgendes:

Wie oben bereits dargelegt, ist es den öffentlich-rechtlichen Rundfunkanstalten grundsätzlich nicht gestattet, ein programmübergreifendes Navigationssystem in Eigenregie zu betreiben, weil ein solches Engagement vom Anstaltsauftrag nicht gedeckt wird. In diesem Zusammenhang bildet der Programmbezug die äußerste Grenze ihres Betätigungsrahmens. Andererseits sind aber unter Berücksichtigung der verfassungsrechtlichen Vorgaben Konstellationen denkbar, in denen die öffentlich-rechtlichen Rundfunkanstalten beim Betrieb eines senderübergreifenden Navigationssystems mit Dritten zusammenarbeiten können. So sind beispielsweise als Betreiber von programmübergreifenden Navigatoren Gemeinschaftsunternehmen vorstellbar, an denen die öffentlich-rechtlichen Rundfunkanstalten ebenso wie die privaten Rundfunkveranstalter beteiligt sind.[770] Auch könnte der öffentlich-rechtliche Rundfunk mit Verlegern von Programmzeitschriften zusammenarbeiten und mit ihnen ein gemeinsam gestaltetes Navigationssystem anbieten. Bei derartigen Gemeinschaftsunternehmen muss sich aber der Beitrag der öffentlich-rechtlichen Rundfunkanstalten stets im Rahmen dessen halten, was von ihrem Programmauftrag erfasst ist. Zudem muss dafür Sorge getragen sein, dass sich die besonderen rundfunkspezifischen Bin-

---

767 BVerfGE 83, 238, 305.
768 *Degenhart*, ZUM 1998, 347 f.
769 BVerfGE 83, 238, 306.
770 Ein solches Unterfangen kann dann freilich wettbewerbsrechtliche Probleme aufwerfen, auf die an dieser Stelle jedoch nicht näher eingegangen werden soll.

dungen des öffentlich-rechtlichen Rundfunks auch in der Gestaltung des programmübergreifenden Navigators wiederfinden. Dessen inhaltliche Ausgestaltung darf also beispielsweise nicht von tendenziösen oder kommerziellen Interessen überlagert werden und sie muss vor allem den für die öffentlich-rechtlichen Rundfunkanstalten geltenden, strengen Vielfaltsanforderungen genügen.

ccc) Bedeutung der regulatorischen Zugangssicherung

Wie oben dargelegt, verlangt die Sicherung der kommunikativen Chancengerechtigkeit vom Rundfunkgesetzgeber jedoch ohnehin Regelungen zur Gewährleistung umfassender Zugangs- und Empfangschancengerechtigkeit im Bereich der programmübergreifenden elektronischen Programmführer. Existieren solche Regelungen, dann ist die notwendige Objektivität und Diskriminierungsfreiheit auch bei einem in Gemeinschaftsproduktion von öffentlich-rechtlichen Rundfunkanstalten und privaten Anbietern betriebenen System gesichert. Verfassungsrechtliche Bedenken gegen eine derartige Kooperation bestehen dann nicht.

Das Gegenteil ist vielmehr der Fall. Entscheidendes Kriterium für die Zulässigkeit oder Unzulässigkeit eines Gemeinschaftsprojektes bei der Ausgestaltung eines senderübergreifenden Navigationssystems sind dessen Auswirkungen auf die kommunikative Chancengerechtigkeit und auf den Erhalt der Meinungsvielfalt im Rundfunk. Je mehr Programmanbieter hier zusammenarbeiten, seien es öffentlich-rechtliche oder private, desto eher ist ein Interessenausgleich bei den Darstellungsmodalitäten der einzelnen Angebote zu erwarten. Die beteiligten Unternehmen und Anstalten werden bereits aus eigener Motivation heraus auf eine diskriminierungsfreie Ausgestaltung des Systems bedacht sein. Aus diesem Grund sind Gemeinschaftsprojekte beim Betrieb von programmübergreifenden Navigationssystemen unter den genannten Voraussetzungen nicht nur verfassungsrechtlich zulässig, sondern mit Blick auf die Sicherung der Gewährleistungsziele des Art. 5 Abs. 1 GG sogar zu begrüßen.

G. Einfachgesetzliche Regulierungsparameter

In der Praxis stellt sich derzeit noch weniger die Frage nach der Befugnis zur Gestaltung von proprietären oder auch programmübergreifenden elektronischen Programmführern durch die öffentlich-rechtlichen Rundfunkanstalten, sondern vielmehr das Problem des Zugangs der Rundfunkveranstalter zu bereits existierenden fremden Navigationssystemen.[771] Auf diese Zugangsproblematik konzentrieren sich deshalb auch die aktuellen Regulierungsaktivitäten des Gesetzgebers.

I. Weiter Ausgestaltungsspielraum auch im Hinblick auf die Zugangsregulierung zu Navigatoren

Wie bereits mehrfach betont, bestehen für den zur Ausgestaltung der Rundfunkordnung aufgerufenen Gesetzgeber unterschiedliche Handlungsoptionen. Bei der Wahl der Mittel gilt es allerdings stets, die verfassungsrechtlich vorgegebenen Regulierungsziele nicht aus den Augen zu verlieren. Das betrifft unter den Vorzeichen des digitalisierten Vielkanalfernsehens die Gewährleistung von Meinungsvielfalt durch die Sicherung von kommunikativer Chancengerechtigkeit auf dem Rundfunksektor. Bestimmte Mittel zur Erreichung dieser Zielwerte schreibt das Grundgesetz aber nicht vor. Das gilt auch für Art und Umfang der Zugangsregulierung zu den elektronischen Benutzerführungssystemen. Bei der Abmessung des jeweils zulässigen Ausgestaltungskorridors ist für alle medialen Angebote zum einen darauf abzustellen, welche Bedeutung diese für die Umsetzung der verfassungsrechtlich vorgegebenen Zielvorgaben haben, zum anderen, inwiefern eine gegebenenfalls unregulierte Erbringung dieser Dienste Defizite aufweisen würde.[772] Dem Rundfunkgesetzgeber steht allerdings nicht nur das Recht zur Ausgestaltung der Rundfunkordnung zu. Ihm obliegt auch die Pflicht zur Schaffung einer ausreichenden Regelungsstruktur. Deshalb ist insbesondere mit Blick auf Überlegungen, auf Ausgestaltungsregelungen in bestimmten Be-

---

771 Vgl. zutreffend *Siekmann*, Programminformationen der öffentlich-rechtlichen Rundfunkanstalten, 2000, S. 224.
772 *Schulz/Jürgens*, Die Regulierung von Inhaltediensten in Zeiten der Konvergenz, 2002, S. 31.

reichen ganz zu verzichten, Vorsicht geboten. In jedem Fall ist bei der Konturierung des von Verfassungs wegen erforderlichen Regulierungsumfanges immer zu berücksichtigen, ob das jeweilige Regulierungsniveau geeignet erscheint, die Zielvorgaben des Art. 5 Abs. 1 Satz 2 GG auch zu erreichen. Dies ist permanent zu überprüfen und kann sich unter veränderten Rahmenbedingungen, beispielsweise bei der Etablierung neuer kommunikativer Angebote und Dienstleistungen ändern.[773]

Entscheidendes Kriterium für Art und Umfang der Regulierung ist die jeweilige Gefährdungslage für den Bestand und die Aufrechterhaltung der freien individuellen und öffentlichen Meinungsbildung.[774] Beim Rundfunk ist diese Gefahr aufgrund seiner mediumsspezifischen Wirkungsintensität, das heißt der besonderen Breitenwirkung, Aktualität und Suggestivkraft, besonders groß. Es ist jedoch zu differenzieren. Nicht alles, was verfassungsrechtlich Rundfunk darstellt, muss auch denselben einfachgesetzlichen Regulierungsparametern unterliegen. Vielmehr kann sich für die einfachgesetzliche Rundfunkregulierung ein „System der abgestuften Regelungsdichte" als angemessen erweisen.[775] Diesem Prinzip folgend, haben die Länder im Rundfunkstaatsvertrag einerseits und im Mediendienstestaatsvertrag andererseits ein ausdifferenziertes rundfunkrechtliches Regulierungssystem geschaffen.[776] Die Problematik des Zugangs zu den elektronischen Benutzerführungssystemen hat in § 53 des Rundfunkstaatsvertrages gesonderte Berücksichtigung gefunden. Die Vorschrift wurde durch den Dritten Rundfunkänderungsstaatsvertrag, der am 1. Januar 1997 in Kraft getreten ist, neu in den Staatsvertrag aufgenommen und durch den Vierten Rundfunkänderungsstaatsvertrag novelliert.[777] Seit dessen Inkrafttreten am 1. April 2000 besteht die Regelung unter der amtlichen Überschrift „Zugangsfreiheit".

---

773 *Hoffmann-Riem* in: Wassermann u.a. (Hrsg.), Kommentar zum Grundgesetz für die Bundesrepublik Deutschland, Band 1, 3. Aufl., Stand August 2002, Art. 5 Abs. 1, 2 GG Rdn. 175.
774 Vgl. *Tettenborn*, in: Engel-Flechsig/Maennel/Tettenborn (Hrsg.), Beck'scher IuKDG-Kommentar, 2001, Vor MDStV Rdn. 20.
775 Vgl. *Pieper/Wiechmann*, ZUM 1995, 93 ff.; *Gersdorf*, Der verfassungsrechtliche Rundfunkbegriff im Lichte der Digitalisierung der Telekommunikation, 1995, S. 149 ff.; *Hoffmann-Riem*, AfP 1996, 12; *Michel*, ZUM 1998, 354 ff.; *Nischan*, Digitale multimediale Videodienste, 2000, S. 94 m.w.N.
776 Hinzu kommt das Informations- und Kommunikationsdienstegesetz des Bundes, das für sog. Teledienste gilt. Vgl. zu der gegenwärtigen Dreiteilung der Regulierung im Bereich der elektronischen Kommunikation den Überblick bei *Albrecht Hesse*, Rundfunkrecht, 3. Aufl., 2003, S. 82 ff.
777 Vgl. zur Entstehungsgeschichte von § 53 RStV *Schulz*, in: Hahn/Vesting (Hrsg.), Beck'scher Kommentar zum Rundfunkrecht, 2003, § 53 Rdn. 5 ff.

II. Die Zugangsregulierung zu Navigatoren gemäß § 53 RStV

Wie oben dargestellt, geht es bei der Regulierung des Zugangs zu den Navigationssystemen um die Gewährleistung eines diskriminierungsfreien Betriebes und einer diskriminierungsfreien Gestaltung der Systeme. Der Gesetzgeber muss einerseits sicherstellen, dass ein chancengleicher Zugang aller Angebote zu den Navigationsseiten und somit Empfangschancengerechtigkeit auf Rezipientenseite gewährleistet wird.[778] Andererseits muss aber auch gewährleistet sein, dass die Navigationssysteme von den Rezipienten diskriminierungsfrei nutzbar sind. Angesichts des Manipulationspotentials der Systeme und des sich daraus ergebenden Gefährdungspotentials für die freie individuelle und öffentliche Meinungsbildung in der Rundfunkkommunikation besteht in diesem Bereich nicht nur die Möglichkeit des Gesetzgebers zur Zugangsregulierung, sondern eine verfassungsrechtlich vorgegebene Regulierungsverpflichtung. Die Regulierungsverantwortung trifft dabei die Länder (Art. 30, 70 GG), denn die Navigatoren stellen verfassungsrechtlich Rundfunk dar.[779]

In § 53 RStV wird die Zugangsfreiheit für insgesamt drei zentrale Dienstleistungsfunktionen im digitalisierten Fernsehen geregelt, nämlich die Dekoder (Abs. 1), die Navigationssysteme (Abs. 2) und die Bündelung und Vermarktung von Programmen (Abs. 3). Daneben werden Anzeige- und Offenlegungspflichten festgelegt sowie weitere verfahrensrechtliche Regelungen getroffen (Abs. 4-6). In Abs. 7 werden die Landesmedienanstalten schließlich zum Erlass einer übereinstimmenden Satzung ermächtigt, die weitere Einzelheiten zur inhaltlichen und verfahrensmäßigen Konkretisierung der vorangegangenen Absätze regeln soll.

1. Europarechtliche Vorgaben

a) Richtlinie 95/47/EG

Die Einführung des § 53 RStV im Jahre 1997 diente auch der Umsetzung europarechtlicher Regelungsvorgaben. So war die Problematik der Zugangssicherung im digitalen Fernsehen bereits im Jahre 1995 Regelungsmaterie der EG-Richtlinie 95/47/EG über die Anwendung von Normen für die Übertragung von Fern-

---
778 Vgl. zum Zusammenhang von Zugangs- und Empfangschancengerechtigkeit *Leopoldt*, Navigatoren, 2002, S. 43 ff.
779 Vgl. dazu ausführlich oben im Teil F. I. Vgl. auch *Leopoldt*, Navigatoren, 2002, S. 64.

sehsignalen.⁷⁸⁰ Diese Richtlinie hatte unter anderem die Zielsetzung, die Zugangsfreiheit zum Medium Rundfunk angesichts der technischen Entwicklungen unter Wettbewerbsgesichtspunkten zu gewährleisten.⁷⁸¹ Als wesentliche Voraussetzung für einen effektiven und freien Wettbewerb wurden dazu einheitliche technische Vorgaben für die digitalisierte Übertragung von Fernsehsignalen festgelegt. Die Richtlinie 95/47/EG wurde teils vom Bund im Fernsehsignalübertragungsgesetz (FÜG) und teils von den Ländern, nämlich in § 53 RStV, in nationales Recht transformiert.⁷⁸² Die in § 7 Abs. 1 FÜG enthaltenen Bestimmungen setzen den Wortlaut der Richtlinie nahezu wörtlich um.⁷⁸³ Auch die zentralen Formulierungen in § 53 RStV lehnen sich eng an die Formulierungen der Richtlinie 95/47/EG an.⁷⁸⁴ Was die Zugangssicherung zu Navigatoren betrifft, weist die Richtlinie allerdings noch keine Vorgaben auf.⁷⁸⁵ Für die diesbezüglichen Regulierungsaktivitäten ergaben sich aus der Richtlinie 95/97/EG weder Verpflichtungen noch Beschränkungen der nationalen Gesetzgeber.

b) Neuer Rechtsrahmen 2002

Im Jahre 2002 ist nun ein umfassender neuer europäischer Rechtsrahmen für die Regulierung elektronischer Kommunikationsnetze und –dienste in Kraft getreten.⁷⁸⁶ Dazu wurden unter dem Dach der sogenannten Rahmenrichtlinie⁷⁸⁷ mehrere weitere Richtlinien und eine Entscheidung verabschiedet. Durch das Richtlinienpaket wurden nahezu alle europarechtlichen Regelungen auf dem Gebiet der elektronischen Kommunikationsinfrastrukturen und zugehöriger Dienste neu gefasst. Die bis dato bestehenden Regelungen wurden weitgehend außer Kraft gesetzt, darunter auch die Richtlinie 95/47/EG.⁷⁸⁸ Für die in § 53 RStV geregelte

---

780 Richtlinie 95/47/EG vom 24.10.1995, Abl. EG Nr. L 281/51 vom 23. 11.1995.
781 Vgl. Erwägungsgrund 12 der Richtlinie 95/47/EG.
782 Zu den kompetenzrechtlichen Abgrenzungsproblemen *Ladeur*, ZUM 1998, 261 ff.; *Gersdorf*, Chancengleicher Zugang zum digitalen Fernsehen, 1998, S. 141 ff.; *Schulz/Kühlers*, Konzepte der Zugangsregulierung für digitales Fernsehen, 2000, S. 15 ff.
783 *Leopoldt*, Navigatoren, 2002, S. 161.
784 Vgl. dazu *Hartstein/Ring/Kreile/Dörr/Stettner*, Rundfunkstaatsvertrag Kommentar, Stand März 2004, § 53 RStV Rdn 2; *Kibele*, MMR 2002, 371
785 *Leopoldt*, Navigatoren, 2002, S. 161.
786 Vgl. dazu umfassend *Scherer*, K&R 2002, 273 ff. und 329 ff.; *Schütz/Attendorn*, MMR Beilage 4/2002, 1 ff.; *Gérard*, in: Roßnagel (Hrsg.), Digitale Breitband-Dienste in Europa, 2003, S. 15 ff.
787 Richtlinie 2002/21/EG des Europäischen Parlaments und des Rates vom 7.3.2002 über einen gemeinsamen Rechtsrahmen für elektronische Kommunikationsnetze und –dienste, Abl. EG Nr. L 108/33 vom 24.4.2002 (Rahmenrichtlinie).
788 Vgl. § 26 Rahmenrichtlinie.

Materie ist jetzt vor allem die Richtlinie 2002/19/EG über den Zugang zu elektronischen Kommunikationsnetzen und zugehörigen Einrichtungen sowie deren Zusammenschaltung (Zugangsrichtlinie) von Bedeutung.[789] Durch Art. 5 Abs. 1 b) i.V.m. Anhang I Teil II der Zugangsrichtlinie werden die Mitgliedstaaten nun auch ausdrücklich zur Zugangsregulierung mit Blick auf „elektronische Programmführer (EPG)" ermächtigt. Obwohl der europäische Rechtsrahmen nur die Regulierung des technischen Infrastrukturbereichs und keine Inhalteregulierung anstrebt,[790] wird damit ein (zumindest auch) inhaltlich relevanter Bereich geregelt. Denn die Navigatoren enthalten in der Regel selbst mediale Inhalte und sind jedenfalls inhaltsrelevant. Ob die Europäische Gemeinschaft für diese Art von „Contentregulierung" im Rundfunkbereich aber überhaupt eine Regelungskompetenz hat, ist so eindeutig nicht.[791] Es ergeben sich aus diesem Grund – jedenfalls für den Bereich der Zugangsregulierung von Navigationssystemen – durchaus kompetenzrechtliche Probleme.[792] Diesen braucht hier jedoch nicht weiter nachgegangen werden, denn die einschlägige Regelung in Art. 5 Abs. 1 lit. b) der Zugangsrichtlinie ist eine Kann-Vorschrift. Sie stellt es den Mitgliedstaaten also frei, ob sie im Bereich der Navigationssysteme überhaupt regulatorisch tätig werden wollen oder nicht.[793] Die Mitgliedstaaten haben zudem die Möglichkeit, weitergehende Konzepte der Zugangsregulierung zu Navigationssystemen zu verfolgen als in der Richtlinie vorgesehen.[794] Somit ergeben sich für die natio-

---

789 Richtlinie 2002/19/EG des Europäischen Parlamentes und des Rates vom 7.3.2002 über den Zugang zu elektronischen Kommunikationsnetzen und sonstigen Einrichtungen sowie deren Zusammenschaltung, Abl. EG Nr. L 108/7 vom 24.4.2002 (Zugangsrichtlinie).
790 Vgl. ausdrücklich den Erwägungsgrund (2) der Zugangsrichtlinie: „Dienste, die Inhalte bereitstellen, (...) fallen nicht unter den gemeinsamen Rechtsrahmen für elektronische Kommunikationsnetze und Dienste." Vgl. auch *Leopoldt*, Navigatoren, 2002, S. 162.
791 Vgl. zur Kompetenzabgrenzung auf dem Gebiet der Rundfunkregulierung nur *Dörr*, K&R 1999, 97 ff.
792 Vgl. dazu die Bedenken bei *Schulz/Leopoldt*, K&R 2000, 440 f.; Derzeit wird allerdings bereits darüber nachgedacht, die erneut zur Nivellierung anstehende EU-Fernsehrichtlinie zu einer weitreichenden „Content-Richtlinie" auszubauen. Vgl. dazu *König*, ZUM 2002, 803 ff.; *Albrecht Hesse*, Rundfunkrecht, 3. Aufl., 2003, S. 353 f.
793 Vgl. *Sosalla*, in Roßnagel (Hrsg.), Digitale Breitband-Dienste in Europa, 2003, S. 135. Wenn sie es allerdings tun, müssen die auferlegten Verpflichtungen und Bedingungen gemäß Art. 5 Abs. 3 der Zugangsrichtlinie objektiv, transparent, verhältnismäßig und nichtdiskriminierend sein. Zudem sind die Vorgaben aus Art. 6 und 7 der Rahmenrichtlinie zu beachten. Dabei handelt es sich aber um Bedingungen, die der deutsche Gesetzgeber bereits jetzt nach nationalem Recht zu beachten hat.
794 Vgl. *Schütz/Attendorn*, MMR Beilage 4/2002, 43.

nalen Gesetzgeber mit Bezug auf die Zugangsregulierung zu den Navigatoren auch weiterhin weder spezifische europarechtliche Verpflichtungen noch Beschränkungen.[795]

c) Geltung der Grundfreiheiten

Selbstverständlich muss sich die deutsche Regelung aber an den allgemein gültigen primärrechtlichen Vorschriften wie beispielsweise Art. 28 EGV (Warenverkehrsfreiheit) oder Art. 49 EGV (Dienstleistungsfreiheit) messen lassen.[796] In dieser Beziehung ergeben sich aber mit Blick auf die Zugangsregulierung zu den Navigatoren keine spezifischen Probleme, so dass auf Einzelheiten an dieser Stelle nicht näher eingegangen werden muss.

2. Der Regelungsgehalt von § 53 RStV mit Blick auf die Navigationssysteme

§ 53 RStV erscheint zunächst wie ein Fremdkörper im Regelungsgefüge des Rundfunkstaatsvertrags.[797] Denn schwerpunktmäßig stellt sich die Rundfunkregulierung dort als Veranstalterregulierung dar. Staatsvertraglich geregelt werden die Programmveranstaltung im engeren Sinne sowie die damit zusammenhängenden Rechte und Pflichten der öffentlich-rechtlichen und privaten Rundfunkveranstalter. Die Vorschrift des § 53 RStV betrifft aber nicht die Rundfunkprogrammveranstaltung selbst, sondern diejenigen Dienstleistungsfunktionen, die für den Vertrieb von digitalisiertem Rundfunk von Bedeutung sind. Regelungsziel sind jedoch auch in diesem Bereich die Sicherung des Meinungspluralismus sowie die Wahrung kommunikativer Chancengerechtigkeit für die Rundfunkveranstalter als Inhalteanbieter. Insofern kann man die Zugangsregulierung in § 53 RStV als mittelbare Veranstalterregulierung qualifizieren. Vor diesem Hintergrund wurde in § 53 Abs. 1 i.V.m. Abs. 2 RStV auch die Zugangsregulierung zu den elektronischen Benutzerführungssystemen vorgenommen. Im Einzelnen gilt hier Folgendes:

---

795 Im Übrigen besteht im Schrifttum darüber Konsens, dass die Zugangsrichtlinie mit Blick auf die besonders relevante Zugangsregulierung zu CA-Systemen durch § 53 RStV ausreichend umgesetzt wird, vgl. *Scherer,* K&R 2002, 346; *Schütz/Attendorn,* MMR Beilage 4/2002, 43. Weitergehender Handlungsbedarf besteht also nicht.
796 Vgl. *Schulz,* in: Hahn/Vesting (Hrsg.), Beck'scher Kommentar zum Rundfunkrecht, 2003, § 53 Rdn. 22.
797 So *Hartstein/Ring/Kreile/Dörr/Stettner,* Rundfunkstaatsvertrag Kommentar, Stand März 2004, § 53 RStV Rdn. 3.

§ 53 Abs. 1 RStV lautet: „Anbieter von Diensten mit Zugangsberechtigung, die Zugangsdienste zu Fernsehdiensten herstellen oder vermarkten, müssen allen Veranstaltern zu chancengleichen, angemessenen und nicht diskriminierenden Bedingungen technische Dienste anbieten, die es gestatten, dass deren Fernsehdienst von zugangsberechtigten Zuschauern mit Hilfe von Dekodern, die von den Anbietern von Diensten verwaltet werden, empfangen werden können. Die Diskriminierungsfreiheit ist nur dann gewährleistet, wenn die Dekoder über zugangsoffene Schnittstellen verfügen, die Dritten die Herstellung und den Betrieb eigener Anwendungen erlauben. Die Schnittstellen müssen dem Stand der Technik, insbesondere einheitlich normierten europäischen Standards entsprechen". § 53 Abs. 2 Satz 1 RStV weitet die Regelung des Abs. 1 auf „Navigatoren" aus. Danach gilt die Verpflichtung nach Abs. 1 für Anbieter von Systemen entsprechend, die auch die Auswahl von Fernsehprogrammen steuern, und die als übergeordnete Benutzeroberfläche für alle über das System angebotenen Dienste verwendet werden (Navigatoren).

Das bedeutet zweierlei: Erstens sind also auch Anbieter von Navigatoren zur Gewährung von Zugang zu chancengleichen, angemessenen und nicht diskriminierenden Bedingungen verpflichtet (§ 53 Abs. 2 Satz 1 i.V.m. § 53 Abs. 1 S. 1 RStV). Zweitens ist die Diskriminierungsfreiheit nur dann gewährleistet, wenn die Dekoder über zugangsoffene Schnittstellen verfügen, die Dritten die Herstellung und den Betrieb eigener Anwendungen erlaubt (§ 53 Abs. 2 Satz 1 i.V.m. § 53 Abs. 1 S. 2 RStV). Gemäß § 53 Abs. 2 Satz 2 RStV müssen Navigatoren darüber hinaus nach dem Stand der Technik ermöglichen, dass im ersten Nutzungsschritt auf das öffentlich-rechtliche und private Programmangebot gleichgewichtig hingewiesen und ein unmittelbares Einschalten der einzelnen Programme ermöglicht wird.

3. Ergänzende Bestimmungen in der Zugangssatzung

Weitere regulatorische Einzelheiten finden sich in der „Satzung über die Zugangsfreiheit zu digitalen Diensten gem. § 53 Abs. 7 Rundfunkstaatsvertrag" (im Folgenden „Zugangssatzung").[798] In § 53 Abs. 7 RStV werden die Landesmedienanstalten ermächtigt, zur inhaltlichen und verfahrensmäßigen Konkretisierung

---

798 Die Satzung über die Zugangsfreiheit zu digitalen Diensten gemäß § 53 Abs. 7 Rundfunkstaatsvertrag ist abgedruckt bei *Hartstein/Ring/Kreile/Dörr/Stettner,* Rundfunkstaatsvertrag Kommentar, Stand März 2004, § 53 RStV Rdn. 38. Ein zusammenfassender Überblick über die Satzung findet sich bei *Kibele,* MMR 2002, 370 ff.

von § 53 RStV eine übereinstimmende Satzung zu erlassen.[799] Von dieser Ermächtigung haben die Landesmedienanstalten durch die Zugangssatzung Gebrauch gemacht, die am 1. November 2000 in Kraft getreten ist.

Mit der Satzungsermächtigung wollte der Gesetzgeber der Dynamik der technologischen Entwicklung und dem sich ebenso schnell wandelnden medialen Umfeld im digitalisierten Rundfunk gerecht werden. Die Ausgestaltung der Rundfunkordnung sollte auf diese Weise optimiert werden.[800] Durch eine eigene Rechtsetzungsbefugnis sollte den Landesmedienanstalten eine zeitnahe und flexible Reaktion auf die technischen Veränderungen ermöglicht werden.[801] Diese partielle Verlagerung von Regelungskompetenzen auf die Landesmedienanstalten im Wege einer Satzungsermächtigung wirft jedoch auch Probleme auf.[802]

a) Satzungsermächtigung für die Landesmedienanstalten

Fraglich ist zunächst, ob die Landesmedienanstalten vom Gesetzgeber überhaupt zum Satzungserlass mit Außenwirkung ermächtigt werden dürfen. In der Rechtsquellenlehre wird mit Blick auf abgeleitete Rechtsquellen zwischen Satzungen und Rechtsverordnungen unterschieden.[803] Während Rechtsverordnungen nur von staatlichen Stellen erlassen werden können, ist das Recht zum Satzungserlass ausschließlich öffentlich-rechtlichen Aufgabenträgern mit einem gewissen Autonomiebereich eingeräumt.[804] Die Landesmedienanstalten sind zwar in allen Bundesländern als rechtsfähige Anstalten des öffentlichen Rechts organisiert.[805] Sie zählen aber dennoch wegen des auch auf ihren Tätigkeitsbereich ausstrahlenden verfassungsrechtlichen Prinzips der Staatsfreiheit des Rundfunks organisatorisch nicht, auch nicht mittelbar, zur Staatsverwaltung.[806] Aus

---

799 Das rechtstechnische Instrument der „übereinstimmenden Satzung" ist im Zuge des Vierten Rundfunkänderungsstaatsvertrages neu eingeführt worden. Eine weitere Satzungsermächtigung dieser Art findet sich auch in § 3 Abs. 5 RStV für den Jugendschutz im digitalisierten Fernsehen.
800 *Leopoldt*, Navigatoren, 2002, S. 84.
801 Vgl. *Kibele*, MMR 2002, 372.
802 Vgl. dazu *Schulz/Kühlers*, Konzepte der Zugangsregulierung für digitales Fernsehen, 2000, S. 17 ff.; *Leopoldt*, Navigatoren, 2002, S. 84 ff.
803 Zur Abgrenzung *Ossenbühl*, in: Erichsen/Ehlers (Hrsg.), Allgemeines Verwaltungsrecht, 12. Aufl., 2002, § 6 Rdn. 62.
804 *Schulz/Kühlers*, Konzepte der Zugangsregulierung für digitales Fernsehen, 2000, S. 19.
805 Vgl. *Albrecht Hesse*, Rundfunkrecht, 3. Aufl., 2003, S. 219.
806 *Herrmann/Lausen*, Rundfunkrecht, 2. Aufl., 2004, § 17 Rdn. 42; Dazu auch *Bumke*, Die öffentliche Aufgabe der Landesmedienanstalten, 1995, S. 177 ff.

diesem Grunde kommen sie als Adressaten einer Verordnungsermächtigung nicht in Betracht. Vielmehr ist die Satzung die richtige Rechtsquelle, mit Hilfe der die Landesmedienanstalten nicht nur ihre internen Angelegenheiten regeln, sondern auch abstrakt-generelle Regelungen mit Außenwirkung anordnen können.[807]

b) Bedeutung des Parlamentsvorbehalts

Dabei ist jedoch stets der Grundsatz des Parlamentsvorbehalts zu beachten. Während es zur Regelung interner Angelegenheiten im zuvor gesetzlich fixierten Funktionsbereich der Landesmedienanstalten keiner ausdrücklichen gesetzlichen Ermächtigung mehr bedarf, ist für den Erlass abstrakt-genereller Regelungen mit Außenwirkung grundsätzlich eine gesonderte Ermächtigung des formellen Gesetzgebers erforderlich.[808] Denn in diesem Fall werden Grundrechtspositionen der Regelungsadressaten betroffen. Dies löst eine spezifische Gesetzesbindung der Selbstverwaltungskörperschaft aus.[809]

aa) Allgemeine Reichweite des Parlamentsvorbehalts und Bestimmtheitsgrundsatzes

Schwierig zu beantworten ist jedoch die Frage, wie weit der Parlamentsvorbehalt im Einzelnen reicht.[810] In diesem Zusammenhang ist nicht nur die Wesentlichkeitstheorie von Bedeutung, die den Gesetzgeber mit Blick auf das Rechtsstaats- und Demokratieprinzip verpflichtet, in grundlegenden normativen Bereichen, insbesondere im Bereich der Grundrechtsausübung, alle Entscheidungen selbst zu treffen und sie nicht der (Selbst-)Verwaltung zu überlassen.[811] Auch der rechtsstaatliche Bestimmtheitsgrundsatz ist zu beachten. Zwar gelten nach überwiegender Ansicht im Hinblick auf das Bestimmtheitserfordernis die strikten

---

807 So auch *Schulz/Kühlers*, Konzepte der Zugangsregulierung für digitales Fernsehen, 2000, S. 19; *Leopoldt*, Navigatoren, 2002, S. 85; *Albrecht Hesse*, Rundfunkrecht, 3. Aufl., 2003, S. 220.
808 *Albrecht Hesse*, Rundfunkrecht, 3. Aufl., 2003, S. 220. Die Verleihung eines Autonomiebereichs genügt per se eben nicht; vgl. *Ossenbühl*, in: Erichsen/Ehlers (Hrsg.), Allgemeines Verwaltungsrecht, 12. Aufl., 2002, § 6 Rdn. 66 mit Nachweisen der Gegenansicht.
809 Vgl. *Hans Schneider* in: Hefermehl/Nipperdey (Hrsg.), Festschrift für Philipp Möhring zum 65. Geburtstag, 1965, S. 530.
810 Vgl. dazu allgemein *Bethge*, NVwZ 1983, 577 ff.
811 Vgl. beispielsweise BVerfGE 61, 260, 275; 88, 103, 116.

Vorgaben des Art. 80 Abs. 1 GG für Satzungsermächtigungen nicht analog.[812] Die verfassungsrechtlichen Anforderungen an Bestimmtheit und Regelungstiefe einer Satzungsermächtigung mit Außenwirkung richten sich aber nach den allgemeinen Kriterien, die die Delegation einer Regelungsmaterie an einen autonomen Satzungsgeber erlauben, aber auch begrenzen.

bb) Besondere Vorgaben bei der Rundfunkregulierung

In diesem Zusammenhang ist auf der einen Seite das Erfordernis, einen gesellschaftlichen Bereich der autonomen Regelung einer Selbstverwaltungskörperschaft zu überlassen, von Bedeutung. Auf der anderen Seite ist die Intensität der Grundrechtsberührung der entsprechenden Regelungen in die erforderliche Abwägung einzustellen.[813] Gerade auf dem Feld der Rundfunkregulierung spielen die Pflicht des formellen Gesetzgebers zur Ausgestaltung der Rundfunkordnung in ihren grundlegenden Bereichen im Sinne der Wesentlichkeitstheorie und das insofern gegenläufige Prinzip der Staatsfreiheit des Rundfunks eine entscheidende Rolle.[814] Diese Parameter sind auch bei der Überprüfung der Verfassungsmäßigkeit der Satzungsermächtigung in § 53 Abs. 7 RStV zu beachten.

cc) Verfassungsmäßigkeit der Satzungsermächtigung

Im Ergebnis ist davon auszugehen, dass die Ermächtigungsgrundlage den verfassungsrechtlich vorgegebenen Anforderungen genügt.[815] Die materiellen Voraussetzungen für die Zugangsregulierung sind in § 53 Abs. 1 i.V.m. Abs. 2 RStV ausreichend bestimmt umschrieben. In § 53 Abs. 7 RStV heißt es darüber hinaus: „Die Regelungen der Satzungen müssen geeignet und erforderlich sein, für alle Veranstalter chancengleiche, angemessene und nicht diskriminierende Bedingungen (...) zu gewährleisten." Damit hat der formelle Gesetzgeber nicht nur die wesentlichen Aspekte selbst geregelt, sondern auch die Verhältnismäßigkeit

---

812 Vgl. BVerfGE 12, 319, 325; 21, 54, 62 f.; 32, 346, 360 f.; 33, 125, 157 f.; *Kloepfer*, in: Hill (Hrsg.), Zustand und Perspektiven der Gesetzgebung, 1989, S. 213; *Ossenbühl*, in: Erichsen/Ehlers (Hrsg.), Allgemeines Verwaltungsrecht, 12. Aufl., 2002, § 6 Rdn. 63.
813 *Schulz/Kühlers*, Konzepte der Zugangsregulierung für digitales Fernsehen, 2000, S. 20 f.
814 *Schulz/Kühlers*, Konzepte der Zugangsregulierung für digitales Fernsehen, 2000, S. 21.
815 So im Ergebnis wohl auch *Schulz/Kühlers*, Konzepte der Zugangsregulierung für digitales Fernsehen, 2000, S. 23; *Leopoldt*, Navigatoren, 2002, S. 87 ff.

der Regelung in Hinblick auf die Grundrechtsbetroffenheit der Regelungsadressaten sichergestellt.

Dagegen spricht auch nicht die inhaltliche Konkretisierungsbedürftigkeit des Begriffstripels „chancengleich, angemessen und nicht diskriminierend". Denn darin manifestiert sich gerade die erforderliche Offenheit für eigenständige Regelungen der Landesmedienanstalten mit Rücksicht auf die Komplexität der Materie und die in diesem Bereich typische Wandlungsgeschwindigkeit der Technik. Diese Entwicklungsdynamik ist der entscheidende Grund für die Zweckmäßigkeit einer sachnahen und flexiblen Detailregelung der Zugangsfragen durch die Landesmedienanstalten selbst. Auf diese Weise lassen sich die Regelungsziele des Art. 5 Abs. 1 Satz 2 GG am effektivsten durchsetzen.[816] Das gilt insbesondere für den Zielwert der kommunikativen Chancengerechtigkeit. Mit Bezug auf die Durchsetzung dieses Regelungszieles wird in der Literatur darauf hingewiesen, dass der Gesetzgeber in der Ermächtigungsgrundlage unter anderem auch hinreichend deutlich machen muss, welche Grundsätze für eine gegebenenfalls notwendige Privilegierung bzw. Diskriminierung einzelner Angebote im Rahmen der Zugangsregulierung zugrunde zu legen sind.[817]

Auch dies ist jedoch in der Regelung mit Blick auf die Navigationssysteme geschehen. In § 53 Abs. 2 Satz 2 RStV wird die Rolle des öffentlich-rechtlichen Rundfunks im dualen System hervorgehoben und klargestellt, dass auf das öffentlich-rechtliche und private Programmangebot gleichgewichtig hingewiesen werden muss. Zudem gilt für den Umfang und die Art und Weise eines gegebenenfalls erforderlichen positiven Chancenausgleichs das in der Ermächtigungsgrundlage vorgegebene Regelungsziel, dass jedes Angebot die Rezipienten zu chancengleichen, angemessenen und nicht diskriminierenden Bedingungen erreichen muss. Die Entscheidung, welche Maßnahmen dann im Einzelnen notwendig werden, um diesen Zustand zu gewährleisten, können die Landesmedienanstalten im Rahmen des ihnen durch die Satzungsermächtigung eröffneten Regelungsspielraumes treffen.

Im Übrigen bedeutet ein Tätigwerden in diesem Bereich keinen Eingriff in Grundrechte des jeweils betroffenen Rundfunkveranstalters bzw. Systembetreibers. Regulierungsmaßnahmen der Landesmedienanstalten auf dem Gebiet der Zugangsregulierung zu Navigationssystemen stellen Ausgestaltungsregelungen

---

816 *Schulz/Kühlers*, Konzepte der Zugangsregulierung für digitales Fernsehen, 2000, S. 21.
817 Vgl. *Schulz/Seufert/Holznagel*, Digitales Fernsehen – Regulierungskonzepte und -perspektiven, 1999, S. 124; *Schulz/Kühlers*, Konzepte der Zugangsregulierung für digitales Fernsehen, 2000, S. 23; *Leopoldt*, Navigatoren, 2002, S. 89.

im Rahmen der positiven Rundfunkordnung dar, denen keine Eingriffsqualität zukommt.[818]

c) Ergebnis

Die Satzungsermächtigung in § 53 Abs. 7 RStV entspricht in Art und Umfang den verfassungsrechtlichen Anforderungen. Sie genügt dem im Bereich der Zugangsregulierung zum Parlamentsvorbehalt erstarkten Grundsatz des Vorbehalts des Gesetzes und auch dem rechtsstaatlichen Bestimmtheitsgebot. Eine andere Frage ist wiederum, ob sich die Landesmedienanstalten in der Zugangssatzung an den vom Gesetzgeber vorgegebenen Rahmen gehalten haben, ob also die Bestimmungen der Zugangssatzung von der Ermächtigungsgrundlage gedeckt sind. Darauf wird noch zurückzukommen sein.

4. Persönlicher Anwendungsbereich des § 53 RStV

Bezüglich der elektronischen Benutzerführungssysteme ist der persönliche Anwendungsbereich des § 53 RStV bislang teilweise ungeklärt. Nicht nur ist problematisch, welche Systemtypen durch die Regelung zur Zugangsgewährung verpflichtet werden. Fraglich ist darüber hinaus, welche Diensteanbieter aus der Vorschrift gegebenenfalls eine Zugangsberechtigung ableiten können.

a) Verpflichtete

Zunächst muss geklärt werden, welche Navigationssysteme überhaupt der Zugangsregulierung des § 53 RStV unterfallen. In diesem Zusammenhang ist zu unterscheiden zwischen Basisnavigatoren sowie nachgelagerten EPG-Anwendungen in Gestalt von proprietären bzw. programmübergreifenden Benutzerführungssystemen.

aa) Die problematische Legaldefinition der „Navigatoren"

Nach § 53 Abs. 2 Satz 1 RStV werden Anbieter von Systemen zur Gewährung von Zugang zu chancengleichen, angemessenen und nicht diskriminierenden Bedingungen verpflichtet, „die auch die Auswahl von Fernsehprogrammen steuern, und die als übergeordnete Benutzeroberfläche für alle über das System angebotenen Dienste verwendet werden (Navigatoren)". Damit enthält die Vor-

---

818 Vgl. dazu oben Teil E. I. 6.

schrift eine Legaldefinition derjenigen „Navigatoren", die in ihren Anwendungsbereich fallen.[819] Die gesetzliche Definition hilft indes für die Bestimmung des durch die Norm verpflichteten Adressatenkreises wenig weiter. Unerheblich ist, wer als Anbieter eines Navigators im Sinne des § 53 RStV auftritt. Das kann der Hersteller einer Set-Top-Box genauso sein wie ein Kabelnetzbetreiber, ein Programmanbieter oder ein Verleger von Programmzeitschriften.[820] Die Formulierung des § 53 Abs. 2 Satz 1 RStV macht aber nicht hinreichend deutlich, welche Typen von Benutzerführungssystemen von der Regelung erfasst werden sollen.[821]

bb) Literaturansicht

Nach überwiegender Ansicht in der Literatur sollen die in § 53 Abs. 2 Satz 1 RStV statuierten Pflichten zur Zugangsgewährung nur die Anbieter von Basisnavigatoren treffen, nicht hingegen die Anbieter anderer elektronischer Programmführer, namentlich nicht die Gestalter proprietärer und programmübergreifender EPG-Anwendungen.[822]
Zur Begründung dieser Ansicht wird in erster Linie auf den Wortlaut der Regelung abgestellt. Zum einen soll die sprachliche Wendung, wonach die Regelung Systeme betrifft, die für die Steuerung „von allen über das System angebotenen Diensten" geeignet sind, für eine Begrenzung ihres Anwendungsbereiches

---

819 *Schulz/Seufert/Holznagel*, Digitales Fernsehen – Regulierungskonzepte und -perspektiven, 1999, S. 62; *Leopoldt*, Navigatoren, 2002, S. 96.
820 „Anbieter" ist dabei nicht nur derjenige, der den Navigator auf den Markt bringt sondern auch derjenige, der ihn programmiert bzw. seine Gestaltung maßgeblich beeinflußt, vgl. *Gemeinsame Stelle Digitaler Zugang*, Anforderungen an Navigatoren, Diskussionspapier der GSDZ; Version 1.0; Stand: 04. Mai 2004, abrufbar über www.alm.de, S. 4.
821 Vgl. zu dieser Problematik *Thierfelder*, Zugangsfragen digitaler Fernsehverbreitung, 1999, S. 149 f.; *Schulz/Seufert/Holznagel*, Digitales Fernsehen – Regulierungskonzepte und -perspektiven, 1999, S. 118 f.; *Schulz*, K&R 2000, 11; *Schulz/Kühlers*, Konzepte der Zugangsregulierung für digitales Fernsehen, 2000, S. 62; *Leopoldt*, Navigatoren, 2002, S. 96 f.
822 Vgl. *Schulz/Seufert/Holznagel*, Digitales Fernsehen – Regulierungskonzepte und -perspektiven, 1999, S. 118; *Schulz/Kühlers*, Konzepte der Zugangsregulierung für digitales Fernsehen, 2000, S. 62; *Hoffmann-Riem*, Regulierung der dualen Rundfunkordnung, 2000, S. 142; *Leopoldt*, Navigatoren, 2002, S. 96; *Kibele*, MMR 2002, 375; *Schulz*, in: Hahn/Vesting (Hrsg.), Beck'scher Kommentar zum Rundfunkrecht, 2003, § 53 Rdn. 57; *Gersdorf*, Grundzüge des Rundfunkrechts, 2003, S. 228. Wohl im Ergebnis auch *Thierfelder*, Zugangsfragen digitaler Fernsehverbreitung, 1999, S. 149 f. und *Albrecht Hesse*, ZUM 2000, 189 f.

auf Basisnavigatoren sprechen.[823] Zum anderen soll aber jedenfalls die Formulierung „übergeordnete Benutzeroberfläche" bedeuten, dass von der Regelung nur die „Navigatoren des ersten Zugriffs", also die Basisnavigatoren erfasst werden und nicht die nachgelagerten, dem Basisnavigator nach dieser Lesart „untergeordneten" EPG-Anwendungen.[824]

Unterstützend wird für die einschränkende Interpretation des § 53 Abs. 2 Satz 1 RStV die amtliche Begründung zum Vierten Rundfunkänderungsstaatsvertrag herangezogen.[825] Dort heißt es, dass die Regelung in § 53 Abs. 2 RStV die „zunächst vom Nutzer anwählbare Benutzeroberfläche" betreffen soll.[826] Nach einer Auffassung in der Literatur soll das diejenige Benutzeroberfläche sein, die dem Rezipienten den ersten Einstieg ermöglicht, also (nur) der Basisnavigator.[827] In der amtlichen Begründung zu § 53 Abs. 2 RStV heißt es zudem, dass den Programmveranstaltern die Möglichkeit zur Etablierung von „EPGs einzelner Sender bzw. Senderfamilien im zweiten Nutzungsschritt" eingeräumt werden soll. Daraus wird gefolgert, dass der Gesetzgeber zwischen Navigatoren im Sinne des § 53 RStV und nachgelagerten EPG-Anwendungen „im zweiten Nutzungsschritt" differenzieren wollte. Weiter wird aus dieser Differenzierung dann der Schluss gezogen, dass der Gesetzgeber nur die Zugangsfragen zu den „Navigatoren des ersten Zugriffs", also den Basisnavigatoren, regeln wollte und eine spezifische Regulierung der EPG-Anwendungen, seien es proprietäre oder programmübergreifende Systeme, in § 53 RStV nicht erfolgt ist.[828]

Auch die zur Konkretisierung des § 53 RStV berufenen Landesmedienanstalten sind offensichtlich bei der Formulierung der Zugangssatzung davon ausgegangen, dass unter den Begriff der Navigatoren im Sinne des § 53 Abs. 2 Satz 1 RStV nur bestimmte Navigationssysteme zu subsumieren sind. In § 14 Abs. 1

---

823 Vgl. *Schulz/Seufert/Holznagel*, Digitales Fernsehen – Regulierungskonzepte und -perspektiven, 1999, S. 118 und *Hoffmann-Riem*, Regulierung der dualen Rundfunkordnung, 2000, S. 142.
824 Vgl. z.B. *Leopoldt*, Navigatoren, 2002, S. 96; *Schulz*, in: Hahn/Vesting (Hrsg.), Beck'scher Kommentar zum Rundfunkrecht, 2003, § 53 Rdn. 57.
825 *Schulz*, in: Hahn/Vesting (Hrsg.), Beck'scher Kommentar zum Rundfunkrecht, 2003, §53 Rdn. 57; *Leopoldt*, Navigatoren, 2002, S. 96.
826 Die amtliche Begründung zum Vierten Rundfunkänderungsstaatsvertrag ist vollständig abgedruckt bei *Hartstein/Ring/Kreile/Dörr/Stettner*, Rundfunkstaatsvertrag Kommentar, Stand März 2004, A.2.2. Die Begründung zur Änderung des § 53 RStV findet sich auch bei *Schulz*, in: Hahn/Vesting (Hrsg.), Beck'scher Kommentar zum Rundfunkrecht, 2003, § 53 Rdn. 8.
827 *Schulz*, in: Hahn/Vesting (Hrsg.), Beck'scher Kommentar zum Rundfunkrecht, 2003, § 53 Rdn 57.
828 *Schulz/Kühlers*, Konzepte der Zugangsregulierung für digitales Fernsehen, 2000, S. 62; *Leopoldt*, Navigatoren, 2002, S. 96; *Schulz*, in: Hahn/Vesting (Hrsg.), Beck'scher Kommentar zum Rundfunkrecht, 2003, § 53 Rdn 57.

Satz 4 der Satzung wird festgelegt, dass „jeder Anbieter eines Navigators" dem einzelnen Rezipienten „durch Verknüpfung die Nutzung anderer Navigatoren und elektronischer Programmführer zu ermöglichen" hat. Hier wird demnach unterschieden zwischen „Navigatoren" einerseits und „elektronischen Programmführern" andererseits.

cc) Kritik an der Literaturansicht

Diese Schlussfolgerungen sind indes nicht zwingend. Es sprechen im Gegenteil entscheidende Argumente dafür, neben den Basisnavigatoren auch programmübergreifende nachgelagerte EPG-Anwendungen als durch § 53 RStV und die Zugangssatzung verpflichtet anzusehen. Lediglich proprietäre Benutzerführungssysteme fallen aus dem Anwendungsbereich der Vorschriften heraus.

aaa) Wortlautargumente

Wenig aussagekräftig ist zunächst die von der Literatur ins Feld geführte Formulierung in § 53 Abs. 2 Satz 1 RStV, wonach es in der Regelung nur um solche Navigatoren gehen soll, die für die Steuerung „von allen über das System angebotenen Diensten" geeignet sind.[829] Darunter könnten nämlich grundsätzlich auch die nachgelagerten EPG-Anwendungen subsumiert werden.[830] Entgegen der herrschenden Ansicht im Schrifttum begrenzt der Wortlaut des § 53 RStV auch im Übrigen den Anwendungsbereich der Vorschrift keineswegs auf Basisnavigatoren. Das Gegenteil ist vielmehr der Fall. Der Begriff Basisnavigator wird im Gesetz gerade nicht genannt, sondern es wird lediglich von „Navigatoren" gesprochen. Der Gesetzgeber hätte spätestens im Zuge der Novellierung des § 53 Abs. 2 RStV im Rahmen des Vierten Rundfunkänderungsstaatsvertrages klarstellen können, dass „Navigatoren" mit „Basisnavigatoren" gleichzusetzen sind. Dies ist jedoch trotz der im Vorfeld der Novellierung geäußerten Kritik in der Literatur an der insoweit unklaren Formulierung nicht geschehen.[831]
Weiterhin definiert § 53 Abs. 2 Satz 1 RStV Navigatoren umfassend als Systeme, „die auch die Auswahl von Fernsehprogrammen steuern und die als übergeordnete Benutzeroberfläche für alle über das System angebotenen Dienste verwendet werden". Unter diese weite Definition könen unproblematisch auch

---

829 Darauf verweisen jedoch *Schulz/Seufert/Holznagel*, Digitales Fernsehen – Regulierungskonzepte und -perspektiven, 1999, S. 118 und *Hoffmann-Riem*, Regulierung der dualen Rundfunkordnung, 2000, S. 142.
830 Vgl. zu dieser Auslegungsmöglichkeit *Thierfelder*, Zugangsfragen digitaler Fernsehverbreitung, 1999, S. 149.
831 Vgl. *Schulz*, K&R 2000, 11.

EPG-Anwendungen subsumiert werden. Genau wie die Basisnavigatoren steuern diese nämlich die Auswahl von Fernsehprogrammen. Auch die Formulierung „übergeordnete Benutzeroberfläche" spricht nicht zwingend dafür, unter „Navigatoren" im Sinne des § 53 Abs. 2 Satz 1 RStV lediglich die Basisnavigatoren zu verstehen. Die herrschende Literaturansicht deutet zwar die Formulierung „übergeordnete Benutzeroberfläche" als Abgrenzung zu allen „nachgeordneten Benutzeroberflächen". Das sind nach diesem Begriffsverständnis sämtliche EPG-Anwendungen des zweiten Schritts, also proprietäre wie auch programmübergreifende Systeme. Ebenso gut kann man in dieser Formulierung aber auch die gesetzgeberische Absicht festmachen, mit der Regelung alle Systeme zu erfassen, die in irgendeiner Form programm- bzw. diensteübergreifend arbeiten, die also in diesem Sinne als „übergeordnete Benutzerfläche" fungieren. Dies würde dann bedeuten, dass unter den Begriff des Navigators im Sinne des § 53 Abs. 2 Satz 1 RStV sowohl die Basisnavigatoren als auch alle programmübergreifenden EPG-Anwendungen zu subsumieren sind. Demgegenüber fallen proprietäre EPGs einzelner Sender oder Senderfamilien nicht unter die Regelung, da diese insoweit nicht als „übergeordnete Benutzeroberfläche" im Sinne des § 53 Abs. 2 Satz 1 RStV anzusehen sind.

bbb) Historische Auslegung

Dieses Ergebnis wird entgegen der herrschenden Meinung in der Literatur durch die Begründung zum Vierten Rundfunkänderungsstaatsvertrag bestätigt. Nach dem Willen des Gesetzgebers verdeutlicht § 53 Abs. 2 Satz 2 RStV, „dass bei der zunächst vom Nutzer anwählbaren Benutzeroberfläche, das heißt im ersten Nutzungsschritt auf das öffentlich-rechtliche und private Programmangebot gleichgewichtig hingewiesen werden muss."[832] Diejenigen in der Literatur, die den Anwendungsbereich des § 53 RStV auf die Zugangsfragen zu den Basisnavigatoren beschränkt sehen, erblicken in dieser Formulierung einen Hinweis darauf, dass nur die „Navigatoren des ersten Nutzungsschritts" regulativ erfasst werden sollen. Das wären in der Tat momentan nur die Basisnavigatoren. Demgegenüber möchte der Gesetzgeber ausweislich der Begründung jedoch lediglich klarstellen, dass „bei der zunächst vom Nutzer auswählbaren Benutzeroberfläche" des Navigators im Sinne des § 53 Abs. 2 Satz 1 „im ersten Nutzungsschritt" auf das öffentlich-rechtliche und private Rundfunkangebot hingewiesen wird. Es geht also nicht darum, dass alle Basisnavigatoren diese Anforderungen erfüllen,

---

832 Vgl. die Begründung zum Vierten Rundfunkänderungsstaatsvertrag, abgedruckt bei *Hartstein/Ring/Kreile/Dörr/Stettner*, Rundfunkstaatsvertrag Kommentar, Stand März 2004, A. 2.2.

sondern darum, dass alle Navigatoren im Sinne des § 53 Abs. 2 Satz 1 RStV diesen Vorgaben genügen. Anders gewendet: Es geht nicht um „Navigatoren des ersten Nutzungsschritts", sondern um „den ersten Nutzungsschritt des Navigators im Sinne des § 53 RStV". Letztere sind aber, wie der Wortlaut des § 53 RStV zeigt, „übergeordnete" Navigatoren, also sowohl die Basisnavigatoren als auch die programmübergreifenden EPG-Anwendungen.

Dass die proprietären EPGs dagegen nicht als Navigatoren im Sinne des § 53 RStV anzusehen sind, ergibt sich ebenfalls aus der amtlichen Begründung zum Vierten Rundfunkänderungsstaatsvertrag. Diese werden dort ausdrücklich und separat als „Electronic Programme Guides (EPG) einzelner Sender und Senderfamilien" genannt und für zulässig erklärt. Daraus ist zu folgern, dass der Gesetzgeber diese proprietären EPGs als ein aliud zu den Navigatoren im Sinne des § 53 RStV betrachtet hat. Gleichzeitig spricht diese Begrenzung auf proprietäre EPGs auch wieder dafür, dass programmübergreifende EPGs ihrerseits Navigatoren im Sinne des § 53 RStV darstellen.

ccc) Teleologische Erwägungen

Neben dem Wortlaut und neben der historischen Interpretation des gesetzgeberischen Willens sprechen auch Sinn und Zweck der Regelung in § 53 Abs. 2 RStV dafür, dass unter den Begriff „Navigator" sowohl die Basisnavigatoren als auch die programmübergreifenden EPG-Anwendungen zu subsumieren sind.

Regelungsziel des § 53 RStV ist die Gewährleistung chancengerechten Zugangs der Rundfunkveranstalter zu den neuen Vertriebsdienstleistungen, die für die Veranstaltung von digitalem Fernsehen notwendig sind (Dekoder, Navigationssysteme, Programmbouquetbildung). Dahinter steht der vom Gesetzgeber umzusetzende Gewährleistungsgehalt des Art. 5 Abs. 1 Satz 2 GG, insbesondere die Erhaltung der kommunikativen Chancengerechtigkeit im Faktormedium Rundfunk. Um dies zu erreichen, muss neben der Zugangschancengerechtigkeit auf Anbieterseite auch die Empfangschancengerechtigkeit auf der Seite der Rezipienten gesichert werden.[833] Denn anderenfalls liefe die Sicherung der Zugangschancengerechtigkeit leer.

Mit Bezug auf die elektronischen Benutzerführungssysteme geht es vor allem darum, zu gewährleisten, dass alle medialen Angebote vom Rezipienten über die Navigationssysteme aufzufinden sind. Dazu müssen sie zunächst überhaupt auf den Benutzeroberflächen ansteuerbar sein. Deshalb garantiert § 53 Abs. 2 i.V.m. Abs. 1 RStV den Veranstaltern von Fernsehdiensten prinzipiell Zugang zu den

---

833 Vgl. *Hoffmann-Riem*, Regulierung der dualen Rundfunkordnung, 2000, S. 136 ff; *Leopoldt*, Navigatoren, 2002, S. 43.

Navigatoren. Ihre Angebote müssen auf dem Navigator abgebildet werden können.

Darüber hinaus besteht aber die Gefahr, dass die Rezipienten bei der Nutzung der Navigationssysteme durch die qualitative Gestaltung der Benutzerführung einer unerkannt selektiven, gegebenenfalls manipulativen Steuerung durch die Systembetreiber ausgesetzt werden. Auch dadurch können die Rezeptionschancen einzelner Programmangebote beeinflusst werden. Dieser Gefährdung will § 53 Abs. 2 RStV entgegenwirken, indem er Rundfunkveranstaltern den Zugang zu den Navigatoren in qualitativer Hinsicht zu „chancengleichen, angemessenen und nicht diskriminierenden Bedingungen" gewährt.

Das Problem der manipulativen Steuerung der Rezipienten stellt sich jedoch gerade bei den gegenüber den Basisnavigatoren viel leistungsfähigeren EPG-Anwendungen. Die proprietären EPGs einzelner Sender oder Senderfamilien, aber auch die programmübergreifenden EPGs können gezielt zur Zuschauerlenkung und –bindung eingesetzt werden. Während diese Zuschauermanipulation bei den proprietären EPGs noch akzeptabel erscheint, weil der Rezipient sich bewusst für dieses mediale Angebot eines einzelnen Anbieters entschieden hat, liegen die Dinge bei programmübergreifenden EPGs anders. Denn diese werden zur Orientierung im medialen Gesamtangebot genutzt. Aus diesem Grunde sind sie auch für die Rezipienten von höherem Gebrauchswert als proprietäre EPGs, weil sie sich nur mit einem System auseinandersetzen müssen und nicht mit mehreren Systemen parallel. Wenn sich programmübergreifende EPGs durchsetzen, ist deshalb zu erwarten, dass proprietäre Programmführer an Bedeutung verlieren. Um so wichtiger ist es dann für alle Anbieter, dass ihre Offerten auf den programmübergreifenden EPGs nicht diskriminiert werden. Denn wäre dies der Fall, wäre die Rezeptionschancengerechtigkeit nicht mehr gewährleistet und damit das regulative Ziel von § 53 Abs. 2 RStV nicht erreicht. Daraus folgt die Notwendigkeit, die programmübergreifenden EPGs in den Anwendungsbereich der Vorschrift mit einzubeziehen.

dd) Zwingende Vorgabe für ein zweistufiges System?

Diejenigen Stimmen in der Literatur, die den Anwendungsbereich des § 53 RStV auf die Zugangsfragen zu den Basisnavigatoren beschränken wollen, gehen stets von einem Status quo aus, in dem neben dem Basisnavigator als Navigator des ersten Zugriffs eine Reihe von nachgelagerten proprietären EPGs einzelner Sender- bzw. Senderfamilien existieren. Das hat jedoch zur Folge, dass der Wortlaut des § 53 RStV und auch die amtliche Begründung zu sehr unter dem Eindruck eben dieses Status quo interpretiert wird. Denn in Zukunft ist aus den genannten Gründen eher damit zu rechnen, dass die Funktionen des Basisnavigators mit denen von programmübergreifenden EPG-Anwendungen verschmelzen. Ein zentrales und veranstalterunabhängiges Navigationssystem, das Funktionen des Basisnavigators und die Möglichkeiten der EPG-Anwendungen miteinander vereinigt, erhöht die Übersichtlichkeit und ist zudem weitaus benutzerfreundlicher. Ein solches System ist also im Interesse der Zuschauer und deshalb im Ergebnis auch begrüßenswert.[834]

Demgegenüber wird jedoch vertreten, dass § 53 RStV derzeit ein zweistufiges System der Bunutzerführung zwingend vorschreibt, welches einen Basisnavigator auf der ersten und nachgelagerte EPG-Anwendung auf der zweiten Stufe enthält.[835] Für eine solche Ansicht geben jedoch weder der Wortlaut des § 53 RStV noch die amtliche Begründung etwas her. In der Begründung zum Vierten Rundfunkänderungsstaatsvertrag heißt es nur, dass die Regelung Electronic Programme Guides (EPG) einzelner Sender oder Senderfamilien im zweiten Nutzungsschritt zulässt, die dann den Zugang zu den jeweiligen Programmen ermöglichen.[836] Daraus ergibt sich zwar, dass der Einsatz proprietärer EPG-Anwendungen möglich ist. Auch folgt daraus, dass, soweit proprietäre EPGs bestehen, diese über den Basisnavigator ansteuerbar sein müssen. Aus dieser Aussage ergibt sich aber nicht, dass eine zweistufige Benutzerführung mit proprietären EPGs einzelner Sender oder Programmbouquets auf der zweiten Stufe alternativlos wäre. Die Regelung in § 53 RStV lässt also ein zweistufiges System zu; sie erfordert es aber nicht.

b) Berechtigte

Zu klären bleibt, welche Diensteanbieter aus der Vorschrift Berechtigungen ableiten können. Der Wortlaut des § 53 Abs. 2 Satz 1 i.V.m. Abs. 1 Satz 1 RStV beschränkt den Anspruch auf chancengleichen, angemessenen und nicht diskriminierenden Zugang zu Navigatoren auf Veranstalter von „Fernsehdiensten". Die Verwendung des Begriffs Fernsehdienst ist auf den europarechtlichen Hintergrund der Einführung des § 53 RStV zurückzuführen.[837] Die Formulierung findet sich in der inzwischen außer Kraft getretenen Richtlinie 95/47/EGW. Dort ist die Veranstaltung von Fernsehdiensten mit der Veranstaltung von Fernseh-

---

834 Vgl. *Gersdorf*, Chancengleicher Zugang zum digitalen Fernsehen, 1998, S. 161; *Holznagel*, in: Stern/Prütting (Hrsg.), Die Zukunft der Medien hat schon begonnen, 1998, S. 46.
835 *Albrecht Hesse*, ZUM 2000, 189; *ders.*, Rundfunkrecht, 3. Aufl., 2003, S. 303.; *Ziemer*, Digitales Fernsehen, 3. Aufl., 2003, S. 260.
836 Vgl. *Schulz*, in: Hahn/Vesting (Hrsg.), Beck'scher Kommentar zum Rundfunkrecht, 2003, § 53 Rdn. 8.
837 Vgl. *Kibele*, MMR 2002, 372.

programmen gleichzusetzen, denn die Richtlinie betraf nur Fernsehprogramme.[838] Was jedoch unter dem Begriff Fernsehdienst im Rahmen des § 53 RStV zu verstehen ist, ist damit noch nicht entschieden. Es handelt sich dabei nicht um einen tradierten Terminus des deutschen Rundfunkrechts, wie etwa „Rundfunkprogramm" oder „Mediendienst". Im Rundfunkstaatsvertrag taucht der Begriff nur an dieser Stelle auf.[839]

aa) Bedeutung des Begriffs „Fernsehdienst"

In der Literatur werden zur Interpretation der Formulierung unterschiedliche Ansätze vertreten. Nach einer Einschätzung sollte die Verwendung des Begriffs „Fernsehdienst" gerade der Abgrenzung gegenüber dem Begriff „Fernsehprogramm" dienen.[840] Anspruchsberechtigt sollten danach nicht nur Veranstalter von Fernsehprogrammen sein, sondern auch die Veranstalter von Diensten, die mit der Veranstaltung von Rundfunkprogrammen in Zusammenhang stehen bzw. mit diesen inhaltlich verbunden sind.

Dieses Regelungsverständnis erscheint trotz der Abweichung vom europarechtlichen Vorverständnis angesichts der amtlichen Begründung zur Einführung des § 53 RStV plausibel. Dort heißt es ausdrücklich, dass eine Berechtigung auf chancengleichen, angemessenen und diskriminierungsfreien Zugang zu den Navigatoren „alle Fernsehdienste, d.h. auch (sic!) Veranstalter von verschlüsselten und unverschlüsselten analogen und digitalen Fernsehprogrammen" haben sollen.[841] Das kann nur bedeuten, dass als anspruchsberechtigte Adressaten eben nicht ausschließlich Veranstalter von Fernsehprogrammen in Frage kommen.

Die Gegenansicht in der Literatur, die „Fernsehdienst" mit „Fernsehprogramm" gleichsetzen will, überzeugt deshalb nicht.[842] Vielmehr ist der Begriff weit zu verstehen und entwicklungsoffen auszulegen.[843] Insbesondere ergibt sich aus der Regelung nicht, dass Anbieter von Mediendiensten nicht als Veranstalter

---

838 *Hartstein/Ring/Kreile/Dörr/Stettner*, Rundfunkstaatsvertrag Kommentar, Stand März 2004, § 53 RStV Rdn. 12.
839 Vgl. *Schulz*, in: Hahn/Vesting (Hrsg.), Beck'scher Kommentar zum Rundfunkrecht, 2003, § 53 Rdn. 35.
840 *Beucher/Leyendecker/von Rosenberg*, Mediengesetze Kommentar, 1999, § 53 RStV Rdn 6.
841 Vgl. die amtliche Begründung zum Dritten Rundfunkänderungsstaatsvertrag abgedruckt bei *Schulz*, in: Hahn/Vesting (Hrsg.), Beck'scher Kommentar zum Rundfunkrecht, 2003, § 53 Rdn. 7.
842 So aber *Leopoldt*, Navigatoren, 2002, S. 99.
843 *Schulz*, in: Hahn/Vesting (Hrsg.), Beck'scher Kommentar zum Rundfunkrecht, 2003, § 53 Rdn 35.

von Fernsehdiensten im Sinne des § 53 RStV angesehen werden können.[844] Auch Mediendienste können Fernsehdienste im Sinne dieser Vorschrift sein und haben folglich einen Anspruch auf diskriminierungsfreien Zugang zu der Benutzeroberfläche eines Navigators.[845]

bb) Formulierung in der Zugangssatzung

Konsequenterweise wird in § 3 der Zugangssatzung der Kreis der aus der Satzung berechtigten Adressaten weit gezogen. Danach wird durch die Satzung „berechtigt, wer Zugangsdienste nachfragt, um eigene und fremde Fernsehdienste oder mit ihnen inhaltlich verbundene Dienste anzubieten oder zu vermarkten." Zunächst wird auch hier in Anlehnung an die Ermächtigungsgrundlage in Art. 53 RStV als erste Alternative der Begriff „Fernsehdienste" benutzt. Jedoch werden daneben als zweite Alternative noch weitere „mit ihnen verbundene Dienste" genannt. Wenn man den Begriff „Fernsehdienste" – wie hier – weit versteht, bleibt für die zweite Alternative in der Praxis kaum ein Anwendungsbereich. Denn unter dem Begriff des Fernsehdienstes sind sowohl Fernsehprogramme als auch andere Dienste, die mit der Programmveranstaltung in Verbindung stehen, also beispielsweise der Betrieb eines proprietären EPGs, zu subsumieren. Zu überlegen wäre allenfalls, ob man – anders als bei der Auslegung des § 53 RStV – bei der Anwendung der Zugangssatzung „Fernsehdienste" und „Fernsehprogramme" als Synonyme verstehen sollte, um auf diesem Wege der zweiten Alternative des § 3 der Satzung einen Anwendungsbereich zu belassen. Jedoch empfiehlt sich dies aus systematischen Gründen nicht. Dem Begriff „Fernseh-

---

844 So aber *Ring*, ZUM 2000,182; *Schulz*, in: Hahn/Vesting (Hrsg.), Beck'scher Kommentar zum Rundfunkrecht, 2003, § 53 Rdn. 35. Nach *Hartstein/Ring/Kreile/Dörr/Stettner*, Rundfunkstaatsvertrag Kommentar, Stand März 2004, § 53 RStV Rdn. 12 soll die Regelung aufgrund ihres europarechtlichen Hintergrundes zwar unmittelbar nur Fernsehprogramme erfassen, da auch die Richtlinie 95/47/EG, die in § 53 RStV umgesetzt wurde, nur für diese gelte. Die Autoren schlagen dann jedoch eine analoge Anwendung für Hörfunkprogramme und Mediendienste vor. Eine solche Konstruktion erscheint aber zumindest mit Blick auf die Mediendienste unnötig, hat doch der Gesetzgeber in der amtlichen Begründung zur Einführung des § 53 RStV ausdrücklich festgestellt, dass die Bestimmung „über die Umsetzung dieser Richtlinie hinaus" geht. Es ist aus diesem Grund vorzuziehen, auch Mediendienste unmittelbar als zugangsberechtigte Fernsehdienste im Sinne des § 53 RStV einzuordnen. Veranstalter von Hörfunkprogrammen können sich aufgrund des Wortlaus dagegen nicht unmittelbar auf § 53 RStV berufen, vgl. *Siekmann*, Programminformationen der öffentlich-rechtlichen Rundfunkanstalten, 2000, S. 226. Jedoch ist eine analoge Anwendung der Vorschrift möglich.
845 So im Ergebnis auch *Hartstein/Ring/Kreile/Dörr/Stettner*, Rundfunkstaatsvertrag Kommentar, Stand März 2004, § 53 RStV Rdn. 12.

dienst" sollte in § 53 RStV und in der Zugangssatzung, die diesen konkretisiert, der gleiche Bedeutungsgehalt zukommen. Geht man diesen Weg, bleibt allerdings in der Tat der zweiten Alternative von § 3 der Zugangssatzung allenfalls die Position eines Auffangtatbestandes, der in der Praxis keine Bedeutung zukommen wird.[846] Es ist davon auszugehen, dass die Satzungsgeber diese Formulierung letztlich nur gewählt haben, weil der Bedeutungsgehalt des Begriffs „Fernsehdienst" zur Zeit des Satzungserlasses unklar war.

c) Zusammenfassung

Durch § 53 Abs. 2 Satz 1 i.V.m. Abs. 1 RStV werden die Betreiber von Navigatoren verpflichtet, allen Veranstaltern von Fernsehdiensten den Zugang zu chancengleichen, angemessenen und nicht diskriminierenden Bedingungen zu ermöglichen. Berechtigt werden damit Veranstalter von Fernsehdiensten. Der Begriff des Fernsehdienstes ist im Rahmen von § 53 RStV weit zu verstehen. Er umfasst sowohl Rundfunkprogramme als auch andere, mit der Veranstaltung von Rundfunkprogrammen in Zusammenhang stehende Mediendienste bzw. sonstige mit der Rundfunkveranstaltung inhaltlich verbundene Dienste. Verpflichtet werden aus der Vorschrift sowohl die Betreiber von Basisnavigatoren als auch die Betreiber von programmübergreifenden EPG-Anwendungen. Als verpflichtete Adressaten nicht regulativ erfasst werden dagegen proprietäre EPGs einzelner Programmveranstalter oder Senderfamilien. Diese unterliegen nicht den Vorgaben des § 53 RStV.

5. Qualitative Anforderungen an die Zugangsgewährung

Gemäß § 53 Abs. 2 Satz 1 RStV gilt für die Betreiber von Navigatoren die Verpflichtung aus Absatz 1 entsprechend. Danach müssen die Anbieter der Systeme allen Veranstaltern von Fernsehdiensten Zugang zu chancengleichen, angemessenen und nicht diskriminierenden Bedingungen gewähren. Die Landesmedienanstalten haben in § 4 der Zugangssatzung eine allgemeine Konkretisierung der Begriffe „angemessen", „chancengleich" und „nicht diskriminierend" vorgenommen. Zusätzlich enthalten § 13 und § 14 der Zugangssatzung weitere materiellrechtliche Regelungen für die Zugangsgewährung zu den Navigatoren.

---

846 Wenn man, wie Teile der Literatur, „Fernsehdienste" mit „Fernsehprogrammen" gleich setzt, stellt sich umgekehrt das Problem, ob der Berechtigtenbegriff durch die zweite Alternative in § 3 der Zugangssatzung möglicherweise unzulässig erweitert worden ist. Zu diesem dann durchaus konsequenten Ergebnis kommt *Leopoldt*, Navigatoren, 2002, S. 99 f.

a) Europarechtlicher Hintergrund

Bei der Interpretation der gesetzlichen Vorgaben ist zunächst zu berücksichtigen, dass die Anforderungstrias „angemessen", „chancengleich" und „nicht diskriminierend" ursprünglich aus der europäischen Richtlinie 95/47/EG stammt, deren Umsetzung die Einführung des § 53 RStV diente. Der inzwischen außer Kraft getretene § 4 lit. c) der Richtlinie 95/47/EG statuierte die Pflicht für alle Anbieter von Diensten mit Zugangsberechtigung, sämtlichen Rundfunkveranstaltern „zugangsrelevante Dienste zu chancengleichen, angemessenen und nicht diskriminierenden Bedingungen" anzubieten. An die Stelle der Richtlinie 95/47/EG sind nunmehr verschiedene Vorschriften im Richtlinienpaket für einen neuen europäischen Rechtsrahmen für die elektronische Kommunikation getreten. So bestimmt Art. 18 der Rahmenrichtlinie 2002/21/EG, dass die API-Eigentümer allen Anbietern von Fernsehdiensten sämtliche notwendigen Informationen „auf faire, angemessene und nicht diskriminierende Weise und gegen angemessene Vergütung" zur Verfügung zu stellen haben. Nach der für die Zugangsregulierung zu Navigatoren einschlägigen Regelung in Art. 5 Abs. 1 lit. b) der Zugangsrichtlinie 2002/19/EG können die Betreiber von Navigatoren dazu verpflichtet werden, Zugang „zu fairen, ausgewogenen und nicht diskriminierenden Bedingungen" zu gewähren. In Art. 5 Abs. 3 der Zugangsrichtlinie heißt es zusätzlich, dass diese Bedingungen „objektiv, transparent, verhältnismäßig und nicht diskriminierend" sein müssen. Weitere Konkretisierungen dieser Begriffe enthält das Richtlinienpaket allerdings nicht. Es wurde bereits festgestellt, dass in diesen Vorschriften den Mitgliedstaaten mit Blick auf die Zugangsregulierung zu den elektronischen Benutzerführungssystemen keine spezifischen europarechtlichen Vorgaben gemacht werden.[847] Folglich sind aus europarechtlicher Sicht bei der Auslegung des § 53 RStV keine Besonderheiten zu beachten.[848]

---

847 Vgl. oben G. I. 1.
848 Es ist aber möglich, sich bei der Auslegung der Vorschrift auch an der Rechtslage in anderen Mitgliedstaaten zu orientieren, so etwa an den bestehenden Regelungen in Großbritannien. Die britische Regulierungsbehörde Office of Communication (Ofcom) hat im Januar 2004 einen Entwurf zur Regulierung von Electronic Programme Guides veröffentlicht. Dieser ist abrufbar unter http://www.ofcom.org.uk/consultations/past/epg/?a=87101. Zur bisherigen Regulierungspraxis in Großbritannien *Holznagel/Grünwald*, ZUM 1997, 417 ff.; *Holznagel*, in: Stern/Prütting (Hrsg.), Die Zukunft der Medien hat schon begonnen, 1998, S. 47 ff.; *Schulz/Kühlers*, Konzepte der Zugangsregulierung für digitales Fernsehen, 2000, S. 49 ff.; *Leopoldt*, Navigatoren, 2002, S. 107 ff., S. 205 ff.

b) Zur Auslegung der Begriffe „angemessen", „chancengleich" und „nicht diskriminierend"

Im Schrifttum bestehen unterschiedliche Auffassungen darüber, ob sich die in § 53 RStV genannten drei Tatbestandsmerkmale „angemessen", „chancengleich" und „nicht diskriminierend" überhaupt trennscharf von einander abgrenzen lassen, oder ob diese nicht zumindest teilweise deckungsgleich sind bzw. Überschneidungen aufweisen.[849] So soll nach einer Ansicht beispielsweise den Begriffen „chancengleich" und „nicht diskriminierend" inhaltlich dieselbe Bedeutung zukommen.[850] Zunehmend wird jedoch versucht, jedem der drei Anforderungskriterien einen eigenen Regelungsgehalt zuzuerkennen. Dies erscheint auch sachgerecht. Denn je konkreter die unbestimmten Rechtsbegriffe „angemessen", „chancengleich" und „nicht diskriminierend" mit Inhalt gefüllt werden können, desto einfacher wird es für die zum Vollzug der Regelung zuständigen Landesmedienanstalten, diese Grundsätze zu implementieren. Wie im Folgenden zu zeigen sein wird, ist es sehr wohl möglich, den drei Anforderungskriterien einen jeweils eigenen Bedeutungsgehalt zuzuweisen.[851] Auch in § 4 der Zugangssatzung werden die drei Begriffe einzeln aufgegriffen und jeweils gesondert konkretisiert.[852]

aa) Chancengleicher Zugang

Die Verpflichtung zur Ermöglichung eines chancengleichen Zugangs erscheint allerdings als die zentrale legislative Vorgabe.[853] An diesem Begriff lässt sich am deutlichsten die in § 53 RStV erfolgte einfachgesetzliche Umsetzung der verfassungsrechtlichen Vorgaben aus Art. 5 Abs. 1 Satz 2 GG festmachen. Umgekehrt ist an diesen Vorgaben aber auch die Interpretation des Bedeutungsgehalts

---

849 Vgl. zu den unterschiedlichen Ansätzen *Leopoldt*, Navigatoren, 2002, S. 109 f.
850 *Beucher/Leyendecker/von Rosenberg*, Mediengesetze Kommentar, 1999, § 53 RStV Rdn. 9. In diese Richtung wohl auch *Schulz/Seufert/Holznagel*, Digitales Fernsehen – Regulierungskonzepte und -perspektiven, 1999, S. 97. Nach *Thierfelder*, Zugangsfragen digitaler Fernsehverbreitung, 1999, S. 125 kommt den Begriffen angemessen und nicht diskriminierend neben der chancengleichen Zugangsgewährung lediglich „klarstellende Bedeutung" zu.
851 Vgl. dazu auch *Schulz/Kühlers*, Konzepte der Zugangsregulierung für digitales Fernsehen, 2000, S. 53 ff.; *Leopoldt*, Navigatoren, 2002, S. 101 ff.; *Hartstein/Ring/Kreile/Dörr/Stettner*, Rundfunkstaatsvertrag Kommentar, Stand März 2004, § 53 RStV Rdn. 14; *Schulz*, in: Hahn/Vesting (Hrsg.), Beck'scher Kommentar zum Rundfunkrecht, 2003, § 53 Rdn 61 ff.
852 Dazu *Kibele*, MMR 2002, 373.
853 *Thierfelder*, Zugangsfragen digitaler Fernsehverbreitung, 1999, S. 125.

der Vorschrift maßgeblich auszurichten. Was „chancengleich" im Rahmen des § 53 RStV bedeutet, ist aus rundfunkrechtlicher Sicht und unter besonderer Berücksichtigung des Zielwerts der kommunikativen Chancengerechtigkeit zu definieren.[854]

aaa) Gewährung realer Zugangschancen

Nach § 4 Abs. 5 Satz 1 der Zugangssatzung sind die Zulassungsbedingungen „in der Regel dann chancengleich, wenn sie allen Berechtigten reale Chancen auf Zugang zu Zugangsdiensten eröffnen". Damit wird klargestellt, dass allen Anspruchsberechtigten nicht nur eine theoretische Möglichkeit, sondern eine realistische Chance auf Zugang eingeräumt werden muss.[855] Denn der Zielwert der kommunikativen Chancengerechtigkeit verlangt, dass alle medialen Inhalte, die an die Allgemeinheit gerichtet sind, prinzipiell die gleiche Chance haben müssen, an die Öffentlichkeit zu gelangen und rezipiert zu werden.[856] Die kommunikative Chancengerechtigkeit ist dabei auf beiden Seiten des Kommunikationsvorganges zu sichern, das heißt sowohl auf der Seite der Kommunikatoren als auch auf Rezipientenseite.[857]

Kommunikative Chancengerechtigkeit ist allerdings nicht schon dann gewährleistet, wenn für alle Anbieter formal die gleichen Zugangsbedingungen bestehen. Der Zugang muss auch faktisch möglich sein.[858] Dazu kann es sich als notwendig erweisen, bestimmte vielfaltsfördernde Angebote kompensatorisch zu bevorzugen, wenn und soweit sich ihre publizistische Artikulation entsprechend ihrem meinungsbildenden Gewicht durch eine rein marktmäßige Bereitstellung nicht ausreichend verwirklichen lässt.[859] Zu den Anbietern solcher förderungswürdiger medialer Inhalte gehören die öffentlich-rechtlichen Rundfunkanstalten, aber auch nichtkommerzielle Rundfunkveranstalter oder die Veranstalter von regionalen und lokalen Programmangeboten.[860] Es muss unter dem Gesichtspunkt

---

854 *Leopoldt*, Navigatoren, 2002, S. 117; *Hartstein/Ring/Kreile/Dörr/Stettner*, Rundfunkstaatsvertrag Kommentar, Stand März 2004, § 53 Rdn. 14.
855 *Schulz*, in: Hahn/Vesting (Hrsg.), Beck'scher Kommentar zum Rundfunkrecht, 2003, § 53 Rdn. 44.
856 *Hoffmann-Riem*, Regulierung der dualen Rundfunkordnung, 2000, S. 101.
857 *Schulz/Seufert/Holznagel*, Digitales Fernsehen – Regulierungskonzepte und -perspektiven, 1999, S. 99.
858 Vgl. *Hege*, Offene Wege in die digitale Zukunft, 1995, S. 30.
859 *Schulz/Seufert/Holznagel*, Digitales Fernsehen – Regulierungskonzepte und -perspektiven, 1999, S. 99.
860 *Schulz/Kühlers*, Konzepte der Zugangsregulierung für digitales Fernsehen, 2000, S. 13; *Schulz*, in: Hahn/Vesting (Hrsg.), Beck'scher Kommentar zum Rundfunkrecht, 2003, § 53 Rdn. 11.

der Gewährleistung realer kommunikativer Chancengerechtigkeit demnach sichergestellt werden, dass diese Programmanbieter dazu in der Lage sind, ihr publizistisches Potenzial zu entfalten und damit am publizistischen Wettbewerb teilzunehmen.[861] Vor diesem Hintergrund ist eine Privilegierung ihrer Angebote nicht nur verfassungsrechtlich zulässig, sondern sogar geboten.[862] Deshalb sieht die Zugangssatzung in § 4 Abs. 5 Satz 2 und Satz 3 auch vor, dass einige Dienste eine besondere Stellung bei der Zugangsgewährung erhalten müssen, nämlich diejenigen, die wegen ihres Beitrags zur Vielfalt nach § 52 Abs. 3 Nr. 1 und 2 sowie Abs. 4 Nr. 1 RStV bei der digitalen Übertragung besonders zu berücksichtigen sind. Das sind namentlich der öffentlich-rechtliche Rundfunk einschließlich seiner Programmbouquets, regionale und lokale Fernsehprogramme, offene Kanäle und darüber hinaus eine Auswahl an weiteren Rundfunkprogrammen und Mediendiensten nach den Vorgaben des § 52 Abs. 4 Nr. 1 RStV. Diese Angebote müssen also bei der Gestaltung der Benutzeroberfläche eines Navigators angemessen berücksichtigt werden.[863]

bbb) Einzelne Aspekte der chancengleichen Zugangsgewährung

Mit Blick auf die Navigationssysteme bestimmt § 14 Abs. 1 Satz 2 der Zugangssatzung zusätzlich, dass der Zugang so zu gewähren ist, dass das Auffinden und die Nutzung bestimmter Inhalte im Verhältnis zu anderen nicht erschwert werden. Das gilt nicht nur für die bei der Darstellung ohnehin besonders zu berücksichtigenden Dienste nach § 52 Abs. 3 Nr. 1 und 2 sowie Abs. 4 Nr. 1 RStV, sondern auch für alle anderen Anbieter. Die Benutzeroberfläche darf also nicht so gestaltet sein, dass sich die Rezipienten im System verirren und in der Folge nur noch bestimmte Dienste in Anspruch nehmen, während andere keine Chance mehr haben, Aufmerksamkeit zu finden und genutzt zu werden.[864] Erst recht dürfen Angebote eines Veranstalters nicht bewusst im System „versteckt" werden, so dass sie nicht mehr aufgefunden werden können.[865] Um dies sicherzu-

---

861 *Gersdorf*, Chancengleicher Zugang zum digitalen Fernsehen, 1998, S. 136.
862 Vgl. auch *Leopoldt*, Navigatoren, 2002, S. 103.
863 Nach *Leopoldt*, Navigatoren, 2002, S. 102 ergibt sich aus der Zugangssatzung sogar, dass diese Angebote hervorgehoben zu präsentieren sind. Das geht jedoch zu weit und ist auch mit Blick auf die Notwendigkeit zur Wahrung kommunikativer Chancengerechtigkeit nicht erforderlich.
864 *Hartstein/Ring/Kreile/Dörr/Stettner*, Rundfunkstaatsvertrag Kommentar, Stand März 2004, § 53 RStV Rdn. 19.
865 *Beucher/Leyendecker/von Rosenberg*, Mediengesetze Kommentar, 1999, § 53 RStV Rdn. 12.

stellen, sehen sowohl § 53 RStV als auch die Zugangssatzung eine Reihe von weiteren Detailregelungen vor, die im Folgenden näher erläutert werden sollen.

(1) Berücksichtigung der besonderen Position des öffentlich-rechtlichen Rundfunks

Eine wichtige Rolle spielt die Sicherung der Funktion des öffentlich-rechtlichen Rundfunks im dualen System. Gemäß § 53 Abs. 2 S. 2 RStV und § 14 Abs. 3 Satz 1 der Zugangssatzung muss deshalb auf das öffentlich-rechtliche und private Programmangebot im ersten Nutzungsschritt des Navigators gleichgewichtig hingewiesen werden. Mit der Formulierung „im ersten Nutzungsschritt" ist die zuerst vom Nutzer anwählbare Benutzeroberfläche gemeint,[866] also das Startmenü des Navigators. Eine solche Regelung ist mit Blick auf den Grundversorgungsauftrag des öffentlich-rechtlichen Rundfunks geboten.[867] Die Stellung des öffentlich-rechtlichen Rundfunks im dualen System darf aus verfassungsrechtlichen Gründen auch im digitalisierten Rundfunk nicht in Frage gestellt werden. Der Gesetzgeber hat durch geeignete Maßnahmen im Rahmen der positiven Ordnung sicherzustellen, dass der öffentlich-rechtliche Rundfunk seine Funktion für die freie individuelle und öffentliche Meinungsbildung umfassend wahrnehmen kann. Durch die Vorgabe, das öffentlich-rechtliche und private Angebot im ersten Nutzungsschritt des Navigators in einem gleichgewichtigen Verhältnis abzubilden, ist der Gesetzgeber seinem diesbezüglichen Gewährleistungsauftrag nachgekommen. Auf diese Weise ist sichergestellt, dass der Zugang der Rezipienten zum vielfaltsgarantierenden und -generierenden öffentlich-rechtlichen Programmangebot in angemessener Weise ermöglicht wird.

(2) Möglichkeit zum unmittelbaren Programmzugriff

Da die Startseite des Navigators eine äußerst wichtige Rolle für die Programmauswahlentscheidung durch die Rezipienten spielt, bestimmt § 53 Abs. 2 Satz 2 RStV, dass die Navigatoren bereits im ersten Nutzungsschritt ein unmittelbares Einschalten der einzelnen Programme ermöglichen müssen. § 14 Abs. 2 Satz 1 der Zugangssatzung konkretisiert diese Vorgabe dahingehend, dass die Navigatoren so auszugestalten sind, dass der Nutzer nicht nur jedes Programm unmittelbar einschalten, sondern aus dem Programm auch wieder unmittelbar in den

---

866 Vgl. die Begründung zum Vierten Rundfunkänderungsstaatsvertrag, abgedruckt bei *Hartstein/Ring/Kreile/Dörr/Stettner*, Rundfunkstaatsvertrag Kommentar, Stand März 2004, A. 2.2., S. 30.
867 Vgl. schon *Libertus*, ZUM 1996, 397; *König*, Die Einführung des digitalen Fernsehens, 1997, S.152.

Navigator zurückwechseln kann. Damit soll verhindert werden, dass die Rezipienten von den Betreibern der Navigationssysteme zunächst über unterschiedliche Anwendungsebenen des Systems gelenkt werden, bevor sie eine mediales Angebot nutzen können. Denn ihr manipulationsanfälliges Einflusspotential erlangen die Navigatoren gerade in den nachgelagerten Anwendungsebenen, auf denen von den Systembetreibern gezielte Programmvorschläge gemacht oder beispielsweise auf Suchanfragen der Nutzer selektiv reagiert werden kann. Deshalb sollen die Rezipienten die Möglichkeit erhalten, ohne weitere Zwischenschritte das gewünschte Programmangebot auszuwählen bzw. es auch wieder zu verlassen. Damit ist gewährleistet, dass sich die Nutzer nicht im System verlieren und auf diese Weise der Einflussnahme der Betreiber des Navigationssystems auf die Programmselektion ungeschützt ausgesetzt sind. Untersagt wird den Systembetreibern durch die Regelung übrigens auch das Zwischenschalten von Werbeblöcken vor Erreichen des eigentlichen Programmziels.[868]

(3) Anordnung der Listenplätze im Auswahlmenü

Wegen der Bedeutung der Startseite für die Programmauswahl ist auch die Anordnung der Listenplätze auf dem Auswahlmenü der Benutzeroberfläche von besonderer Relevanz. Es geht dabei um die Frage, welcher Anbieter mit welchem Angebot auf welchem Platz in einem hierarchisch aufgebauten Suchbaum zu platzieren ist.[869] Die Festlegung dieser Listenplätze hat einen unmittelbaren Einfluss auf das Nutzungsverhalten der Rezipienten. Bei einer Auswahl von über 500 Fernsehprogrammen haben Angebote, die sich weit oben auf der Auswahlliste befinden, naturgemäß eine größere Chance, angewählt zu werden, als Angebote, die einen ungünstigeren Listenplatz erhalten und so nur „unter ferner liefen" erscheinen. Dass prominent platzierte Angebote Vorteile vor nachgeordnet aufgeführten Programmen genießen, hat auch die britische Oftel Studie zum Nutzerverhalten im digitalisierten Fernsehen bestätigt. Danach hatten Angebote, die am Anfang der Liste verzeichnet waren, deutlich größere Rezeptionschancen als solche, die am Ende der Liste platziert waren.[870] Deshalb muss sichergestellt sein, dass Programme, die auf publizistischen Chancenausgleich angewiesen sind, in den vorderen, jedenfalls aber auf günstigen Listenplätzen im System auftauchen. Das betrifft insbesondere auch das Programmangebot des öffentlich-rechtlichen Rundfunks.

---

868 Vgl. *Holznagel*, MMR 2000, 484.
869 *Gersdorf*, Der verfassungsrechtliche Rundfunkbegriff im Lichte der Digitalisierung der Telekommunikation, 1995, S. 161.
870 Vgl. die Oftel-Studie (oben FN 153), S. 24.

Um dies zu gewährleisten, sind folglich eine Vergabe der Plätze nach dem Zufallsprinzip oder ein Losverfahren für die Zuteilung nicht geeignet.[871] Auch eine Versteigerung der Platzierungen wäre unzulässig.[872] Es muss zu einer sachlich nachvollziehbaren Zuteilung der Listenplätze kommen, die die Interessen aller Beteiligten angemessen berücksichtigt. Die Frage der Anordnung der Listenplätze ist zwar bisher weder in der Zugangssatzung noch an anderer Stelle explizit geregelt. Die dargestellten Grundsätze sind aber in verfassungskonformer Auslegung der allgemeinen Zugangsregelung in § 53 Abs. 2 Satz 1 i.V.m. Abs. 1 Satz 1 RStV zu entnehmen.

Die Zugangssatzung enthält jedoch bezüglich der Gestaltung der Auswahlliste in § 14 Abs. 2 Satz 2 eine andere ausdrückliche Regelung. Danach sollen die Nutzer der Navigatoren die Möglichkeit haben, die Reihenfolge der Programme zu verändern. Sie sollen also dazu in die Lage versetzt werden, die zunächst vorgegebene Programmliste auf der Auswahlseite nach ihren Bedürfnissen nachträglich umzugestalten. Diese Regelung ist nicht nur mit Blick auf die Benutzerfreundlichkeit der Systeme für die Rezipienten sinnvoll. Sie erhöht die Autonomie der Nutzer und reduziert gleichzeitig das Risiko der einseitigen Steuerung durch die Betreiber des Navigators.[873] Die Bestimmung dient auch der Rundfunkordnung als Ganzes, denn sie verbessert im Ergebnis die Stellung der Veranstalter von kleineren Zielgruppen- und Spartenprogrammen, denen eine vielfaltsfördernde Funktion im außenpluralen Rundfunksystem zukommt. Wenn diese Programmangebote aus sachgerechten Gründen zunächst auf wenig prominenten Listenplätzen des Navigators erscheinen, so kann diese Position durch die Nutzer je nach Präferenz geändert werden. Das erhöht dann die Rezeptionschancen dieser Programmveranstalter.

Es erscheint aus diesem Grunde nicht ausreichend, dass die Regelung in § 14 Abs. 2 Satz 2 der Zugangssatzung bisher nur eine Soll-Vorschrift ist. Technisch dürfte die Ermöglichung einer nachträglichen Umprogrammierung der voreingestellten Programmliste heute für jeden Systembetreiber realisierbar sein. Wegen des Nutzens für die kommunikative Vielfalt sollte den Betreibern der Navigatoren deshalb zwingend vorgeschrieben werden, den Nutzern eine Option zur Umprogrammierung der Listenplätze einzuräumen.[874] Denn die Möglichkeit zur in-

---

871 Vgl. *Albrecht Hesse*, ZUM 2000, 190; *Schulz*, in: Hahn/Vesting (Hrsg.), Beck'scher Kommentar zum Rundfunkrecht, 2003, § 53 Rdn. 61.
872 *Leopoldt*, Navigatoren, 2002, S. 155 in FN 514.
873 *Schulz*, in: Hahn/Vesting (Hrsg.), Beck'scher Kommentar zum Rundfunkrecht, 2003, § 53 Rdn. 62.
874 Vgl. bereits *Michael A. Wagner*, MMR 1998, 247.

dividuellen Umprogrammierung wirkt sich unmittelbar auf die kommunikative Chancengerechtigkeit im Rundfunkbereich aus.[875]

bb) Angemessener Zugang

Als zweites Tatbestandsmerkmal verlangt § 53 Abs. 1 Satz 1 i.V.m. Abs. 2 Satz 1 RStV eine Zugangsgewährung zu „angemessenen" Bedingungen. Das Kriterium der Angemessenheit betrifft die Gestaltung der vertraglichen Beziehungen zwischen den zur Zugangsgewährung verpflichteten Betreibern der Navigatoren einerseits und den zugangsberechtigten Programm- und Diensteanbietern andererseits.

Ob die Zugangseröffnung zu angemessenen Bedingungen erfolgt, hängt in erster Linie von der Gestaltung der Entgelte ab, die gegebenenfalls für die Präsentation eines Angebotes zu entrichten sind.[876] Hinzu kommen Transparenzanforderungen, die von den Betreibern der Navigatoren bei der Vertragsgestaltung zu beachten sind. Gemäß § 4 Abs. 2 der Zugangssatzung sind die Bedingungen in der Regel dann angemessen, wenn der Verpflichtete ein Vertragsangebot macht, das alle relevanten Punkte enthält, wenn er weiter Dienstleistungen soweit möglich entbündelt anbietet, darüber hinaus Zugangsdienste zu Entgelten anbietet, die das Verhältnis von Aufwand und Nutzen widerspiegeln, und wenn er schließlich keinen Einfluss auf die inhaltliche Gestaltung der Angebote des Berechtigten ausübt.

Für die Überprüfung der Entgeltbemessung auf ihre Angemessenheit im Einzelfall gilt, dass der Gesetzgeber eine Entgeltregulierung im engeren Sinne durch die Landesmedienanstalten nicht vorsehen wollte.[877] Befugnisse, wie sie etwa der Regulierungsbehörde für Telekommunikation und Post gemäß § 24 ff. TKG zustehen, haben die Landesmedienanstalten deshalb nicht.[878]

Dies bedeutet aber nicht, dass die Landesmedienanstalten nicht unter rundfunkrechtlichen Gesichtspunkten, insbesondere vor dem Hintergrund der Gewährleistung kommunikativer Chancengerechtigkeit, die Entgeltgestaltung der

---

875 Deshalb reicht es auch nicht aus, dass der Navigator lediglich über eine sog. „Favoriten-Funktion" verfügt. So aber die *Gemeinsame Stelle Digitaler Zugang*, Anforderungen an Navigatoren, Diskussionspapier der GSDZ; Version 1.0; Stand: 04. Mai 2004, abrufbar über www.alm.de, S. 6.
876 Vgl. *Schulz*, in: Hahn/Vesting (Hrsg.), Beck'scher Kommentar zum Rundfunkrecht, 2003, § 53 Rdn. 63.
877 Vgl. die amtliche Begründung zum Vierten Rundfunkänderungsstaatsvertrag abgedruckt bei *Hartstein/Ring/Kreile/Dörr/Stettner*, Rundfunkstaatsvertrag Kommentar, Stand März 2004, A. 2.2.
878 Vgl. zu diesen Befugnissen den Überblick bei *Schulz/Kühlers*, Konzepte der Zugangsregulierung für digitales Fernsehen, 2000, S. 36 ff.

Navigatorbetreiber auf ihre Angemessenheit überprüfen können. So können sie verlangen, dass die Anbieter von Navigationssystemen ihre Leistungen zu Entgelten anbieten, die das Verhältnis von Aufwand und Nutzen widerspiegeln, wie dies in der Zugangssatzung angeordnet wird.[879] Soweit ein Marktpreis für bestimmte Dienstleitungen existiert, müssen sich die Zugangsbedingungen an diesem Marktpreis orientieren.[880] Allerdings gilt auch in diesem Fall, dass von den Verpflichteten nicht ausschließlich ökonomische Maßstäbe zu Grunde gelegt werden dürfen, sondern auch rundfunkspezifische Wertungen in die Entscheidung mit einfließen müssen. So können die rundfunkrechtlich zu verfolgenden Zielwerte der Meinungsvielfalt und kommunikativen Chancengerechtigkeit eine Differenzierung bei der Kostenkalkulation erfordern, die beispielsweise auch spezielle Konditionen für marktschwache Angebote bereithalten muss.[881] Gestützt auf § 53 Abs. 4 RStV sind in § 5 der Zugangssatzung Anzeige- und Offenlegungspflichten geregelt, die es den Landesmedienanstalten ermöglichen, die Angemessenheit der Zugangsgewährung hinsichtlich der Entgeltbedingungen zu überprüfen.

cc) Nicht diskriminierender Zugang

Zuletzt verpflichtet § 53 Abs. 1 Satz 1 i.V.m. Abs. 2 Satz 1 RStV die Betreiber der Navigationssysteme zur Zugangsgewährung zu „nicht diskriminierenden" Bedingungen. Dieses Tatbestandsmerkmal ist nicht deckungsgleich mit dem Kriterium der Zugangsgewährung zu chancengleichen Bedingungen.[882]

aaa) Eigenständiger Bedeutungsgehalt

Ihm kommt vielmehr bereits deshalb ein eigener Regelungsgehalt zu, weil die Gewährleistung chancengleicher Zugangsbedingungen im Sinne des ersten Tatbestandsmerkmals des § 53 Abs. 1 Satz 1 RStV dem Gewährleistungsziel einer nicht diskriminierenden Zugangseröffnung teilweise widerspricht. Denn die Verpflichtung zur Zugangsgewährung zu chancengleichen Bedingungen soll die reale kommunikative Chancengerechtigkeit für alle Programmanbieter sicherstellen. Es sollen nicht nur theoretische Rezeptionschancen eröffnet werden,

---

879 Vgl. *Leopoldt*, Navigatoren, 2002, S. 104.
880 *Beucher/Leyendecker/von Rosenberg*, Mediengesetze Kommentar, 1999, § 53 RStV Rdn. 11.
881 Vgl. dazu *Thierfelder*, Zugangsfragen digitaler Fernsehverbreitung, 1999, S. 89.
882 Vgl. *Schulz*, in: Hahn/Vesting (Hrsg.), Beck'scher Kommentar zum Rundfunkrecht, 2003, § 53 Rdn. 42; a.A. *Beucher/Leyendecker/von Rosenberg*, Mediengesetze Kommentar, 1999, § 53 RStV Rdn. 9.

sondern es muss in Übereinstimmung mit den verfassungsrechtlichen Vorgaben tatsächliche Empfangschancengerechtigkeit hergestellt werden. Wie oben ausgeführt, kann dies auch die Privilegierung von bestimmten Angebotstypen bedeuten. Ein wesentlicher Aspekt ist in diesem Zusammenhang die Sicherung der Position der öffentlich-rechtlichen Rundfunkanstalten im dualen System durch positivrechtliche Vorgaben, wie beispielsweise die Maßgabe, dass über den Navigator auf das öffentlich-rechtliche und private Programmangebot gleichgewichtig hingewiesen werden muss. Die Herstellung von kommunikativer Chancengerechtigkeit verbietet also die positive Diskriminierung von Programmangeboten in bestimmten Fällen gerade nicht, sondern verlangt sie sogar. Jenseits dieses Bereichs der positiven Diskriminierung mit dem Ziel der Wahrung kommunikativer Chancengerechtigkeit hat der Betrieb des Navigationssystems dann aber zu nicht diskriminierenden Bedingungen im Sinne des § 53 Abs. 1 RStV zu erfolgen.

bbb) Konkretisierung in der Zugangssatzung

Nach § 4 Abs. 3 der Zugangssatzung sind Bedingungen dann nicht diskriminierend, wenn der Verpflichtete denselben Zugangsdienst verschiedenen Berechtigten so anbietet, dass Berechtigte weder unmittelbar noch mittelbar unbillig behindert oder gegenüber gleichartigen Unternehmen ohne sachlichen Grund unmittelbar oder mittelbar unterschiedlich behandelt werden. Diese Formulierung entspricht dem Wortlaut des wettbewerbsrechtlichen Diskriminierungs- und Behinderungsverbots aus § 20 Abs. 1 GWB, an den sich der Satzungsgeber bewusst angelehnt hat. Für die Beurteilung, ob Bedingungen nicht diskriminierend im Sinne des § 53 Abs. 1 Satz 1 RStV sind, kann sich die Auslegung dieses Tatbestandsmerkmals deshalb an den für § 20 GWB entwickelten Kriterien orientieren.[883]

In der wettbewerbsrechtlichen Literatur wird zwischen dem Tatbestand der „unbilligen Behinderung" und dem Tatbestand der „ungerechtfertigten unterschiedlichen Behandlung" unterschieden. Beide Tatbestände überschneiden sich aber, so dass eine Abgrenzung nicht trennscharf durchgeführt werden kann.[884]

Unter einer Behinderung im Sinne des § 20 Abs. 1 GWB ist jedes Verhalten zu verstehen, das die wettbewerbliche Betätigungsfreiheit eines anderen Unternehmens nachteilig beeinflusst.[885] Demgegenüber liegt eine unterschiedliche

---

883 Vgl. auch *Schulz*, in: Hahn/Vesting (Hrsg.), Beck'scher Kommentar zum Rundfunkrecht, 2003, § 53 Rdn. 48.
884 Vgl. *Bechtold*, GWB, 3. Aufl., 2002, § 20 Rdn. 36.
885 *Bunte*, Kartellrecht, 2003, S. 217.

Behandlung gleichartiger Unternehmen vor, wenn einzelne Unternehmen gegenüber der Mehrheit benachteiligt oder im Verhältnis zur Mehrheit bevorzugt werden. Dem Normadressaten ist es also untersagt, wirtschaftlich gleichliegende Sachverhalte ungleich zu behandeln.[886]
Für die entscheidende Frage, ob eine Behinderung unbillig, bzw. ob eine unterschiedliche Behandlung sachlich nicht gerechtfertigt ist und damit gegen das Diskriminierungsverbot verstößt, gelten für beide Varianten des Diskriminierungsverbotes die gleichen Grundsätze.[887] Im Rahmen der Auslegung des § 20 GWB ist für die Beurteilung eines beanstandeten Verhaltens stets eine einzelfallbezogene Interessenabwägung erforderlich, die die auf die Freiheit des Wettbewerbs ausgerichtete Zielsetzung des GWB berücksichtigt.[888] Bei der im Rahmen des § 53 Abs. 1 Satz 1 RStV bzw. § 4 Abs. 3 der Zugangssatzung erforderlichen Interessenabwägung kann diese wettbewerbsbezogene Zielsetzung jedoch naturgemäß nur eingeschränkt Berücksichtigung finden. Es geht im Rahmen der Regulierung des Zugangs zu den Navigatoren nicht um die Sicherung des ökonomischen Wettbewerbs der Rundfunkveranstalter untereinander, sondern um den publizistischen Wettbewerb auf dem Rundfunksektor, der anderen Regeln unterliegt.[889] Dies ist zu berücksichtigen, wenn es um die Frage geht, ob ein Betreiber eines Navigationssystems einen zugangsberechtigten Veranstalter unbillig behindert bzw. ohne sachlich gerechtfertigten Grund bei der Zugangsgewährung diskriminiert. Bei der Beurteilung des Verhaltens der Normadressaten ist deshalb ein rundfunkspezifischer Bewertungsmaßstab anzulegen, der insbesondere das Gewährleistungsziel der kommunikativen Chancengerechtigkeit berücksichtigt.[890] Eine Diskriminierung bzw. Behinderung von Zugangsberechtigten ist bei der Gestaltung von Navigatoren in ganz unterschiedlicher Weise denkbar. Zudem spielt das Diskriminierungsverbot auch bei der Bereitstellung der Navigatoren selbst eine Rolle, also bei der Frage, ob ein proprietäres oder auch programmübergreifendes Navigationssystem überhaupt vom Rezipienten genutzt werden kann. Im Einzelnen gilt hier Folgendes:

---

886 *Bunte*, Kartellrecht, 2003, S. 217.
887 Vgl. *Bechtold*, GWB, 3. Aufl., 2002, § 20 Rdn. 38. Zu den einzelnen Fallgruppen *Bunte*, Kartellrecht, 2003, S. 219 ff.
888 *Bechtold*, GWB, 3. Aufl., 2002, § 20 Rdn. 47.
889 Zur Unterscheidung des ökonomischen und publizistischen Wettbewerbs nur *Hoffmann-Riem*, in: Benda/Maihofer/Vogel (Hrsg.), HdbVerfR, 2. Aufl., 1994, § 7 Rdn 75 ff. Vgl. dazu auch unten im Teil G. III. 2. bb).
890 Vgl. *Leopoldt*, Navigatoren, 2002, S. 106; *Schulz*, in: Hahn/Vesting (Hrsg.), Beck'scher Kommentar zum Rundfunkrecht, 2003, § 53 Rdn. 48.

ccc) Anforderungen an die Gestaltung der Benutzeroberfläche

Die Bedeutung der Verteilung der Listenplätze auf dem Auswahlmenü der Benutzeroberfläche für die Programmrezeption wurde bereits angesprochen. Es ist in diesem Zusammenhang sicherzustellen, dass kein Programmveranstalter bei der Präsentation unbillig behindert oder ungerechtfertigt unterschiedlich behandelt wird. Gleiches gilt für die optische Gestaltung von Programmhinweisen oder für die Auffindbarkeit und Nutzbarkeit von Verweisen zu Hintergrundinformationen und Zusatzangeboten einzelner Programmanbieter.[891] Von Relevanz ist auch die entgeltpflichtige Einräumung von zusätzlichen Präsentationsmöglichkeiten über den Navigator zu Werbezwecken. Zu denken ist in diesem Zusammenhang beispielsweise an Bannerwerbung, wie sie im Internetbereich üblich ist. Diese Werbemöglichkeiten müssen allen Anbietern zu nicht diskriminierenden Konditionen zur Verfügung gestellt werden. Mit Blick auf die Wahrung der kommunikativen Chancengerechtigkeit wäre es zudem sinnvoll, die Betreiber von Navigatoren in gewissem Umfang dazu zu verpflichten, für nichtkommerzielle aber gleichwohl vielfaltsfördernde Dienste werbende Hinweise kostenlos aufzunehmen.[892]

ddd) Anforderungen an die Ausgestaltung elektronischer Suchhilfen

Ein entscheidender Mehrwert für die Rezipienten liegt in der Möglichkeit der Navigatoren, das Auffinden von Programmangeboten mit Hilfe elektronischer Suchfunktionen zu erleichtern. Die Nutzung dieser Suchhilfen kann die Programmauswahlentscheidung der Rezipienten erheblich beeinflussen, da sie in diesem Fall nicht mehr über die Anwahl eines Kanals, sondern – vermittelt über die Eingabe eines Suchbegriffs oder des gewünschten Programmbeginns auf das jeweilige Angebot stoßen. Auch in diesem Bereich sind deshalb nicht diskriminierende Zugangsbedingungen für alle Anbieter zu gewährleisten.

(1) Möglichkeiten der Auswahlhilfen

Bei Nutzung der Lesezeichenfunktion des proprietären EPGs des Programmbouquets von „ARD Digital" können die Zuschauer beispielsweise bestimmte Interessengebiete oder Stichworte markieren, woraufhin der EPG dem Rezipienten alle aktuellen oder zeitnahen Programmangebote, die das ARD-Digitalbouquet

---

891 Vgl. auch *Leopoldt*, Navigatoren, 2002, S. 221.
892 Vgl. *Ladeur*, in: Faber/Frank (Hrsg.), Festschrift für Ekkehart Stein zum 70. Geburtstag, 2002, S. 89.

zu diesen Themen enthält, auflistet.⁸⁹³ Wenn der Zuschauer bestimmte Stichworte abgespeichert hat, weist der EPG darüber hinaus automatisch auf laufende Sendungen zu den entsprechenden Themengebieten hin. Diese Möglichkeit der elektronischen Benutzerführungssysteme, nach entsprechender Programmierung durch den Zuschauer „von sich aus" auf bestimmte Angebote hinzuweisen, birgt ein erhebliches Einflusspotential der Systembetreiber. Diese können entscheiden, welche Angebote zur Rezeption vorgeschlagen werden und welche nicht.

Noch weitergehende Lenkungsmöglichkeiten bieten Varianten von Electronic Programme Guides, die als intelligente und lernfähige Systeme ausgestaltet sind. Diese Systeme sind dazu in der Lage, durch „collaborative filtering" die Auswahlentscheidungen des Zuschauers bzw. bestimmter Zielgruppen automatisch zu registrieren und so im Laufe der Zeit individuelle Nutzerprofile zu erstellen.⁸⁹⁴ Diese Nutzerprofile können dann die Basis für gezielte Auswahlvorschläge durch das Navigationssystem sein, das aufgrund der analysierten Sehgewohnheiten ähnliche Angebote aus dem Gesamtprogramm herausfiltert, die für den Nutzer ebenfalls interessant sein könnten.⁸⁹⁵ Auch hier haben es letztlich aber die Systembetreiber in der Hand, welche Rezeptionsvorschläge den Nutzern gemacht werden. Den Rezipienten hingegen bleibt die automatische Vorauswahl der Rezeptionsvorschläge verborgen.

(2) Nicht diskriminierende Ausgestaltung

Bieten Basisnavigatoren oder programmübergreifende EPGs derartige Suchfunktionen und Auswahlhilfen, muss deshalb mit Blick auf die Empfangschancengerechtigkeit aller Angebote sichergestellt sein, dass die vom System ausgeworfenen Rezeptionsvorschläge zu nicht diskriminierenden Bedingungen übermittelt werden. Wenn ein Nutzer also beispielsweise unter dem Stichwort „Krimi" sucht, muss nicht nur gewährleistet sein, dass auf das laufende öffentlichrechtliche und private Programmangebot aus diesem Genre gleichgewichtig hingewiesen wird. Kein Angebot darf darüber hinaus bei der Darstellung unbillig behindert oder ungerechtfertigt unterschiedlich behandelt werden.

Die gleichen Grundsätze gelten für die Frage, welche Programmoptionen in welcher Reihenfolge nach einer gezielten Suchanfrage über das System zur Rezeption angeboten werden. In diesem Fall sollte für den Rezipient zudem erkennbar sein, ob die Präsentation eines bestimmten Programmangebotes an einer prominenten Stelle aufgrund einer Entgeltvereinbarung mit dem entsprechenden

---

893 Vgl. zur Funktionsweise des ARD EPGs bereits oben D. II. 3. cc).
894 Vgl. *Hoffmann-Riem*, M&K 2002, 190.
895 *Leopoldt*, Navigatoren, 2002, S. 35.

Programmveranstalter erfolgt ist, oder ob die Präsentationsreihenfolge anhand objektivierbarer Kriterien erfolgt.

Wenn ein System Selektionsmöglichkeiten nach Stichworten und Themengebieten anbietet, so ist es zudem erforderlich, dass nicht bereits die schlichte Wahl der Kategorien, in denen gesucht werden kann, einen diskriminierungsfreien Zugang zum Gesamtangebot erschwert.[896] Es genügt also nicht, Kategorien wie Sport, Erotik oder Spielfilme als Auswahlhilfen anzubieten. Vielmehr müssen beispielsweise auch Suchoptionen für diejenigen Programmkategorien angeboten werden, die aufgrund seines Funktionsauftrages in erster Linie vom öffentlich-rechtlichen Rundfunk angeboten werden.[897] Das können dann beispielsweise die Stichworte Nachrichten, Informationsmagazine, Ratgebersendungen, Hintergrundberichterstattung und Kommentare sein, aber auch Kategorien wie Wissenschaft, Kultur und Ähnliches.

eee) Anforderungen an die technische Interoperabilität

Kompliziert gestalten sich derzeit noch die Vorschriften, die eine fundamentale Voraussetzung für den diskriminierungsfreien Betrieb von Navigationssystemen als solche betreffen. Es geht dabei nicht um die Frage, ob die Navigationssysteme inhaltlich diskriminierungsfrei arbeiten, sondern ob ihr Angebot als solches diskriminierungsfrei zu den Rezipienten gelangen kann.

(1) Offener Standard

Von entscheidender Bedeutung ist in diesem Zusammenhang die Gestaltung der technischen Schnittstellen innerhalb des digitalen Dekoders, die den Betrieb eines Navigationssystems über die jeweilige Set-Top-Box überhaupt erst ermöglichen.[898] Gemäß § 53 Abs. 1 Satz 2 RStV ist die Diskriminierungsfreiheit im Sinne dieser Vorschrift nur dann gewährleistet, wenn die Dekoder über zugangsoffene Schnittstellen verfügen, die Dritten die Herstellung und den Betrieb eigener Anwendungen erlauben.[899] Einzelheiten dazu, wann dies der Fall ist, finden sich in §§ 13 und 14 der Zugangssatzung. Mit Blick auf die elektroni-

---

896 Die Bildung von Kategorien für sich betrachtet stellt keine Ungleichbehandlung dar, vgl. *Gemeinsame Stelle Digitaler Zugang*, Anforderungen an Navigatoren, Diskussionspapier der GSDZ; Version 1.0; Stand: 04. Mai 2004, abrufbar über www.alm.de, S. 6.
897 *Libertus*, ZUM 1996, 397.
898 Vgl. dazu ausführlich *Leopoldt*, Navigatoren, 2002, S. 119 ff.
899 Gemäß § 53 Abs. 2 Satz 1 RStV gilt auch diese Bestimmung für die Navigatoren entsprechend.

schen Benutzerführungssysteme geht es in diesem Zusammenhang in erster Linie um das Application Programming Interface (API), das sich im Dekoder befindet. Auf dieses API müssen Softwareanwendungen aufsetzen, damit sie über den Dekoder aufgerufen werden können.[900] Dafür müssen dem Anbieter der Software die Spezifikationen dieses API bekannt sein. Aus diesem Grund sieht § 53 Abs. 1 Satz 3 RStV vor, dass die erforderlichen Schnittstellen dem Stand der Technik, insbesondere einheitlich normierten europäischen Standards entsprechen müssen. Derzeit gibt es noch keine verbindliche Festlegung auf einen einheitlichen nationalen bzw. europäischen Standard für ein offenes API. In der Rahmenrichtlinie 2002/21/EG wird in Art. 17 und Art. 18 jetzt aber bestimmt, dass ein einheitlicher Standard europarechtlich verbindlich gemacht werden kann, wenn ein solcher sich nicht von alleine durchsetzt und eine verbindliche Festlegung notwendig erscheint, um die Interoperabilität der Systeme zu gewährleisten. Es ist zu erwarten, dass dieser europäische Standard der Multimedia-Home-Platform Standard (MHP-Standard) sein wird.[901] Mit der Einführung des MHP-Standards würde sich das Zugangsproblem auf der Ebene der Dekoder lösen. Bis dahin gelten die Regelungen in § 53 RStV und der Zugangssatzung. Diese schreiben im Ergebnis bereits jetzt einen offenen Standard vor und verbieten damit gleichzeitig proprietäre Systeme, wie beispielsweise die ersten Versionen der d-box von der zur ehemaligen Kirch-Gruppe gehörenden Firma Beta-Research, die über keine offenen Schnittstellen verfügen.

(2) Verknüpfungsoptionen

Nur durch die Offenlegung des API im Dekoder ist auch die besonders relevante Vorgabe in § 14 Abs. 1 Satz 4 der Zugangssatzung zu erfüllen, wonach der Anbieter eines Navigators im Rahmen des technisch Möglichen den Empfängern durch Verknüpfung die Nutzung anderer Navigatoren und elektronischer Programmführer zu ermöglichen hat.

Das bedeutet zweierlei: Zum einen muss der Betreiber eines Basisnavigators Dritten die Möglichkeit eröffnen, nachgelagerte EPG-Anwendungen mit seinem Basisnavigator zu verbinden. Das gilt sowohl für proprietäre als auch für programmübergreifende EPGs. Zum anderen müssen die Rezipienten aber auch die Möglichkeit haben, anstelle des in einem Dekoder voreingestellten Basisnavigators den Basisnavigator eines fremden Drittanbieters zu verwenden. Auch das

---

900 Vgl. zu diesen technischen Voraussetzungen auch *Albrecht Hesse*, Rundfunkrecht, 3. Aufl., 2003, S. 300 ff.
901 Der MHP-Standard wird in § 13 Abs. 2 Nr. 2 der Zugangssatzung bereits beispielhaft genannt. Vgl. zu den Entwicklung dieses Standards die website http://www.mhp.org.

wiederum kann nur funktionieren, wenn sich ein offenes API im Dekoder befindet.[902]

fff) Weiterverbreitung von Navigationssystemen über digitalisierte Kabelanlagen (§ 52 RStV)

In engem Zusammenhang mit der Interoperabilität der Dekoder, welche die Voraussetzung dafür ist, dass die Rezipienten alle angebotenen Navigationshilfen auch nutzen können, steht die Frage, inwieweit die Betreiber von digitalisierten Kabelanlagen verpflichtet sind, den Anbietern von Navigationssystemen Übertragungskapazitäten zur Verfügung zu stellen. Bei den proprietären EPGs einzelner Programmveranstalter stellt dies derzeit kein Problem dar, weil die zum Betrieb erforderlichen Daten zusammen mit dem Programm selbst übertragen werden können. Anders verhält es sich aber, wenn unabhängige Dritte ein Navigationssystem anbieten wollen, oder wenn die Datenmenge von proprietären EPGs so groß wird, dass zusätzliche Übertragungskapazitäten benötigt werden.[903] In diesem Fall müssen diese Übertragungskapazitäten von den Kabelnetzbetreibern zur Verfügung gestellt werden, damit das Angebot die Rezipienten auch erreichen kann. Auf diese Weise ensteht ein Zusammenhang zwischen der Frage der in § 53 RStV geregelten nicht diskriminierenden Zugangseröffnung zu den Navigationssystemen und den in § 52 RStV geregelten Belegungsgrundsätzen für digitalisierte Kabelanlagen.[904]

(1) Belegungsgrundsätze des § 52 RStV

In § 52 RStV wird eine Dreiteilung der Belegungskapazitäten vorgenommen, und zwar in den sogenannten Must-Carry-Bereich sowie in den regulierten und in den unregulierten Non-Must-Carry-Bereich.[905]

In den Must-Carry-Bereich fallen nach § 52 Abs. 3 RStV diejenigen Programmangebote, die aus Gründen der Vielfaltssicherung von jedem Netzbetreiber verpflichtend eingespeist werden müssen. Das sind die Angebote der öffent-

---

902 Vgl. *Schulz/Kühlers*, Konzepte der Zugangsregulierung für digitales Fernsehen, 2000, S. 65.
903 Vgl. zu diesem Problem die Überlegungen bei *Schulz/Kühlers*, Konzepte der Zugangsregulierung für digitales Fernsehen, 2000, S. 100 f.; *Leopoldt*, Navigatoren, 2002, S. 153 ff.
904 Vgl. auch *Schulz*, in: Hahn/Vesting (Hrsg.), Beck'scher Kommentar zum Rundfunkrecht, 2003, § 53 Rdn. 30.
905 Vgl. dazu allgemein *Holznagel*, MMR 2000, 481 ff.; *Albrecht Hesse*, ZUM 2000, 186 f.; *Weisser/Lübbert*, K&R 2000, 274 ff.

lich-rechtlichen Rundfunkanstalten, aber auch sonstige lokale und regionale Fernsehprogramme sowie die Offenen Kanäle. Die Belegungsentscheidung bezüglich der verbleibenden Kapazitäten steht nach § 52 Abs. 4 RStV grundsätzlich den Netzbetreibern zu.

Dieser Non-Must-Carry-Bereich teilt sich wiederum in zwei Kategorien. Hinsichtlich eines Drittels der digitalen Gesamtkapazität unterliegen die Netzbetreiber bei ihrer Belegungsentscheidung den gesetzlichen Vorgaben des § 53 Abs. 4 Nr. 1 RStV. In diesem „regulierten Non-Must-Carry-Bereich" sind sie unter Berücksichtigung der Interessen der angeschlossenen Teilnehmer dazu verpflichtet, „eine Vielzahl von Programmveranstaltern sowie ein vielfältiges Programmangebot an Vollprogrammen, nicht entgeltfinanzierten Programmen, Spartenprogrammen und Fremdsprachenprogrammen" einzubeziehen. Zudem müssen Mediendienste angemessen berücksichtigt werden. Im darüber hinausgehenden Kapazitätsbereich, dem „unregulierten Non-Must-Carry-Bereich", sind die Netzbetreiber gemäß § 53 Abs. 4 Nr. 2 RStV frei, diesen allein nach Maßgabe der allgemeinen Gesetze zu belegen.

(2) Vorrangige Beücksichtigung der Navigatoren im Non-Must-Carry-Bereich

Nach der derzeitigen Rechtslage fallen die Navigationssysteme nicht in den Must-Carry-Bereich, denn dieser umfasst ausschließlich Fernsehprogramme, während die Navigatoren selbst als Mediendienste zu qualifizieren sind.[906] Mediendienste müssen allerdings bei der Belegung des regulierten Non-Must-Carry-Bereichs von den Netzbetreibern „angemessen" berücksichtigt werden.

Aus dem Gesetz selber ergeben sich jedoch keine Kriterien, wie genau die vorhandenen Übertragungskapazitäten im regulierten Non-Must-Carry-Bereich aufzuteilen sind. Insbesondere ist unklar, ob für die Belegungsentscheidung ein Rangverhältnis zwischen den zu übertragenden Rundfunk- und Mediendiensten besteht. Teilweise wird in diesem Bereich eine Vorrangstellung für solche Rundfunkprogramme angenommen, die nach der gesetzlichen Regelung bei der Belegungsentscheidung bevorzugt Berücksichtigung finden müssen.[907]

Anderes gilt jedoch für die bereitzustellenden Übertragungskapazitäten für elektronische Benutzerführungssysteme. Hier besteht in jedem Fall ein umgekehrtes Rangverhältnis.[908] Dies ergibt die Wertung des § 53 RStV, der eine weitgehende Zugangsfreiheit der Rezipienten zu Navigationssystemen verschie-

---

906 Vgl. auch *Leopoldt*, Navigatoren, 2002, S. 154.
907 *Holznagel*, MMR 2000, 482.
908 In diese Richtung auch *Schulz*, in: Hahn/Vesting (Hrsg.), Beck'scher Kommentar zum Rundfunkrecht, 2003, § 53 Rdn. 30.

dener Anbieter sicherstellen will.[909] Die Möglichkeit, zu nicht diskriminierenden Bedingungen zu den Nutzern zu gelangen, muss auch und gerade für die Angebote von programmübergreifend arbeitenden Systembetreibern bestehen, die für die Rezipienten von höherem Wert sind als die proprietären Systeme einzelner Programmanbieter. Eine solche Möglichkeit besteht im Kabelnetz aber nur, wenn die Navigationssysteme auch zu den Rezipienten transportiert werden.

Aus diesem Grund ist es erforderlich, die Navigationssysteme im regulierten Non-Must-Carry-Bereich gegenüber ebenfalls Zugang begehrenden Rundfunkprogrammanbietern und anderen Mediendiensten als vorrangig zugangsberechtigt einzustufen.[910] Nur eine vorrangige Berücksichtigung stellt vor dem Hintergrund der Wertungen des § 53 RStV eine „angemessene" Berücksichtigung im Sinne des § 52 Abs. 4 Nr. 1 RStV dar. Werden die Navigatoren bei der Belegungsentscheidung aber vorrangig berücksichtigt, so besteht keine Notwendigkeit, diese de lege ferenda ausdrücklich dem Must-Carry-Bereich zuzuordnen, wie dies in der Literatur bisweilen gefordert wird.[911] Wünschenswert wäre aber eine gesetzgeberische Klarstellung im Rahmen des § 52 Abs. 4 Nr. 1 RStV.[912]

c) Zusammenfassung

Die Betreiber von Navigationssystemen müssen allen Zugangsberechtigten den Zugang zu chancengleichen, angemessenen und nicht diskriminierenden Bedingungen gewähren. Jedem dieser drei Tatbestandsmerkmale kommt ein eigenständiger Regelungsgehalt zu.

Chancengleich sind die Bedingungen dann, wenn unter Berücksichtigung des Zielwertes der kommunikativen Chancengerechtigkeit alle Angebote reale und nicht nur theoretische Zugangschancen haben. Deshalb sind Privilegierungen bestimmter vielfaltsfördernder, aber marktschwacher Angebote genauso erforderlich wie die positivrechtliche Absicherung der Position des öffentlich-rechtlichen Rundfunks in der dualen Rundfunkordnung. Einzelheiten regelt die Zugangssatzung.

Zugangsbedingungen sind dann angemessen, wenn die Vertragsgestaltung transparent erfolgt, und wenn die Höhe der vom Betreiber des Navigationssystems verlangten Entgelte für kostenpflichtige Angebote ein sachgerechtes Verhältnis von Aufwand und Nutzen widerspiegelt.

---

909 Vgl. *Leopoldt*, Navigatoren, 2002, S. 154.
910 Vgl. *Schulz/Kühlers*, Konzepte der Zugangsregulierung für digitales Fernsehen, 2000, S. 101.
911 So etwa *Leopoldt*, Navigatoren, 2002, S. 154.
912 Vgl. bereits *Schulz/Kühlers*, Konzepte der Zugangsregulierung für digitales Fernsehen, 2000, S. 103.

Ob Zugangsbedingungen nicht diskriminierend sind, kann in Anlehnung an die dafür geltenden Kriterien des wettbewerbsrechtlichen Behinderungs- und Diskriminierungsverbotes aus § 20 Abs. 1 GWB ermittelt werden. Dabei ist jedoch ein spezifisch rundfunkrechtlicher Bewertungsmaßstab anzulegen, der bei der Rechtfertigung von Behinderungen und diskriminierenden Ungleichbehandlungen den verfassungsrechtlichen Zielwert der kommunikativen Chancengerechtigkeit berücksichtigt.

Den Anbietern von Navigationssystemen selbst ist der Zugang zu den Rezipienten mit Hilfe von zugangsoffenen Schnittstellen in den digitalen Endgeräten zu ermöglichen. Im Rahmen der Belegungsentscheidung gemäß § 52 Abs. 4 Nr. 1 RStV sind Navigationssysteme von den Kabelnetzbetreibern vorrangig zu berücksichtigen.

6. Verfahrensrechtliche Absicherung der Zugangsfreiheit

Um die materiellrechtlichen Anforderungen an die Zugangsgewährung abzusichern, enthalten die erst nachträglich mit dem Vierten Rundfunkänderungsstaatsvertrag eingeführten § 53 Abs. 4 – 6 RStV sowie die Zugangssatzung in den §§ 5 – 12 detaillierte verfahrensrechtliche Vorgaben. Geregelt sind Anzeige-, Offenlegungs- und Auskunftspflichten für die Betreiber von Zugangsdiensten, Prüfungs- und Sanktionskompetenzen der Landesmedienanstalten sowie Beschwerdemöglichkeiten von Rundfunkveranstaltern.[913]

a) Anzeigeverpflichtung

Gemäß § 53 Abs. 4 Satz 1 RStV haben die durch die Vorschrift verpflichteten Anbieter von Navigationssystemen die Aufnahme ihres Dienstes der zuständigen Landesmedienanstalt unverzüglich anzuzeigen.[914] Das sind nach der hier vertretenen Auffassung nicht nur die Betreiber von Basisnavigatoren, sondern auch die Anbieter von programmübergreifenden EPG-Anwendungen.

aa) Zuständige Landesmedienanstalt

Welche Landesmedienanstalt zur Entgegennahme der Anzeige zuständig ist, ergibt sich aus § 53 RStV nicht. Eine einschlägige Regelung findet sich aber in

---

913 Vgl. dazu die ausführliche Darstellung bei *Leopoldt*, Navigatoren, 2002, S. 131 ff. sowie hinsichtlich der Zugangssatzung *Kibele*, MMR 2002, 370 ff.
914 Von der Anzeigepflicht befreit sind allerdings Anbieter von Diensten, die für weniger als 1.000 Haushalte bestimmt sind, vgl. § 5 Abs. 5 der Zugangssatzung.

§ 11 Abs. 1 der Zugangssatzung. Danach ist diejenige Landesmedienanstalt örtlich zuständig, in deren Zuständigkeitsbereich der Zugangsdienst erbracht wird. Das ist im Fall der Navigationssysteme der Sitz des Systembetreibers.[915] Sind danach mehrere Landesmedienanstalten zuständig, so bestimmt laut § 11 Abs. 2 der Zugangssatzung die „Gemeinsame Stelle Digitaler Zugang" diejenige Anstalt, bei der das Verfahren geführt wird.[916]

bb) Anzeige der Aufnahme des Dienstes

Anzuzeigen ist die Aufnahme des Dienstes. Im Fall eines Navigationssystems ist maßgeblich der Zeitpunkt, zu dem das System für die Rezipienten nutzbar wird. Entscheidend ist, dass keine Überprüfung der jeweiligen Systemeigenschaften durch die Landesmedienanstalten im Vorfeld der Aufnahme des Dienstbetriebes vorgesehen ist. Der Gesetzgeber verzichtet damit auf eine präventive Kontrolle, etwa in der Form eines Zulassungsverfahrens. Ein Verbot mit Erlaubnisvorbehalt, wie es etwa in § 20 RStV für die Veranstaltung von Rundfunkprogrammen existiert, oder auch eine Anzeigeverpflichtung im Vorfeld des Tätigwerdens, wie in § 52 Abs. 5 RStV für die Kabelbelegung vorgesehen, besteht also für die Zugangsdienste nicht. Die erforderliche Anzeige muss aber unverzüglich, das heißt ohne schuldhaftes Zögern nach Aufnahme des Betriebes erfolgen.[917]

cc) Bescheid der Landesmedienanstalt

Die zuständige Landesmedienanstalt überprüft dann, ob das jeweilige System den in der Zugangssatzung konkretisierten materiellrechtlichen Anforderungen des § 53 RStV entspricht. Die Landesmedienanstalten stellen dies gemäß § 53 Abs. 5 Satz 2 RStV durch förmlichen Bescheid fest. Entspricht das System nicht den gesetzlichen Anforderungen, kann der Bescheid mit Auflagen verbunden werden. Als Ultima Ratio ist gemäß § 53 Abs. 5 Satz 4 RStV auch eine Untersagung des Angebotes möglich.

---

915 A.A. wohl *Leopoldt*, Navigatoren, 2002, S. 130, die auf den „Nutzerstandort" abstellen will, allerdings diesen Ansatz dann selbst als „unpraktikabel" einstuft.
916 Die „Gemeinsame Stelle Digitaler Zugang" ist eine Gemeinschaftseinrichtung der Landesmedienanstalten. Sie ist durch Beschluss der Direktorenkonferenz der Landesmedienanstalten (DLM) am 6.12.2000 eingerichtet worden und nimmt gemäß § 12 der Satzung koordinierende und entscheidungsvorbereitende Aufgaben war. Informationen zu ihrer Arbeit finden sich unter http://www.digitaler-zugang.de
917 Vgl. *Leopoldt*, Navigatoren, 2002, S. 132.

dd) Verfassungsrechtliche Zulässigkeit des Anzeigeverfahrens

Einige Zeit war in der Literatur umstritten, ob nicht ein förmliches Zulassungsverfahren im Vorfeld der Aufnahme des Betriebes zur effektiven Gewährleistung der kommunikativen Chancengerechtigkeit verfassungsrechtlich geboten ist. Teilweise wurde ein bloßes Anzeigeverfahren mit nachträglichen Kontrollmöglichkeiten wegen der erheblichen Manipulationsgefahr der Navigationsysteme nicht für ausreichend erachtet.[918] Nach zutreffender Ansicht genügt jedoch auch ein Anzeigeverfahren den verfassungsrechtlichen Anforderungen.[919]

Zwar haben die Landesmedienanstalten in diesem Fall nur die Möglichkeit, den Betrieb des Systems nachträglich zu untersagen, falls Rechtsverstöße festgestellt werden. Ein Navigationssystem könnte also eine Zeit lang unter Verstoß gegen die gesetzlichen Vorgaben zur Sicherung der Zugangsfreiheit betrieben werden. Es bestehen jedoch keine Anhaltspunkte dafür, dass dieser Umstand zu einer realen Gefährdung der Rundfunkfreiheit und damit zu Gefahren für die Freiheit der individuellen und öffentlichen Meinungsbildung führen könnte. Die vom Bundesverfassungsgericht oftmals betonte Schwierigkeit, einmal eingetretene Fehlentwicklungen auf dem Rundfunksektor nachträglich wieder zu korrigieren,[920] und die daraus folgende Verpflichtung des Gesetzgebers, durch die Ausgestaltungsgesetzgebung bereits im Vorfeld dafür Sorge zu tragen, dass derartige Entwicklungen gar nicht erst eintreten, erscheint hier nicht problematisch. Denn es können keine Umstände eintreten, die einer nachträglichen Kontrolle bzw. Korrektur nicht mehr zugänglich sind und aus diesem Grund ein präventiv wirkendes Zulassungsverfahren zwingend erfordern würden.[921]

Ohnehin gilt, dass die Navigationssysteme gerade in der Anfangszeit ihres Betriebes noch ständigen Veränderungen technischer und inhaltlicher Art unterliegen werden. Das gilt zum Beispiel für die konkrete Gestaltung der Benutzeroberfläche, aber auch für die Ausgestaltung der Betriebssoftware. Entscheidende Bedeutung kommt deshalb der laufenden Kontrolle der Navigations-

---

918 Vgl. etwa *Hege*, Offene Wege in die digitale Zukunft, 1995, S. 39; *Christoph Wagner*, Rechtsfragen digitalen Kabelfernsehens, 1996, S. 63.; *Libertus*, ZUM 1996, 397.
919 Vgl. auch *Weisser*, ZUM 1997, 896 f.; *Gersdorf*, Chancengleicher Zugang zum digitalen Fernsehen, 1998, S. 158 ff.; *Thierfelder*, Zugangsfragen digitaler Fernsehverbreitung, 1999, S. 138; *Leopoldt*, Navigatoren, 2002, S. 132 ff.
920 Vgl. nur BVerfGE 57, 295, 323.
921 *Gersdorf*, Chancengleicher Zugang zum digitalen Fernsehen, 1998, S. 159. Das bedeutet aber nicht, dass ein solches Zulassungsverfahren nicht eingeführt werden könnte, wenn der Gesetzgeber es für zweckmäßig erachtet. Es besteht insoweit ein weiter Ermessensspielraum.

systeme während ihres Betriebes zu.[922] Eine vorherige Überprüfung hätte nur den Charakter einer Momentaufnahme mit begrenzter Aussagekraft und Steuerungswirkung. Es kommt folglich darauf an, dass der Gesetzgeber für eine beständige und nicht nur punktuell wirkende Sicherung der kommunikativen Chancengerechtigkeit ausreichende verfahrensrechtliche Vorkehrungen trifft.[923] Das ist in § 53 RStV und in der Zugangssatzung geschehen, so dass das bestehende Anzeigeverfahren ausreichende Sicherungswirkungen entfaltet.

b) Offenlegungs- und Auskunftsverpflichtungen

Als erforderliche verfahrensrechtliche Sicherungselement sind insbesondere die weitgehenden Offenlegungs- und Auskunftsverpflichtungen der Systembetreiber zu nennen.

aa) Offenlegungsverpflichtung

Mit der Anzeige über die Aufnahme des Dienstbetriebes haben die Anbieter gemäß § 53 Abs. 4 Satz 2 RStV der zuständigen Landesmedienanstalt und Dritten, die ein berechtigtes Interesse geltend machen, alle technischen Parameter offen zu legen, deren Kenntnis erforderlich ist, um den Zugang zum Navigationssystem zu ermöglichen. Welche Parameter das im Einzelnen sind, wird weder in § 53 RStV noch in der Zugangssatzung näher konkretisiert. Die Verpflichtung zur Offenlegung hängt allein davon ab, ob ihre Kenntnis zur Zugangseröffnung erforderlich ist oder nicht.[924] In jedem Fall wäre die Vorlage einer Demo-Version sachdienlich.[925] Bei den intelligenten EPGs gehören zu den offen zu legenden Parametern auch die von dem System benutzten Selektions- und Suchkriterien.[926] Ebenfalls offen zu legen sind gemäß § 53 Abs. 4 Satz 1 RStV alle für einzelne Dienstleistungen des Systembetreibers geforderten Entgelte. Die Anzeige muss auch Angaben zum Anbieter enthalten, insbesondere zu dessen

---

922 *Gersdorf*, Chancengleicher Zugang zum digitalen Fernsehen, 1998, S. 159; *Siekmann*, Programminformationen der öffentlich-rechtlichen Rundfunkanstalten, 2000, S. 227.
923 Angesprochen ist damit das Erfordernis eines prozeduralen Grundrechtsschutz. Vgl. dazu nur BVerfGE 90, 60, 96.
924 *Schulz*, in: Hahn/Vesting (Hrsg.), Beck'scher Kommentar zum Rundfunkrecht, 2003, § 53 Rdn. 90.
925 *Gemeinsame Stelle Digitaler Zugang*, Anforderungen an Navigatoren, Diskussionspapier der GSDZ; Version 1.0; Stand: 04. Mai 2004, abrufbar über www.alm.de, S. 8.
926 Vgl. dazu *Ladeur*, in: Faber/Frank (Hrsg.), Festschrift für Ekkehart Stein zum 70. Geburtstag, 2002, S. 89.

Beziehungen zu Netzbetreibern, Boxen-Herstellern oder Rundfunkveranstaltern.[927]

Von großer Bedeutung für die konstante Sicherung der Zugangsfreiheit sind die Bestimmungen in § 53 Abs. 4 Satz 3 und Satz 5 RStV, wonach auch alle Änderungen der zugangsrelevanten technischen Parameter sowie alle Veränderungen der Entgeltbedingungen unverzüglich offen zu legen sind. Derartige Änderungen sind der zuständigen Landesmedienanstalt von den Verpflichteten ohne Aufforderung mitzuteilen.[928]

Darüber hinaus sind diese Änderungen, genau wie die ursprünglich anzuzeigenden Daten, gegenüber Dritten, die ein berechtigtes Interesse nachweisen, offen zu legen.[929] Der Kreis der Dritten, die ein berechtigtes Interesse an einer Offenlegung geltend machen können, wird in § 7 der Zugangssatzung näher bestimmt. Grundsätzlich können danach alle aus § 53 RStV und in der Zugangssatzung berechtigten Diensteanbieter eine Offenlegung von Zugangsdaten verlangen. Das sind vor allem die Rundfunkveranstalter, aber auch Anbieter von Diensten, die mit der Rundfunkveranstaltung in Zusammenhang stehen bzw. inhaltlich mit dieser verbunden sind.[930]

Hinzukommen muss aber stets ein im Einzelfall festzustellendes, besonderes berechtigtes Interesse des Anspruchstellers an der Offenlegung der Daten. Es ist nämlich auch das Anliegen der Systembetreiber zu berücksichtigen, nicht unnötig geschäftsschädigenden Transparenzanforderungen ausgesetzt zu werden.[931] Diesem Umstand wird in § 7 der Zugangssatzung Rechnung getragen, indem dieser eine Beschränkung des Kreises der auskunftsberechtigten Dritten vornimmt. Danach können „in der Regel" nur solche Zugangsberechtigten ein berechtigtes Interesse auf Offenlegung solcher technischer Parameter und Entgelte geltend machen, (1) die sie zur Ausübung des Zugangs benötigen, (2) auf die sie eine Beschwerde nach § 9 der Satzung stützen möchten oder (3) von deren Feststellung nach § 8 der Satzung sie entsprechend der in § 54 Abs. 2 Nr. 3, 1. Halb-

---

927 *Gemeinsame Stelle Digitaler Zugang*, Anforderungen an Navigatoren, Diskussionspapier der GSDZ; Version 1.0; Stand: 04. Mai 2004, abrufbar über www.alm.de, S. 8.
928 *Schulz*, in: Hahn/Vesting (Hrsg.), Beck'scher Kommentar zum Rundfunkrecht, 2003, § 53 Rdn. 92.
929 *Hartstein/Ring/Kreile/Dörr/Stettner*, Rundfunkstaatsvertrag Kommentar, Stand März 2004, § 53 RStV Rdn. 27.
930 Vgl. dazu oben G. II. 4. b).
931 Vgl. *Schulz*, in: Hahn/Vesting (Hrsg.), Beck'scher Kommentar zum Rundfunkrecht, 2003, § 53 Rdn. 91. Dazu auch *Thierfelder*, Zugangsfragen digitaler Fernsehverbreitung, 1999, S. 139.

satz GWB genannten Weise betroffen würden. Letzteres verlangt eine erhebliche Interessenberührung.[932] Interessen rein ideeller Natur reichen dafür nicht aus.[933]

bb) Auskunftsverpflichtung

Die Offenlegungspflichten gegenüber den Landesmedienanstalten und anspruchsberechtigten Dritten werden in § 53 Abs. 4 Satz 6 RStV ergänzt durch eine zusätzliche Verpflichtung zur Auskunftserteilung auf gesondertes Verlangen der Landesmedienanstalten. Diese Auskunftsverpflichtung geht weiter als die Offenlegungspflichten.[934] Auch geht die Auskunftspflicht über die allgemeine Pflicht zur Auskunftserteilung des Beteiligten in einem einfachen Verwaltungsverfahren hinaus.[935] Einzelheiten regelt § 6 der Zugangssatzung. So können die Landesmedienanstalten gem. § 6 Abs. 2 Nr. 2 der Satzung – beispielsweise mit dem Ziel der Überprüfung von nicht diskriminierenden Entgeltbedingungen – Auskunft über vertragliche Vereinbarungen des Verpflichteten mit Dritten verlangen. Die Auskunftserteilung ist verfahrensrechtlich eigenständig durchsetzbar.[936]

c) Prüfungspflicht und Sanktionsmöglichkeiten der Landesmedienanstalten

Mit der Auskunftsverpflichtung soll der zuständigen Landesmedienanstalt die Überprüfung ermöglicht werden, ob der fragliche Zugangsdienst den materiellrechtlichen Anforderungen an die Zugangsfreiheit entspricht, und ob der Betreiber seinen Offenlegungspflichten korrekt nachgekommen ist. Diese Prüfung ist gemäß § 53 Abs. 5 Satz 1 RStV von den Landesmedienanstalten nach der Anzeige über die Aufnahme des Zugangsdienstes von Amts wegen vorzunehmen.[937] Auch nach der ersten Überprüfung kann jederzeit ein erneutes Prüfverfahren eingeleitet werden.

---

932 Vgl. *Bechtold*, GWB, 3. Aufl., 2002, § 54 Rdn. 8.
933 *Schulz*, in: Hahn/Vesting (Hrsg.), Beck'scher Kommentar zum Rundfunkrecht, 2003, § 53 Rdn. 91.
934 *Hartstein/Ring/Kreile/Dörr/Stettner*, Rundfunkstaatsvertrag Kommentar, Stand März 2004, § 53 RStV Rdn. 29.
935 *Schulz*, in: Hahn/Vesting (Hrsg.), Beck'scher Kommentar zum Rundfunkrecht, 2003, § 53 Rdn. 95.
936 *Schulz*, in: Hahn/Vesting (Hrsg.), Beck'scher Kommentar zum Rundfunkrecht, 2003, § 53 Rdn. 95.
937 *Thierfelder*, Zugangsfragen digitaler Fernsehverbreitung, 1999, S. 140.

aa) Prüfbescheid

Gemäß § 53 Abs. 5 Satz. 2 RStV stellt die zuständige Landesmedienanstalt im Anschluss an das jeweilige Prüfverfahren durch Bescheid fest, ob der Dienst oder das System den gesetzlichen Anforderungen entspricht. Der Bescheid hat in angemessener Frist zu ergehen. Er entfaltet keine konstitutive, also die Inbetriebnahme des Systems erst legitimierende Wirkung, sondern erfüllt allein die Funktion, die Rechtmäßigkeit des Systems deklaratorisch festzustellen.[938] Bei dem Bescheid handelt sich um einen rechtsverbindlichen feststellenden Verwaltungsakt.[939]

Entspricht der angezeigte Dienst oder das System den gesetzlichen Anforderungen nicht, hat die zuständige Landesmedienanstalt gemäß § 8 Abs. 1 Satz 3 der Zugangssatzung zunächst zwei Möglichkeiten. Zum einen kann sie dem Verpflichteten Gelegenheit geben, seine Anzeige nachzubessern, insbesondere die bereits offengelegten Informationen zu ergänzen. Falls dies nicht ausreichend erscheint, kann die Landesmedienanstalt zum anderen den Bescheid mit Auflagen verbinden, die sicherstellen, dass der Zugangsdienst den gesetzlichen Anforderungen entspricht. Als Ultima Ratio sieht § 53 Abs. 5 Satz 4 RStV schließlich die Möglichkeit zur Untersagung des Zugangsdienstes vor. Gemäß § 8 Abs. 3 Satz 1 der Satzung untersagt die zuständige Landesmedienanstalt den angezeigten Zugangsdienst dann, wenn (1) der Dienst oder das System auch durch Auflagen nicht den gesetzlichen Anforderungen entspricht, (2) der Verpflichtete Auflagen trotz Fristsetzung nicht erfüllt oder (3) der Verpflichtete fortgesetzt oder wiederholt gegen die Bestimmungen des § 53 RStV oder diese Satzung verstößt. Letzteres ist als Untersagungsgrund in § 53 RStV nicht ausdrücklich vorgesehen. Die Regelung wird aber vom Normzweck der Regelung getragen und ist deshalb auch von der Ermächtigungsgrundlage gedeckt.[940]

bb) Feststellungen durch öffentlich-rechtlichen Vertrag

Gemäß § 53 Abs. 5 Satz 2 RStV stellt die zuständige Landesmedienanstalt das Ergebnis der Überprüfung durch Bescheid fest. Gleichwohl ist in § 8 Abs. 2 der Zugangssatzung vorgesehen, dass Feststellungen, die mit Nachbesserungs- und Ergänzungsverpflichtungen bzw. Auflagen verbunden sind, auch durch öffentlich-rechtlichen Vertrag zwischen dem Verpflichteten und der zuständigen Lan-

---

938 Vgl. *Gersdorf*, Chancengleicher Zugang zum digitalen Fernsehen, 1998, S. 158.
939 *Hartstein/Ring/Kreile/Dörr/Stettner*, Rundfunkstaatsvertrag Kommentar, Stand März 2004, § 53 RStV Rdn. 30.
940 Vgl. *Leopoldt*, Navigatoren, 2002, S. 136.

desmedienanstalt erfolgen können. An die Stelle einer Untersagungsverfügung durch Verwaltungsakt, die bei einem Verstoß gegen die gesetzlichen Vorgaben gegebenenfalls später erforderlich wird, tritt in diesem Fall gemäß § 8 Abs. 3 Satz 2 der Satzung die Kündigung des Vertrages aus wichtigem Grund. Auch diese Regelung ist im Ergebnis von der Satzungsermächtigung gedeckt. Denn sie kann dazu beitragen, ein kooperatives Verhältnis zwischen dem Verpflichteten und der Aufsichtsbehörde zu fördern, welches wiederum der effektiven Durchsetzung der Zugangsoffenheit der betroffenen Dienste zuträglich ist.[941]

d) Beschwerderechte Dritter

Ebenfalls der effektiven Durchsetzung der Zugangseröffnung dient das in § 53 Abs. 6 RStV geregelte Beschwerderecht Dritter. Danach können Veranstalter bei der zuständigen Landesmedienanstalt Beschwerde einlegen, wenn ein Anbieter von Diensten ihnen gegenüber gesetzliche Bestimmungen verletzt. Nach Eingang der Beschwerde hat die Landesmedienanstalt den betroffenen Diensteanbieter zunächst anzuhören. Hält sie die Beschwerde für begründet, gibt sie dem Betreiber des Dienstes unter Setzung einer angemessenen Frist Gelegenheit, der Beschwerde abzuhelfen. Wird der Beschwerde nicht oder nicht fristgerecht abgeholfen, trifft die Landesmedienanstalt die jeweils erforderlichen Maßnahmen. Dauert der Rechtsverstoß an oder wiederholt er sich, hat die Landesmedienanstalt den betroffenen Dienst zu untersagen.

aa) Streitbeilegungsverfahren

Weitere Einzelheiten zum Beschwerdeverfahren regelt § 9 der Zugangssatzung. Die dort erfolgten Konkretisierungen der Vorgaben aus § 53 Abs. 6 RStV ähneln den ausdifferenzierten Streitbeilegungsverfahren aus dem Telekommunikationsrecht.[942] Dort sind Verhandlungspflichten der Beteiligten und Schlichtungsmöglichkeiten der Regulierungsbehörde vorgesehen, bevor die Aufsichtsbehörde eine Entscheidung treffen kann. Durch ein gestuftes Verfahren wird eine möglichst konsensfähige und marktnahe Konfliktlösung unter Beteiligung der streitenden Parteien angestrebt. Dementsprechend hat nun gemäß § 9 Abs. 2 der Zugangssatzung der Beschwerdeführer bei der Einlegung der Beschwerde zunächst

---

941 Kritisch allerdings *Thierfelder*, Zugangsfragen digitaler Fernsehverbreitung, 1999, S. 139, der auf die eventuell nur eingeschränkt bestehende Möglichkeit zur Durchsetzung vertraglicher Ansprüche über die Verwaltungszwangsvollstreckung verweist.
942 Dazu bereits *Schulz/Kühlers*, Konzepte der Zugangsregulierung für digitales Fernsehen, 2000, S. 78 f.

darzulegen, dass er auf eine einvernehmliche Klärung der streitigen Positionen mit dem Verpflichteten hinzuwirken versucht hat. Die Beschwerde kann erst nach Scheitern der Einigungsbemühungen erhoben werden. Anderenfalls ist sie als unzulässig zurückzuweisen. Allerdings können an die im Vorfeld der Beschwerdeerhebung nachzuweisenden Einigungsbemühungen keine zu hohen Anforderungen gestellt werden.[943] Ist eine zulässige Beschwerde eingelegt, so erörtert gemäß § 9 Abs. 3 der Satzung die Landesmedienanstalt zunächst die Sach- und Rechtslage mit dem Ziel einer einvernehmlichen Regelung mit dem Verpflichteten. Erst wenn eine einvernehmliche Lösung nicht erreicht werden kann, entscheidet sie über weitere Maßnahmen.

bb) Beschwerdeberechtigung von „Veranstaltern"

§ 53 Abs. 6 RStV räumt das Beschwerderecht lediglich „Veranstaltern" ein. Beschwerdeberechtigt sind aus diesem Grund ausschließlich Rundfunkveranstalter, nicht aber konkurrierende Anbieter von Zugangsdiensten oder zugangsberechtigte Anbieter von Mediendiensten.[944] Vorschläge aus der Literatur, das Beschwerderecht zur möglichst effektiven Durchsetzung der Regelungsziele des § 53 RStV in der Satzung auf andere materiellrechtlich durch die Vorschrift Berechtigte auszuweiten, sind von den Satzungsgebern nicht aufgegriffen worden.[945] Eine Ausweitung der Beschwerdeberechtigung durch die Landesmedienanstalten als Satzungsgeber wäre derzeit angesichts des eindeutigen Wortlauts des § 53 Abs. 6 Satz 1 RStV von der Ermächtigungsgrundlage auch nicht gedeckt.[946]

cc) Verletzung eigener Rechte

Weiter gilt, dass die Beschwerdeführer gemäß § 53 Abs. 6 RStV und § 9 der Zugangssatzung geltend machen müssen, ein Verpflichteter verletze „ihnen gegenüber" die Bestimmungen des § 53 RStV. Das setzt voraus, dass der beschwerde-

---

943 *Schulz*, in: Hahn/Vesting (Hrsg.), Beck'scher Kommentar zum Rundfunkrecht, 2003, § 53 Rdn. 107; *Leopoldt*, Navigatoren, 2002, S. 142.
944 *Holznagel*, MMR 2000, 485; *Schulz*, in: Hahn/Vesting (Hrsg.), Beck'scher Kommentar zum Rundfunkrecht, 2003, § 53 Rdn 105; *Leopoldt*, Navigatoren, 2002, S. 141.
945 Vgl. *Schulz/Kühlers*, Konzepte der Zugangsregulierung für digitales Fernsehen, 2000, S. 78.
946 So auch *Leopoldt*, Navigatoren, 2002, S. 141; a.A. insoweit *Schulz/Kühlers*, Konzepte der Zugangsregulierung für digitales Fernsehen, 2000, S. 78.

führende Rundfunkveranstalter in seinen eigenen Rechten verletzt wird.[947] § 53 Abs. 1 bis 3 RStV gewährt subjektive öffentliche Rechte für alle aus der Vorschrift Berechtigten, soweit ihre durch Art. 5 Abs. 1 Satz 2 GG geschützten kommunikativen Interessen durch die Anbieter der Zugangsdienste beeinträchtigt werden.[948] Diese subjektiven öffentlichen Rechte stehen allen Berechtigten zu, also nicht nur den beschwerdebefugten Rundfunkveranstaltern, sondern beispielsweise auch solchen Berechtigten, die mit der Veranstaltung von Rundfunkprogrammen in Zusammenhang stehende Mediendiensten bzw. sonstige mit der Rundfunkveranstaltung inhaltlich verbundene Dienste anbieten.

Aus diesem Grund wäre eine Ausweitung des Beschwerderechts auf alle Berechtigten aus § 53 RStV de lege ferenda sinnvoll. Denn die Anbieter ohne ausdrückliches Beschwerderecht haben im Fall einer behaupteten Verletzung ihrer Zugangsrechte formal nur die Möglichkeit, eine Verpflichtungsklage vor den Verwaltungsgerichten auf Einschreiten der zuständigen Landesmedienanstalt zu erheben.[949] Das erscheint im Ergebnis aber nicht zweckmäßig. Auch in diesen Fällen sollte vielmehr das auf konsensfähige und marktnahe Lösungen abgestimmte Beschwerdeverfahren zur Anwendung kommen. Zudem könnte eine Ausweitung der Beschwerdebefugnis auch die effektive Durchsetzung der Regelungsziele aus § 53 RStV und damit nicht zuletzt die Zielsetzung des Art. 5 Abs. 1 Satz 2 GG fördern.[950] Eine verfassungsrechtliche Verpflichtung des Gesetzgebers, den Kreis der Beschwerdeberechtigten zu erweitern, besteht aber nicht.

e) Ergebnis

Das in § 53 RStV geregelte Anzeigeverfahren mit nachträglichen Prüfungs- und Sanktionsmöglichkeiten der Landesmedienanstalten genügt den verfassungsrechtlichen Anforderungen an eine effektive Sicherung der Zugangsfreiheit. Neben der Anzeigeverpflichtung selbst sorgen weitgehende Offenlegungs- und Auskunftspflichten der Zugangsdiensteanbieter sowie die Sanktionskompetenzen der Landesmedienanstalten, die bis zu einer Untersagungsverfügung bei Verstößen gegen die gesetzlichen Vorgaben reichen können, für eine effektive und vor

---

947 A.A. ohne Begründung *Schulz*, in: Hahn/Vesting (Hrsg.), Beck'scher Kommentar zum Rundfunkrecht, 2003, § 53 Rdn. 106.
948 Vgl. *Schulz*, in: Hahn/Vesting (Hrsg.), Beck'scher Kommentar zum Rundfunkrecht, 2003, § 53 Rdn. 121, der aber nur die Rundfunkveranstalter für berechtigt hält.
949 Vgl. zu den Rechtschutzmöglichkeiten allgemein *Schulz*, in: Hahn/Vesting (Hrsg.), Beck'scher Kommentar zum Rundfunkrecht, 2003, § 53 Rdn. 116 ff.
950 Vgl. auch *Trafkowski*, Medienkartellrecht, 2002, S. 204 mit FN 200; *Leopoldt*, Navigatoren, 2002, S. 159.

allem dauerhafte Umsetzung der verfassungsrechtlich vorgegebenen Regelungsziele. Nicht zuletzt stellt auch die Beschwerdemöglichkeit von betroffenen Rundfunkveranstaltern im Einzelfall sicher, dass die Zugangsfreiheit zu den betroffenen Diensten zu chancengleichen, angemessenen und nicht diskriminierenden Bedingungen erfolgt. Zu bemängeln ist aus systematischen Gründen lediglich, dass ein Beschwerderecht Dritter gemäß § 53 Abs. 6 RStV bisher nur für Rundfunkveranstalter vorgesehen ist, nicht aber für alle aus § 53 RStV berechtigten Diensteanbieter.

7. Verhältnis zum Mediendienstestaatsvertrag

Der Gesetzgeber hat die Regulierung der digitalen Zugangsdienste im Rundfunkstaatsvertrag verankert. Dies erscheint vor dem Hintergrund der bestehenden einfachgesetzlichen Differenzierung zwischen Rundfunk und Mediendiensten keineswegs zwingend. Diese Differenzierung wirft in Bezug auf die Navigationssysteme vielmehr einige Einordnungsprobleme auf.

a) System der abgestuften Regelungsdichte bei der Rundfunkgesetzgebung

Die vom Gesetzgeber vorzusehenden regulativen Sicherungsmechanismen müssen nicht für alle unter den verfassungsrechtlichen Rundfunkbegriff fallenden medialen Angebote einheitlich sein. Der Gesetzgeber kann vielmehr – abhängig vom jeweiligen Gefährdungspotential, das ein Dienst für die freie individuelle und öffentliche Meinungsbildung aufweist – ein „System der abgestuften Regelungsdichte" vorsehen.[951] Ein solches System haben die Länder durch entsprechende Bestimmungen im Rundfunkstaatsvertrag und im Mediendienstestaatsvertrag (MDStV) geschaffen.[952] Während im Rundfunkstaatsvertrag ein Teil der Dienste unter der einfachgesetzlichen Bezeichnung „Rundfunk" einem Regulierungsregime mit verhältnismäßig hohen regulativen Anforderungen unterworfen wird, unterliegt ein anderer Teil unter der Bezeichnung „Mediendienste" im Mediendienstestaatsvertrag einem abgesenkten Regulierungsniveau. In der Praxis

---

951 Vgl. *Nischan*, Digitale multimediale Videodienste, 2000, S. 94 m.w.N.
952 Hinzu kommt noch das Teledienstegesetz des Bundes, das den Bereich der fernmeldetechnisch verbreiteten Individualkommunikation und der publizistisch nicht relevanten Datendienste abdeckt. Vgl. zu dieser Abgrenzung *Hochstein*, NJW 1997, 2977 ff.

erweist sich allerdings die Abgrenzung zwischen Rundfunk und Mediendiensten als sehr schwierig, denn die Grenzen sind fließend.[953]

b) Abgrenzung von Rundfunk- und Mediendiensten

Gemäß § 2 Abs. 1 Satz 1 MDStV werden Mediendienste definiert als das Angebot und die Nutzung von an die Allgemeinheit gerichteten Informations- und Kommunikationsdiensten in Text, Ton oder Bild, die unter Benutzung elektromagnetischer Schwingungen ohne Verbindungsleiter oder längs oder mittels eines Leiters verbreitet werden. Im Gegensatz zur Definition des Rundfunkbegriffs in § 2 Abs. 1 Satz 1 RStV fehlt in dieser Legaldefinition das Merkmal der „Darbietung". Dies bedeutet allerdings nicht, dass die Mediendienste überhaupt kein Darbietungselement im Sinne des verfassungsrechtlichen Rundfunkbegriffs enthalten.[954] Das zeigt bereits die Formulierung in § 2 Abs. 2 Nr. 4 MDStV, wonach u.a. auch „Text, Ton- und Bilddarbietungen" als Mediendienste qualifiziert werden können.[955] Eine trennscharfe Unterscheidung von Rundfunk und Mediendiensten ist deshalb allein unter Rückgriff auf das Tatbestandsmerkmal der Darbietung nicht möglich. Es gelten andere Abgrenzungskriterien.

Fest steht zunächst, dass die erforderliche Differenzierung auf der inhaltlichen Ebene erfolgen muss und dass es nicht auf die Art und Weise der technischen Verbreitung des jeweiligen Dienstes ankommen kann.[956] Der Gesetzgeber selbst geht bei seiner inhaltlichen Betrachtung von einer graduell unterschiedlichen Wirkungsintensität einzelner medialer Darbietungsformen auf den Meinungsbildungsprozess aus. Diese Unterschiede sind der Grund für eine ebenso graduell erfolgende Ausdifferenzierung des jeweiligen Regulierungsniveaus. Die Einordnung eines Angebotes als Rundfunk oder Mediendienst hat deshalb im Rahmen einer inhaltlichen Gesamtbewertung zu erfolgen, in welcher entscheidend auf die für die Meinungsrelevanz eines Dienstes maßgeblichen Faktoren der Breitenwirkung, Aktualität und Suggestivkraft abgestellt werden muss.[957] Zum Tragen kommt somit erneut der funktionale Rundfunkbegriff des Bundes-

---

953 Vgl. dazu *Hochstein*, NJW 1997, 2977 ff.; *Janik*, AfP 2000, 7 ff.; *Tettenborn*, in: Engel-Flechsig/Maennel/Tettenborn (Hrsg.), Beck'scher IuKDG-Kommentar, 2001, § 2 MDStV Rdn. 37 ff.; *Kibele*, Multimedia im Fernsehen, 2001, S. 62 ff. Vgl. auch das „Dritte Strukturpapier zur Unterscheidung von Rundfunk und Mediendiensten" der Landesmedienanstalten, abrufbar unter http://www.alm.de.
954 Vgl. dazu ausführlich oben F. I. 2. b).
955 Vgl. *Janik*, AfP 2000, 11; *Kibele*, Multimedia im Fernsehen, 2001, S. 63.
956 Vgl. die Begründung im Dritten Rundfunkänderungsstaatsvertrag zur Einführung des § 20 Abs. 2 RStV, abgedruckt bei *Hartstein/Ring/Kreile/Dörr/Stettner*, Rundfunkstaatsvertrag Kommentar, Stand März 2004, A 2.1., S. 5.
957 *Michel*, ZUM 1998, 356; *Janik*, AfP 2000, 11.

verfassungsgerichts.[958] Bei der Qualifizierung eines Dienstes ist zu klären, ob das jeweilige Angebot aufgrund seiner engen inhaltlichen Begrenzung auf Themen der persönlichen Lebensführung oder aufgrund seiner nur eingeschränkten Breitenwirkung, Aktualität und Suggestivkraft nur in geringem Maße der öffentlichen Meinungsbildung dient.[959] Ist dies der Fall, muss der Dienst nicht der hohen Regelungsdichte des Rundfunkstaatsvertrages unterworfen werden. Mediendienste sind danach solche Angebote, die funktional mit Blick auf ihre Wirkungsintensität und den Einfluss auf den individuellen und öffentlichen Meinungsbildungsprozess ein „Minus" zum Rundfunk darstellen.[960] Ist umgekehrt die Schwelle überschritten, bei der einem Angebot aufgrund seines inhaltlichen Spektrums, seiner Aktualität oder Suggestivkraft im Prozess der Meinungsbildung eine den herkömmlichen Rundfunkprogrammen vergleichbare mediale Wirkung zukommt, handelt es sich um Rundfunk, mit der Folge, dass das Regelungsregime des Rundfunkstaatsvertrages greift.[961] Erforderlich für die Einstufung ist also stets eine einzelfallbezogene wertende Prüfung der rundfunkspezifischen Wirkungsintensität.

c) Qualifizierung der Navigationssysteme als Mediendienste

Dass die Navigationssysteme dem verfassungsrechtlichen Rundfunkbegriff unterfallen, wurde an anderer Stelle bereits geklärt.[962] Fraglich ist jedoch, ob sie hinsichtlich der bestehenden Differenzierung auch einfachgesetzlich als Rundfunk im Sinne des Rundfunkstaatsvertrages oder vielmehr als Mediendienst einzuordnen sind.

Die Länder konnten sich bei ihren diesbezüglichen Zuordnungsüberlegungen zunächst nur darauf festlegen, dass die Navigationssysteme „von rundfunkrechtlicher Relevanz" sind.[963] Mit Einführung des § 53 RStV wurde die Zugangsregulierung zu den Navigatoren dann ausdrücklich im Rundfunkstaatsvertrag verankert. Der Gesetzgeber hat sich also dafür entschieden, die Navigationssysteme formal dem engeren rundfunkrechtlichen Regelungsregime zu unterstellen, auch

---

958 So ausdrücklich die Begründung im Dritten Rundfunkänderungsstaatsvertrag zur Einführung des § 20 Abs. 2 RStV, abgedruckt bei *Hartstein/Ring/Kreile/Dörr/ Stettner*, Rundfunkstaatsvertrag Kommentar, Stand März 2004, A 2.1., S. 5.
959 *Michel*, ZUM 1998, 356; *Janik*, AfP 2000, 11; *Kibele*, Multimedia im Fernsehen, 2001, S. 64.
960 *Tettenborn*, in: Engel-Flechsig/Maennel/Tettenborn (Hrsg.), Beck'scher IuKDG-Kommentar, 2001, § 2 MDStV Rdn. 41.
961 *Michel*, ZUM 1998, 356.
962 Vgl. oben F. I.
963 Vgl. die Negativliste der Länder zum einfachgesetzlichen Rundfunkbegriff, abgedruckt in epd/Kirche und Rundfunk Nr. 87 vom 4. November 1995, S. 19 f.

wenn § 53 RStV eine Sonderstellung im Regelungsgefüge des Rundfunkstaatsvertrages einnimmt. Auf die Frage, ob die Navigatoren aufgrund einer nur eingeschränkten rundfunkspezifischen Wirkungsintensität und einer daraus folgenden, allenfalls mäßigen Meinungsrelevanz dennoch als Mediendienste im Sinne des § 2 Abs. 1 Satz 1 MDStV einzuordnen sind, scheint es deshalb auf den ersten Blick nicht mehr anzukommen.[964]

So eindeutig ist die Sachlage indes nicht. Denn es werden von der Regelung in § 53 RStV unmittelbar lediglich die Anbieter von Basisnavigatoren und von programmübergreifenden EPG-Anwendungen erfasst. Die Vorschrift gilt dagegen nicht für den Betrieb von propietären EPG-Anwendungen einzelner Rundfunkprogrammveranstalter bzw. Senderfamilien. Fraglich ist also zum einen, welchem Regelungsregime diese proprietären EPG-Anwendungen unterfallen. Zum anderen ist aber auch unklar, welche Bestimmungen für die in § 53 RStV angesprochenen Navigatorentypen gelten, wenn sich in dieser Vorschrift keine einschlägige Regelung findet. Gelten beispielsweise die Jugendschutzbestimmungen aus dem Mediendienstestaatsvertrag oder die rundfunkrechtlichen Vorgaben? Gelten die Grundsätze über die Zulässigkeit und Präsentation von Werbung aus dem Rundfunkstaatsvertrag oder diejenigen des Mediendienstestaatsvertrages? Um diese Fragen zu beantworten, ist eine Einordnung sämtlicher Systemtypen, einschließlich der in § 53 RStV geregelten Navigatoren, entweder als Rundfunk oder als Mediendienst erforderlich. Die Sonderregelung in § 53 RStV allein entbindet von dieser Notwendigkeit der Zuordnung also nicht.[965]

In der Literatur werden die Navigationssysteme wohl nach überwiegender Ansicht als Mediendienste eingestuft.[966] Dem ist zuzustimmen. Die Navigationssysteme haben zwar einen erheblichen Einfluss auf die Programmselektion der Rezipienten. Der Einfluss ist allerdings im Wesentlichen mittelbar. Selbst wenn die Navigationssysteme einer eigenen redaktionellen Gestaltung unterliegen, bleibt ihre rundfunkspezifische Wirkungsintensität und damit ihr Einfluss auf den individuellen und öffentlichen Meinungsbildungsprozess doch hinter denje-

---

964 So *Hartstein/Ring/Kreile/Dörr/Stettner*, Rundfunkstaatsvertrag Kommentar, Stand März 2004, § 53 RStV Rdn. 7.
965 Vgl. auch *Schulz*, in: Hahn/Vesting (Hrsg.), Beck'scher Kommentar zum Rundfunkrecht, 2003, § 53 Rdn. 58: „§ 53 ist (...) keine Spezialregelung für bestimmte Dienste".
966 Vgl. *Tettenborn*, in: Engel-Flechsig/Maennel/Tettenborn (Hrsg.), Beck'scher IuKDG-Kommentar, 2001, § 2 MDStV Rdn. 60; *Kibele*, Multimedia im Fernsehen, 2001, S. 172. Unentschieden wohl *Schulz*, in: Hahn/Vesting (Hrsg.), Beck'scher Kommentar zum Rundfunkrecht, 2003, § 53 Rdn. 28 und 58. Widersprüchlich *Leopoldt*, Navigatoren, 2002, S. 145 und S. 148.

nigen Diensten zurück, die der Regulierung des Rundfunkstaatsvertrages unterliegen. Dennoch darf nicht verkannt werden, dass es sich gerade bei den redaktionell gestalteten Navigationssystemen um mediale Angebote handelt, die mit Blick auf ihr mediales Wirkungspotential im Grenzbereich zwischen Rundfunk- und Mediendiensten angesiedelt sind. Dies manifestiert sich gerade auch in der Entscheidung des Gesetzgebers, die Zugangsregulierung formal im Rundfunkstaatsvertrag zu verankern. Ob in Zukunft die Notwendigkeit bestehen wird, die Navigationssysteme einfachgesetzlich als Rundfunk einzuordnen und sie damit vollständig der Rundfunkregulierung zu unterwerfen, kann derzeit noch nicht beurteilt werden und muss deshalb an dieser Stelle offen bleiben.

d) Folgen der einfachgesetzlichen Qualifizierung

Geht man wie hier davon aus, dass die elektronischen Benutzerführungssysteme gegenwärtig einfachgesetzlich als Mediendienste zu qualifizieren sind, gelten die Regelungen des Mediendienstestaatsvertrages, wenn und soweit § 53 RStV als lex specialis keine abweichenden Bestimmungen enthält. Im Einzelnen gilt also Folgendes:

aa) Proprietäre EPGs

Da § 53 RStV keine Regelungen für proprietäre EPG-Anwendungen enthält, gilt für sie ausschließlich der Mediendienstestaatsvertrag. Demnach ist ihr Betrieb gemäß § 4 MDStV zulassungs- und anmeldefrei.[967] Es gilt für diese Systeme weder das in § 53 Abs 4 RStV vorgesehene Anzeigeverfahren noch das Zulassungserfordernis aus § 20 Abs. 1 RStV. Letzeres wäre im Übrigen der Fall, wenn man die proprietären EPG-Anwendungen einfachgesetzlich als Rundfunk qualifizieren würde. Dass dies im Ergebnis nicht richtig sein kann, liegt auf der Hand. Die proprietären EPGs würden dann schärferen Regulierungsanforderungen (Zulassungspflicht) unterworfen als die wesentlich stärker missbrauchsgefährdeten Basisnavigatoren und programmübergreifenden EPGs (bloßes Anzeigeverfahren mit nachträglicher Kontrolle). Auch dieses systematische Argument spricht also dafür, die proprietären EPGs als Mediendienste einzuordnen.

---

967 So auch *Leopoldt*, Navigatoren, 2002, S. 149, die allerdings auch eine Anmelde- und Zulassungsfreiheit von programmübergreifenden EPG-Anwendungen annimmt, da sie diese ebenfalls nicht dem Adressatenkreis des § 53 RStV zurechnet.

bb) Basisnavigatoren und programmübergreifende EPGs

Soweit § 53 RStV Regelungen für die Basisnavigatoren und programmübergreifenden EPG-Anwendungen enthält, gehen diese den entsprechenden Bestimmungen des Mediendienstestaatsvertrags vor. Das stellt auch § 2 Abs. 1 Satz 2 MDStV klar, wonach die Bestimmungen des Rundfunkstaatsvertrages unberührt bleiben.[968] Dem steht jedoch der Wortlaut der Kollisionsregelung des § 2 Abs. 1 Satz 3 RStV entgegen. Danach gilt der Rundfunkstaatsvertrag nicht für Mediendienste im Sinne des § 2 MDStV. Ausdrücklich unberührt bleiben nur § 20 Abs. 2 und § 52 Abs. 2 – 5 RStV, soweit diese für Mediendienste Regelungen enthalten. Nicht erwähnt ist in diesem Zusammenhang hingegen § 53 RStV. Dabei handelt es sich jedoch offensichtlich um ein Redaktionsversehen des Gesetzgebers.[969] Denn anderenfalls käme § 53 RStV überhaupt nicht zur Anwendung. Es bleibt also dabei, dass § 53 RStV als lex specialis für die dort geregelten Basisnavigatoren und programmübergreifenden EPGs zur Anwendung kommt. Im Übrigen gelten aber die Regelungen des Mediendienstestaatsvertrages, soweit § 53 RStV keine Regelungen enthält.

III. Wettbewerbsrechtliche Regulierungsparameter

Die Zugangsfreiheit zu den Navigatoren kann auch den Anwendungsbereich wettbewerbsrechtlicher Vorschriften berühren. In Betracht kommen hier neben sektorspezifischen Bestimmungen des Rundfunkrechts auch Regelungen des allgemeinen Kartellrechts. Im Folgenden soll überprüft werden, ob der Anwendungsbereich dieser Normen eröffnet ist. Mit Blick auf die kartellrechtlichen Vorschriften ist zudem ihr Verhältnis zur rundfunkrechtlichen Zugangsregulierung in § 53 RStV zu klären.

1. Einbeziehung der Navigationssysteme in die rundfunkrechtliche Konzentrationskontrolle?

Ein Sonderproblem stellt die Frage dar, ob der Betrieb von Navigationssystemen in die rundfunkrechtliche Konzentrationskontrolle nach § 26 ff. RStV einbezo-

---

968 *Hartstein/Ring/Kreile/Dörr/Stettner*, Rundfunkstaatsvertrag Kommentar, Stand März 2004, § 53 RStV Rdn. 7.
969 Vgl. *Leopoldt*, Navigatoren, 2002, S. 145; *Schulz*, in: Hahn/Vesting (Hrsg.), Beck'scher Kommentar zum Rundfunkrecht, 2003, § 53 Rdn. 28.

gen werden kann. Es geht in diesem Zusammenhang zwar nicht um die Zugangssicherung zu den Navigatoren im engeren Sinne. Eine unmittelbare Verbindung zur Zugangsregulierung in § 53 RStV besteht aber durch das gemeinsame Regelungsziel beider Normenkomplexe. Beide dienen der Sicherung des Meinungspluralismus und der Aufrechterhaltung des publizistischen Wettbewerbs auf dem Rundfunksektor. Diese Zielsetzung unterscheidet die rundfunkrechtliche Konzentrationskontrolle von den konzentrationsrechtlichen Regelungen des allgemeinen Wettbewerbsrechts, die auf die Sicherung des ökonomischen Wettbewerbs gerichtet sind. Aus diesem Grund sind die Regelungen des allgemeinen Kartellrechts streng von dem im Rundfunkstaatsvertrag verankerten „Medienkartellrecht" zu trennen.[970] Wegen des gleichwohl bestehenden engen sachlichen Zusammenhangs beider Regelungsmaterien soll der Frage nach einer möglichen Einbeziehung des Navigatorenmarktes in die rundfunkrechtliche Konzentrationskontrolle hier im Kontext mit den allgemeinen wettbewerbsrechtlichen Regelungen nachgegangen werden.

a) Die Regelungsvorgaben des § 26 RStV

Die zentrale materiellrechtliche Vorschrift zur Sicherung des publizistischen Wettbewerbs auf dem Rundfunksektor ist § 26 RStV, der dem sogenannten Zuschaueranteilsmodell folgt.[971] Gemäß § 26 Abs. 1 RStV darf ein Unternehmen in der Bundesrepublik Deutschland eine unbegrenzte Anzahl von Programmen veranstalten, es sei denn, es erlangt dadurch vorherrschende Meinungsmacht. Ob eine solche vorherrschende Meinungsmacht vorliegt, richtet sich primär nach den beiden widerlegbaren und gerichtlich überprüfbaren Vermutungstatbeständen des § 26 Abs. 2 RStV.[972] Das Vorliegen vorherrschender Meinungsmacht wird nach § 26 Abs. 2 Satz 1 RStV vermutet, wenn ein Unternehmen einen Zuschauermarktanteil von 30% im Jahresdurchschnitt erreicht. Gleiches gilt gemäß § 26 Abs. 2 Satz 2 RStV bei Erreichen eines Zuschauermarktanteils von 25%, sofern das Unternehmen auf einem medienrelevanten verwandten Markt eine marktbeherrschende Stellung hat oder eine Gesamtbeurteilung seiner Aktivitäten im Fernsehen und auf medienrelevanten verwandten Märkten ergibt, dass der

---

970 *Janik*, AfP 2002, 107.
971 § 26 RStV wurde mit dem Dritten Rundfunkänderungsstaatsvertrag neu eingeführt und hat im Sechsten Rundfunkänderungsstaatsvertrag einige wichtige Änderungen erfahren. Vgl. zur Entstehungsgeschichte *Hartstein/Ring/Kreile/Dörr/Stettner*, Rundfunkstaatsvertrag Kommentar, Stand März 2004, § 26 RStV Rdn 1.
972 Vgl. dazu im Einzelnen *Hartstein/Ring/Kreile/Dörr/Stettner*, Rundfunkstaatsvertrag Kommentar, Stand März 2004, § 26 RStV Rdn. 9 ff.; *Janik*, AfP 2002, 109 ff.

dadurch erzielte Meinungseinfluss dem eines Unternehmens mit einem Zuschauermarktanteil von 30% im Fernsehen entspricht.[973]

b) Navigatorenmarkt als „medienrelevanter verwandter Markt"?

Stark umstritten ist nun, inwieweit im Rahmen einer gemäß § 26 Abs. 2 Satz 2 RStV erforderlich werdenden Prüfung der Meinungsmacht eines Unternehmens die in § 53 RStV geregelten Dienstleistungsfunktionen (und damit auch der Betrieb von Navigatoren) als „medienrelevante verwandte Märkte" eingestuft werden können. Als solche kommen all jene Wirtschaftsbereiche in Betracht, die einen inneren Bezug zum Fernsehmarkt besitzen.[974] Dazu gehören jedenfalls alle Märkte, die unmittelbar mit dem Programm zusammenhängen oder ihm vorgelagert sind,[975] beziehungsweise solche Wirtschaftsbereiche, denen eine unmittelbare publizistische Bedeutung zukommt.[976] Dementsprechend werden in der amtlichen Begründung zur Einführung des § 26 Abs. 2 RStV beispielhaft die Bereiche „Werbung, Hörfunk, Presse, Rechte, Produktion" genannt.[977] Vom Gesetzgeber nicht ausdrücklich erwähnt werden dort hingegen die Märkte für die in § 53 RStV geregelten technischen und administrativen Dienstleistungen, die für die Ausstrahlung digitaler Fernsehprogramme erforderlich sind.

aa) Ablehnende Position in der Literatur

Daraus wird in der Literatur teilweise der Schluss gezogen, dass der Gesetzgeber diese Märkte nicht als verwandte Märkte im Sinne von § 26 Abs. 2 Satz 2 RStV

---

973 Der Grenzwert von 25% in § 26 Abs. 2 Satz 2 RStV wurde durch den Sechsten Rundfunkänderungsstaatsvertrag eingeführt. Zuvor hatte eine „geringfügige Unterschreitung" der 30%-Grenze ausgereicht, was zu kontroversen Diskussionen über die Frage führte, wann eine solche geringfügige Unterschreitung anzunehmen ist. Dieses Problem hat sich nun erledigt. Vgl. zu den zur alten Rechtslage vertretenen Positionen ausführlich *Tschon,* Cross Ownership und publizistische Gewaltenteilung, 2002, S. 356 ff. Ebenfalls neu eingeführt wurde § 26 Abs. 2 Satz 3 RStV, der ein Bonussystem enthält, mit dem die Berechnung des Schwellenwertes von 25% unter bestimmten Bedingungen modifiziert werden kann. Kritisch dazu *Janik,* AfP 2002, 110.
974 *Kreile/Stumpf,* MMR 1998, 194.
975 *Trafkowski,* Medienkartellrecht, 2002, S. 186.
976 *Janik,* AfP 2002, 110.
977 Vgl. die Begründung zum Dritten Rundfunkänderungsstaatsvertrag, abgedruckt bei *Hartstein/Ring/Kreile/Dörr/Stettner,* Rundfunkstaatsvertrag Kommentar, Stand März 2004, § 26 RStV im Anschluss an die Wiedergabe des Gesetzestextes. Kritisch zur Einbeziehung des Hörfunks und der Presse *Beucher/Leyendecker/von Rosenberg,* Mediengesetze Kommentar, 1999, § 26 RStV Rdn. 11.

einstufen wollte.[978] Gegen eine Einbeziehung dieser Wirtschaftsbereiche in die medienkonzentrationsrechtliche Prüfung soll das systematische Argument sprechen, dass die zugangsrelevanten Dienstleistungen für die Ausstrahlung digitaler Fernsehprogramme an anderer Stelle, nämlich in § 53 RStV, abschließend geregelt sind.[979] Darüber hinaus wird mit Blick auf die Technizität der dort geregelten Zugangsdienste bestritten, dass es sich dabei um Märkte handelt, die mit dem Fernsehmarkt „verwandt" sind. Als Begründung wird angeführt, dass den digitalen Zugangsdiensten die erforderliche inhaltlich-publizistische Nähe zum Fernsehmarkt bzw. die notwendige eigenständige Meinungsrelevanz fehle.[980]

bb) Markt für Zugangsdienste als medienrelevant verwandter Markt

Diesen Argumenten kann indes nicht gefolgt werden. Richtig ist zwar, dass es für die Frage der Einordnung eines Marktes als medienrelevant verwandt im Sinne des § 26 Abs. 2 Satz 2 RStV entscheidend auf die Frage ankommt, ob dieser Markt publizistisch relevant ist. Denn geregelt wird nur der publizistische Wettbewerb. Publizistische Relevanz kommt aber auch den in § 53 RStV geregelten Dienstleistungsfunktionen zu. Das gilt nicht nur für die redaktionell gestalteten, und damit bereits aus diesem Grund meinungsrelevanten Navigationssysteme, sondern – zumindest mittelbar – auch für alle anderen in § 53 RStV geregelten technischen Zugangsdienste. Die Märkte für diese Dienste sind deshalb im Ergebnis als medienrelevante verwandte Märkte im Sinne des § 26 Abs. 2 Satz 2 RStV einzustufen und folglich in die rundfunkrechtliche Konzentrationskontrolle mit einzubeziehen.[981]

Als publizistisch relevant und damit als medienrelevanter verwandter Markt im Sinne des § 26 RStV müssen nämlich alle Märkte gelten, die den Einfluss eines Unternehmens auf die öffentliche Meinungsbildung mehr als nur unerheblich verstärken können.[982] Dass dies für die in § 53 RStV geregelten Dienst-

---

978 Vgl. z.B. *Neft*, ZUM 1998, 464.
979 *Hepach*, ZUM 1999, 607.
980 So im Ergebnis *Kreile/Stumpf*, MMR 1998, 194; *Neft*, ZUM 1998, 164; *Hepach*, ZUM 1999, 607; *Beucher/Leyendecker/von Rosenberg*, Mediengesetze Kommentar, 1999, § 26 RStV Rdn. 11; *Hartstein/Ring/Kreile/Dörr/Stettner*, Rundfunkstaatsvertrag Kommentar, Stand März 2004, § 53 RStV Rdn. 3.
981 So auch *Schellenberg*, Rundfunk-Konzentrationsbekämpfung zur Sicherung des Pluralismus im Rechtsvergleich, 1997, S. 44; *Renck-Laufke*, ZUM 2000, 373; *Renck-Laufke*, ZUM 2000, 113; *Tschon*, Cross Ownership und publizistische Gewaltenteilung, 2002, S. 350; *Trafkowski*, Medienkartellrecht, 2002, S. 186 ff.; *Janik*, AfP 2002, 110 f.; *Schulz*, in: Hahn/Vesting (Hrsg.), Beck'scher Kommentar zum Rundfunkrecht, 2003, § 53 Rdn. 29.
982 Vgl. *Tschon*, Cross Ownership und publizistische Gewaltenteilung, 2002, S. 348.

leistungsbereiche aufgrund ihrer speziellen Gatekeeper-Position zutrifft, kann nicht bestritten werden. Ein Unternehmen, das diese digitalen Zugangsdienste – sei es das Multiplexing, ein Conditional Access System oder ein Navigationssystem – kontrolliert, gewinnt maßgeblichen Einfluss auf die Selektion und Rezeption der über diese Systeme verbreiteten Inhalte. Weil die Zugangsdienste die Inhalte für die Rezipienten erst erreichbar machen, erhalten sie zugleich unmittelbaren Einfluss auf deren Rezeptionschancen. Im Fall von vertikal integrierten Unternehmen, die sowohl Inhalteanbieter als auch Infrastrukturbetreiber sind, können auf diese Weise unmittelbare Gefahren für die Meinungsvielfalt entstehen. Bereits aus diesem Grund sind die in § 53 RStV geregelten Dienstleistungsbereiche als medienrelevante verwandte Märkte im Sinne des § 26 Abs. 2 Satz 2 RStV anzusehen.[983]

Aber auch die weiteren Argumente gegen eine Einbeziehung dieser Dienste in die rundfunkrechtliche Konzentrationskontrolle tragen nicht.

Das gilt zum einen für die von der Gegenansicht vorgebrachten gesetzessystematischen Erwägungen. So kann nicht etwa aus der Tatsache, dass die Zugangsregulierung zu den digitalen Diensten an gesonderter Stelle in § 53 RStV vorgenommen worden ist, geschlossen werden, dass diese bei der Ermittlung vorherrschender Meinungsmacht nicht heranzuziehen sind.[984] Denn zum einen gibt es auch für Senderechte Zugangsregelungen an systematisch anderer Stelle, beispielsweise das Kurzberichterstattungsrecht,[985] und dennoch wird der Markt für Senderechte unstreitig als medienrelevanter verwandter Markt eingeordnet.[986] Zum anderen macht gerade die auch vom Gesetzgeber ausdrücklich verlangte Einbeziehung des Rechtehandels in die Konzentrationskontrolle deutlich, dass auch solche Märkte berücksichtigt werden sollen, die einen wesentlichen Einfluss auf den Zugang zu den Programminhalten haben.[987] Insoweit unterscheiden sich aber die für den Zugang zum digitalisierten Fernsehangebot relevanten Dienste in ihrer Bedeutung in keiner Weise von dem der Programmveranstaltung ebenso vorgelagerten Rechtemarkt.[988]

Das Argument schließlich, der Gesetzgeber habe in der Begründung zur Einführung des § 26 Abs. 2 Satz 2 RStV die in § 53 RStV geregelten Dienste nicht ausdrücklich erwähnt, ist ebenfalls nicht stichhaltig. Denn es handelt sich dort nur um eine beispielhafte, aber nicht abschließend gemeinte Aufzählung von medienrelevanten verwandten Märkten im Sinne des § 26 Abs. 2 Satz 2 RStV.

---

983 Vgl. *Renck-Laufke*, ZUM 2000, 112; *Janik*, AfP 2002, 110 f.
984 Vgl. *Renck-Laufke*, ZUM 2000, 373.
985 Dazu nur *v. Coelln*, SpuRt 2001, 221 ff.
986 *Trafkowski*, Medienkartellrecht, 2002, S. 187.
987 *Janik*, AfP 2002, 111.
988 *Renck-Laufke*, ZUM 2000, 112.

c) Ergebnis

Der Betrieb von Navigationssystemen, seien es Basisnavigatoren oder EPG-Anwendungen, kann damit ebenso wie der Betrieb der übrigen in § 53 RStV erwähnten Zugangsdienste in die rundfunkrechtliche Konzentrationskontrolle mit einbezogen werden.

2. Wettbewerbsrechtliche Missbrauchskontrolle

Auch wenn sich die Regulierung der Navigationssysteme schwerpunktmäßig auf rundfunkrechtlichem Terrain vollzieht, können im Zusammenhang mit der Zugangssicherung auch andere Rechtsgebiete eine Rolle spielen. Insbesondere liegt es aufgrund der zunehmenden Ökonomisierung der Rundfunkordnung nahe, für die Zugangsregulierung zu den Navigationssystemen auch die Wirkungen des allgemeinen Wirtschaftsrechts zu berücksichtigen.[989] Dies gilt insbesondere deshalb, weil die Materie der Zugangsregulierung als spezielle Ausprägung der wettbewerbsrechtlichen Missbrauchskontrolle in den letzten Jahren über die Rezeption des US-amerikanischen Rechtsinstituts der „essential facilities doctrine" erhebliche Aufmerksamkeit im europäischen und nationalen Kartellrecht gefunden hat.

a) Das Verhältnis von Rundfunk- und Wettbewerbsrecht

Bevor jedoch auf Einzelheiten eingegangen werden kann, ist zunächst die grundsätzliche Frage zu klären, inwieweit die Bestimmungen des allgemeinen Wettbewerbsrechts überhaupt neben den entsprechenden rundfunkrechtlichen Regelungen anwendbar sind. Diese Problematik wird im Schrifttum seit jeher speziell mit Blick auf die Anwendbarkeit kartellrechtlicher Bestimmungen auf die öffentlich-rechtlichen Rundfunkanstalten kontrovers diskutiert.[990] Schwierigkeiten

---

989 Zur Entwicklung des Medienrechts zum „Medienprivatrecht" allgemein *Weisser/ Meinking*, WuW 1998, 831.

990 Vgl. dazu die Beiträge in *Mestmäcker* (Hrsg.), Offene Rundfunkordnung, 1988; *Hoffmann-Riem* (Hrsg.), Rundfunk im Wettbewerbsrecht, 1988; *Blaurock* (Hrsg.), Medienkonzentration und Angebotsvielfalt zwischen Kartell- und Rundfunkrecht, 2002 sowie auch *Wittig-Terhardt*, AfP 1986, 298 ff.; *Stock*, AfP 1989, 627 ff.; *Peine*, NWVBL 1990, 73 ff.; *Bethge*, Landesrundfunkordnung und Bundeskartellrecht, 1991; *Hoffmann-Riem*, Rundfunkrecht neben Wirtschaftsrecht, 1991; *Rahn*, Programmauftrag und Kartellrecht, 1991; *Graf*, Rundfunkanstalten im Kartellrecht, 1991; *Jarass*, Kartellrecht und Landesrundfunkrecht, 1991; *Ossyra*, Konzentrationskontrolle über private Rundfunkveranstalter, 1999; *Wulff*, Rundfunkkonzentra-

ergeben sich daraus, dass sich die Regelungsbereiche von Kartell- und Rundfunkrecht in der Sache zum Teil überschneiden, rechtlich aber strikt auseinander zu halten sind.

aa) Die kompetenzrechtliche Ausgangslage

Während das Rundfunkrecht gemäß Art. 30, 70 GG Ländersache ist, fallen die Regelung des Rechts der Wirtschaft gemäß Art. 74 Abs. 1 Nr. 11 GG bzw. gesetzgeberische Maßnahmen zur Verhütung des Missbrauchs wirtschaftlicher Machtstellung gemäß Art. 74 Abs. 1 Nr. 16 GG in die konkurrierende Gesetzgebungszuständigkeit des Bundes. Die Notwendigkeit zur Differenzierung hat damit im Kern kompetenzrechtliche Gründe. Soweit nämlich die Verteilung der Gesetzgebungskompetenzen im föderalen Staatsaufbau in Frage steht, so ist von einem Ausschluss von kompetenziellen Doppelzuständigkeiten auszugehen.[991] Ein und derselbe Regelungsgegenstand kann immer nur unter einen Kompetenztitel fallen, also entweder dem Bund oder den Ländern zugewiesen sein. Daraus ergibt sich zwingend, dass weder der Bund auf dem Gebiet des Rundfunkrechts regelungsbefugt ist, noch die Länder eine Gesetzgebungskompetenz auf dem Feld des Wirtschaftsrechts, insbesondere des Kartellrechts haben, wenn und soweit der Bund hier bereits verfassungskonforme Regelungen erlassen hat.[992]

bb) Die Kompetenzzuweisung im Einzelnen

Für die entscheidende Frage, welche konkreten Regelungen in welchen Kompetenzbereich fallen, kommt es auf den jeweils vom Gesetzgeber verfolgten Normzweck an.[993] Für die Unterscheidung von wettbewerbsrechtlich relevanten Bestimmungen des Landesrundfunkrechts und des Bundeskartellrechts sind hinsichtlich ihres Regelungsziels die Kategorien des ökonomischen und des publizistischen Wettbewerbes maßgeblich. Beide Wettbewerbsdimensionen sind nach Rechtsprechung des Bundesverfassungsgerichts sowie der überwiegenden Ansicht im Schrifttum auseinander zu halten.[994] Während das auf Art. 74 Abs. 1 Nr.

---

tion und Verfassungsrecht, 2000; *Mailänder*, Konzentrationskontrolle zur Sicherung von Meinungsvielfalt im privaten Rundfunk, 2000, S. 252 ff.
991 Vgl. BVerfGE 36, 193, 202 f.; 61, 149, 204; 67, 299, 321; *Bethge*, Landesrundfunkordnung und Bundeskartellrecht, 1991, S. 26; *Jarass*, Kartellrecht und Landesrundfunkrecht, 1991, S. 16 m.w.N.
992 Vgl. nur *Peine*, NWVBL 1990, 77.
993 Vgl. *Degenhart*, Staatsrecht I, 19. Aufl., 2003, Rdn. 130.
994 Vgl. die Differenzierung in BVerfGE 73,118, 172 ff.; 74, 297, 331 ff. Vgl. auch *Stock*, in: Hoffmann-Riem (Hrsg.), Rundfunk im Wettbewerbsrecht, 1988, S. 35 ff.;

16 GG gestützte Bundeskartellrecht die Funktionsfähigkeit des ökonomischen Wettbewerbs absichern will,[995] dient das Landesrundfunkrecht der Gewährleistung des publizistischen Wettbewerbs auf dem Rundfunksektor. Die Kategorie des publizistischen Wettbewerbs umschreibt dabei die Konkurrenz von Medienunternehmen um publizistischen Einfluss, um journalistische Akzeptanz und Einschaltquoten, also das geistig-publizistische Konkurrenzverhalten auf dem „Meinungsmarkt".[996] Publizistischer Wettbewerb kann so als „programmlich-journalistischer Qualitätswettbewerb" verstanden werden.[997] Er findet dort statt, wo die Inhalte verbreitet werden, also auf der Programmebene.[998] Voraussetzung für die Funktionsfähigkeit des publizistischen Wettbewerbs ist die Gewährleistung von publizistischer Vielfalt. Deshalb verlangt auch Art. 5 Abs. 1 Satz 2 GG im Interesse einer freien individuellen und öffentlichen Meinungsbildung vom Gesetzgeber, für den Erhalt von programminhaltlicher Meinungsvielfalt zu sorgen.[999] Der publizistische Wettbewerb erweist sich so als wesentliche Grundlage der Meinungsbildungsfreiheit.[1000] Die Gewährleistung von Meinungsvielfalt und damit auch die Funktionsfähigkeit des Meinungswettbewerbs kann jedoch durch die Entstehung von vorherrschender Meinungsmacht gefährdet werden.[1001] Publizistische Vermachtung auf dem Rundfunksektor kann dazu führen, dass der Rundfunk seiner Funktion als Medium und Faktor der freien individuellen und öffentlichen Meinungsbildung nicht mehr nachkommen kann.

Während es also bei der Sicherstellung des ökonomischen Wettbewerbs um die Verhinderung oder den Missbrauch von ökonomischer Marktmacht geht, steht mit Blick auf die Funktionsfähigkeit des Meinungsmarktes die Verhinde-

---

Peine, NWVBL 1990, 74; *Bethge*, Landesrundfunkordnung und Bundeskartellrecht, 1991, S. 29 ff.; *Hoffmann-Riem*, Rundfunkrecht neben Wirtschaftsrecht, 1991, S. 21 ff.; *Jarass*, Kartellrecht und Landesrundfunkrecht, 1991, S. 30; *Stammler*, ZUM 1995, 109 ff.; *Wulff*, Rundfunkkonzentration und Verfassungsrecht, 2000, S. 97 ff.; *Trafkowski*, Medienkartellrecht, 2002, S. 5 ff. Nach anderer Ansicht lassen sich die beiden Wettbewerbsebenen dagegen nicht trennen *Kulka*, AfP 1985, 185; *Hoppmann*, Meinungswettbewerb als Entdeckungsverfahren, in: Mestmäcker (Hrsg.), Offene Rundfunkordnung, 1988, S. 177 ff.; *Rahn*, Programmauftrag und Kartellrecht, 1991, S. 95 f.

995 Vgl. zu den Regelungszielen des GWB im Einzelnen *Bunte*, Kartellrecht, 2003, S. 3 ff.
996 Vgl. dazu *Hoffmann-Riem*, Rundfunkrecht neben Wirtschaftsrecht, 1991 S. 21 ff.; *Wulff*, Rundfunkkonzentration und Verfassungsrecht, 2000, S. 99 ff.; *Trafkowski*, Medienkartellrecht, 2002, S. 8 ff.
997 *Stock*, AfP 1989, 628.
998 *Trafkowski*, Medienkartellrecht, 2002, S. 8.
999 BVerfGE 57, 295, 223 ff.
1000 BVerfGE 74, 297, 332.
1001 BVerfGE 73, 118, 172; 95, 163, 172.

rung der Konzentration bzw. des Missbrauchs von Meinungsmacht in Rede. Während für ersteres der Bund die Regelungszuständigkeit besitzt, steht für letzteres den Ländern die Regelungskompetenz zu.

cc) Schlussfolgerung

Aus den unterschiedlichen Regelungszielen von Bundeskartellrecht und Landesrundfunkrecht folgt zugleich, dass die beiden Regelungskomplexe uneingeschränkt nebeneinander anwendbar sind.[1002] Während das Kartellrecht den Gefahren begegnet, die sich aus ökonomischen Konzentrationsvorgängen ergeben, dient das Rundfunkrecht der Sicherung der Funktionsfähigkeit des „Meinungsmarktes". Die auf unterschiedlichen Kompetenzvorschriften beruhenden Regelungen stehen also grundsätzlich in einem Verhältnis der „gleichrangigen Exklusivität".[1003] Unter kompetenziellen Gesichtspunkten kann aufgrund der unterschiedlichen Schutzrichtungen von Kartell- und Rundfunkrecht die Anwendbarkeit des Kartellrechts im Rundfunkbereich demnach nicht grundsätzlich in Frage gestellt werden.[1004]

dd) Lösung von Kompetenzkonflikten

Dies hat allerdings zur Folge, dass es bei der Rechtsanwendung zu Konflikten kommen kann, wenn sich Bundesrecht und Landesrecht in ihren praktischen Auswirkungen widersprechen.[1005] Ein Beispiel hierfür war die geplante Beteiligung des WDR an der privaten Hörfunkveranstaltergemeinschaft Radio NRW

1002 Vgl. *Eberle/Gersdorf*, Der grenzüberschreitende Rundfunk im deutschen Recht, 1993, S. 16 f.; *Gersdorf*, Chancengleicher Zugang zum digitalen Fernsehen, 1998, S. 50; *Albrecht Hesse*, Rundfunkrecht, 3. Aufl., 2003, S. 255 f.; *Dörr*, in: Eberle/Rudolf/Wasserburg (Hrsg.), Mainzer Rechtshandbuch der Neuen Medien, 2003, S. 132; *Mailänder*, Konzentrationskontrolle zur Sicherung von Meinungsvielfalt im privaten Rundfunk, 2000, S. 253 m.w.N., auch der differenzierten Gegenauffassungen. Für ein Nebeneinander von Kartellrecht und Rundfunkrecht hat sich auch das Bundesverfassungsgericht implizit ausgesprochen, vgl. BVerfGE 73, 118, 174: „Wenn der Landesgesetzgeber davon ausgegangen ist, dass die Kontrolle der Zusammenschlüsse von Rundfunkveranstaltern sich nach dem Gesetz gegen Wettbewerbsbeschränkungen richtet, so ist das nicht zu beanstanden."
1003 *Peine*, NWVBL 1990, 77.
1004 Durch die 6. GWB-Novelle aus dem Jahre 1999 werden in § 38 Abs. 3 GWB die Rundfunkanstalten nunmehr auch ausdrücklich in die kartellrechliche Fusionskontrolle miteinbezogen. Vgl. zu dieser „Rundfunkklausel" im GWB *König/Trafkowski*, ZUM 2003, 513 ff.
1005 Vgl. zu möglichen Kollisionskonstellationen *Trafkowski*, Medienkartellrecht, 2002, S. 233.

Ende der 1980er Jahre. In diesem Fall war zu klären, ob ein damals rundfunkrechtlich ausdrücklich zugelassenes Verhalten aus kartellrechtlichen Gründen verboten werden kann.[1006] Derartige Kollisionsprobleme entstehen durch den Umstand, dass, auch wenn grundsätzlich zwischen der publizistischen und der ökonomischen Wettbewerbsdimension zu unterscheiden ist, es dennoch Überschneidungen bei den Schutzwirkungen der entsprechenden gesetzlichen Regelungen gibt. So kann beispielsweise die Entstehung bzw. der Missbrauch ökonomischer Marktmacht unmittelbare Auswirkungen auf die Funktionsfähigkeit des publizistischen Wettbewerbs haben. Denn eine für den ökonomischen Wettbewerb nachteilige wirtschaftliche Konzentration auf dem Rundfunksektor hätte auch negative Folgen für den publizistischen Wettbewerb.[1007] Aus diesem Grund kann das allgemeine Wettbewerbsrecht, welches den Gefahren ökonomischer Konzentrationsvorgänge und dem Missbrauch von Marktmacht begegnet, zum Zwecke der Sicherung des publizistischen Wettbewerbs unterstützende Anwendung finden.[1008] Daraus folgt zweierlei:

Zum einen können sich die zur Sicherung des publizistischen Wettbewerbes zuständigen Länder zur Verwirklichung ihres Gewährleistungsauftrages aus Art. 5 Abs. 1 Satz 2 GG des allgemeinen Wettbewerbsrechtes bedienen.[1009] Sie müssen dies aber nicht tun, sondern können stets eigenständige rundfunkspezifische Regelungen erlassen.

Zum anderen hat die lediglich unterstützende Funktion des Wettbewerbsrechts Folgen für das Verhältnis von Kartell- und Rundfunkrecht in Konfliktsituationen. Die Gefahren ökonomischer Marktmacht sind nur ein Aspekt unter vielen, die einem funktionierenden publizistischen Wettbewerb entgegenstehen können, für dessen Sicherung das Rundfunkrecht aber umfassend Rechnung trägt. Wenn also das Kartellrecht im Rundfunkbereich zur Anwendung kommt, so ist es für die Sicherung des publizistischen Wettbewerbs nur ein Mittel zum Zweck. Als solches hat es sich in Konfliktfällen den Regelungszielen des Rund-

---

1006 Im Ergebnis wurde dies bejaht, vgl. BKartA, ZUM 1989, 477 ff. Vgl. dazu auch *Bethge*, Landesrundfunkordnung und Bundeskartellrecht, 1991, S. 9 f.
1007 Dazu ausführlich *Mailänder*, Konzentrationskontrolle zur Sicherung von Meinungsvielfalt im privaten Rundfunk, 2000, S. 176 ff.
1008 Vgl. *Hoffmann-Riem*, Rundfunkrecht neben Wirtschaftsrecht, 1991 S. 80; *Stammler*, ZUM 1995, 111; *Gersdorf*, Chancengleicher Zugang zum digitalen Fernsehen, 1998, S. 55 ff.; *Paschke*, Medienrecht, 2. Aufl., 2001, S. 198.
1009 *Gersdorf*, Chancengleicher Zugang zum digitalen Fernsehen, 1998, S. 56. Diese Rückgriffsmöglichkeit des Rundfunkgesetzgebers geht allerdings nur soweit, wie nicht der Gewährleistungsauftrag aus Art. 5 Abs. 1 Satz 2 GG sein aktives Tätigwerden erforderlich macht. Das gilt beispielsweise für die rundfunkrechtliche Konzentrationskontrolle, vgl. BVerfGE 73, 118, 174 f.; 95, 163, 172 f.

funkrechts unterzuordnen. Keinesfalls darf das Kartellrecht die Regelungen des Rundfunkrechts in ihren Wirkungen behindern oder gar konterkarieren.[1010] Von einem „eindeutigen Primat des Rundfunkrechts" kann andererseits aber ebenfalls nicht gesprochen werden.[1011] Es besteht kein genereller Vorrang des Rundfunkrechts vor dem Kartellrecht. Für die Lösung von Konfliktsituationen ist vielmehr stets eine wertende Betrachtung im Einzelfall erforderlich.[1012] Bei der Abwägung sind die Regelungsziele des Art. 5 Abs. 1 Satz 2 GG zu beachten und insbesondere auch der weite Entscheidungsspielraum des Gesetzgebers bei der Umsetzung der positiven Rundfunkordnung zu respektieren und angemessen zu berücksichtigen. Insoweit spielt auch der Grundsatz der Bundestreue eine Rolle.[1013] Danach sind Bund und Länder wechselseitig verpflichtet, keine Regelungen zu schaffen, die den berechtigten Regulierungsinteressen der jeweiligen anderen Seite zuwiderlaufen. Dem hat in Konfliktfällen auch die Auslegung der fraglichen Normen Rechnung zu tragen.[1014] Diese sind so zu interpretieren, dass Widersprüche bei der Rechtsanwendung möglichst ausgeschlossen sind.

ee) Zusammenfassung

Kartell- und Rundfunkrecht sind grundsätzlich nebeneinander anwendbar. Dem Kartellrecht kommt zwar hinsichtlich der Sicherung von publizistischer Vielfalt lediglich eine unterstützende Rolle zu. Daraus folgt allerdings in Konfliktfällen nicht eine automatische Vorrangstellung des Rundfunkrechts. Vielmehr hat dann eine Einzelfallbewertung zu erfolgen, bei der die Regelungsvorgaben des Art. 5 Abs. 1 Satz 2 GG angemessen berücksichtigt werden müssen. Eine solche Abwägung ist jedoch nur dann erforderlich, wenn überhaupt ein Konfliktfall besteht. Ist eine Regelungskollision nicht gegeben, gilt das Kartellrecht auch im Rundfunkbereich uneingeschränkt.

1010 Vgl. *Schulz/Seufert/Holznagel*, Digitales Fernsehen – Regulierungskonzepte und -perspektiven, 1999, S. 120.
1011 So aber *Stock*, AfP 1989, 630.
1012 Vgl. *Kulka*, AfP 1985, 94 f.; *Jarass*, Kartellrecht und Landesrundfunkrecht, 1991, S. 45 ff.; *Eberle/Gersdorf*, Der grenzüberschreitende Rundfunk im deutschen Recht, 1993, S. 18; *Trafkowski*, Medienkartellrecht, 2002, S. 242 m.w.N.
1013 *Jarass*, Kartellrecht und Landesrundfunkrecht, 1991, S. 45 ff.; *Schulz/Seufert/ Holznagel*, Digitales Fernsehen – Regulierungskonzepte und -perspektiven, 1999, S. 102; *Fischl*, Die Wettbewerbsaufsicht im Medienbereich zwischen Entwicklung und Neuorientierung, 2001, S. 31; *Trafkowski*, Medienkartellrecht, 2002, S. 243.
1014 Vgl. zum Gebot der grundrechtsfreundlichen Auslegung und Ausübung von Kompetenznormen bereits BVerfGE 12, 205, 259.

b) Wettbewerbsrechtliche Zugangsregulierung

Mit Blick auf die in § 53 RStV geregelte rundfunkrechtliche Zugangssicherung zu den Navigationssystemen könnte nach alledem an die unterstützende Anwendung der kartellrechtlichen Missbrauchskontrolle nach § 19 ff. GWB gedacht werden. Neben dem in § 19 Abs. 4 Nr. 4 GWB geregelten allgemeinen Zugangsanspruch zu Netzen und anderen Infrastruktureinrichtungen könnte auch das Diskriminierungs- und Behinderungsverbot aus § 20 GWB zur Anwendung kommen. Von vornherein nicht in Betracht kommt hingegen für den Bereich der Navigatoren die Anwendung der sektorspezifischen Zugangsregelung des § 33 TKG.[1015]

aa) Der Missbrauchstatbestand des § 19 Abs. 4 Nr. 4 GWB

In der Literatur wird insbesondere die Anwendung des § 19 Abs. 4 Nr. 4 GWB diskutiert.[1016] Die Generalklausel des § 19 Abs. 1 GWB verbietet Unternehmen die missbräuchliche Ausnutzung einer marktbeherrschenden Stellung. Dieses allgemeine Missbrauchsverbot wird durch den in § 19 Abs. 4 GWB enthaltenen Beispielskatalog konkretisiert.[1017] In die dort enthaltene Aufzählung wurde durch die 6. GWB-Novelle aus dem Jahre 1998 der neue Verbotstatbestand des § 19 Abs. 4 Nr. 4 GWB aufgenommen.[1018] Danach liegt ein unzulässiger Missbrauch vor, wenn sich ein marktbeherrschendes Unternehmen weigert, einem anderen Unternehmen gegen angemessenes Entgelt Zugang zu seinen eigenen Netzen und anderen Infrastruktureinrichtungen zu gewähren, sofern es dem an-

---

[1015] Zutreffend *Leopoldt*, Navigatoren, 2002, S. 178 ff. Denn die Betreiber von Navigatoren und die Programmveranstalter bieten Inhaltedienste und keine Transportdienstleistungen an. Sie sind aus diesem Grund keine „Anbieter von Telekommunikationsdienstleistungen für die Öffentlichkeit" im Sinne des § 33 i.V.m. § 3 Nr. 19 TKG.

[1016] Vgl. *Schulz/Seufert/Holznagel*, Digitales Fernsehen – Regulierungskonzepte und -perspektiven, 1999, S. 120 ff.; *Hoffmann-Riem*, Regulierung der dualen Rundfunkordnung, 2000, S. 142 f.; *Leopoldt*, Navigatoren, 2002, S. 180 ff.; *Schulz*, in: Hahn/Vesting (Hrsg.), Beck'scher Kommentar zum Rundfunkrecht, 2003, § 53 Rdn 27.

[1017] Dadurch bleibt für die Generalklausel des § 19 Abs. 1 GWB selbst kaum ein eigenständiger Anwendungsbereich, vgl. *Bechtold*, GWB, 3. Aufl., 2002, § 19 Rdn. 61.

[1018] Dazu ausführlich *Hohmann*, Die essential facility doctrin im Recht der Wettbewerbsbeschränkungen, 2001, passim; *Haus*, Zugang zu Netzen und Infrastruktureinrichtungen, 2002, passim. Vgl. zudem *Bunte*, WuW 1997, 302 ff.; *Martenczuk/Thomaschki*, RTkom 1999, 22 ff.; *v. Wallenberg*, K&R 1999, 152 ff.; *Emmerich*, in: Köbler u.a. (Hrsg.), Festschrift für Alfred Söllner zum 70. Geburtstag, 2000, S. 273 ff.

deren Unternehmen aus rechtlichen oder tatsächlichen Gründen ohne die Mitbenutzung der fraglichen Infrastruktureinrichtung nicht möglich ist, auf dem vor- oder nachgelagerten Markt als Wettbewerber des marktbeherrschenden Unternehmens tätig zu werden. Eine Ausnahme gilt nur dann, wenn das marktbeherrschende Unternehmen nachweist, dass ihm die Mitbenutzung aus betriebsbedingten oder sonstigen Gründen nicht möglich oder nicht zumutbar ist.

aaa) Rezeption der „essential facilities doctrin"

Zur Begründung der Einführung des neuen Missbrauchstatbestandes hat sich der Gesetzgeber auf eine Analyse der Entscheidungspraxis des EuGH und der Europäischen Kommission berufen, der er die Übernahme der im US-amerikanischen Recht entwickelten sogenannten „essential facilities doctrin" in das europäische Recht entnimmt.[1019] Für das deutsche Recht sollte durch die Einführung einer allgemeinen Zugangsregelung in § 19 Abs. 4 Nr. 4 GWB eine Angleichung an diese europäische Rechtslage erfolgen. Vor diesem Hintergrund erscheint für das Verständnis der Regelung ein kurzer Überblick über die Entstehung der essential facilities doctrin im amerikanischen Antitrust-Recht und ihre Rezeption im europäischen Recht in den 1990er Jahren erforderlich.

(1) Die Wurzeln der essential facilities doctrin im amerikanischen Recht

Bei dem Rechtsinstitut des US-amerikanischen Kartellrechts handelt es sich um eine richterrechtliche Konkretisierung des allgemeinen Monopolisierungsverbotes aus Sec. 2 Sherman Act.[1020] Danach wird in bestimmten Fällen gegen das Monopolisierungsverbot verstoßen, wenn sich der Inhaber einer wesentlichen Einrichtung („essential facility") weigert, diese Einrichtung für Tätigkeiten eines Dritten auf einem vor- oder nachgelagerten Markt, dem sogenannten abgeleiteten Markt, zugänglich zu machen.[1021] Als Geburtsstunde der essential facilities doctrin gilt die Terminal Railroad Entscheidung des US Supreme Court aus dem Jahre 1912.[1022] Die amerikanische Rechtsprechung hat dann im Laufe der Zeit mehrere Voraussetzungen entwickelt, die für die Anwendung der Doktrin erfüllt

---

1019 Vgl. BTDrucks. 13/9720, S. 36 f.
1020 Vgl. *Möschel*, in: Immenga/Mestmäcker (Hrsg.), GWB Kommentar, 3. Aufl., 2001, § 19 Rdn. 179.
1021 Zur essential facilities doctrin im amerikanischen Recht *Areeda*, Essential facilities, Antitrust Law Journal 58 (1990), 841 ff.; *Markert*, in: Immenga u.a. (Hrsg.), Festschrift für Ernst-Joachim Mestmäcker zum 70. Geburtstag, 1996, S. 661 ff.; *Klaue*, RdE 1996, 52 ff.; *Schwintowski*, WuW 1999, 842 ff.
1022 United States v. Terminal Railroad, 224 U.S. 383 (1912).

sein müssen.[1023] In der Entscheidung MCI Communications Corp. v. American Tel. & Tel. Co[1024] wurden diese Tatbestandsvoraussetzungen wie folgt zusammengefasst:

Erstens muss ein Unternehmen in Monopolstellung eine wesentliche Einrichtung kontrollieren.[1025] Zweitens muss es für Wettbewerber dieses Unternehmens aus wirtschaftlichen oder tatsächlichen Gründen unmöglich sein, diese Einrichtung zu duplizieren. Drittens muss den Wettbewerbern der Gebrauch der wesentlichen Einrichtung durch den Monopolisten verwehrt werden. Dem gleichgestellt ist die Weigerung, eine angemessene Vereinbarung über Zugangsmodalitäten zu treffen.[1026] Viertens muss schließlich dem Monopolisten die Gestattung des Gebrauchs der Einrichtung durch Wettbewerber auch zumutbar sein. Ausdrücklich nicht erforderlich ist allerdings der Nachweis einer Monopolisierungsabsicht, wie er in den übrigen Fällen bei Anwendung des Sec. 2 Sherman Act verlangt wird.[1027] Insgesamt ist in den letzten Jahren in der amerikanischen Literatur und Rechtsprechung eine Tendenz zu einer eher restriktiven Auslegung und Handhabung der essential facilities doctrin zu erkennen.[1028]

(2) Die Rezeption der essential facilities doctrin im europäischen Recht

Dennoch fand die Rechtsfigur Anfang der 1990er Jahre zunehmend Beachtung im europäischen Recht. Erstmals ausdrückliche Erwähnung fand das „essential facility"-Konzept in den drei sogenannten Seehafen-Entscheidungen der Europäischen Kommission.[1029] Diesen lag der gemeinsame Sachverhalt zugrunde,

---

1023 Die Entscheidungen stammen dabei überwiegend von Court of Appeals. Der US Supreme Court hat dagegen die essential facilities doctrin nie bestätigt, vgl. *Hohmann*, Die essential facility doctrin im Recht der Wettbewerbsbeschränkungen, 2001, S. 40.
1024 MCI Communications Corp. v. American Tel. & Tel. Co., 708 F.2d 1081, 1132 f. (7th Cir. 1983); cert. denied 464 U.S. 891 (1983), appeal after remand 748 F.2d 799 (7th Cir. 1984).
1025 Nach einem neueren Urteil soll eine Einrichtung nur wesentlich sein, wenn sie dem Inhaber die Macht verleiht, auf dem nachgelagerten Markt den Wettbewerb völlig auszuschließen, vgl. Alaska Airlines Inc. v. United Airlines, Inc., 948 F.2d 536, 546 (9th Cir. 1991); cert. den. 112 S. Ct. 1603 (1992).
1026 Eastman Kodak Co. v. Southern Photo Materials Co., 273 US 359 (1927).
1027 *Möschl*, in: Immenga/Mestmäcker (Hrsg.), GWB Kommentar, 3. Aufl., 2001, § 19 Rdn. 179.
1028 Vgl. dazu *Hohmann*, Die essential facility doctrin im Recht der Wettbewerbsbeschränkungen, 2001, S. 38 ff.
1029 Erste Ansätze finden sich aber auch schon in Entscheidungen der Kommission und Urteilen des EuGH seit den 70er Jahren. Vgl. dazu die Nachweise bei *Deselaers*, EuZW 1995, 563 mit FN 2.

dass Betreiber und Eigentümer von Hafenanlagen, die gleichzeitig Fährdienstleistungen anboten, einem potentiellen Wettbewerber auf dem Markt für Fährdienstleistungen den Zugang zum Hafen verweigerten.[1030] In diesen Entscheidungen bejahte die Kommission jeweils einen Verstoß gegen das allgemeine Missbrauchsverbot des Art. 86 EGV a.F. In der Entscheidung „Sealink II" stellt die Kommission fest: „Ein Unternehmen, das für die Gestaltung einer wesentlichen Einrichtung (d.h. einer Einrichtung oder Infrastruktur, ohne deren Nutzung ein Wettbewerber seinen Kunden keine Dienste anbieten kann) marktbeherrschend ist und diese Einrichtung selbst nutzt und anderen Unternehmen den Zugang zu dieser Einrichtung ohne sachliche Rechtfertigung verweigert oder nur zu Bedingungen, die ungünstiger sind als für seine eigenen Dienste, gewährt, verstößt gegen Art. 86 EGV, sofern die übrigen Voraussetzungen dieses Artikels erfüllt sind."[1031]

Der EuGH hat dann in zwei wichtigen Urteilen die Spruchpraxis der Kommission im Hinblick auf die Einführung der essential facilities doctrin zumindest teilweise bestätigt.[1032] Im „Magill"- Urteil wurden marktbeherrschende Rundfunkanstalten, die eigene wöchentliche Programmzeitschriften herausgaben, dazu verpflichtet, Konkurrenten Zugriff auf ihre (urheberrechtlich geschützten) Programmvorschauen zu gewähren, um so einen Wettbewerb auf dem Markt für Fernsehprogrammzeitschriften zu ermöglichen.[1033] In der Entscheidung „Oskar Bronner", die ausdrücklich an die Rechtssache „Magill" anknüpft, ging es um die Frage, ob ein Verlag, der ein eigenes, landesweites Hauszustellungssystem für seine Tageszeitung unterhielt, dazu verpflichtet werden konnte, auch die Tageszeitungen eines Konkurrenzverlages gegen ein angemessenes Entgelt über dieses System zu verteilen.[1034] Diese Frage hat der EuGH im konkreten Fall klar verneint.

1030 Kommission vom 11.6.1992, XXII. Bericht über die Wettbewerbspolitik 1992 (1993) Tz. 219 („Sealink I"); Kommission vom 21.12.1993, ABlEG Nr. L 15, S. 8 vom 18.1.1994 („Sealink II"); Kommission vom 21.12.1993, ABlEG Nr. L 55, S. 52 vom 26.2.1994 („Hafen von Rodby").
1031 Entscheidung „Sealink II", aaO, Tz. 66.
1032 So z.B. *Deselaers*, EuZW 1995, 563 („faktische Einführung der essential facilities doctrin in das europäische Kartellrecht"). Skeptisch aber *Bunte*, WuW 1997, 310 f. Kritisch auch *Klaue*, RdE 1996, 54.
1033 EuGH vom 6.4.1995, Slg. 1995, 743 ff. „Magill" = EuZW 1995, 339 ff. mit Anmerkung von *Bechtold*. Vgl. dazu auch die Besprechungen bei *Deselaers*, EuZW 1995, 563 ff.; *Ebenroth/Bohne*, EWS 1995, 397 ff. 397 ff.; *Jestaedt*, WuW 1995, 483 ff.; *Markert*, WuW 1995, 562 ff.
1034 EuGH vom 26.11.1998, Slg. 1998, 7791 = MMR 1999, 348 ff. „Oskar Bronner"; Vgl. dazu die Besprechungen bei *Fleischer/Weyer*, WuW 1999, 350 ff.; *Scherer*, MMR 1999, 315 ff.; *Lampert*, NJW 1999, 2235 f. Siehe auch die Schlussanträge

Nach Ansicht vieler enthält die „Oskar Bronner"-Entscheidung die Klarstellung, dass, wenn schon aufgrund allgemeingültiger Tatbestandsvoraussetzungen Ansprüche auf Zugang zu wesentlichen Einrichtungen nach dem Vorbild der amerikanischen essential facilities doctrin im europäischen Recht zugelassen werden, diese doch auf Ausnahmefälle begrenzt bleiben sollen.[1035] Zwar hat der EuGH die „essential facility"-Lehre bisher in keiner seiner Entscheidungen ausdrücklich erwähnt.[1036] Jedoch hat das Gericht in der Rechtssache „Oskar Bronner" folgende drei Voraussetzungen genannt, die erfüllt sein müssen, damit ein Zugangsanspruch zu einer wesentlichen Einrichtung bejaht werden kann:

Die Versagung des Zugangs zu der Einrichtung muss erstens geeignet sein, jeglichen Wettbewerb auf dem angrenzenden Markt durch denjenigen, der den Zugang begehrt, auszuschalten. Zweitens darf die Zugangsverweigerung nicht objektiv zu rechtfertigen sein, und drittens muss die Einrichtung selbst für die Ausübung der Tätigkeit des Wettbewerbers in dem Sinne unentbehrlich sein, dass kein tatsächlicher oder potentieller Ersatz für die entsprechende Einrichtung besteht.[1037]

Letzteres war im Fall „Oskar Bronner" nach Ansicht des EuGH nicht dargelegt worden. Das Gericht stellt nämlich sehr hohe Anforderungen an die Zumutbarkeit der Erschließung und Nutzung potentieller Ersatzeinrichtungen. Nur wenn technische, rechtliche oder wirtschaftliche Hindernisse bestehen, die geeignet sind, jedem Wettbewerber – allein oder in Zusammenarbeit mit anderen Wettbewerbern – die Errichtung einer eigenen Einrichtung unmöglich zu machen oder wenigstens unzumutbar zu erschweren, ist die Zugangsverweigerung des Marktbeherrschers missbräuchlich.[1038] Durch die Aufzählung der genannten Tatbestandsvoraussetzungen wird andererseits aber deutlich, dass sich der EuGH eng an das aus dem amerikanischen Recht bekannte Prüfungsschema der essential facilities doctrin angelehnt hat. Bereits zuvor war der Rechtsgedanke der essential facilities doctrin in zahlreichen Richtlinien und Verordnungen in Form von sektorspezifischen Zugangsregelungen sekundärrechtlich im europäischen Recht verankert worden.[1039] Der EuGH hat jedoch nunmehr durch richterrechtli-

---

des Generalanwalts *Jacobs*, abgedruckt in EuGRZ 1999, 12 ff., in denen der Generalanwalt sich ausführlich mit der Herleitung der „essential facility doctrin" aus dem amerikanischen Recht und zu den Anwendungsvoraussetzungen im EG- Recht beschäftigt.
1035 Vgl. *Scherer*, MMR 1999, 318.
1036 *Lampert*, NJW 1999, 2235.
1037 EuGH MMR 1999, 351 Rz. 41. Vgl auch *Scherer*, MMR 1999, 318.
1038 EuGH MMR 1999, 351 Rz. 44.
1039 Vgl. dazu *Hohmann*, Die essential facility doctrin im Recht der Wettbewerbsbeschränkungen, 2001, S. 57 f. Eine dieser Regelungen war der inzwischen außer Kraft getretene Art. 4 c) der Richtlinie 95/47/EG vom 24.10.1995, Abl. EG Nr. L

che Rechtsfortbildung im Rahmen der Auslegung des Art. 82 EGV die essential facilities doctrin als allgemeingültigen Missbrauchstatbestand im europäischen Kartellrecht anerkannt.

(3) Übernahme der essential facilities doctrin in das deutsche Recht

Dieser Rechtsentwicklung wollte sich der deutsche Gesetzgeber durch die Einführung der allgemeinen Zugangsregelung in § 19 Abs. 4 Nr. 4 GWB im nationalen Recht anschließen. Auch im deutschen Recht hatte es zuvor bereits sektorspezifische Zugangsregelungen gegeben, deren Inhalt auf die essential facilities doctrin zurückzuführen war. Zu nennen sind hier insbesondere Zugangsregelungen auf dem Telekommunikations-, Eisenbahn-, Strom- und Postsektor.[1040] Diese Bestimmungen sind auch weiterhin in Kraft. Ziel der Einführung einer allgemeinen Zugangsregelung sollte es neben der Angleichung der deutschen an die europäische Rechtslage insbesondere sein, einer weiteren „Sektoralisierung des Kartellrechts" im Bereich der Zugangsregulierung entgegenzuwirken.[1041]

bbb) Die Normstruktur des § 19 Abs. 4 Nr. 4 GWB

§ 19 Abs. 4 Nr. 4 GWB enthält insgesamt vier Tatbestandsvoraussetzungen, die erfüllt sein müssen, damit ein Marktmachtmissbrauch angenommen werden kann, der einen Zugangsanspruch begründet.[1042]

Erstens muss ein marktbeherrschendes Unternehmen einem anderen Unternehmen den Zugang zu einer eigenen Einrichtung verweigern. Es muss also ein tauglicher Normadressat ermittelt werden. Zweitens muss es um den Zugang zu Netzen oder anderen Infrastruktureinrichtungen, also zu einem bestimmten, genauer zu definierenden Zugangsobjekt gehen. Drittes und zentrales Tatbestandsmerkmal ist das Bestehen einer Situation, in der es anderen Unternehmen aus rechtlichen oder tatsächlichen Gründen ohne die Mitbenutzung des ermittelten Zugangsobjekts nicht möglich ist, auf einem vom Zugangsobjekt abgeleiteten Markt tätig zu werden. Es muss also ein besonderer Zugangsgrund bestehen. Vierte und letzte Tatbestandsvoraussetzung ist eine fehlende sachliche Rechtfertigung für die Zugangsverweigerung durch den Normadressaten.

281/51 vom 23.11.1995, mit der die Zugangsfreiheit auf dem Sektor der digitalen Fernsehverbreitung sichergestellt werden sollte.
1040 Vgl. dazu den Überblick bei *Martenczuk/Thomaschki*, RTkom 1999, 18 ff.
1041 Vgl. BTDrucks. 13/9720, S. 37.
1042 Vgl. dazu *Möschel*, in: Immenga/Mestmäcker (Hrsg.), GWB Kommentar, 3. Aufl., 2001, § 19 Rdn. 190 ff.

ccc) Zugangsanspruch zu Navigationssystemen aus § 19 Abs. 4 Nr. 4 GWB

Bei der Auslegung dieser vier Tatbestandsmerkmale ist im Einzelnen vieles streitig.[1043] Im Folgenden sollen sie daraufhin überprüft werden, ob und unter welchen Voraussetzungen Rundfunkveranstalter und sonstige Diensteanbieter gegebenenfalls einen Zugangsanspruch zu den Navigationssystemen auf § 19 Abs. 4 Nr. 4 GWB stützen können.

(1) Normadressat

Ein Zugangsanspruch kann zunächst nur dann bestehen, wenn das zu verpflichtende Unternehmen eine marktbeherrschende Stellung innehat. § 19 Abs. 4 Nr. 4 GWB stellt lediglich eine Konkretisierung des allgemeinen Missbrauchstatbestandes des § 19 Abs. 1 GWB dar, der eine marktbeherrschende Stellung des betroffenen Unternehmens voraussetzt. Bereits dieses Tatbestandsmerkmal wirft jedoch mit Blick auf einen etwaig bestehenden Zugangsanspruch zu Navigationssystemen einige Probleme auf.

(a) Marktbeherrschende Stellung auf dem vor- oder nachgelagerten Markt?

Problematisch ist zunächst, dass im Rahmen der Prüfung des § 19 Abs. 4 Nr. 4 GWB zwischen zwei aufeinander bezogenen Märkten zu unterscheiden ist. Das Gesetz spricht von einem „vor- oder nachgelagerten Markt" und setzt dadurch die Existenz eines weiteren Marktes voraus. Es ist demnach zu differenzieren zwischen einem Primärmarkt, der auch als Markt für die Mitbenutzung der vom Normadressaten kontrollierten Einrichtung bezeichnet werden kann, und einem von diesem Primärmarkt abgeleiteten Markt. Umstritten ist nun, ob der Normadressat auf dem Primärmarkt oder aber auf dem abgeleiteten Markt eine marktbeherrschende Stellung innehaben muss. Der Wortlaut der Vorschrift ist insoweit offen.[1044] In § 19 Abs. 4 Nr. 4 GWB ist zweimal von einem „marktbeherrschenden Unternehmen" die Rede, ohne dass eine zweifelsfreie Entscheidung darüber möglich wäre, ob die marktbeherrschende Stellung auf dem Primärmarkt und/oder dem abgeleiteten Markt vorliegen muss. Die Entstehungsgeschichte der Vorschrift zeigt zudem, dass die Formulierung vom Gesetzgeber bewusst offen gehalten wurde, um diese schon im Vorfeld der Beratungen zum

---

1043 Dazu ausführlich *Hohmann*, Die essential facility doctrin im Recht der Wettbewerbsbeschränkungen, 2001, S. 166 ff. Vgl. auch *v. Wallenberg*, K&R 1999, 152 ff.; *Weyer*, AG 1999, 260 ff.
1044 Vgl. *Schultz*, in: Langen/Bunte (Hrsg.), GWB Kommentar, Band 1, 9. Aufl., 2001, § 19 Rdn. 152.

Regierungsentwurf kontrovers diskutierte Frage der Wissenschaft und der Rechtsprechung zur Beantwortung zu überlassen.[1045] In der Literatur werden derzeit drei Auffassungen vertreten.

Nach einer Ansicht soll es allein darauf ankommen, ob auf dem abgeleiteten Markt eine marktbeherrschende Stellung besteht.[1046] Nach der gegensätzlichen Auffassung ist hingegen darauf abzustellen, ob das Unternehmen auf dem Primärmarkt, also auf dem Markt für die Mitbenutzung der Infrastruktureinrichtung marktbeherrschend ist.[1047] Auf die Feststellung einer marktbeherrschenden Stellung auf dem abgeleiteten Markt soll es dagegen nicht ankommen. Teilweise wird auch von einer Alternativität ausgegangen. Danach würden Unternehmen vom Anwendungsbereich des § 19 Abs. 4 Nr. 4 GWB erfasst, die entweder auf dem Primärmarkt oder aber auf dem abgeleiteten Markt eine marktbeherrschende Stellung besitzen.[1048]

Vorzugswürdig erscheint die erstgenannte Auffassung, denn der von § 19 Abs. 1 GWB vorgegebenen zweistufigen Prüfung einer Wettbewerbsbehinderung entspricht es, die marktbeherrschende Stellung auf dem abgeleiteten Markt zu prüfen. Anderenfalls würden sich bereits aus der bloßen Inhaberschaft der wesentlichen Einrichtung die marktbeherrschende Stellung und damit zugleich unmittelbar aus § 19 Abs. 4 Nr. 4 GWB ein missbräuchliches Verhalten ergeben.[1049] Die Erwähnung des Tatbestandsmerkmals der „marktbeherrschenden Stellung" in § 19 Abs. 4 Nr. 4 GWB wäre dann überflüssig. Schutzzweck der Regelung ist zudem gerade die Gewährleistung von Wettbewerb auf dem abgeleiteten Markt in Situationen, in denen nachhaltig verfestigte Marktstrukturen mit vertikal integrierten Unternehmensstrukturen zusammentreffen.[1050] Ist beispielsweise das Unternehmen, das die wesentliche Einrichtung kontrolliert, gar nicht auf dem abgeleiteten Markt tätig, fehlt auch der Anreiz zum Ausschluss

---

1045 Vgl. *Hohmann*, Die essential facility doctrin im Recht der Wettbewerbsbeschränkungen, 2001, S. 175 f.
1046 *Klimisch/Lange*, WuW 1998, 23; *Martenczuk/Thomaschki*, RTkom 1999, 23; *Haus*, WuW 1999, 1191; *v. Wallenberg*, K&R 1999, 155; *Dreher*, DB 1999, 835; *Emmerich*, Kartellrecht, 9. Aufl., 2001, S. 204; *Hohmann*, Die essential facility doctrin im Recht der Wettbewerbsbeschränkungen, 2001, S. 82; *Möschel*, in: Immenga/Mestmäcker (Hrsg.), GWB Kommentar, 3. Aufl., 2001, § 19 Rdn. 192; *Haus*, Zugang zu Netzen und Infrastruktureinrichtungen, 2002, S. 53 f.
1047 Vgl. *Schwintowski*, WuW 1999, 850 f.; *Weyer*, AG 1999, 261; *Bunte*, Kartellrecht, 2003, S. 208.
1048 *Bechtold*, GWB, 3. Aufl., 2002, § 19 Rdn. 83. So wohl auch *Schultz*, in: Langen/Bunte (Hrsg.), GWB Kommentar, Band 1, 9. Aufl., 2001, § 19 Rdn. 152.
1049 Vgl. *Möschel*, in: Immenga/Mestmäcker (Hrsg.), GWB Kommentar, 3. Aufl., 2001, § 19 Rdn. 192.
1050 *Emmerich*, Kartellrecht, 9. Aufl., 2001, S. 204.

anderer Unternehmen von der Nutzung dieser Einrichtung.[1051] Ein regulierendes Eingreifen des Gesetzgebers erscheint dann nicht erforderlich. Ist das Unternehmen auf dem abgeleiteten Markt zwar tätig, aber nicht marktbeherrschend, fehlt es ebenfalls an einer wettbewerbsrechtlichen Legitimation für eine Missbrauchskontrolle.[1052]

Somit muss das betroffene Unternehmen auf dem abgeleiteten Markt marktbeherrschend sein, also auf dem Markt, der nur durch Zugang zu der in Frage stehenden Infrastruktureinrichtung bedient werden kann. Das bedeutet für die Frage eines Zugangsanspruchs von Rundfunkveranstaltern und sonstigen Diensteanbietern zu Navigationssystemen, dass der fragliche Betreiber des Navigators auf dem jeweiligen Markt für diese Dienste marktbeherrschend sein muss.[1053] Das betrifft also insbesondere die Rundfunkmärkte und die Märkte für die verschiedenen, über die Navigatoren ansteuerbaren Mediendienste.

(b) Voraussetzungen für eine Marktbeherrschung

Im Anschluss daran ist die Frage nach der Marktbeherrschung selbst zu behandeln. Im Rundfunkbereich ist diese schwierig zu bestimmen. Im Rahmen der Prüfung des § 19 Abs. 4 Nr. 4 GWB geht es dabei nicht um die Frage von publizistischer Meinungsmacht, sondern um die Ermittlung von ökonomischer Marktmacht. Das auf die Verhinderung von publizistischer Meinungsmacht zugeschnittene Zuschaueranteilsmodell aus § 26 RStV ist hier nicht maßgeblich. Es gelten vielmehr die allgemeinen Regeln zur Ermittlung von ökonomischer Marktmacht.

Als marktbeherrschend sind nach § 19 Abs. 2 Satz 1 Nr. 1 und 2 GWB Unternehmen zu qualifizieren, die als Anbieter oder Nachfrager einer bestimmten Art von Waren oder gewerblichen Leistung entweder ohne Wettbewerb sind bzw. sich keinem wesentlichen Wettbewerb ausgesetzt sehen oder im Verhältnis zu ihren Wettbewerbern eine überragende Marktstellung besitzen. Daraus folgt eine zweistufige Prüfung zur Ermittlung der Marktbeherrschung.[1054] In einem ersten Schritt ist der jeweils relevante Markt festzulegen, wobei zwischen dem sachlich, räumlich und zeitlich relevanten Markt unterschieden werden kann. In einem zweiten Schritt kann dann anhand von Marktstruktur- und Marktverhaltenskriterien der Grad der Marktbeherrschung auf dem relevanten Markt ermittelt werden.

1051 Vgl. *Martenczuk/Thomaschki*, RTkom 1999, 23.
1052 Vgl. *v. Wallenberg*, K&R 1999, 155.
1053 So auch *Leopoldt*, Navigatoren, 2002, S. 185.
1054 Dazu *Bunte*, Kartellrecht, 2003, S. 188 ff.

Bei der somit zunächst erforderlichen Marktabgrenzung in sachlicher Hinsicht wird das Bedarfsmarktkonzept zugrunde gelegt.[1055] Danach sind zu einem Markt alle Waren oder gewerblichen Leistungen zu zählen, die sich nach ihren Eigenschaften, ihrem Verwendungszweck und ihrem Preis so nahe stehen, dass sie aus Sicht der verständigen Marktgegenseite als für die Deckung eines bestimmten Bedarfs geeignet angesehen werden, nachdem sie miteinander verglichen und für austauschbar erachtet worden sind.[1056] Für ein und dasselbe Produkt können dabei je nach Anwendungsmöglichkeit und Perspektive mehrere Märkte gleichzeitig relevant sein.[1057]

Bei der Eingrenzung des relevanten Marktes im Rundfunkbereich ist mit Blick auf die erforderliche funktionale Austauschbarkeit zum einen zwischen dem Markt für Pay-TV und Free-TV zu differenzieren. Denn aus Sicht der Verbraucher besteht zwischen Pay-TV in seinen unterschiedlichen Ausprägungen (Pay-per-Channel, Pay-per-View etc.) und dem werbefinanzierten privaten sowie dem aus Gebühren und Werbeeinnahmen finanzierten öffentlich-rechtlichen Rundfunk (Free-TV) keine Austauschbarkeit. Beide Spielarten der Rundfunkdistribution stellen vielmehr einen eigenständigen sachlich relevanten Markt dar.[1058] Im Bereich des frei empfangbaren Fernsehens ist zum anderen der Werbemarkt von Bedeutung.[1059] Dabei stehen sich die Programmveranstalter als Anbieter und die Werbeindustrie als Nachfrager von Werbezeiten gegenüber. Sowohl das Bundeskartellamt als auch die EU-Kommission haben die Angebotsaktivitäten der Rundfunkveranstalter im Free-TV-Bereich bislang lediglich hinsichtlich ihres Angebots von Werbezeiten unter den Marktbegriff subsumiert.[1060]

Bei der Frage der Marktbeherrschung im Rundfunkbereich können daher je nach Fallkonstellation verschiedene Märkte relevant werden.[1061] Der Betreiber eines Navigationssystems muss auf einem dieser Märkte marktbeherrschend sein, damit er als Normadressat des Zugangstatbestandes aus § 19 Abs. 4 Nr. 4 GWB in Betracht kommen kann. Gemäß § 19 Abs. 3 Satz 1 GWB wird vermutet, dass ein Unternehmen marktbeherrschend ist, wenn es einen Marktanteil von

---

1055 *Bechtold*, GWB, 3. Aufl., 2002, § 19 Rdn. 6; *Emmerich*, Kartellrecht, 9. Aufl., 2001, S. 168 ff.
1056 Vgl. BGH v. 19.3.1996, WuW/E BGH, 3062 (Pay-TV-Durchleitung) m.w.N.
1057 Vgl. *Bunte*, Kartellrecht, 2003, S. 189.
1058 Vgl. BKartA v. 1.10.1998 WuW/E DE-V 53 ff. „Premiere" und jüngst auch das Gericht Erster Instanz der Europäischen Gemeinschaften, Urteil v. 30.9.2003, GRURInt 2004, 24.
1059 Dazu *Preuss Neudorf*, Grundversorgung und Wettbewerb im dualen Rundfunksystem, 1993, S. 112 ff.
1060 Vgl. *Klaus-Eberhard Schmidt*, ZUM 1997, 472.
1061 Vgl. zur Marktabgrenzung im Rundfukbereich auf europarechtlicher Ebene *Palzer*, ZUM 2004, 279 ff.

mindestens einem Drittel hat. Bei der Ermittlung der Marktanteile kommt es – wie gesagt – nicht auf die Anteilsverhältnisse auf dem „Zuschauermarkt" an, also insbesondere nicht auf die erreichten Einschaltquoten.[1062] Vielmehr wird der Marktanteil grundsätzlich anhand der Umsatzerlöse der betroffenen Unternehmen bestimmt.[1063] Dafür sind im Free-TV-Bereich die Werbeerlöse maßgeblich, im Pay-TV die Abonnentenzahlungen.[1064] Daneben können gemäß § 19 Abs. 2 Nr. 2 GWB eine Reihe weiterer Faktoren eine Rolle spielen, beispielsweise die Finanzkraft eines Unternehmens, sein Zugang zu Beschaffungs- und Absatzmärkten, Verflechtungen mit anderen Unternehmen, rechtliche und tatsächliche Schranken für den Marktzutritt anderer Unternehmen und Ähnliches. Letztlich ist damit für die Ermittlung der Marktmacht eine wertende Gesamtbetrachtung vorzunehmen, die dem jeweiligen Einzelfall gerecht werden muss.[1065]

Bereits an dieser Stelle zeigt sich, dass der Anwendungsbereich des § 19 Abs. 4 Nr. 4 GWB mit Blick auf eventuelle Zugangsansprüche von Rundfunkveranstaltern zu Navigationssystemen stark eingeschränkt ist. Denn zum einen muss es sich bei dem Anbieter des Navigators um ein vertikal integriertes Unternehmen handeln, das sowohl Rundfunkprogramme veranstaltet als auch das Navigationssystem kontrolliert. Ist der Betreiber des Navigationssystems nicht auf dem Markt für Rundfunkprogramme, sei es im Free-TV- oder Pay-TV-Bereich tätig, ist § 19 Abs. 4 Nr. 4 GWB nicht anwendbar. Erforderlich ist darüber hinaus eine marktbeherrschende Stellung des Navigatorbetreibers auf dem abgeleiteten Markt.[1066] Es ist jedoch sehr zweifelhaft, ob es angesichts der weitreichenden Regelungen in § 26 RStV zur Verhinderung von vorherrschender Meinungsmacht überhaupt zu einer solchen Marktbeherrschung nach ökonomischen Kriterien kommen kann.

(2) Zugangsobjekt

§ 19 Abs. 4 Nr. 4 GWB setzt als Zugangsobjekt „ein Netz oder eine andere Infrastruktureinrichtung" voraus. Fraglich ist, ob ein Navigationssystem eine Einrichtung in diesem Sinne darstellen kann. Eine Legaldefinition der im Gesetz benutzten Begriffe existiert nicht. In dieser Beziehung hat der Gesetzgeber den Tatbestand ebenfalls bewusst offen gehalten. Auch in der Begründung zum Gesetzentwurf ist eine Präzisierung der in Frage kommenden Zugangsobjekte mit

---

1062 Vgl. *Buchholtz*, ZUM 1998, 108 ff.; a.A. *Klaus-Eberhard Schmidt*, ZUM 1997, 472 ff.
1063 *Bunte*, Kartellrecht, 2003, S. 196.
1064 Vgl. *Leopoldt*, Navigatoren, 2002, S. 186.
1065 Vgl. nur *Bechtold*, GWB, 3. Aufl., 2002, § 19 Rdn. 26.
1066 So auch *Haus*, Zugang zu Netzen und Infrastruktureinrichtungen, 2002, S. 175.

dem Hinweis auf „heute noch nicht absehbare Entwicklungen auf künftigen Märkten" nicht erfolgt.[1067] In der Begründung heißt es nur, dass „der wachsenden volkswirtschaftlichen Bedeutung sog. Netzindustrien und anderer für die Aufnahme des Wettbewerbs wesentlicher Einrichtungen vor allem im Rahmen der globalen Informationsgesellschaft Rechnung getragen werden" soll.[1068] In der ersten Entwurffassung der Neuregelung in § 19 Abs. 4 Nr. 4 GWB war zunächst die Formulierung „Netze oder andere für die Aufnahme von Wettbewerb wesentliche Einrichtungen" vorgesehen.[1069] In der geltenden Fassung wird nun aber der Begriff der „wesentlichen Einrichtung" nicht verwendet. Er wurde durch die Formulierung „andere Infrastruktureinrichtungen" ersetzt. Der Gesetzgeber hat damit die Erwartung verbunden, den Anwendungsbereich der Vorschrift im Verhältnis zu ihren amerikanischen und europäischen Vorbildern einschränken zu können.[1070] So sollte sich nach dem Willen des Bundesrates „die Regelung darauf beschränken, den Zugang zu Einrichtungen zu ermöglichen, die den Charakter eines natürlichen Monopols besitzen".[1071] Zudem sollte durch diese Formulierung klargestellt werden, dass aus § 19 Abs. 4 Nr. 4 GWB – anders als im amerikanischen und auch im europäischen Recht[1072] – keine Ansprüche auf Nutzung fremder gewerblicher Schutzrechte hergeleitet werden können.[1073] Rundfunkveranstalter können also beispielsweise nicht über § 19 Abs. 4 Nr. 4 GWB die Lizenz für die Ausstrahlung von Filmen erstreiten, ohne die sich nach ihrer Ansicht kein erfolgreiches Programm ausstrahlen lässt.[1074]

Abgesehen von dieser negativen Begriffsabgrenzung für den Bereich der gewerblichen Schutzrechte bereitet eine positive Definition der Begriffe „Netze und andere Infrastruktureinrichtungen" weiterhin große Schwierigkeiten.[1075] Zu-

---

1067 BTDrucks. 13/9720, S. 51. Kritisch dazu *Bunte/Heintz*, WuW 2003, 600 f.
1068 BTDrucks. 13/9720, S. 36.
1069 Vgl. BTDrucks. 13/9720, S. 8.
1070 So die Begründung der Bundesregierung in Hinblick auf die Änderung ihres ursprünglichen Vorschlags in BTDrucks. 13/9720, S. 79.
1071 BTDrucks. 13/9720, S. 73.
1072 Vgl. EuGH v. 6.4.1995, Slg. 1995, 743 ff. „Magill" = EuZW 1995, 339 ff.
1073 Vgl. BTDrucks. 13/9720, S. 37 und S. 79 f. Das wird auch in der Literatur akzeptiert. Vgl. insoweit die Nachweise bei *Möschel*, in: Immenga/Mestmäcker (Hrsg.), GWB Kommentar, 3. Aufl., 2001, § 19 Rdn. 194 mit FN 1039. *Hohmann*, Die essential facility doctrin im Recht der Wettbewerbsbeschränkungen, 2001, S. 213 weist aber zutreffend darauf hin, dass der Ausschluss von gewerblichen Schutzrechten aus dem Wortlaut der Vorschrift „nicht zwangsläufig gefolgert werden" kann.
1074 *Bunte*, WuW 1997, 315; *v. Wallenberg*, K&R 1999, 155.
1075 Dazu ausführlich *Hohmann*, Die essential facility doctrin im Recht der Wettbewerbsbeschränkungen, 2001, S. 190 ff. Vgl. auch *Martenczuk/Thomaschki*, RTkom 1999, 22 f.; *v. Wallenberg*, K&R 1999, 154 f.

nächst gilt, dass die im Tatbestand genannten „Netze" nur einen Unterfall der ebenfalls genannten „Infrastruktureinrichtungen" darstellen.[1076] Eine genaue Abgrenzung zwischen diesen beiden Begriffen ist aber nicht notwendig, da auf der Rechtsfolgenseite keine Unterschiede bestehen.[1077]

Im weitesten Sinn können Netze bzw. Infrastruktureinrichtungen als raumübergreifende, komplex verzweigte Transport- und Logistiksysteme für Güter, Personen oder Informationen definiert werden.[1078] Von der Regelung erfasst werden danach sowohl physische als auch virtuelle Systeme.[1079] Als physische Netze bzw. Infrastruktureinrichtungen werden beispielsweise Einrichtungen aus den Bereichen Bahn, Telekommunikation, Strassen, Elektrizität, Gas, Fernwärme, Wasser oder Abwasser genannt.[1080] Regelungsgegenstand können auch Flug- oder Seehäfen und Bahnhöfe sein.[1081] Neben diesen physischen Einrichtungen können grundsätzlich auch virtuelle Infrastruktureinrichtungen in den Anwendungsbereich von § 19 Abs. 4 Nr. 4 GWB fallen. Diese zeichnen sich im Gegensatz zu materiellen Einrichtungen dadurch aus, dass ihnen keine Stofflichkeit zukommt.[1082] Als Beispiele werden genannt: Buchungs- und Reservierungssysteme für Bahn-, Flug- oder Hotelreisen oder das weltweit etablierte SWIFT-System für den bargeldlosen Auslandszahlungsverkehr.[1083] Darüber hinaus können als virtuelle Infrastruktureinrichtung aber auch technische Standards in Betracht kommen.[1084] Das können zum Beispiel Schnittstellen für Computersoftware oder technische Plattformen wie die Set-Top-Boxen im Bereich des digitalisierten Fernsehen sein.[1085] Darüber hinaus werden in diesem Zusammenhang in

---

1076 Vgl. *Bunte*, WuW 1997, 315.
1077 So zu Recht *Bechtold*, GWB, 3. Aufl., 2002, § 19 Rdn. 82.
1078 *v. Weizsäcker*, WuW 1997, 512; *Martenczuk/Thomaschki*, RTkom 1999, S. 22.
1079 *Möschel*, in: Immenga/Mestmäcker (Hrsg.), GWB Kommentar, 3. Aufl., 2001, § 19 Rdn. 196.
1080 *Martenczuk/Thomaschki*, RTkom 1999, 22.
1081 *Hohmann*, Die essential facility doctrin im Recht der Wettbewerbsbeschränkungen, 2001, S. 207.
1082 Vgl. *Hohmann*, Die essential facility doctrin im Recht der Wettbewerbsbeschränkungen, 2001, S. 211.
1083 *Möschel*, in: Immenga/Mestmäcker (Hrsg.), GWB Kommentar, 3. Aufl., 2001, § 19 Rdn. 197.
1084 *Klimisch/Lange*, WuW 1998, 16.
1085 So beispielsweise *Möschel*, in: Immenga/Mestmäcker (Hrsg.), GWB Kommentar, 3. Aufl., 2001, § 19 Rdn. 196. Kritisch aber *Leopoldt*, Navigatoren, 2002, S. 182 ff., die zu Recht einwendet, dass es sich bei diesen technischen Standards häufig um urheberrechtlich geschützte Computersoftware handelt, die eben nicht in den Anwendungsbereich der Vorschrift fällt.

der Literatur auch elektronische Benutzerführungssysteme genannt.[1086] Dem ist im Ergebnis zuzustimmen. Denn auch bei den Navigatoren handelt es sich um Systeme, die als raumübergreifende, komplex aufgebaute Transportmittel für die Datenübermittlung genutzt werden. Hinzu kommt, dass die digitalisierten Rundfunkprogramme nur noch vermittelt über die Navigationssysteme zu den Rezipienten gelangen können. Den Navigatoren kommt damit eine logistische Basisfunktion für den Empfang der über sie vermittelten Rundfunkprogramme und Mediendienste zu. Auf diese Weise werden die Navigatoren zu einer wesentlichen Infrastruktureinrichtung für die Verbreitung digitalisierter Medienangebote. Deshalb sind sie grundsätzlich auch ein taugliches Zugangsobjekt im Sinne des § 19 Abs. 4 Nr. 4 GWB.

(3) Zugangsgrund

Zentrales Tatbestandsmerkmal des § 19 Abs. 4 Nr. 4 GWB sind aber die aus rechtlichen oder tatsächlichen Gründen gegebene Unmöglichkeit für andere Unternehmen, ohne die Mitbenutzung des Zugangsobjekts auf dem abgeleiteten Markt als Wettbewerber des Normadressaten tätig zu werden, und die gleichzeitige Zugangsverweigerung zu angemessenen Bedingungen durch den Normadressaten. Obwohl der Begriff der „wesentlichen Einrichtung" im Gesetz nicht mehr auftaucht, ist darin keine prinzipielle Abkehr vom „essential facility" Konzept zu sehen.[1087] In Anlehnung an dieses Konzept und insbesondere an die Ausformung, die es im Zuge der Rezeption in das europäische Recht gefunden hat, besteht ein Zulassungsgrund also nur, wenn der Normadressat eine „wesentliche Einrichtung" kontrolliert.

Wesentlich ist eine Einrichtung dann, wenn sie von Wettbewerbern nicht duplizierbar ist.[1088] Die Unmöglichkeit, selbst eine solche Einrichtung zu schaffen, kann rechtliche oder tatsächliche Gründe haben, wie sich bereits aus dem Wortlaut der Vorschrift ergibt. Dabei kommt es nicht auf die Möglichkeiten des im konkreten Fall Zugang begehrenden Unternehmens an, sondern auf eine objektive Betrachtungsweise. Es darf objektiv keinem anderen Unternehmen möglich sein, die Einrichtung zu duplizieren.[1089] Einer tatsächlichen Unmöglichkeit steht

---

1086 *Hohmann*, Die essential facility doctrin im Recht der Wettbewerbsbeschränkungen, 2001, S. 213; *Möschel*, in: Immenga/Mestmäcker (Hrsg.), GWB Kommentar, 3. Aufl., 2001, § 19 Rdn. 196.
1087 *Möschel*, in: Immenga/Mestmäcker (Hrsg.), GWB Kommentar, 3. Aufl., 2001, § 19 Rdn. 199.
1088 Vgl. *Dreher*, DB 1999, 834 f.
1089 Vgl. *Martenczuk/Thomaschki*, RTkom 1999, 23; *v. Wallenberg*, K&R 1999, 155 f. A.A. aber wohl *Schultz*, in: Langen/Bunte (Hrsg.), GWB Kommentar, Band 1, 9.

die wirtschaftliche Unmöglichkeit gleich, wenn unter Anlegung eines Maßstabs kaufmännischer Vernunft die Schaffung eigener Einrichtungen für einen Dritten sinnvoll nicht in Betracht kommt.[1090]

Darüber hinaus darf der Zugang zum Sekundärmarkt aber auch nicht auf andere Art und Weise als durch Nutzung der fraglichen Einrichtung möglich sein.[1091] Die Mitbenutzung der Infrastruktureinrichtung muss zwingende Voraussetzung dafür sein, dass eine wettbewerbliche Tätigkeit auf dem abgeleiteten Markt aufgenommen werden kann.[1092] Kann die Einrichtung ersetzt werden, so ist sie nicht wesentlich, und es besteht kein Zugangsanspruch nach § 19 Abs. 4 Nr. 4 GWB. Eine Substituierbarkeit in diesem Sinne ist beispielsweise denkbar bei der Überbrückung der letzten Meile im Telekommunikationssektor entweder mittels Richtfunk, Breitbandkabel oder über das Stromnetz.[1093]

Fraglich ist nun, ob ein Navigationssystem als wesentliche Einrichtung in diesem Sinne eingestuft werden kann. Das System dürfte dann aus rechtlichen oder tatsächlichen Gründen weder duplizierbar noch substituierbar sein. Programmübergreifende Navigatoren, seien es die Basisnavigatoren oder programmübergreifende EPG-Anwendungen, sind jedoch grundsätzlich duplizierbar. Jedermann kann derartige Systeme entwickeln und betreiben. Durch die Regelung in § 53 Abs. 1 Satz 2 RStV ist zudem sichergestellt, dass die Set-Top-Boxen über zugangsoffene Schnittstellen verfügen, die Dritten die Herstellung und den Betrieb eigener Navigationssysteme erlauben. Rechtliche oder tatsächliche Gründe stehen somit dem Betrieb eines weiteren Navigators zunächst nicht entgegen.

Eine tatsächliche Unmöglichkeit aus wirtschaftlichen Gründen kann allerdings – wie bereits erwähnt – dann angenommen werden, wenn unter Anlegung eines Maßstabs kaufmännischer Vernunft die Schaffung eigener Einrichtungen für einen Dritten sinnvoll nicht in Betracht kommt. Es gilt jedoch ein objektiver Maßstab. Im Rahmen des § 19 Abs. 4 Nr. 4 GWB kommt es nicht auf die subjektiven Umstände des Wettbewerbers an, insbesondere nicht auf seine individuelle Finanzkraft. Ausschlaggebend ist vielmehr, ob das System von irgendei-

---

Aufl., 2001, § 19 Rdn. 166. A.A. auch für die sektorspezifische Zugangsregulierung in § 33 TKG *Piepenbrock*: in: Büchner u.a. (Hrsg.), Beck'scher TKG-Kommentar, 2. Aufl., 2000, § 33 Rdn. 41 f., der auf einen durchschnittlichen Wettbewerber abstellen will.
1090 *Bechtold*, GWB, 3. Aufl., 2002, § 19 Rdn. 84; *Martenczuk/Thomaschki*, RTkom 1999, 23.
1091 Vgl. *Schultz*, in: Langen/Bunte (Hrsg.), GWB Kommentar, Band 1, 9. Aufl., 2001, § 19 Rdn. 164
1092 *Bechtold*, GWB, 3. Aufl., 2002, § 19 Rdn. 84.
1093 Vgl. *Möschel*, in: Immenga/Mestmäcker (Hrsg.), GWB Kommentar, 3. Aufl., 2001, § 19 Rdn. 199.

nem Wettbewerber dupliziert werden könnte.[1094] Das wird jedoch in aller Regel der Fall sein. Allenfalls könnte eine tatsächliche Unmöglichkeit in einer Situation denkbar werden, in der sich ein einzelnes Navigationssystem derart auf dem Markt etabliert hat, dass es für Dritte faktisch unmöglich ist, mit einem Konkurrenzprodukt zum Verbraucher durchzudringen. Abgesehen von dieser Ausnahmesituation können jedoch im Ergebnis die Navigationssysteme nicht als wesentliche Einrichtungen im Sinne des § 19 Abs. 4 Nr. 4 GWB betrachtet werden, weil sie grundsätzlich duplizierbar sind. Ein Zugangsanspruch besteht demnach also nicht.

(4) Sachliche Rechtfertigung

Damit kommt es in der Regel auch auf die Frage nicht mehr an, ob vom Systembetreiber eine Zugangsverweigerung gegebenenfalls sachlich gerechtfertigt werden könnte. Gemäß § 19 Abs. 4 Nr. 4 GWB ist die Zugangsverweigerung zu einer wesentlichen Einrichtung nicht missbräuchlich, wenn das die Einrichtung kontrollierende Unternehmen nachweist, dass die Mitbenutzung aus betriebsbedingten oder sonstigen Gründen nicht möglich oder nicht zumutbar ist. Der Begriff der Zumutbarkeit erfüllt dieselbe Funktion wie in anderen Missbrauchstatbeständen der Begriff der Billigkeit (vgl. z.B. § 20 Abs. 1 GWB) oder der sachlichen Rechtfertigung (§ 19 Abs. 4 Nr. 1 GWB), so dass auch im Rahmen der Prüfung des § 19 Abs. 4 Nr. 4 GWB eine umfassende Interessenabwägung zwischen den Interessen des Betreibers der wesentlichen Einrichtung und des den Zugang begehrenden Unternehmens erforderlich ist.[1095] Fraglich ist allerdings, welche Aspekte in diese umfassende Interessenabwägung einzubeziehen sind. Eine abstrakte, positive Bestimmung aller zu berücksichtigenden Umstände ist angesichts der Vielfältigkeit der in Frage kommenden Gesichtspunkte nicht möglich. Wohl aber könnten umgekehrt bestimmte Aspekte von vornherein von der Interessenabwägung ausgeschlossen sein.

Problematisch ist hier insbesondere die Grundsatzfrage, ob Zielsetzungen anderer Rechtsnormen im Rahmen der Auslegung des § 19 Abs. 4 Nr. 4 GWB berücksichtigt werden können. Mit Blick auf den Zugang zu den Navigationssystemen ist in diesem Zusammenhang insbesondere an die vielfaltsichernden Bestimmungen des Rundfunkrechts zu denken. Im Grundsatz gilt aber, dass außerwettbewerbliche Wertungsgesichtspunkte und Zielsetzungen im Rahmen der

---

1094 Vgl. *Martenczuk/Thomaschki*, RTkom 1999, 23; *Möschel*, in: Immenga/Mestmäcker (Hrsg.), GWB Kommentar, 3. Aufl., 2001, § 19 Rdn. 200 m.w.N.
1095 *v. Wallenberg*, K&R 1999, 156; *Weyer*, AG 1999, 262; *Schultz*, in: Langen/Bunte (Hrsg.), GWB Kommentar, Band 1, 9. Aufl., 2001, § 19 Rdn. 170; a.A. wohl *Dreher*, DB 1999, 837.

Anwendung von Normen des GWB nicht berücksichtigungsfähig sind. Die kartellrechtliche Interessenabwägung orientiert sich grundsätzlich ausschließlich an der auf die Freiheit des Wettbewerbes gerichteten Zielsetzung des GWB.[1096] Denn wenn im Rahmen der kartellrechtlichen Missbrauchskontrolle der rein wettbewerbliche Bezugsrahmen verlassen wird, läuft das Wettbewerbsrecht Gefahr, für wirtschaftspolitische Lenkungszwecke instrumentalisiert zu werden, worauf es aber nicht ausgerichtet ist.[1097]

Andererseits verpflichtet das Gebot der widerspruchsfreien Normgebung alle rechtsetzenden Organe, ihre Regelungen jeweils so aufeinander abzustimmen, dass den Normadressaten keine gegenläufigen Vorschriften erreichen, sondern vielmehr dafür zu sorgen, dass die Rechtsordnung nicht aufgrund unterschiedlicher Anordnungen widersprüchlich wird.[1098] Das gilt wie gesehen insbesondere im Rundfunkbereich. Wenn das Kartellrecht hier zur Anwendung kommt, so ist es hinsichtlich der von Art. 5 Abs. 1 Satz 2 GG vorgegebenen rundfunkrechtlichen Zielsetzungen nur ein Mittel zum Zweck und erfüllt lediglich eine die Zielsetzungen des Rundfunkrechts unterstützende Funktion. Keinesfalls darf das Kartellrecht deshalb die Regelungen des Rundfunkrechts in ihren Wirkungen behindern.[1099] Vielmehr hat bei der Auslegung und Anwendung der kartellrechtlichen Vorschriften im Rundfunkbereich eine Einzelfallbewertung zu erfolgen, bei der die Regelungsvorgaben des Art. 5 Abs. 1 Satz 2 GG angemessen berücksichtigt werden. Das gilt auch für die Abwägungsentscheidung, ob dem Betreiber einer wesentlichen Einrichtung auf dem Rundfunksektor eine Zugangsgewährung zumutbar ist. Sollte ein Navigationssystem als wesentliche Einrichtung zu qualifizieren sein und sollte gleichzeitig einem Rundfunkveranstalter vom Betreiber dieses Systems der Zugang verweigert werden, sind also bei der Frage der Rechtmäßigkeit der Zugangsverweigerung rundfunkrechtliche Wertungen zu berücksichtigen. In der Regel wird der Zugang ohnehin problemlos zu ermöglichen sein. Sollten jedoch tatsächlich Engpässe bestehen, können Erwägungen mit Blick auf den rundfunkrechtlich vorgegebenen Zielwert der Sicherung kommunikativer Chancengerechtigkeit dazu führen, dass bestimmte Rundfunkveranstalter bevorzugt zu berücksichtigen sind. Auch diese Überlegungen sind jedoch eher theoretischer Natur, da kaum vorstellbar ist, dass eine Zugangsgewährung jemals unzumutbar wäre.

1096 Vgl. dazu *Möschel*, WuW 1999, 6 f.; *Hohmann*, Die essential facility doctrin im Recht der Wettbewerbsbeschränkungen, 2001, S. 302 ff.
1097 *Möschel*, WuW 1999, 7.
1098 Grundlegend BVerfGE 98, 83 ff., dazu *Frenz*, DÖV 1999, 41 ff.
1099 Vgl. *Schulz/Seufert/Holznagel*, Digitales Fernsehen – Regulierungskonzepte und -perspektiven, 1999, S. 120.

ddd) Zusammenfassung

Festzuhalten ist, dass die allgemeine kartellrechtliche Zugangsregelung gemäß § 19 Abs. 4 Nr. 4 GWB für die Zugangssicherung zu den Navigationssystemen nur eine sehr eingeschränkte Bedeutung gewinnen kann. Sie ist zunächst nur dann anwendbar, wenn das fragliche Navigationssystem überhaupt als „wesentliche Einrichtung" im Sinne der essential facilities doctrin zu qualifizieren wäre. Das wird in der Regel jedoch nicht möglich sein. Nur wenn ein Navigationssystem sich derart am Markt durchsetzen sollte, dass es von Wettbewerbern faktisch nicht duplizierbar ist, könnte es als wesentliche Einrichtung eingestuft werden. Selbst wenn dem so wäre, müsste der Betreiber des betreffenden Navigationssystems zudem auf dem Markt für Rundfunkdienstleistungen eine nach ökonomischen Kriterien zu definierende marktbeherrschende Stellung besitzen. Auch dieses ist angesichts der bestehenden rundfunkrechtlichen Antikonzentrationsregelungen unwahrscheinlich, wenn nicht sogar gänzlich ausgeschlossen. Damit bleibt für die Anwendung des § 19 Abs. 4 Nr. 4 GWB im Rahmen der erforderlichen Zugangssicherung zu den Navigationssystemen praktisch kein Raum.[1100]

Selbst wenn eine Fallkonstellation eintreten sollte, in der ein Zugangsanspruch eines Rundfunkveranstalters begründet werden könnte, ergibt sich dann aber das Problem seiner effektiven Durchsetzung. Zwar können die Kartellbehörden im Falle eines Verstoßes gegen § 19 Abs. 4 Nr. 4 GWB ausnahmsweise auch eine Mitbenutzungsverfügung in Form einer positiven Gebotsverfügung erlassen.[1101] Jedoch sind die Möglichkeiten der Kartellbehörden, in die Vertragsbeziehungen der betroffenen Parteien einzugreifen, beschränkt.[1102] Denn § 19 Abs. 4 Nr. 4 GWB eröffnet dem Zugangsberechtigten lediglich den Zugang zum jeweiligen System, um den Wettbewerb aufzunehmen. Die Bestimmung bietet dagegen keinen adäquaten Schutz vor dem manipulativen Einsatz von Rezeptionsfiltern oder einer diskriminierenden Darstellung bestimmter Angebote auf dem Auswahlmenü des Navigators.[1103] Gerade in diesem Bereich bestehen

---

1100 So im Ergebnis auch *Leopoldt*, Navigatoren, 2002, S. 188.
1101 Vgl. *Möschel*, in: Immenga/Mestmäcker (Hrsg.), GWB Kommentar, 3. Aufl., 2001, § 19 Rdn 212. In der Regel wird das Kartellamt sich aber darauf beschränken, die Zugangsverweigerung zu verbieten. Zur Zulässigkeit einer solchen Verbotsverfügung BGH v. 24.9.2002 WuW/DE-R 977 ff. (Puttgarden).
1102 Dazu *Mailänder*, in: Kruse u.a. (Hrsg.), Festschrift für Ingo Schmidt zum 65. Geburtstag, 1997, S. 271 ff.
1103 So auch der zutreffende Befund von *Hoffmann-Riem*, Regulierung der dualen Rundfunkordnung, 2000, S. 143.

aber die größten Manipulationsgefahren. Es wird in der Praxis daher in der Regel weniger um das „Ob" als um das „Wie" der Zugangsgewährung gehen. Der Wert des Missbrauchstatbestandes in § 19 Abs. 4 Nr. 4 GWB für eine angemessene Zugangssicherung zu den Navigationssystemen ist also auch aus diesem Grund begrenzt.

bb) Diskriminierungs- und Behinderungsverbot gemäß § 20 GWB

Es bleibt die Frage, ob das Diskriminierungs- und Behinderungsverbot aus § 20 GWB für die Zugangssicherung zu den Navigationssystemen eine Rolle spielen kann. Die Vorschrift enthält ein umfassendes Verbot der Benachteiligung von Unternehmen im Wettbewerb und ergänzt das Missbrauchsverbot des § 19 GWB. Die beiden Vorschriften sind nebeneinander anwendbar.[1104] § 20 Abs. 1 und Abs. 2 GWB verbieten marktbeherrschenden und unter bestimmten Umständen auch marktstarken Unternehmen, ein anderes Unternehmen in einem Geschäftsverkehr, der gleichartigen Unternehmen üblicherweise zugänglich ist, unmittelbar oder mittelbar unbillig zu behindern oder gegenüber gleichartigen Unternehmen ohne sachlich gerechtfertigten Grund unmittelbar oder mittelbar unterschiedlich zu behandeln.

Im Folgenden soll untersucht werden, unter welchen Umständen sich gegebenenfalls Zugangsansprüche von Rundfunkveranstaltern zu elektronischen Benutzerführungssystemen aus § 20 GWB herleiten lassen.

aaa) Normadressaten

§ 20 Abs. 1 GWB richtet sich gegen Diskriminierungs- und Behinderungsstrategien von marktbeherrschenden Unternehmen. Ob ein Unternehmen als marktbeherrschend einzustufen ist, bestimmt sich auch im Fall des § 20 GWB nach den Kriterien des § 19 Abs. 2 und 3 GWB.[1105] Darüber hinaus unterliegen dem Diskriminierungs- und Behinderungsverbot aber auch Unternehmen, die über eine sogenannte marktstarke Stellung unterhalb der Schwelle der Marktbeherrschung verfügen. Voraussetzung für die Einbeziehung dieser Unternehmen in die Missbrauchskontrolle gem. § 20 Abs. 2 Satz 1 GWB ist, dass von ihnen kleine oder mittlere Unternehmen als Anbieter oder Nachfrager einer bestimmten Art von Waren oder gewerblichen Leistungen in der Weise abhängig sind, dass ausrei-

---

1104 Vgl. *Hohmann*, Die essential facility doctrin im Recht der Wettbewerbsbeschränkungen, 2001, S. 349. Zum Verhältnis von § 20 GWB zu § 19 Abs. 4 Nr. 4 GWB auch ausführlich *Oechsler*, ZHR 164 (2000), 479 ff.
1105 Vgl. dazu bereits oben G. III. 2. b) aa) ccc) (1) (b).

chende und zumutbare Möglichkeiten, auf andere Unternehmen auszuweichen, nicht bestehen. Diese marktmachtbegründende Abhängigkeit kann auf verschiedene Weise entstehen, auf die hier jedoch nicht näher eingegangen werden soll.[1106] Insbesondere durch die (zusätzliche) Einbeziehung von Unternehmen mit relativer Marktmacht in die wettbewerbsrechtliche Missbrauchskontrolle erlangt § 20 GWB im Verhältnis zu § 19 GWB seine eigenständige Bedeutung.[1107]

Der Betreiber des Navigationssystems müsste also entweder marktbeherrschend sein oder zumindest eine marktstarke Stellung im Sinne des § 20 Abs. 2 Satz 1 GWB besitzen, um als Normadressat in Betracht zu kommen. Liegt eine derartige Marktmacht vor, gilt das Diskriminierungs- und Behinderungsverbot dann aber nicht nur auf dem Markt, auf dem die marktbeherrschende beziehungsweise marktstarke Stellung besteht, sondern auch auf Drittmärkten, auf die sich diese Marktmacht ebenfalls auswirkt.[1108] Auf diesen Drittmärkten selbst braucht das betroffene Unternehmen keine hervorgehobene Marktmacht zu besitzen. Es genügt ein „Missbrauchstransfer" von einem auf den anderen Markt.[1109] Entscheidend ist damit allein, dass sich das Verhalten des Normadressaten auf dem beherrschten Markt auch auf dem nicht beherrschten Drittmarkt für andere Unternehmen behindernd auswirkt.[1110]

Übertragen auf die Zugangsproblematik zu Navigationssystemen bedeutet dies, dass als Normadressaten nur Betreiber von elektronischen Benutzerführungssystemen in Betracht kommen, die auf dem relevanten Markt, also dem für Navigationssysteme, eine marktbeherrschende bzw. marktstarke Stellung besitzen. Nicht erforderlich ist hingegen eine besondere Marktmacht auf einem Drittmarkt, also beispielsweise auf dem Markt für die Veranstaltung von Rundfunkprogrammen. Insoweit ergibt sich ein Unterschied zur Regelung des § 19 Abs. 4 Nr. 4 GWB, wo – wie gesehen – eine marktbeherrschende Stellung auf dem abgeleiteten Markt erforderlich ist.[1111]

1106 Vgl. dazu ausführlich *Markert*, in: Immenga/Mestmäcker (Hrsg.), GWB Kommentar, 3. Aufl., 2001, § 20 Rdn. 49 ff.
1107 *Bunte*, Kartellrecht, 2003, S. 211.
1108 Vgl. *Bechtold*, GWB, 3. Aufl., 2002, § 20 Rdn. 10; *Emmerich*, Kartellrecht, 9. Aufl., 2001, S. 213 m.w.N.
1109 *Emmerich*, Kartellrecht, 9. Aufl., 2001, S. 213.
1110 *Markert*, in: Immenga/Mestmäcker (Hrsg.), GWB Kommentar, 3. Aufl., 2001, § 20 Rdn. 29.
1111 Aus systematischen und teleologischen Gründen kritisch deshalb *Hohmann*, Die essential facility doctrin im Recht der Wettbewerbsbeschränkungen, 2001, S. 352.

bbb) Üblicherweise zugänglicher Geschäftsverkehr

Das Behinderungs- und Diskriminierungsverbot gilt für die Normadressaten nur in einem Geschäftsverkehr, der gleichartigen Unternehmen üblicherweise zugänglich ist. Dieses Tatbestandsmerkmal grenzt den Anwendungsbereich des Behinderungs- und Diskriminierungsverbotes auf Geschäftsbeziehungen in Märkten ein, in denen mehrere Unternehmen tätig sind.[1112] An das Vorliegen dieses Tatbestandsmerkmals sind jedoch keine hohen Anforderungen zu stellen. Unter Geschäftsverkehr ist jeder privatrechtlich geregelte Verkehr mit Waren oder gewerblichen Leistungen zu verstehen.[1113] Die Frage der Zugänglichkeit zu diesem Geschäftsverkehr ist objektiv, nicht subjektiv zu beurteilen und knüpft an das an, was in dem betroffenen Wirtschaftskreis als allgemein geübt und angemessen empfunden wird.[1114] Auch die erforderliche Gleichartigkeit der betroffenen Unternehmen ist nach objektiven Kriterien zu bestimmen und unterliegt ebenfalls keinen gesteigerten Differenzierungsanforderungen. Das Tatbestandselement dient der Rechtsprechung vielmehr lediglich zu einer „Grobsichtung", durch die nur von vornherein eindeutige Fälle eines nicht rechtswidrigen Verhaltens ausgesondert werden können.[1115] Gleichartigkeit liegt danach vor, wenn die zum Vergleich herangezogenen Unternehmen im Wesentlichen dieselbe unternehmerische Tätigkeit ausüben und eine ähnliche wirtschaftliche Funktionen ausfüllen.[1116]

Mit Blick auf die Zugangsgewährung zu den Navigationssystemen besteht der Geschäftsverkehr, der gleichartigen Unternehmen üblicherweise zugänglich ist, in der Einräumung von Präsentationsmöglichkeiten für Rundfunkveranstalter über das fragliche Navigationssystem. Bei den zugangsbegehrenden Rundfunkprogrammveranstaltern handelt es sich unproblematisch um gleichartige Unternehmen in diesem Sinne.[1117] Zudem ist es gerade Sinn und Zweck eines Benutzerführungssystemes, das Angebot verschiedener Rundfunkveranstalter zu präsentieren, und auf diese Weise den Nutzern als Auswahlplattform zu dienen. Damit macht der Systembetreiber sein System für den Geschäftsverkehr mit den

---

1112 *Bunte*, Kartellrecht, 2003, S. 216.
1113 *Schultz*, in: Langen/Bunte (Hrsg.), GWB Kommentar, Band 1, 9. Aufl., 2001, § 20 Rdn. 93.
1114 *Emmerich*, Kartellrecht, 9. Aufl., 2001, S. 222 f.
1115 *Schultz*, in: Langen/Bunte (Hrsg.), GWB Kommentar, Band 1, 9. Aufl., 2001, § 20 Rdn. 96.
1116 Vgl. BGH v. 19.3.1996, WuW/E BGH 3063 (Pay-TV-Durchleitung).
1117 Als gleichartig sind auch Pay-TV Anbieter und Free-TV Anbieter anzusehen, vgl. BGH v. 19.3.1996, WuW/E BGH 3063 (Pay-TV-Durchleitung)

betroffenen Rundfunkprogrammveranstaltern allgemein zugänglich.[1118] Dies gilt natürlich nur für programmübergreifende Systeme und nicht für proprietäre Systeme eines einzelnen Programm(bouquet)veranstalters. Denn proprietäre EPG-Anwendungen sind naturgemäß gerade nicht für den Geschäftsverkehr zugänglich. Sie dienen allein der Präsentation des eigenen Programms.

ccc) Diskriminierungs- bzw. Behinderungsverbot

Die Normadressaten dürfen ein anderes Unternehmen in dem soeben beschriebenen Geschäftsverkehr weder unmittelbar noch mittelbar unbillig behindern oder gegenüber gleichartigen Unternehmen ohne sachlich gerechtfertigten Grund unmittelbar oder mittelbar unterschiedlich behandeln. Hinsichtlich der Tathandlung wird zwischen dem Tatbestand der „unbilligen Behinderung" auf der einen Seite und dem Tatbestand der „ungerechtfertigten unterschiedlichen Behandlung" auf der anderen Seite unterschieden.[1119]

Unter einer Behinderung im Sinne des § 20 Abs. 1 GWB ist jedes Verhalten zu verstehen, das die wettbewerbliche Betätigungsfreiheit eines anderen Unternehmens nachteilig beeinflusst.[1120] Demgegenüber liegt eine unterschiedliche Behandlung gleichartiger Unternehmen vor, wenn einzelne Unternehmen gegenüber der Mehrheit benachteiligt oder im Verhältnis zur Mehrheit bevorzugt werden. Dem Normadressaten ist es also untersagt, wirtschaftlich gleichliegende Sachverhalte ungleich zu behandeln.[1121]

Für die entscheidende Frage, ob eine Behinderung unbillig, bzw. eine unterschiedliche Behandlung sachlich nicht gerechtfertigt ist und damit gegen das Diskriminierungsverbot verstößt, gelten übereinstimmende Grundsätze.[1122]

Im Rahmen der Auslegung des § 20 GWB ist für die Beurteilung eines beanstandeten Verhaltens stets eine einzelfallbezogene Interessenabwägung erforderlich, die die auf die Freiheit des Wettbewerbs ausgerichtete Zielsetzung des

---

1118 Darauf, ob diese Präsentationsmöglichkeit gegen Entgelt eingeräumt wird oder nicht, kommt es nicht an. Ein Unternehmen kann auch gegen das Diskriminierungsverbot verstoßen, wenn es seine Leistungen unentgeltlich anbietet, vgl. HansOLG Hamburg v. 15.5.1997, WuW/E OLG 5863 (Programmvorschau).
1119 Vgl. *Schultz,* in: Langen/Bunte (Hrsg.), GWB Kommentar, Band 1, 9. Aufl., 2001, § 20 Rdn 107 ff.; *Markert,* in: Immenga/Mestmäcker (Hrsg.), GWB Kommentar, 3. Aufl., 2001, § 20 Rdn. 114 ff.
1120 *Bunte,* Kartellrecht, 2003, S. 217.
1121 *Bunte,* Kartellrecht, 2003, S. 217.
1122 Vgl. *Bechtold,* GWB, 3. Aufl., 2002, § 20 Rdn. 38. Zu den einzelnen Fallgruppen *Bunte,* Kartellrecht, 2003, S. 219 ff.

GWB berücksichtigt.[1123] Insofern gilt dasselbe wie für die im Rahmen des § 19 Abs. 4 Nr. 4 GWB erforderliche Interessenabwägung bei der Frage nach der sachlichen Rechtfertigung einer Verweigerung des Zugangs zu einer wesentlichen Einrichtung.[1124]

Auch im Rahmen des § 20 GWB hat sich die erforderliche Abwägung grundsätzlich auf die wettbewerbsbezogenen Interessen der unmittelbar und mittelbar Betroffenen zu beschränken, während die Interessen unbeteiligter Dritter oder andere als wettbewerbsrechtliche öffentliche Interessen prinzipiell unberücksichtigt bleiben müssen.[1125]

Etwas anderes gilt aber – wie oben bereits betont – für rundfunkrechtliche Wertungen. Wenn das Kartellrecht neben dem Rundfunkrecht zur Anwendung kommt, erfüllt es mit Blick auf die von Art. 5 Abs. 1 Satz 2 GG vorgegebenen rundfunkrechtlichen Zielsetzungen nur eine unterstützende Funktion. Deshalb hat bei der Auslegung und Anwendung der kartellrechtlichen Vorschriften im Rundfunkbereich eine Einzelfallbewertung zu erfolgen, bei der die Regelungsvorgaben des Art. 5 Abs. 1 Satz 2 GG angemessen berücksichtigt werden müssen. Das gilt auch für die im Rahmen des § 20 GWB zu treffende Abwägungsentscheidung, ob eine Behinderung unbillig, bzw. ob eine unterschiedliche Behandlung sachlich nicht gerechtfertigt ist und damit gegen das Diskriminierungsverbot verstößt.

Im Ergebnis wird die Weigerung des Betreibers eines programmübergreifenden Navigationssystems, das Programm eines Rundfunkveranstalters über das Benutzerführungssystem zu präsentieren, stets als unbillige Behinderung dieses Veranstalters im Sinne des § 20 GWB anzusehen sein. Dadurch wird dessen wettbewerbliche Betätigungsfreiheit in erheblicher Weise nachteilig beeinflusst, weil die Rezipienten das Programmangebot des betroffenen Veranstalters nicht mehr ansteuern können. Bei einer einzelfallbezogenen Interessenabwägung, bei der die auf die Freiheit des Wettbewerbs ausgerichtete Zielsetzung des GWB zu Grunde gelegt wird, sind auch keine berücksichtigungsfähigen Interessen von Systembetreibern erkennbar, die eine Zugangsverweigerung rechtfertigen könnten.

Als wesentlich schwieriger erweisen sich demgegenüber Konstellationen, in denen der Betreiber eines Navigationssystems zwar den Rundfunkveranstaltern grundsätzlich den Zugang zu seinem System gewährt, jedoch die Rezeptionschancen einzelner Veranstalter durch den manipulativen Einsatz von Rezep-

---

1123 *Bechtold*, GWB, 3. Aufl., 2002, § 20 Rdn. 38; *Schultz*, in: Langen/Bunte (Hrsg.), GWB Kommentar, Band 1, 9. Aufl., 2001, § 20 Rdn. 121 ff.
1124 Vgl. dazu oben G. III. 2. b) aa) ccc) (4).
1125 *Emmerich*, Kartellrecht, 9. Aufl., 2001, S. 225; *Bunte*, Kartellrecht, 2003, S. 218 f.

tionsfiltern oder durch diskriminierende Darstellung auf dem Auswahlmenü des Navigators beeinflusst. Ob eine bestimmte Darstellung sich als unbillige Behinderung oder ungerechtfertigte unterschiedliche Behandlung im Sinne des § 20 GWB darstellt und der Betreiber damit gegen das wettbewerbliche Behinderungs- und Diskriminierungsverbot verstößt, kann jedoch nur im Einzelfall beantwortet werden. Beispielsweise wäre ein Verstoß sicherlich dann anzunehmen, wenn als Ergebnis einer Suchanfrage eines Nutzers nach allen Spielfilmangeboten des Fernsehabends die Angebote einzelner Anbieter bewusst nicht als Rezeptionsoptionen aufgeführt würden.

ddd) Zusammenfassung

Damit wird deutlich, dass § 20 GWB hinsichtlich der Zugangssicherung zu den Navigationssystemen grundsätzlich für die zugangsberechtigten Rundfunkveranstalter von Bedeutung sein kann. Etwaige Verstöße von Systembetreibern gegen das Behinderungs- und Diskriminierungsverbot begründen zivilrechtliche Schadensersatz- und Unterlassungs- bzw. Beseitigungsverpflichtungen, die im Ergebnis auch zu einem Kontrahierungszwang führen können.[1126] Voraussetzung dafür ist jedoch, dass das fragliche System eine marktbeherrschende bzw. marktstarke Stellung einnimmt. Diskriminierungen und Behinderungen von Systembetreibern ohne diese Marktposition können dagegen mit Hilfe des Missbrauchstatbestandes des § 20 GWB nicht verhindert bzw. unterbunden werden.

cc) Ergebnis

Die wettbewerbsrechtliche Missbrauchskontrolle kann zwar in einigen Fällen zur Sicherung der Zugangschancengerechtigkeit in Zusammenhang mit dem Betrieb elektronischer Benutzerführungssysteme beitragen. Eine umfassende Gewährleistung von Zugangsfreiheit zu den Navigatoren kann das Wettbewerbsrecht aber nicht leisten. Vor allem werden die existierenden Möglichkeiten zur Instrumentalisierung des Wettbewerbsrechts neben der rundfunkrechtlichen Zugangsregulierung aus § 53 RStV in der Praxis wenig Bedeutung erlangen.

Zum einen geht § 53 RStV als sektorspezifische Zugangsregelung weiter als die allgemeine Zugangsregelung in § 19 Abs. 4 Nr. 4 GWB. So ist keine Marktmacht des Systembetreibers auf einem nachgelagerten Markt erforderlich. Zudem kommt es im Rahmen des § 53 RStV nicht darauf an, ob ein Navigationssystem als wesentliche Einrichtung im Sinne der essential facilities doctrin

---

1126 Vgl. *Markert*, in: Immenga/Mestmäcker (Hrsg.), GWB Kommentar, 3. Aufl., 2001, § 20 Rdn. 227 f.

einzustufen ist. Denn die Vorschrift gilt für alle Basisnavigatoren und programmübergreifende EPG-Anwendungen.

Zum anderen entspricht § 4 Abs. 3 Satz 1 der Zugangssatzung nahezu wörtlich dem allgemeinen Diskriminierungs- und Behinderungsverbot aus § 20 GWB. Auch diese Vorschrift geht aber über die Anforderungen ihres wettbewerbsrechtlichen Pendants hinaus, da sie nicht nur für Systembetreiber mit bestimmter Marktmacht gilt. Zudem können rundfunkrechtliche Zielwerte bei der Auslegung des Missbrauchsverbots unmittelbar berücksichtigt werden. Aus diesem Grund erscheint eine Heranziehung der wettbewerbsrechtlichen Bestimmungen nur in wenigen Fällen sinnvoll. Daran wäre insbesondere dann zu denken, wenn es um die Durchsetzung von zivilrechtlichen Schadensersatzansprüchen geht, für die das Medienrecht keine gesonderten Regelungen bereit hält.

H. Zusammenfassung

I. Der analoge „switch off" soll in Deutschland im Jahr 2010 erfolgen. Dann werden Rundfunksignale nur noch im digitalen DVB-Standard zu empfangen sein.
1. Die Digitalisierung von Inhalten und Übertragungswegen führt zum Phänomen der „Konvergenz der Medien". Durch die Verschränkung von vormals getrennt voneinander existierenden Diensten wird das mediale Angebot insgesamt vielfältiger und facettenreicher.
2. Auf dem Rundfunksektor hat die Digitalisierung zur Folge, dass sich die Übertragungskapazitäten um ein Vielfaches erhöhen. Zudem stellt die Distribution von Rundfunk nun einen erheblich komplexeren Vorgang dar, da verschiedene Zusatzdienstleistungen erforderlich werden, um den Rezipienten das verbreitete Programm- und Diensteangebot zugänglich zu machen.

II. Eine dieser Zusatzdienstleistungen ist der Betrieb von elektronischen Benutzerführungssystemen (Navigatoren). Dabei handelt es sich um Softwareapplikationen, die den Nutzern die erforderliche Orientierung im ausdifferenzierteren medialen Programm- und Diensteangebot bieten. Die Systeme können wegen dieser Orientierungsfunktion auch als „elektronische Programmzeitschriften" des digitalisierten Fernsehens bezeichnet werden.
1. Derzeit existieren verschiedene Systemtypen. Man unterscheidet – je nach Funktion und Leistungsfähigkeit – zwischen Basisnavigatoren und proprietären sowie programmübergreifenden Electronic Programme Guides (EPGs). Es ist allerdings zu erwarten, dass sich mittel- bis langfristig integrierte Systeme durchsetzen werden, die sowohl die Funktionen von Basisnavigatoren als auch die Leistungsfähigkeit von programmübergreifenden EPGs in sich vereinen werden.
2. Alle Navigatoren spielen eine zentrale Rolle für den Zugang zum digitalen Rundfunkangebot. Sie sind für die Rezipienten notwendig, um Zugang zu einzelnen Programmangeboten zu erhalten. Darüber hinaus sind sie aber auch für die Programmanbieter essentiell, denn nur wenn ihre Angebote über den Navigator angesteuert werden können, haben diese auch Rezeptionschancen. Auf diese Weise erhalten die Navigationssysteme eine wichtige Gatekeeper-Position im digitalisierten Rundfunk.

3. Sie bergen dadurch ein erhebliches Manipulationspotential. Durch eine entsprechende Gestaltung können die Systeme gezielt zur Lenkung des Selektionsverhaltens und damit zur Steuerung des Zuschauerinteresses eingesetzt werden. Hinzu kommt, dass die Kanalstruktur des Mediums als bislang wesentlicher Faktor für die Programmselektion unter den Bedingungen des digitalisierten Vielkanalfernsehens an Bedeutung verlieren wird. Dasselbe trifft für den Einfluss herkömmlicher Programmzeitschriften auf die Programmauswahlentscheidungen des Publikums zu.
4. Deren Platz werden zunehmend die Navigationssysteme einnehmen. Durch eine geschickte Gestaltung der Benutzeroberfläche, durch die Bereitstellung von Suchfunktionen und der Möglichkeit zum „collaborative filtering" können die Rezipienten gezielt zu bestimmten Angeboten gelenkt werden. Dadurch könnte dann für jeden Rezipienten ein virtueller, persönlicher Kanal („me-Channel") enstehen, dessen Inhalt entscheidend vom jeweils genutzten Navigationssystem abhängt.
5. Da aufgrund der zunehmenden Ökonomisierung des Rundfunksektors eine hohe Wahrscheinlichkeit dafür besteht, dass das Manipulationspotential der Navigationssysteme von deren Betreibern auch genutzt wird, besteht regulatorischer Handlungsbedarf.

III. Sedes materiae der Gesetzgebung im Rundfunkbereich ist Art. 5 Abs. 1 Satz 2 GG. Nach ständiger Rechtsprechung des Bundesverfassungsgerichts handelt es sich bei der Rundfunkfreiheit um eine „dienende Freiheit". Aufgrund der „Medium und Faktor"-Rolle des Rundfunks und dessen mediumsspezifischer Wirkungsintensität (besondere Suggestivkraft, Aktualität und Breitenwirkung) bedarf die Rundfunkfreiheit der Ausgestaltung durch den Gesetzgeber.
1. In der Literatur wird die These von der Sonderstellung des Mediums, insbesondere die Annahme einer besonderen Wirkungsintensität des Rundfunks in Zeiten von Konvergenz und Digitalisierung in Frage gestellt. Die graduelle Individualisierung der Rundfunkkommunikation bzw. die flexibleren Nutzungsmöglichkeiten der neuen Dienste führen jedoch nicht zu einer signifikanten Veränderung der herausgehobenen Stellung, die der Rundfunk in der Kommunikationsordnung einnimmt. Dazu trägt nicht zuletzt auch die integrative Wirkung der Navigationssysteme bei.
2. Aus diesem Grund bedarf es auch weiterhin der Ausgestaltung der Rundfunkordnung durch den Gesetzgeber. Die Ausgestaltungsgesetze sind rechtsdogmatisch keine Schrankengesetze, die zu einem Grundrechtseingriff führen. Da sie jedoch im Ergebnis die Entfaltungsmöglichkeiten der Grundrechtsträger begrenzen, müssen sie zumindest geeignet sein, die verfassungs-

rechtlich vorgegebenen Zielwerte zu fördern, um deren Willen die Rundfunk- ordnung unter dem Ausgestaltungsvorbehalt steht.
3. Primärziel der positiven Rundfunkordnung ist die Gewährleistung eines freien individuellen und öffentlichen Meinungsbildungsprozesses. Leitmotiv der Ausgestaltungsgesetzgebung ist deshalb die Vielfaltsicherung auf dem Rundfunksektor.
4. Das Bundesverfassungsgericht nennt die „Gleichgewichtigkeit („Ausgewogenheit"), in welcher die Vielfalt der bestehenden Meinungsrichtungen im Gesamtprogramm eines Landes zur Darstellung zu bringen ist", als Zielwert der positiven Rundfunkordnung. Es verlangt also vom Gesetzgeber eine aktive „Ausgewogenheitspflege" im Rundfunkbereich. In der Literatur wird dieses Pluralismuskonzept des Bundesverfassungsgerichts seit längerem kritisiert. Unter den Vorzeichen des „Vielkanalfernsehens" wird in letzter Zeit ein Paradigmenwechsel hin zu einer auf die Kräfte der Marktregulierung vertrauenden „Offenheitspflege" gefordert.
5. Ein solch radikaler Schritt ist indes nicht veranlasst. Allerdings sollte das tradierte Konzept einer primär inhaltebezogenen „kommunikativen Vielfaltsicherung" aufgrund der veränderten Rahmenbedingungen in der Rundfunkdistribution durch den Zielwert der Gewährleistung „kommunikativer Chancengerechtigkeit" ergänzt werden.
6. Bei der Frage, wie der Gesetzgeber den Zielwert der „kommunikativen Chancengerechtigkeit" zu erreichen sucht, kommt ihm ein weiter Gestaltungsspielraum zu. Der Gesetzgeber hat sich derzeit für ein Nebeneinander von öffentlich-rechtlichen und privaten Rundfunkveranstaltern im Rahmen der dualen Rundfunkordnung entschieden.
7. Damit ist untrennbar die Überantwortung des Grundversorgungsauftrages an die öffentlich-rechtlichen Rundfunkanstalten verbunden. Der Grundversorgungsauftrag ist „gegenständlich und zeitlich offen und dynamisch". Er muss von den öffentlich-rechtlichen Rundfunkanstalten auch unter dem Eindruck von Konvergenz und Digitalisierung erfüllt werden können.
8. Der Grundversorgungsauftrag und die ihm korrespondierende Bestands- und Entwicklungsgarantie sind identisch mit dem Funktionsauftrag der öffentlich-rechtlichen Rundfunkanstalten. Ihre Betätigung muss sich allerdings stets nach Maß und Umfang im Rahmen dessen halten, was zur Wahrung ihrer Funktion erforderlich ist.
9. Der Betrieb von elektronischen Benutzerführungssystemen ist dem Gewährleistungsbereich der Rundfunkfreiheit zuzuordnen. Die Navigationssysteme stellen selbst und unmittelbar Rundfunk im Sinne des Art. 5 Abs. 1 Satz 2 GG dar.

IV. Die öffentlich-rechtlichen Rundfunkanstalten sind grundsätzlich zur Programminformation befugt und auch verpflichtet. Es existieren aber auch Grenzen dieser Veröffentlichungsbefugnis. So besteht ein Recht zur Herausgabe von anstaltseigenen Programmzeitschriften nur, wenn diese Publikationen einen durchgängigen Programmbezug aufweisen.
1. Gleiches gilt mit Blick auf den Betrieb von elektronischen Benutzerführungssystemen durch die öffentlich-rechtlichen Rundfunkanstalten. Da sich proprietäre EPG-Anwendungen auf die Darstellung des eigenen Programmbouquets beschränken, sind diese unproblematisch zulässig.
2. Schwieriger gestaltet sich die Frage nach dem Recht zum Betrieb von programmübergreifenden Navigatoren. Öffentlich-rechtliche Rundfunkanstalten dürfen programmübergreifende Navigationssysteme grundsätzlich nicht betreiben, da sie damit die Grenzen ihres Programmauftrages überschreiten. Das gilt auch dann, wenn proprietäre Systeme an Bedeutung verlieren und sich programmübergreifende Systeme auf dem Markt durchsetzen sollten.
3. Allerdings besteht die Möglichkeit zur Kooperation zwischen Rundfunkanstalten und privaten Anbietern. So kommen als Betreiber von Navigationssystemen auch Gemeinschaftsunternehmen in Betracht, an denen sich die öffentlich-rechtlichen Rundfunkanstalten beteiligen können. Solche Kooperationen können unter Umständen einen positiven Efffekt für die Wahrung kommunikativer Chancengerechtigkeit haben.

V. Voraussetzung dafür sind aber stets angemessene Maßnahmen des Gesetzgebers, die die Zugangs- und Empfangschancengerechtigkeit zu allen Navigationssystemen gleichermaßen sicherstellen. Ein entsprechende Vorschrift findet sich in § 53 RStV. Weitere Einzelheiten regelt die „Zugangssatzung" der Landesmedienanstalten.
1. Der persönliche Anwendungsbereich des § 53 RStV ist mit Blick auf die Navigationssysteme umstritten. Nach zutreffender Ansicht sind sowohl Anbieter von programmübergreifenden EPG-Anwendungen als auch Anbieter von Basisnavigatoren verpflichtete Adressaten von § 53 RStV. Zugangsberechtigt sind demgegenüber Anbieter von Rundfunkprogrammen und Anbieter von anderen, mit der Veranstaltung von Rundfunkprogrammen in Zusammenhang stehenden Mediendiensten bzw. von sonstigen mit der Rundfunkveranstaltung inhaltlich verbundenen Diensten.
2. Die Betreiber von Navigationssystemen müssen gemäß § 53 RStV allen Berechtigten den Zugang zu chancengleichen, angemessenen und nicht diskriminierenden Bedingungen gewähren. Jedem dieser drei Tatbestandsmerkmale kommt ein eigenständiger Regelungsgehalt zu.

3. Chancengleich sind die Bedingungen dann, wenn unter Berücksichtigung des Zielwertes der kommunikativen Chancengerechtigkeit alle Angebote reale und nicht nur theoretische Zugangschancen haben. Deshalb ist die Privilegierung bestimmter vielfaltsfördernder, aber marktschwacher Angebote genauso erforderlich wie die positivrechtliche Absicherung der Position des öffentlich-rechtlichen Rundfunks in der dualen Rundfunkordnung.
4. Angemessen sind die Zugangsbedingungen, wenn die Vertragsgestaltung zwischen Anbietern und Nachfragern transparent erfolgt und wenn die Höhe der vom Betreiber des Navigationssystems verlangten Entgelte für kostenpflichtige Angebote ein sachgerechtes Verhältnis von Aufwand und Nutzen widerspiegelt.
5. Ob Zugangsbedingungen nicht diskriminierend sind, wird in Anlehnung an die Kriterien des wettbewerbsrechtlichen Behinderungs- und Diskriminierungsverbotes aus § 20 Abs. 1 GWB ermittelt. Dabei ist jedoch ein spezifisch rundfunkrechtlicher Bewertungsmaßstab anzulegen, der bei der Rechtfertigung von diskriminierenden Behinderungen und Ungleichbehandlungen den verfassungsrechtlichen Zielwert der kommunikativen Chancengerechtigkeit berücksichtigt.
6. Den Anbietern von Navigationssystemen selbst ist der Zugang zu den Rezipienten mit Hilfe von zugangsoffenen Schnittstellen in den digitalen Endgeräten zu ermöglichen. Im Rahmen der Belegungsentscheidung gemäß § 52 Abs. 4 Nr. 1 RStV sind Navigationssysteme von den Kabelnetzbetreibern vorrangig zu berücksichtigen.
7. § 53 Abs. 4 – 6 RStV und die Zugangssatzung enthalten Vorgaben für eine verfahrensrechtliche Absicherung der Zugangsfreiheit zu den Navigatoren. In verfassungsrechtlich zulässiger Weise verzichtet der Gesetzgeber auf ein förmliches Zulassungsverfahren für Navigationssysteme, sondern beschränkt sich auf eine Anzeigeverpflichtung.
8. § 53 Abs. 6 RStV sieht ein Beschwerderecht Dritter für den Fall vor, dass ein Systembetreiber ihnen gegenüber bestehende gesetzliche Bestimmungen verletzt. Dieses Recht steht bislang nur Rundfunkprogrammveranstaltern zu. Die Beschwerdemöglichkeit sollte jedoch allen aus § 53 RStV berechtigten Diensteanbietern eingeräumt werden.
9. Da die elektronischen Benutzerführungssysteme einfachgesetzlich als Mediendienste zu qualifizieren sind, gelten die Regelungen des Mediendienstestaatsvertrages, wenn und soweit § 53 RStV bzw. die Zugangssatzung als leges speciales keine abweichenden Bestimmungen enthalten. Das gilt also insbesondere für proprietäre EPG-Anwendungen.

VI. Die Zugangsfreiheit zu den Navigatoren berührt auch den Anwendungsbereich wettbewerbsrechtlicher Vorschriften. In Betracht kommen hier neben sektorspezifischen Bestimmungen des Rundfunkrechts auch Regelungen des allgemeinen Kartellrechts.
1. Der Betrieb von Navigationssystemen ist zum einen in die rundfunkrechtliche Konzentrationskontrolle nach § 26 ff. RStV mit einzubeziehen. Nach zutreffender Ansicht handelt es sich bei dem Navigatorenmarkt um einen „medienrelevanten verwandten Markt" im Sinne des § 26 Abs. 2 Satz 2 RStV.
2. Bundeskartellrecht und Landesmedienrecht sind grundsätzlich nebeneinander anwendbar. Deshalb kommt zum anderen die unterstützende Anwendung der wettbewerbsrechtlichen Missbrauchskontrolle mit dem Ziel der Zugangssicherung zu den Navigationssystemen in Betracht. Neben dem in § 19 Abs. 4 Nr. 4 GWB geregelten Zugangsanspruch zu Netzen und anderen Infrastruktureinrichtungen könnte das allgemeine Diskriminierungs- und Behinderungsverbot aus § 20 GWB zur Anwendung kommen.
3. Die Zugangsregelung in § 19 Abs. 4 Nr. 4 GWB beruht auf der Rezeption der „essential facilities doctrin" aus dem US-amerikanischen Kartellrecht. Ihr Anwendungsbereich ist allerdings sehr beschränkt. Deshalb ist es in der Regel nicht möglich, ein Navigationssystem als „wesentliche Einrichtung" im Sinne der essential facilities doctrin zu qualifizieren, so dass bereits aus diesem Grund ein Zugangsanspruch aus § 19 Abs. 4 Nr. 4 GWB nicht begründet werden kann.
4. Zudem müsste der Betreiber des betreffenden Navigationssystems auf dem Markt für Rundfunkdienstleistungen eine nach ökonomischen Kriterien zu definierende marktbeherrschende Stellung besitzen. Dies ist angesichts der bestehenden rundfunkrechtlichen Antikonzentrationsregelungen wenn auch nicht gänzlich ausgeschlossen, so doch zumindest sehr unwahrscheinlich. Damit bleibt für die Anwendung des § 19 Abs. 4 Nr. 4 GWB in Zusammenhang mit der Zugangssicherung zu den Navigationssystemen praktisch kein Raum.
5. Das Diskriminierungs- und Behinderungsverbot aus § 20 GWB kann demgegenüber zwar grundsätzlich für die Sicherung des Zugangs zu den Navigationssystemen von Bedeutung sein. Inhaltlich geht diese Vorschrift aber nicht über § 53 RStV hinaus, so dass sie nicht praxisrelevant werden wird. Allenfalls zur Durchsetzung von zivilrechtlichen Schadensersatzansprüchen könnte eine Operationalisierung des § 20 GWB in bestimmten Fällen sinnvoll sein.

Literaturverzeichnis

Albrecht, Michael: ARD-digital: Vernetzen statt Versparten, MP 1997, 415 ff.
ARD-Projektgruppe Teletext: Teletext – das unterschätzte Medium, MP 2001, 54 ff.
ARD/ZDF-Projektgruppe Digital: Berlin/Potsdam: Erste DVB-T-Region Deutschlands, MP 2003, 558 ff.
Areeda, Philipp: Essential facilities: An Ephitet in need of limiting Principles, Antitrust Law Journal 58 (1990), 841 ff.
Badura, Peter: Verfassungsrechtliche Bindungen der Rundfunkgesetzgebung, 1980.
Badura, Peter: Gleichgewichtige Vielfalt im dualen System des Rundfunks, JA 1987, 180 ff.
Badura, Peter: Gewährleistung der Freiheit des Rundfunks, „Funktion" des Rundfunks und „öffentliche Aufgabe" der Rundfunkveranstalter, in: Merten, Detlef/Schmidt, Reiner/Stettner, Rupert (Hrsg.), Der Verwaltungsstaat im Wandel – Festschrift für Franz Knöpfle zum 70. Geburtstag, 1996, S. 1 ff.
Bamberger, Christian: Die „vierte Gewalt": Medien als Wächter und Bewachte, in: Demel, Michael u.a. (Hrsg.), Funktionen und Kontrolle der Gewalten, 2000, S. 307 ff.
Bamberger, Christian: Sicherung der Meinungsvielfalt durch die Landesmedienanstalten, ZUM 2000, 551 ff.
Barabasch, Tatjana: Digitales Fernsehen in Bayern – Die Verfassungsmäßigkeit der Einführung digitalen Fernsehens in Bayern auf der Grundlage des Art. 30 BayMG, 2000.
Barwise, Patrick/Ehrenberg, Andrew: Television and its Audience, 1988.
Bechtold, Rainer: GWB Kommentar, 3. Aufl., 2002.
Bekkers, Wim: Fernsehnutzung im digitalen Zeitalter, MP 1998, 83 ff.
Berg, Klaus: Grundversorgung, AfP 1987, 457 ff.
Berg, Klaus: Grundversorgung und Programmzeitschriften des öffentlich-rechtlichen Rundfunks nach dem 6. Rundfunkurteil des Bundesverfassungsgerichts, MP 1991, 217 ff.
Bethge, Herbert: Zur Problematik von Grundrechtskollisionen, 1977.
Bethge, Herbert: Die verfassungsrechtliche Problematik der Zulassung von Rundfunkveranstaltern des Privatrechts, 1981.

Bethge, Herbert: Grundrechtsverwirklichung und Grundrechtssicherung durch Organisation und Verfahren, NJW 1982, 1 ff.
Bethge, Herbert: Freiheit und Gebundenheit der Massenmedien, DVBl. 1983, 369 ff.
Bethge, Herbert: Parlamentsvorbehalt und Rechtsatzvorbehalt für die Kommunalverwaltung, NVwZ 1983, 577 ff.
Bethge, Herbert: Rundfunkfreiheit und privater Rundfunk, 1985.
Bethge, Herbert: Verfassungsrechtsprobleme der Privatrundfunkgesetzgebung, JZ 1985, 308 ff.
Bethge, Herbert: Das Recht der öffentlich-rechtlichen Rundfunkanstalten zur Herausgabe von Programmzeitschriften, JZ 1986, 366 ff.
Bethge, Herbert: Der verfassungsrechtliche Standort des öffentlich-rechtlichen Rundfunks, 1987.
Bethge, Herbert: Rundfunkfreiheit in der Perspektive von Bundes- und Landesverfassungsgerichtsbarkeit, ZUM 1987, 199 ff.
Bethge, Herbert: Verfasungsrechtliche Grundlagen, in: Fuhr, Ernst W./Rudolf, Walter/Wasserburg, Klaus (Hrsg.), Recht der Neuen Medien, 1989, S. 74 ff.
Bethge, Herbert: Landesrundfunkordnung und Bundeskartellrecht, 1991.
Bethge, Herbert: Stand und Entwicklung des öffentlich-rechtlichen Rundfunks, ZUM 1991, 337 ff.
Bethge, Herbert: Zur Funktion und Relevanz eines Medienverwaltungsrechts, Die Verwaltung, Band 27 (1994), S. 433 ff.
Bethge, Herbert: Die Perspektiven des öffentlich-rechtlichen Rundfunks in der dualen Rundfunkordnung, ZUM Sonderheft 1995, 514 ff.
Bethge, Herbert: Der Grundversorgungsauftrag des öffentlich-rechtlichen Rundfunks in der dualen Rundfunkordnung, MP 1996, 66 ff.
Bethge, Herbert: Die verfassungsrechtliche Position des öffentlich-rechtlichen Rundfunks in der dualen Rundfunkordnung, 1996.
Bethge, Herbert: Der Grundrechtsstatus privater Rundfunkveranstalter, NVwZ 1997, 1 ff.
Bethge, Herbert: Der Grundrechtseingriff, VVDStRL Heft 57 (1998), S. 7 ff.
Bethge, Herbert: Über die Zulässigkeit privaten Rundfunks, in: Arndt, Hans Wolfgang, u.a. (Hrsg.), Festschrift für Walter Rudolf zum 70. Geburtstag, 2001, S. 405 ff.
Bethge, Herbert: Die Freiheit des privaten Rundfunks, DÖV 2002, 673 ff.
Bethge, Herbert: Pluralismus als medienrechtliches Ordnungsprinzip?, in: Horn, Hans-Detlef/Häberle, Peter/Schambeck, Herbert/Stern, Klaus (Hrsg.), Festschrift für Walter Schmitt Glaeser zum 70. Geburtstag, 2003, S. 465 ff.
Bethge, Herbert: Zur verfassungsrechtlichen Legitimation informalen Staatshandelns der Bundesregierung, Jura 2003, 327 ff.

Beucher, Klaus/Eckhardt, Dirk: Öffentlich-rechtlicher Rundfunk und Verlage im Wettbewerb bei der Herausgabe von Programminformationen, RuF 1990, 183 ff.

Beucher, Klaus/Leyendecker, Ludwig/von Rosenberg, Oliver: Mediengesetze – Kommentar zum Rundfunkstaatsvertrag, Mediendienste-Staatsvertrag, Teledienstegesetz und Teledienstedatenschutzgesetz, 1999.

Blaurock, Uwe (Hrsg.): Medienkonzentration und Angebotsvielfalt zwischen Kartell- und Rundfunkrecht, 2002.

Böckenförde, Ernst-Wolfgang: Grundrechtstheorie und Grundrechtsinterpretation, NJW 1974, 1529 ff.

Böckenförde, Ernst-Wolfgang: Zur Lage der Grundrechtsdogmatik nach 40 Jahren Grundgesetz, 1990.

Böckenförde, Ernst-Wolfgang/Wieland, Joachim: Die „Rundfunkfreiheit" – ein Grundrecht?, AfP 1982, 77 ff.

Brand, Torsten: Rundfunk im Sinne des Artikel 5 Abs. 1 Satz 2 GG, 2002.

Bremer, Eckhard: Freiheit durch Organisation? „Ausgestaltung" der Rundfunkfreiheit als Problem von Grundrechtsinterpretation, Grundrechtstheorie und Ordnungstheorie, in: Mestmäcker, Ernst-Joachim (Hrsg.), Kommunikation ohne Monopole II, 1995, S. 311 ff.

Breunig, Christian: Von der Programmzeitschrift zum TV-Guide, MP 1997, 442 ff.

Breunig, Christian: Programmbouquets im digitalen Fernsehen, MP 2000, 378 ff.

Brosius, Hans-Bernd/Steger, Beate: Programmhinweise in Programmzeitschriften und Sehbeteiligung: Gibt es einen Zusammenhang?, RuF 1997, 307 ff.

Brugger, Winfried: Rundfunkfreiheit und Verfassungsinterpretation, 1991.

Buchholtz, Anne: Gibt es einen Fernsehzuschauermarkt im Sinne des Gesetzes gegen Wettbewerbsbeschränkungen?, ZUM 1998, 108 ff.

Büchner, Wolfgang u.a. (Hrsg.): Beck'scher TKG-Kommentar, 2. Aufl., 2000.

Bullinger, Martin: Kommunikationsfreiheit im Strukturwandel der Telekommunikation, 1980.

Bullinger, Martin: Elektronische Medien als Marktplatz der Meinungen, AöR 108 (1983), S. 161 ff.

Bullinger, Martin: Das Vollprogramm im Rundfunk, in: Klein, Eckart (Hrsg.), Festschrift für Ernst Benda zum 70. Geburtstag, 1995, S. 33 ff.

Bullinger, Martin: Der Rundfunkbegriff in der Differenzierung kommunikativer Dienste, AfP 1996, 1 ff.

Bullinger, Martin: Verbreitung digitaler Pay-TV-Pakete in Fernsehkabelnetzen, ZUM Sonderheft 1997, 281 ff.

Bullinger, Martin: Verbreitung entgeltlicher Rundfunkprogramme und Mediendienste in Paketen, AfP 1997, 761 ff.
Bullinger, Martin: Länderfinanzausgleich und Rundfunkfinanzausgleich, 1998.
Bullinger, Martin: Regulierung unter Viel-Kanal-Bedingungen, in: Jarren, Otfried/Krotz, Friedrich (Hrsg.), Öffentlichkeit unter Viel-Kanal-Bedingungen, 1998, S. 178 ff.
Bullinger, Martin: Die Aufgaben des öffentlichen Rundfunks – Wege zu einem Funktionsauftrag, 1999.
Bullinger, Martin: in: Isensee, Josef/Kirchhof, Paul (Hrsg.), Handbuch des Staatsrechts, Bd. VI, 2. Aufl., 2001, § 142.
Bullinger, Martin: Medien, Pressefreiheit, Rundfunkverfassung, in: Badura, Peter/Dreier, Horst (Hrsg.), Festschrift 50 Jahre Bundesverfassungsgericht, Band II, 2001, S. 193 ff.
Bullinger, Martin/Mestmäcker, Ernst-Joachim: Multimediadienste, 1997.
Bumke, Ulrike: Die öffentliche Aufgabe der Landesmedienanstalten, 1995.
Bunte, Hermann-Josef: 6. GWB-Novelle und Mißbrauch wegen Verweigerung des Zugangs zu einer „wesentlichen Einrichtung", WuW 1997, 302 ff.
Bunte, Hermann-Josef: Kartellrecht, 2003.
Bunte, Klaus/Heintz, Dominique: Zugang zu Netzen und anderen Infrastruktureinrichtungen, WuW 2003, 598 ff.
Burkart, Roland: Kommunikationswissenschaften, 4. Aufl., 2002.
Charissé, Peter: Die Rundfunkveranstaltungsfreiheit und das Zulassungsregime der Rundfunk- und Mediengesetze – Eine verfassungs- und europarechtliche Untersuchung der subjektiv-rechtlichen Stellung privater Rundfunkveranstalter, 1999.
Coelln, Christian von: Ausgleich zwischen Sportvermarktung und freier Sportinformation – das Recht auf Kurzberichterstattung, SpuRt 2001, 221 ff.
Danwitz, Thomas von: Die Sicherung der Meinungsvielfalt im Privatfernsehen nach der Kirch Pleite, ZUM 2002, 769 ff.
Darschin, Wolfgang/Kayser, Susanne: Tendenzen im Zuschauerverhalten, MP 2000, 146 ff.
Degenhart, Christoph: Verfassungsfragen neuer elektronischer Medien – Folgewirkungen auf Medienstruktur und Medienpolitik, BayVbl. 1986, 577 ff.
Degenhart, Christoph: Rundfunkfreiheit in gesetzgeberischer Beliebigkeit?, DVBl. 1991, 510 ff.
Degenhart, Christoph: Rundfunk und Internet, ZUM 1998, 333 ff.
Degenhart, Christoph: Medienrecht und Medienpolitik im 21. Jahrhundert, K&R 2000, 49 ff.
Degenhart, Christoph: Der Funktionsauftrag des öffentlich-rechtlichen Rundfunks in der „Digitalen Welt", 2001.

Degenhart, Christoph: Staatsrecht I – Staatsorganisationsrecht, 19. Aufl., 2003.
Deselaers, Wolfgang: Die „Essential Facilities" – Doktrin im Lichte des Magill-Urteils des EuGH, EuZW 1995, 563 ff.
Dietlein, Johannes: Die Lehre von den grundrechtlichen Schutzpflichten, 1992.
Dietlein, Johannes: Das Untermaßverbot, ZG 1995, 113 ff.
Dittmann, Armin u.a. (Hrsg.): Der Rundfunkbegriff im Wandel – Symposion zum 65. Geburtstag von Prof. Dr. iur. Dr. h.c. Thomas Oppermann, 1997.
Dolzer, Rudolf/Vogel, Klaus/Graßhof, Karin (Hrsg.): Bonner Kommentar zum Grundgesetz, Stand Dezember 2003.
Dörr, Dieter: Möglichkeiten und Grenzen europäischer Medienpolitik: Konvergenz und Kompetenz, K&R 1999, 97 ff.
Dörr, Dieter: Der Einfluss der Judikatur des Bundesverfassungsgerichts auf das Medienrecht, VerwArch, 92. Band (2001), S. 149 ff.
Dörr, Dieter: Rechtsfragen der technischen Neuerungen, in: Abele, Hanns/Fünfgeld, Hermann/Riva, Antonio (Hrsg.), Werte und Wert des öffentlich-rechtlichen Rundfunks in der digitalen Zukunft, 2001, S. 139 ff.
Dörr, Dieter: Sicherung der Meinungsvielfalt, in: Eberle, Carl-Eugen/Rudolf, Walter/Wasserburg, Klaus (Hrsg.), Mainzer Rechtshandbuch der Neuen Medien, 2003, S. 116 ff.
Dörr, Dieter/Janik, Viktor/Zorn, Nicole: Der Zugang zu den Kabelnetzen und die Regelungen des europäischen Rechts, in: Die Landesmedienanstalten – Gemeinsame Stelle Digitaler Zugang (Hrsg.), Der Zugang zum digitalen Kabel, S. 9 ff.
Dreher, Manfred: Die Verweigerung des Zugangs zu einer wesentlichen Einrichtung als Mißbrauch der Marktbeherrschung, DB 1999, 833 ff.
Dreier, Horst: Dimensionen der Grundrechte, 1993.
Dreier, Horst (Hrsg.): Grundgesetz Kommentar, Band I, 1996.
Ebenroth, Carsten Thomas/Bohne, Michael: Gewerbliche Schutzrechte und Art. 86 EG-Vertrag nach der Magill-Entscheidung, EWS 1995, 397 ff.
Eberle, Carl-Eugen: Öffentlich-rechtliches Fernsehen im digitalen Zeitalter, in: Becker, Jürgen u.a. (Hrsg.), Festschrift für Reinhold Kreile zu seinem 65. Geburtstag, 1994, S. 167 ff.
Eberle, Carl-Eugen: Neue Übertragungstechniken und Verfassungsrecht, ZUM 1995, 249 ff.
Eberle, Carl-Eugen: Digitale Rundfunkfreiheit – Rundfunk zwischen Couch-Viewing und Online-Nutzung, CR 1996, 193 ff.
Eberle, Carl-Eugen: Die Tranzparenzrichtlinie und die öffentlich-rechtlichen Rundfunkanstalten in Deutschland, in: Eberle, Carl-Eugen/Ibler, Martin/Lorenz, Dieter (Hrsg.), Der Wandel des Staates vor den Herausforderungen der

Gegenwart – Festschrift für Winfried Brohm zum 70. Geburtstag, 2002, S. 51 ff.

Eberle, Carl-Eugen: Referat zum Thema „Konvergenz der Medien – Sollte das Recht der Medien harmonisiert werden?", in: Ständige Deputation des Deutschen Juristentages (Hrsg.), Verhandlungen des 64. Deutschen Juristentages, Bd. II/1, 2002, M 11 ff.

Eberle, Carl-Eugen: Krise der Medienwirtschaft – ein Fall für die Medienregulierung?, MMR 2003, 623 ff.

Eberle, Carl-Eugen/Gersdorf, Hubertus: Der grenzüberschreitende Rundfunk im deutschen Recht, 1993.

Eifert, Martin: Die Zuordnung der Säulen des Dualen Rundfunksystems, ZUM 1999, 595 ff.

Eisner, Hubert: Möglichkeiten und Probleme von Electronic Program Guides (EPG), in: Kruse, Joern (Hrsg.), Ökonomische Perspektiven des Fernsehens in Deutschland, 1999, S. 149 ff.

Emmer, Martin/Kuhlmann, Christoph/Vowe, Gerhard/Wolling, Jens: Der 11. September – Informationsverbreitung, Medienwahl, Anschlusskommunikation, MP 2002, 166 ff.

Emmerich, Volker: Rundfunkauftrag und Programminformation, AfP 1986, 206 ff.

Emmerich, Volker: Verweigerung des Zugangs zu wesentlichen Einrichtungen, in: Köbler, Gerhard/Heinze, Meinhard/Hromadka, Wolfgang (Hrsg.), Festschrift für Alfred Söllner zum 70. Geburtstag, 2000, S. 273 ff.

Emmerich, Volker: Kartellrecht, 9. Aufl. 2001.

Emmerich, Volker/Steiner, Udo: Möglichkeiten und Grenzen der wirtschaftlichen Betätigung der öffentlich-rechtlichen Rundfunkanstalten, 1986.

Engel, Bernhard: Digitales Fernsehen – Neue Aufgaben für die Zuschauerforschung, MP 2001, 480 ff.

Engel, Christoph: Vorsorge gegen die Konzentration im privaten Rundfunk mit den Mitteln des Rundfunkrechts – eine Analyse von § 21 Rundfunkstaatsvertrag 1991, ZUM Sonderheft 1993, 557 ff.

Engel, Christoph: Rundfunk in Freiheit, AfP 1994, 185 ff.

Engel, Christoph: Medienordnungsrecht, 1996.

Engel-Flechsig, Stefan/Maennel, Frithjof A./Tettenborn, Alexander (Hrsg.): Beck'scher IuKDG-Kommentar, 2001.

Erichsen, Hans-Uwe: Grundrechtliche Schutzpflichten in der Rechtsprechung des Bundesverfassungsgerichts, Jura 1997, 85 ff.

Europäische Kommission: Grünbuch zur Konvergenz der Branchen Telekommunikation, Medien und Informationstechnologien und ihre ordnungspolitischen Auswirkungen, Kom (97) 623, 1997.

Fink, Udo: Wem dient die Rundfunkfreiheit?, DÖV 1992, 805 ff.
Fischer, Martin H.: Die Rolle der Programmzeitschriften für das Einschaltverhalten beim Fernsehen, MP 1982, 577 ff.
Fischl, Thomas: Die Wettbewerbsaufsicht im Medienbereich zwischen Entwicklung und Neuorientierung, 2001.
Fleischer, Holger/Weyer, Hartmut: Neues zur „essential facilities"-Doktrin im Europäischen Wettbewerbsrecht, WuW 1999, 350 ff.
Franz, Gerhard: Digitales Fernsehen: Herausforderungen für TV-Forschung und TV-Werbung, MP 2003, 463 ff.
Frenz, Walter: Das Prinzip widerspruchsfreier Normgebung und seine Folgen, DÖV 1999, 41 ff.
Fromm, Michael: Öffentlich-rechtlicher Programmauftrag und Rundfunkföderalismus, 1998.
Fuhr, Ernst W./Krone, Gunnar: Pay-TV und Rundfunkbegriff, FuR 1983, 513 ff.
Gemeinsame Stelle Digitaler Zugang: Anforderungen an Navigatoren, Diskussionspapier der GSDZ; Version 1.0, Stand 04. Mai 2004, abrufbar unter http://www.alm.de
Gérard, Philippe: A Single Regulatory Framework for all Electronic Communications Networks and Services – Impact for Broadcasting, in: Roßnagel, Alexander (Hrsg.), Digitale Breitband-Dienste in Europa, 2003, S. 15 ff.
Gersdorf, Hubertus: Der verfassungsrechtliche Rundfunkbegriff im Lichte der Digitalisierung der Telekommunikation, 1995.
Gersdorf, Hubertus: Multi-Media: Der Rundfunkbegriff im Umbruch?, AfP 1995, 565 ff.
Gersdorf, Hubertus: Rundfunkfreiheit ohne Ausgestaltungsvorbehalt, 1996.
Gersdorf, Hubertus: Chancengleicher Zugang zum digitalen Fernsehen – Eine Untersuchung des verfassungsrechtlichen Regulierungsrahmens am Beispiel des Entwurfs zum Vierten Rundfunkänderungsstaatsvertrag vom 27. Februar 1998, 1998.
Gersdorf, Hubertus: Grundzüge des Rundfunkrechts – Nationaler und europäischer Regulierungsrahmen, 2003.
Gleich, Uli: Neuere Ansätze zur Erklärung von Publikumsverhalten, MP 1996, 598 ff.
Goerlich, Helmut/Radeck, Bernd: Neugründung und Grundversorgung – die Rundfunkordnung in einer dritten Phase?, JZ 1989, 53 ff.
Goodhardt, G. J./Ehrenberg, A.S.C./Collins, M.A.: The Television Audience: Patterns of Viewing, 2nd edition, 1987.
Gounalakis, Georgios: Kommunikationsnetze und -dienste: Konvergenz in der Wettbewerbsaufsicht, K&R 1999, 541 ff.

Gounalakis, Georgios: Konvergenz der Medien – Sollte das Recht der Medien harmonisiert werden?, in: Ständige Deputation des Deutschen Juristentages (Hrsg.), Verhandlungen des 64. Deutschen Juristentages, Bd. I, 2002, Gutachten C.
Gounalakis, Georgios: Funktionsauftrag und anstaltliches Selbstverwaltungsrecht, AfP 2003, 395 ff.
Graf, Ulrich: Rundfunkanstalten im Kartellrecht, 1991.
Grimm, Dieter: Kulturauftrag im staatlichen Gemeinwesen, VVDStRL Heft 42 (1984), S. 46 ff.
Grimm, Dieter: Verfassungsrechtliche Programmanforderungen und veränderte Konsumgewohnheiten im Fernsehen, in: Haungs, Peter/Graß, Karl Martin/Maier, Hans/Veen, Hans-Joachim (Hrsg.), Civitas, Widmungen für Bernhard Vogel zum 60. Geburtstag, 1992, S. 685 ff.
Grünwald, Andreas: Analoger Switch – Off. Zur Verwaltung terrestrischer Rundfunkfrequenzen im Zeichen der Digitalisierung der Fernsehübertragung in Deutschland und den USA, 2001.
Hagemann, Otmar/Renckstorf, Karsten/Schröder, Hermann-Dieter: Das Fernsehen in der Programmpresse, RuF 1986, 475 ff.
Hahn, Werner/Vesting, Thomas (Hrsg.): Beck'scher Kommentar zum Rundfunkrecht, 2003.
Hain, Karl-Eberhard: Rundfunkfreiheit und Rundfunkordnung, 1993.
Hain, Karl-Eberhard: Das Untermaßverbot in der Kontroverse, ZG 1996, 75 ff.
Hartstein, Reinhard/Ring, Wolf-Dieter/Kreile, Johannes/Dörr, Dieter/Stettner, Rupert: Rundfunkstaatsvertrag Kommentar, Stand März 2004.
Hasebrink, Uwe: Fernsehen in neuen Medienumgebungen, 2001.
Haus, Florian C.: Stromdurchleitung bei der Bewag – ein Präjudiz für § 19 IV Nr. 4 GWB ?, WuW 1999, 1190 ff.
Haus, Florian C.: Zugang zu Netzen und Infrastruktureinrichtungen, 2002.
Heeter, Carrie: The Choice Process Model, in: dies./Greenberg, Bradley S. (Hrsg.), Cableviewing, 1988, S. 11 ff.
Hege, Hans: Offene Wege in die digitale Zukunft, 1995.
Hege, Hans: Zugang zu den Medien und das Recht auf Grundversorgung, in: Stern, Klaus/Prütting, Hanns (Hrsg.), Die Zukunft der Medien hat schon begonnen – Rechtlicher Rahmen und neue Teledienste im Digitalzeitalter, 1998, S. 21 ff.
Heim, Sebastian: Online-Dienste öffentlich-rechtlicher Rundfunkanstalten vor dem Hintergrund des 7. Rundfunkänderungsstaatsvertrages, K&R 2004, 121 ff.
Hepach, Stefan: Die Kommission zur Ermittlung der Konzentration im Medienbereich: Verselbständigung eines Organs unter Berufung auf das rundfunk-

spezifische Gebot einer effizienten Konzentrationskontrolle?, ZUM 1999, 603 ff.

Herrmann, Günter: Fernsehen und Hörfunk in der Verfassung der Bundesrepublik Deutschland, 1975.

Herrmann, Günter/Lausen, Matthias: Rundfunkrecht, 2. Aufl., 2004.

Hesse, Albrecht: Zur aktuellen Entwicklung des Rundfunkrechts, BayVBl. 1997, 132 ff.

Hesse, Albrecht: Der Vierte Rundfunkänderungsstaatsvertrag aus der Sicht des öffentlich-rechtlichen Rundfunks, ZUM 2000, 183 ff.

Hesse, Albrecht: Rundfunkrecht – Die Organisation des Rundfunks in der Bundesrepublik Deutschland, 3. Aufl., 2003.

Hesse, Konrad: § 5 – Bedeutung der Grundrechte, in: Benda, Ernst/Maihofer, Werner/Vogel, Hans-Jochen (Hrsg.), Handbuch des Verfassungsrechts der Bundesrepublik Deutschland, 2. Aufl., 1994.

Hesse, Konrad: Grundzüge des Verfassungsrechts der Bundesrepublik Deutschland, 20. Aufl., 1995.

Hochstein, Reiner: Teledienste, Mediendienste und Rundfunkbegriff – Anmerkungen zur praktischen Abgrenzung multimedialer Erscheinungsformen, NJW 1997, 2977 ff.

Hoffmann-Riem, Wolfgang: Verlegerprivileg für Programminformationen?, RuF 1983, 381 ff.

Hoffmann-Riem, Wolfgang: Erosionen des Rundfunkrechts, 1990.

Hoffmann-Riem, Wolfgang: Kommunikationsfreiheit und Chancengleichheit, in: Schwartländer, Johannes/Riedel, Eibe (Hrsg.), Neue Medien und Meinungsfreiheit im nationalen und internationalen Kontext, 1990, S. 27 ff.

Hoffmann-Riem, Wolfgang: Rundfunkrecht neben Wirtschaftsrecht – Zur Anwendbarkeit des GWB und des EWG-V auf das Wettbewerbsverhalten öffentlich-rechtlichen Rundfunks in der dualen Rundfunkordnung, 1991.

Hoffmann-Riem, Wolfgang: § 7 – Kommunikations- und Medienfreiheiten, in: Benda, Ernst/Maihofer, Werner/Vogel, Hans-Jochen (Hrsg.), Handbuch des Verfassungsrechts der Bundesrepublik Deutschland, 2. Aufl., 1994.

Hoffmann-Riem, Wolfgang: Multimedia-Politik vor neuen Herausforderungen, RuF 1995, 125 ff.

Hoffmann-Riem, Wolfgang: Der Rundfunkbegriff in der Differenzierung kommunikativer Dienste, AfP 1996, 9 ff.

Hoffmann-Riem, Wolfgang: Pay TV im öffentlich-rechtlichen Rundfunk, 1996.

Hoffmann-Riem, Wolfgang: Pay TV im öffentlich-rechtlichen Rundfunk, MP 1996, 73 ff.

Hoffmann-Riem, Wolfgang: Regulierung der dualen Rundfunkordnung, 2000.

Hoffmann-Riem, Wolfgang: Medienregulierung als objektiv-rechtlicher Grundrechtsauftrag, M&K 2002, 175 ff.
Hoffmann-Riem, Wolfgang (Hrsg.): Rundfunk im Wettbewerbsrecht, 1988.
Hoffmann-Riem, Wolfgang/Starck, Christian (Hrsg.): Das Niedersächsische Rundfunkgesetz vor dem Bundesverfassungsgericht, 1987.
Hoffmann-Riem, Wolfgang/Schulz, Wolfgang/Held, Thorsten: Konvergenz und Regulierung – Optionen für rechtliche Regelungen und Aufsichtsstrukturen im Bereich Information, Kommunikation und Medien, 2000.
Hoffmann-Riem, Wolfgang/Vesting, Thomas: Ende der Massenkommunikation?, MP 1994, 382 ff.
Hohmann, Holger: Die essential facility doctrin im Recht der Wettbewerbsbeschränkungen, 2001.
Holznagel, Bernd: Probleme der Rundfunkregulierung im Multimedia-Zeitalter, ZUM 1996, 16 ff.
Holznagel, Bernd: Rechtliche Rahmenbedingungen des digitalen Fernsehens, in: Stern, Klaus/Prütting, Hanns (Hrsg.), Die Zukunft der Medien hat schon begonnen – Rechtlicher Rahmen und neue Teledienste im Digitalzeitalter, 1998, S. 37 ff.
Holznagel, Bernd: Der spezifische Funktionsauftrag des Zweiten Deutschen Fernsehens (ZDF), 1999.
Holznagel, Bernd: Weiterverbreitung und Zugangssicherung beim digitalen Fernsehen, MMR 2000, 480 ff.
Holznagel, Bernd: Rechtspolitische Leitlinien für die digitale Kommunikations- und Medienordnung, JZ 2001, 905 ff.
Holznagel, Bernd: Konvergenz der Medien – Herausforderungen an das Recht, NJW 2002, 2351 ff.
Holznagel, Bernd/Daufeldt, Dirk: Zugangssicherung bei digitaler Fernsehübertragung, CR 1998, 151 ff.
Holznagel, Bernd/Grünwald, Andreas: Multimedia per Antenne – Terrestrisches Digitalfernsehen in Großbritannien, ZUM 1997, 417 ff.
Holznagel, Bernd/Vesting, Thomas: Sparten- und Zielgruppenprogramme im öffentlich-rechtlichen Rundfunk, insbesondere im Hörfunk, 1999.
Hoppmann, Erich: Meinungswettbewerb als Entdeckungsverfahren, in: Mestmäcker, Ernst-Joachim (Hrsg.), Offene Rundfunkordnung: Prinzipien für den Wettbewerb im grenzüberschreitenden Rundfunk, 1988, S. 163 ff.
Immenga, Ulrich/Mestmäcker, Ernst-Joachim: GWB – Kommentar zum Kartellgesetz, 3. Aufl., 2001.
Ipsen, Hans Peter: Zum Funktionsbereich der öffentlich-rechtlichen Rundfunkanstalten außerhalb der unmittelbaren Programmveranstaltung, DÖV 1974, 721 ff.

Isensee, Josef: in: Isensee, Josef/Kirchhof, Paul (Hrsg.), Handbuch des Staatsrechts der Bundesrepublik Deutschland, Band V, 2. Aufl., 2000, § 111.
Jäckel, Michael: Wahlfreiheit in der Fernsehnutzung, 1996.
Jäckel, Michael: Medienwirkungen, 2. Aufl., 2002.
Janik, Victor: Der deutsche Rundfunkbegriff im Spiegel technischer Entwicklungen, AfP 2000, 7 ff.
Janik, Victor: Kapitulation vor der eingetretenen Konzentration?, AfP 2002, 104 ff.
Jarass, Hans D.: Die Freiheit der Massenmedien, 1978.
Jarass, Hans D.: Grundrechte als Wertentscheidungen bzw. objektivrechtliche Prinzipien in der Rechtsprechung des Bundesverfassungsgerichts, AöR Bd. 110 (1985), S. 363 ff.
Jarass, Hans D.: In welcher Weise empfiehlt es sich, die Ordnung des Rundfunks und sein Verhältnis zu anderen Medien – auch unter dem Gesichtspunkt der Harmonisierung zu regeln?, in: Ständige Deputation des Deutschen Juristentages (Hrsg.), Verhandlungen des 56. Deutschen Juristentages, Band I, 1986, Gutachten G.
Jarass, Hans D.: Kartellrecht und Landesrundfunkrecht, 1991.
Jarass, Hans D.: Online-Dienste und Funktionsbereich des Zweiten Deutschen Fernsehens, 1997.
Jarass, Hans D.: Rundfunkbegriffe im Zeitalter des Internet, AfP 1998, 133 ff.
Jarass, Hans D./Pieroth, Bodo: Grundgesetz Kommentar, 7. Aufl., 2004.
Jestaedt, Thomas: Anmerkung zum Urteil in der Sache Magill, WuW 1995, 483 ff.
Jöst, Markus: Verfassungsrechtliche Aspekte des Verhältnisses von Presse und Rundfunk, 1994.
Jürgens, Hans W.: Zur Handhabbarkeit von Zugangseinrichtungen und Verfahren zur Nutzung digitaler Medienangebote, 2002.
Kibele, Babette: Multimedia im Fernsehen – Die gesetzlichen Grundlagen audiovisueller Informations- und Kommunikationsdienste auf der Basis des deutschen und europäischen Medienrechts, 2001.
Kibele, Babette: Zugangsfreiheit zu digitalen Diensten – Die Satzung der Landesmedienanstalten zu § 53 Abs. 7 RStV und ihre Bedeutung für die Praxis, MMR 2002, 370 ff.
Klaue, Siegfried: Zur Rezeption der amerikanischen „essential-facility-doctrin" in das europäische und deutsche Kartellrecht, RdE 1996, 51 ff.
Klein, Hans H.: Die Rundfunkfreiheit, 1978.
Klein, Hans H.: Die grundrechtlichen Schutzpflichten, DVBl. 1994, 489 ff.

Klein, Hans H.: Parteien – Presse – Rundfunk, in: Geis, Max-Emanuel/Lorenz, Dieter (Hrsg.), Festschrift für Hartmut Maurer zum 70. Geburtstag, 2001, S. 193 ff.

Klimisch, Annette/Lange, Markus: Zugang zu Netzen und anderen wesentlichen Einrichtungen als Bestandteil der kartellrechtlichen Mißbrauchsaufsicht, WuW 1998, 15 ff.

Kloepfer, Michael: Wesentlichkeitstheorie als Begründung oder Grenze des Gesetzesvorbehalts?, in: Hill, Hermann (Hrsg.), Zustand und Perspektiven der Gesetzgebung, 1989, S. 187 ff.

Kohl, Helmut (Hrsg.): Vielfalt im Rundfunk, 1997.

König, Almut: Die EU-Fernseh-Richtlinie – Revision oder Abschied?, ZUM 2002, 803 ff.

König, Michael: Die Einführung des digitalen Fernsehens: Neue Probleme und Implikationen für den Wettbewerb und die Medienkonzentration, 1997.

König, Michael/Trafkowski, Armin: Zum Anwendungsbereich der Rundfunkklausel des § 38 Abs. 3 GWB, ZUM 2003, 518 ff.

Krakies, Jens: Vielfalt im Rundfunk, ZUM 1996, 953 ff.

Kreile, Johannes/Neuenhahn, Stefan: Online-Angebote öffentlich-rechtlicher Rundfunkanstalten, K&R 1998, 41 ff.

Kreile, Johannes/Stumpf, Christoph A.: Das neue „Medienkartellrecht" – Die Sicherung der Meinungsvielfalt im novellierten Rundfunkstaatsvertrag, MMR 1998, 192 ff.

Kresse, Hermann: Grundversorgung und integrative Pluralismussicherung, ZUM 1995, 178 ff.

Krotz, Friedrich: Fernsehen fühlen, RuF 1993, 477 ff.

Krüger, Herbert: Die öffentlichen Massenmedien als notwendige Ergänzung der privaten Massenmedien, 1965.

Kübler, Friedrich: Rundfunkauftrag und Programminformation, 1985.

Kübler, Friedrich: Massenkomunikation und Medienverfassung – Bemerkungen zur „institutionellen" Deutung der Presse- und Rundfunkfreiheit, in: Badura, Peter/Scholz, Rupert (Hrsg.), Festschrift für Peter Lerche zum 65. Geburtstag, 1993, S. 649 ff.

Kübler, Friedrich: Die verfassungsrechtliche Verbürgung der Vielfalt in der Bundesrepublik Deutschland, in: Kohl, Helmut (Hrsg.), Vielfalt im Rundfunk, 1997, S. 21 ff.

Kübler, Friedrich: Legitimationsfragen der Medienregulierung, AfP 2002, 277 ff.

Kühn, Michael: Meinungsvielfalt im Rundfunk, 2003.

Kulka, Michael: Programmkoordinierung und Kartellrecht, AfP 1985, 177 ff.

Kull, Edgar: Rundfunkgleichheit statt Rundfunkfreiheit, AfP 1981, 378 ff.

Kull, Edgar: Rundfunk-Grundversorgung, AfP 1987, 462 ff.
Kull, Edgar: „Dienende Freiheit" – dienstbare Medien?, in: Badura, Peter/ Scholz, Rupert (Hrsg.), Festschrift für Peter Lerche zum 65. Geburtstag, 1993, S. 663 ff.
Ladeur, Karl-Heinz: Die Regulierung von Multi-Media als Herausforderung des Rechts, AfP 1997, 598 ff.
Ladeur, Karl-Heinz: Zur Notwendigkeit einer flexiblen Abstimmung von Bundes- und Landeskompetenzen auf den Gebieten des Telekommunikations- und des Rundfunkrechts, ZUM 1998, 261 ff.
Ladeur, Karl-Heinz: Datenverarbeitung und Datenschutz bei neuartigen Programmführern in „virtuellen Videotheken", MMR 2000, 715 ff.
Ladeur, Karl-Heinz: Der „Funktionsauftrag" des öffentlich-rechtlichen Rundfunks – auf „Integration" festgelegt oder selbst definiert?, M&K 2000, 93 ff.
Ladeur, Karl-Heinz: Die „objektiv-rechtliche Dimension der Rundfunkfreiheit" unter Bedingungen von Multimedia – Zu einer Theorie der Ausübung von Grundrechten in Kommunikationsnetzwerken, in: Faber, Heiko/Frank, Götz (Hrsg.), Demokratie in Staat und Wirtschaft, Festschrift für Ekkehart Stein zum 70. Geburtstag, 2002, S. 67 ff.
Ladeur, Karl-Heinz/Gostomzyk, Tobias: Rundfunkfreiheit und Rechtsdogmatik – Zum Doppelcharakter des Art. 5 I 2 GG in der Rechtsprechung des BVerfG, JuS 2002, 1145 ff.
Ladeur, Karl-Heinz/Gostomzyk, Tobias: Der Gesetzesvorbehalt im Gewährleistungsstaat, Die Verwaltung, Bd. 36 (2003), S. 141 ff.
Lampert, Thomas: Der EuGH und die essential facilities-Lehre, NJW 1999, 2235 f.
Landesmedienanstalten – Gemeinsame Stelle Digitaler Zugang (Hrsg.): Der Zugang zum digitalen Kabel – Zwei Rechtsgutachten im Auftrag der gemeinsamen Stelle Digitaler Zugang der Landesmedienanstalten, 2002.
Langen, Eugen/Bunte, Hermann-Josef: Kommentar zum deutschen und europäischen Kartellrecht, Band 1, 9. Aufl., 2001.
Larenz, Karl: Methodenlehre der Rechtswissenschaft, 5. Aufl. 1983.
Lent, Wolfgang: Rundfunk- , Medien-, Teledienste, 2001.
Leopoldt, Swaantje: Navigatoren – Zugangsregulierung bei elektronischen Programmführern im digitalen Fernsehen, 2002.
Lerche, Peter: Rundfunkmonopol, 1970.
Lerche, Peter: Beteiligung Privater im Rundfunkbereich und Vielfaltsstandard, NJW 1982, 1676 ff.
Lerche, Peter: Bemerkungen zur Auseinandersetzung um die rundfunkmäßige Grundversorgung, in: Ziemske, Burkhardt/Langheid, Theo/Wilms, Heinrich/

Haverkate, Görg (Hrsg.), Staatsphilosophie und Rechtspolitik, Festschrift für Martin Kriele zum 65. Geburtstag, 1997, S. 357 ff.

Leupold, Andreas: „Push" und „Narrowcasting" im Lichte des Medien- und Urheberrechts, ZUM 1998, 99 ff.

Libertus, Michael: Grundversorgungsauftrag und Funktionsgarantie, 1991.

Libertus, Michael: Randnutzung im öffentlich-rechtlichen Rundfunk – Rechtliche Aspekte und Erscheinungsformen, AfP 1992, 229 ff.

Libertus, Michael: Grundversorgungsauftrag und elektronische Benutzerführungssysteme, ZUM 1996, 394 ff.

Lieb, Wolfgang: Kabelfernsehen und Rundfunkgesetze, 1974.

Limmer, Christoph: Fernsehempfang und PC/Online-Ausstattung in Europa, MP 2003, 302 ff.

Mahrenholz, Ernst Gottfried: Grundversorgung und Programmfreiheit, in: Assmann, Heinz-Dieter/Brinkmann, Thomas/Gounalakis, Georgios/Kohl, Helmut/Walz, Rainer (Hrsg.), Wirtschafts- und Medienrecht in der offenen Demokratie – Freundesgabe für Friedrich Kübler zum 65. Geburtstag, 1997, 251 ff.

Mailänder, K. Peter: Schranken für das Vertragsdiktat zu Lasten der Träger wesentlicher Einrichtungen, in: Kruse, Jörn/Stockmann, Kurt/Vollmer, Lothar (Hrsg.), Wettbewerbspolitik im Spannungsfeld nationaler und internationaler Kartellrechtsordnungen, Festschrift für Ingo Schmidt zum 65. Geburtstag, 1997, S. 271 ff.

Mailänder, Peter: Konzentrationskontrolle zur Sicherung von Meinungsvielfalt im privaten Rundfunk, 2000.

Maletzke, Gerhard: Medienwirkungsforschung, 1981.

Mand, Elmar: Grundrechtspflichtigkeit öffentlich-rechtlicher Rundfunkanstalten, AfP 2003, 289 ff.

Mangold von, Herrmann/Klein, Friedrich/Starck, Christian (Hrsg.): Das Bonner Grundgesetz, Band 1, 4. Aufl., 1999.

Markert, Kurt: Die Verweigerung des Zugangs zu „wesentlichen Einrichtungen" als Problem der kartellrechtlichen Mißbrauchsaufsicht, WuW 1995, 560 ff.

Markert, Kurt: Die Anwendung des US-amerikanischen Monopolisierungsverbots auf Verweigerung des Zugangs zu „wesentlichen Einrichtungen", in: Immenga, Ulrich, u.a. (Hrsg.), Festschrift für Ernst-Joachim Mestmäcker zum 70. Geburtstag, 1996, S. 661 ff.

Martenczuk, Bernd/Thomaschki, Kathrin: Der Zugang zu Netzen zwischen allgemeinem Kartellrecht und sektorieller Regulierung, RTkom 1999, 15 ff.

Maunz, Theodor: Die Grenzen der Betätigung öffentlich-rechtlicher Rundfunkanstalten, DVBl. 1974, 1 ff.

Maunz, Theodor/Dürig, Günter (Hrsg.): Grundgesetzkommentar, Band I, Stand Februar 2003.
Mestmäcker, Ernst-Joachim (Hrsg.): Offene Rundfunkordnung, 1988.
Michael, Lothar: Die drei Argumentationsstrukturen des Grundsatzes der Verhältnismäßigkeit – Zur Dogmatik des Über- und Untermaßverbotes und der Gleichheitssätze, JuS 2001, 148 ff.
Michel, Eva-Maria: Rundfunk und Internet, ZUM 1998, 350 ff.
Monopolkommission: Marktöffnung umfassend verwirklichen: Hauptgutachten 1996/1997, 1998.
Möschel, Wernhard: Strompreis und kartellrechtliche Kontrolle, WuW 1999, 5 ff.
Müller, Friedrich/Christensen, Ralph: Juristische Methodik, Band 1 – Grundlagen Öffentliches Recht, 8. Aufl., 2002.
Müller-Römer, Frank: Entwicklungslinien digitaler Rundfunksysteme und neue Rundfunkdienste, in: ders. (Hrsg.), Digitales Fernsehen – Digitaler Hörfunk: Technologien von morgen, 1994, S. 14 ff.
Neft, Hans: Meinungsdominanz im Fernsehen – Aufgreifkriterien des neuen § 26 Abs. 2 Rundfunkstaatsvertrag (RStV), ZUM 1998, 458 ff.
Niepalla, Peter: Die Grundversorgung durch die öffentlich-rechtlichen Rundfunkanstalten, 1991.
Nischan, Anett: Digitale multimediale Videodienste (Digital Video Broadcasting) – Verfassungsrechtliche und einfachgesetzliche Einordnung, 2000.
Noam, Eli M.: Cyber-TV: Thesen zur dritten Fernsehrevolution, 1996.
Oechsler, Jürgen: Netzzugang und Durchleitung auf der Grundlage des kartellrechtlichen Diskriminierungsverbots, ZHR 164 (2000), S. 479 ff.
Ory, Stephan: Bestands- und Entwicklungsgarantie für den öffentlich-rechtlichen Rundfunk?, AfP 1987, 466 ff.
Ossenbühl, Fritz: Die Interpretation der Grundrechte in der Rechtsprechung des Bundesverfassungsgerichts, NJW 1976, 2100 ff.
Ossenbühl, Fritz: Rundfunkprogramm – Leistung in treuhänderischer Freiheit, DÖV 1977, 381 ff.
Ossenbühl, Fritz: Rechtsquellen und Rechtsbindungen der Verwaltung, in: Erichsen, Hans Uwe/Ehlers, Dirk (Hrsg.), Allgemeines Verwaltungsrecht, 12. Aufl., 2002, S. 133 ff.
Ossyra, Markus: Konzentrationskontrolle über private Rundfunkveranstalter, 1999.
Palzer, Carmen: Marktdefinition im Bereich audiovisueller Medien nach dem Wettbewerbsrecht der Europäischen Gemeinschaft, ZUM 2004, 279 ff.
Paschke, Marian: Medienrecht, 2. Aufl., 2001.
Paukens, Hans/Schümchen, Andrea: Digitales Fernsehen in Deutschland, 2000.

Peine, Franz-Joseph: Rundfunkrecht und Wettbewerbsrecht, NWVBL 1990, 73 ff.

Pestalozza, Christian: Der Schutz der Rundfunkfreiheit in der Bundesrepublik Deutschland, NJW 1981, 2158 ff.

Petersen, Jens: Medienrecht, 2003.

Pieper, Antje Karin/Wiechmann, Peter: Der Rundfunkbegriff, ZUM 1995, 82 ff.

Pieper, Karin/Hess, Wolfgang: Wesentliche Eckpunkte des Gebührenurteils des Bundesverfassungsgerichts vom 22. Februar 1994, ZUM 1994, 484 ff.

Preuss Neudorf, Friedrich Christian: Grundversorgung und Wettbewerb im dualen Rundfunksystem, 1993.

Prütting, Hanns: Eröffnung und Begrüßung sowie Einführung in die Thematik, in: Stern, Klaus/Prütting, Hanns (Hrsg.), Die Zukunft der Medien hat schon begonnen – Rechtlicher Rahmen und neue Teledienste im Digitalzeitalter, 1998, S. 1 ff.

Rahn, Monika: Programmauftrag und Kartellrecht – Zu den Grundlagen und Grenzen der Kartellaufsicht im Bereich des öffentlich-rechtlichen Rundfunks, 1991.

Rath-Glawatz, Michael: Die Selbstbindung öffentlich-rechtlicher Rundfunkanstalten bei der Veranstaltung von Online-Angeboten, AfP 2003, 9 ff.

Reiter, Udo: Die Strategie der ARD im digitalen Zeitalter, MP 1997, 410 ff.

Renck-Laufke, Martha: Probleme der Konzentrationskontolle im privaten Fernsehen, ZUM 2000, 105 ff.

Renck-Laufke, Martha: Was ist und was kann die KEK?, ZUM 2000, 369 ff.

Renckstorf, Karsten/Schröder, Hermann-Dieter: Die Ankündigung des Fernsehprogramms: Welches Bild entwirft die Programmpresse vom Fernsehprogramm öffentlich-rechtlicher und privater Anbieter?, MP 1986, 335 ff.

Ricker, Reinhart/Müller-Malm, Friedrich: Die Vielfaltsanforderungen an den privaten Rundfunk nach dem 4. Rundfunkurteil, ZUM 1987, 208 ff.

Ricker, Reinhart/Schiwy, Peter: Rundfunkverfassungsrecht, 1997.

Ring, Wolf-Dieter: Der Vierte Rundfunkänderungsstaatsvertrag – Rechtsfolgen für die Praxis, ZUM 2000, 177 ff.

Rinke, Claudia: Zugangsprobleme des digitalen Fernsehens, 2001.

Röper, Horst: Formation deutscher Medienmultis 2003, MP 2004, 54 ff.

Rosenthal, Michael: Der aktuelle Rechtsrahmen für digitales Fernsehen in den USA, RTkom 2000, 182 ff.

Rossen, Helge: Freie Meinungsbildung durch den Rundfunk, 1988.

Rossen-Stadtfeld, Helge: Verfassungsrechtliche Perspektiven des dualen Rundfunksystems, M&K 2002, 481 ff.

Ruck, Silke: Zur Unterscheidung von Ausgestaltungs- und Schrankengesetzen im Bereich der Rundfunkfreiheit, AöR Bd. 117 (1992), S. 543 ff.

Rupp, Hans Heinrich: Vom Wandel der Grundrechte, AöR Bd. 101 (1976), S. 161 ff.

Ruttig, Markus: Der Einfluß des EG-Beihilferechts auf die Gebührenfinanzierung der öffentlich-rechtlichen Rundfunkanstalten, 2001.

Sachs, Michael (Hrsg.): Grundgesetz Kommentar, 3. Aufl., 2003.

Scheble, Roland: Perspektiven der Grundversorgung, 1994.

Schellenberg, Martin: Pluralismus: Zu einem medienrechtlichen Leitmotiv in Deutschland, Frankreich und Italien, AöR, Bd. 119 (1994), S. 427 ff.

Schellenberg, Martin: Rundfunk-Konzentrationsbekämpfung zur Sicherung des Pluralismus im Rechtsvergleich, 1997.

Schenk, Michael: Medienwirkungsforschung, 1987.

Scherer, Joachim: Das Bronner-Urteil des EUGH und die Essential Facilities-Doktrin im TK-Sektor, MMR 1999, 315 ff.

Scherer, Joachim: Die Umgestaltung des europäischen und deutschen Telekommunikationsrechts durch das EU-Richtlinienpaket, K&R 2002, 273 ff. und 329 ff.

Scherzberg, Arno: Grundrechtsschutz und „Eingriffsintensität", 1989.

Schmidt, Klaus-Eberhard: Gibt es einen Fernsehzuschauermarkt im Sinne des Gesetzes gegen Wettbewerbsbeschränkungen?, ZUM 1997, 472 ff.

Schmidt, Walter: Die Rundfunkgewährleistung, 1980.

Schmidt, Walter: Rundfunkvielfalt – Möglichkeiten und Grenzen einer „pluralistischen" Rundfunkorganisation, 1984.

Schmitt, Carl: Machtpositionen des modernen Staates, in: ders. (Hrsg.), Verfassungsrechtliche Aufsätze, 2. Aufl., 1978, S. 371 ff.

Schmitt Glaeser, Walter: Kabelkommunikation und Verfassung, 1979.

Schmitt Glaeser, Walter: Das duale Rundfunksystem, DVBl. 1987, 14 ff.

Schneider, Hans: Autonome Satzung und Rechtsverordnung, in: Hefermehl, Wolfgang/Nipperdey, Hans Carl (Hrsg.), Festschrift für Philipp Möhring zum 65. Geburtstag, 1965, S. 521 ff.

Schneiderbauer, Christian: Faktoren der Fernsehprogrammauswahl, 1991.

Schoch, Friedrich: Betätigung öffentlich-rechtlicher Anstalten und Körperschaften im Online-Bereich, AfP 1998, 253 ff.

Schoch, Friedrich: Öffentlich-rechtliche Rahmenbedingungen einer Informationsordnung, VVDStRL Heft 57 (1998), S. 158 ff.

Schoch, Friedrich: Konvergenz der Medien – Sollte das Recht der Medien harmonisiert werden?, JZ 2002, 798 ff.

Scholz, Rupert: Das dritte Fernsehurteil des Bundesverfassungsgerichts, JZ 1981, 561 ff.

Scholz, Rupert: Rundfunkeigene Programmpresse?, 1982.

Scholz, Rupert: Zukunft von Rundfunk und Fernsehen: Freiheit der Nachfrage oder reglementiertes Angebot?, AfP 1995, 357 ff.

Schrape, Klaus: Digitales Fernsehen: Marktchancen und ordnungspolitischer Regelungsbedarf, 1995.

Schroeder, Dirk: Kooperation zwischen Rundfunkanstalten und Privaten bei Schallplattenherstellung und -vertrieb, in: Jagenburg, Walter/Maier-Reimer, Georg/Verhoeven, Thomas (Hrsg.), Festschrift für Walter Oppenhoff zum 80. Geburtstag, 1985, S. 385 ff.

Schulz, Wolfgang: Jenseits der „Meinungsrelevanz" – Verfassungsrechtliche Überlegungen zur Ausgestaltung und Gesetzgebungskompetenzen bei neuen Kommunikationsformen, ZUM 1996, 487 ff.

Schulz, Wolfgang: Gewährleistung kommunikativer Chancengleichheit als Freiheitsverwirklichung, 1998.

Schulz, Wolfgang: § 53 RStV: „Auf jeden Fall werde ich, oder wenigstens will ich, wenn nicht, dann doch, allerdings müßte ich und kann nicht", K&R 2000, 9 ff.

Schulz, Wolfgang/Held, Thorsten: Verfassungsrechtliche Rahmenbedingungen einer dienstespezifisch diversifizierten Informationsordnung, in: Kops, Manfred/Schulz, Wolfgang/Held, Thorsten (Hrsg.), Von der dualen Rundfunkordnung zur dienstespezifisch diversifizierten Informationsordnung?, 2001, S. 111 ff.

Schulz, Wolfgang/Jürgens, Uwe: Die Regulierung von Inhaltediensten in Zeiten der Konvergenz, 2002.

Schulz, Wolfgang/Kühlers, Doris: Konzepte der Zugangsregulierung für digitales Fernsehen – Was können telekommunikationsrechtliche Erfahrungen zur satzungsmäßigen Konkretisierung und zur Weiterentwicklung der §§ 52, 53 RStV beitragen?, 2000.

Schulz, Wolfgang/Leopoldt, Swaantje: Horizontale Regulierung?, K&R 2000, 439 ff.

Schulz, Wolfgang/Seufert, Wolfgang/Holznagel, Bernd: Digitales Fernsehen, Regulierungskonzepte und -perspektiven, 1999.

Schütz, Raimund/Attendorn, Thorsten: Das neue Kommunikationsrecht der Europäischen Union – Was muss Deutschland ändern?, MMR Beilage 4/2002, 1 ff.

Schwintowski, Hans-Peter: Der Zugang zu wesentlichen Einrichtungen, WuW 1999, 842 ff.

Seelmann-Eggebert, Sebastian: Die Dogmatik der Rundfunkfreiheit gem. Art. 5 Abs. 1 Satz 2 GG aus der Sicht des Bundesverfassungsgerichts, ZUM 1992, 79 ff.

Seibold, Ernst: Das Onlinemedium als Fortsetzung des Printmediums mit besseren Mitteln, in: Bucher, Hans-Jürgen/Püschel, Ulrich (Hrsg.), Die Zeitung zwischen Print und Digitalisierung, 2001, S. 233 ff.

Selmer, Peter: Bestands- und Entwicklungsgarantie für den öffentlich-rechtlichen Rundfunk in einer dualen Rundfunkordnung, 1988.

Siekmann, Uwe: Programminformationen der öffentlich-rechtlichen Rundfunkanstalten, 2000.

Sosalla, Werner: Anforderungen an zugangsoffene Plattformen, in: Roßnagel, Alexander (Hrsg.), Digitale Breitband-Dienste in Europa, 2003, S. 131 ff.

Sporn, Stefan: Vielfalt im digitalen Rundfunk – Eine Untersuchung zur Problematik der Sicherung von Programmangebotsvielfalt bei T-DAB und T-DVB sowie generell im digitalen Rundfunk, 1999.

Stammler, Dieter: Kabelfernsehen und Rundfunkbegriff, AfP 1975, 742 ff.

Stammler, Dieter: Paradigmenwechsel im Medienrecht, ZUM 1995, 104 ff.

Stern, Klaus/Bethge, Herbert: Öffentlich-rechtlicher und privatrechtlicher Rundfunk, 1971.

Stipp, Horst: Welche Folgen hat die digitale Revolution für die Fernsehnutzung?, MP 1994, 392 ff.

Stipp, Horst: Der Konsument und die Zukunft des interaktiven Fernsehens, MP 2001, 369 ff.

Stipp, Horst: Entwicklung digitaler Fernsehtechniken in den USA, MP 2003, 470 ff.

Stock, Martin: Medienfreiheit als Funktionsgrundrecht, 1985.

Stock, Martin: Ein fragwürdiges Konzept dualer Rundfunksysteme, RuF 1987, 5 ff.

Stock, Martin: Rundfunkrecht und Wettbewerbsrecht im dualen Rundfunksystem, in: Hoffmann-Riem, Wolfgang (Hrsg.), Rundfunk im Wettbewerbsrecht, 1988, S. 35 ff.

Stock, Martin: Rundfunkrecht und Kartellrecht, AfP 1989, 627 ff.

Storr, Stefan: Grundversorgung im Rundfunk und Binnenmarkt – Unterschiede und Perspektiven, K&R 2002, 464 ff.

Stürner, Rolf: Medien zwischen Regulierung und Reglementierung – Sanktionen gegen Medien?, AfP 2002, 283 ff.

Szczekalla, Peter: Die sogenannten grundrechtlichen Schutzpflichten im deutschen und europäischen Recht, 2002.

Tettinger, Peter J.: Programmpresse durch Programmanbieter?, AfP 1986, 306 ff.

Thierfelder, Jörg: Zugangsfragen digitaler Fernsehverbreitung, 1999.

Tillmann, Herbert: Der Weg zum digitalen Fernsehen – Chancen und Risiken für Digital TV, in: Kreile, Reinhold (Hrsg.), Medientage München '98, Werbegipfel München '98 – Dokumentation 1998, 1999, S. 198 ff.

Tillmann, Herbert: Die Multimediaplattform – Fernsehen und Tor zum Internet, in: Abele, Hanns/Fünfgeld, Hermann/Riva, Antonio (Hrsg.), Werte und Wert des öffentlich-rechtlichen Rundfunks in der digitalen Zukunft, 2001, S. 123 ff.

Trafkowski, Armin: Medienkartellrecht – Die Sicherung des Wettbewerbs auf den Märkten der elektronischen Medien, 2002.

Tschon, Michaela S.: Cross Ownership und publizistische Gewaltenteilung, 2002.

Ulmer, Peter: Programminformationen der Rundfunkanstalten, 1983.

Unruh, Peter: Zur Dogmatik der grundrechtlichen Schutzpflichten, 1996.

Vesting, Thomas: Prozedurales Rundfunkrecht, 1997.

Vesting, Thomas: Fortbestand des dualen Systems?, K&R 2000, 161 ff.

Vesting, Thomas: Das Internet als Herausforderung des „dualen Rundfunksystems", in: Kops, Manfred/Schulz, Wolfgang/Held, Thorsten (Hrsg.), Von der dualen Rundfunkordnung zur dienstespezifisch diversifizierten Informationsordnung?, 2001, S. 275 ff.

Vick, Douglas W./Doyle, Gilian: Communications Act 2003 in Großbritannien – Über die „konvergierende Regulierung" zum deregulierten Medienmarkt?, MP 2004, 38 ff.

Wagner, Christoph: Rechtsfragen digitalen Kabelfernsehens – Gutachterliche Untersuchung im Zusammenhang mit der Einführung von Digital Video Broadcasting, 1996.

Wagner, Christoph/Grünwald, Andreas: Rechtsfragen auf dem Weg zu DVB-T, 2002.

Wagner, Michael A.: Rechtliche Aspekte elektronischer Programmführer, MMR 1998, 243 ff.

Wallenberg, Gabriela von: Diskriminierungsfreier Zugang zu Netzen und anderen Infrastruktureinrichtungen, K&R 1999, 152 ff.

Wassermann, Rudolf (u.a.) Hrsg.: Kommentar zum Grundgesetz für die Bundesrepublik Deutschland, Reihe Alternativkommentare, Band 1, 3. Aufl., Stand August 2002.

Weber, Werner: Zur Rechtslage des Rundfunks, in: Der Rundfunk im politischen und geistigen Raum des Volkes, Denkschrift der NWDR-Rundfunkschule, 1952, S. 63 ff.

Webster, James G./Wakshlag, Jacob J.: A theory of television program choice, Communication Research 10, 1983, 430 ff.

Weidenmann, Bernd: Der mentale Aufwand beim Fernsehen, in: Groebel, Jo/Winterhoff-Spurk, Peter (Hrsg.), Empirische Medienpsychologie, 1989, S. 134 ff.

Weiss, Andreas/Wood, David: Was elektronische Programmführer leisten sollten, MMR 1998, 239 ff.

Weisser, Ralf: Dienstleistungen zum Vertrieb digitaler Pay TV-Angebote, ZUM 1997, 877 ff.

Weisser, Ralf/Lübbert, Tobias: Must-carry im Breitbandkabel, K&R 2000, 274 ff.

Weisser, Ralf/Meinking, Olaf: Zugang zum digitalen Fernsehkabelnetz außerhab von must-carry-Regelungen, WuW 1998, 831 ff.

Weizsäcker, C. Christian von: Wettbewerb in Netzen, WuW 1997, 572 ff.

Weyer, Hartmut: Neue Fragen des Mißbrauchs marktbeherrschender Stellung nach § 19 GWB, AG 1999, 257 ff.

Wieland, Joachim: Die Freiheit des Rundfunks, 1984.

Wittig-Terhardt, Margret: Rundfunk und Kartellrecht, AfP 1986, 298 ff.

Woldt, Runar: Sind Vielfalt und offener Zugang gewährleistet? Konturen des digitalen Kabelmarkts, MP 2002, 34 ff.

Wulff, Carsten: Rundfunkkonzentration und Verfassungsrecht, 2000.

Zervos, Frank: Digitales Fernsehen in Deutschland, 2003.

Ziemer, Albrecht: Digitales Fernsehen, 2. Aufl., 1997.

Ziemer, Albrecht: Digitales Fernsehen, 3. Aufl., 2003.

Studien und Materialien zum Öffentlichen Recht

Herausgegeben von Herbert Bethge

Band 1 Hans-Georg Kamann: Die Mitwirkung der Parlamente der Mitgliedstaaten an der europäischen Gesetzgebung. National-parlamentarische Beeinflussung und Kontrolle der Regierungsvertreter im Rat der Europäischen Union im Spannungsfeld von Demokratie und Funktionsfähigkeit des gemeinschaftlichen Entscheidungsverfahrens. 1997.

Band 2 Gerhard Spieß: Der Grundrechtsverzicht. 1997.

Band 3 Stefan Hepach: Der Grundrechtsstatus der Landesmedienanstalten. 1997.

Band 4 Michael Fraas: Sicherheitsrat der Vereinten Nationen und Internationaler Gerichtshof. Die Rechtmäßigkeitsprüfung von Beschlüssen des Sicherheitsrats der Vereinten Nationen im Rahmen des VII. Kapitels der Charta durch den Internationalen Gerichtshof. 1998.

Band 5 Friedrich Loschelder: Die Durchsetzbarkeit von Weisungen in der Bundesauftragsverwaltung. 1998.

Band 6 Gunila Dieterich: Rechtsschutz der deutschen Bundesländer vor dem Bundesverfassungsgericht in Angelegenheiten der Europäischen Union. 1998.

Band 7 Wolfgang Weiß: Die Personenverkehrsfreiheiten von Staatsangehörigen assoziierter Staaten in der EU. Eine vergleichende Analyse der Assoziationsabkommen. 1998.

Band 8 Christian Bamberger: Verfassungswerte als Schranken vorbehaltloser Freiheitsgrundrechte. Vom Verfassungs- zum Gegenseitigkeitsvorbehalt. 1999.

Band 9 Andreas Rohde: Freier Kapitalverkehr in der Europäischen Gemeinschaft. 1999.

Band 10 Herbert Bethge: Rechtsberatung im privaten Rundfunk. Rechtsgutachten, erstattet auf Ansuchen von SAT 1, unter Mitwirkung von Christian von Coelln. 2000.

Band 11 Marcel Vachek: Das Religionsrecht der Europäischen Union im Spannungsfeld zwischen mitgliedstaatlichen Kompetenzreservaten und Art. 9 EMRK. 2000.

Band 12 Kerstin Ebock: Der Schutz grundlegender Menschenrechte durch kollektive Zwangsmaßnahmen der Staatengemeinschaft. Vom Interventionsverbot zur Pflicht zur humanitären Intervention? 2000.

Band 13 Christiane Gucht: Das Zensurverbot im Gefüge der grundrechtlichen Eingriffskautelen. 2000.

Band 14 Markus Ruttig: Der Einfluß des EG-Beihilferechts auf die Gebührenfinanzierung der öffentlich-rechtlichen Rundfunkanstalten. 2001.

Band 15 Jochen Murach: Die Haftung der öffentlichen Hand im Verwaltungsschuldrecht. 2002.

Band 16 Holger Schäfer: Die ungeschriebenen Freiheitsrechte in der schweizerischen Bundesverfassung von 1874 im Vergleich mit dem Grundgesetz. 2002.

Band 17 Alexander Glos: Die deutsche Berufsfreiheit und die europäischen Grundfreiheiten. Ein Strukturvergleich. 2003.

Band 18 Georg Blasberg: Verfassungsgerichte als Ersatzgesetzgeber. Entscheidungsaussprüche bei Normenkontrollen von Bundesverfassungsgericht und Corte Costituzionale. 2003.

Band 19 Artur Müller-Wewel: Souveränitätskonzepte im geltenden Völkerrecht. 2003.

Band 20 Helmut Wirner: Kommunale Wohnungsunternehmen als öffentliche Auftraggeber im Sinne der EG-Vergaberichtlinien. 2003.

Band 21 Christian Abt: Die Mitwirkung der deutschen Bundesländer bei völkervertraglichen Handlungen im Rahmen der Europäischen Union. 2003.

Band 22 Wolfram Wormuth: Die Bedeutung des Europarechts für die Entwicklung des Völkerrechts. 2004.

Band 23   Sonja Rademacher: Diskriminierungsverbot und „Gleichstellungsauftrag". Zur Auslegung des Art. 3 Abs. 2 Satz 2 GG. 2004.

Band 24   Thomas Lennarz: Die Rechtsprechung des Europäischen Gerichtshofs und des Gerichts erster Instanz zu prozessualen Fragen des Verfügungsgrundsatzes und der Fristen. 2004.

Band 25   Florian Niewöhner: Elektronische Benutzerführungssysteme und chancengerechter Zugang zum digitalen Fernsehen. Eine Untersuchung unter besonderer Berücksichtigung der Position des öffentlich-rechtlichen Rundfunks. 2004.

www.peterlang.de

Yaw-Shyang Chen

Die Grundversorgungsaufgabe als Rechtfertigungsgrundlage der Gebührenfinanzierung des öffentlich-rechtlichen Rundfunks im dualen Rundfunksystem

Frankfurt am Main, Berlin, Bern, Bruxelles, New York, Oxford, Wien, 2003.
XX, 317 S. Europäische Hochschulschriften: Reihe 2, Rechtswissenschaft. Bd. 3738
ISBN 3-631-51043-8 · br. € 56.50*

Die Diskussion um die Gebührenfinanzierung ist ein medienrechtliches Dauerthema. Sowohl in der Literatur als auch in der gerichtlichen Rechtsprechung steht dieses Thema immer in engem Zusammenhang mit dem Problem der Erfüllung der öffentlichen Aufgabe im Rundfunkbereich. Fraglich ist, ob dieses bisherige Konzept im Zuge einer Deregulierung und Privatisierung der Staatsaufgaben aufrechterhalten werden kann und soll. Aufgrund dieser Fragestellung ist das Ziel dieser Arbeit, den Begriffswandel der Grundversorgung des öffentlich-rechtlichen Rundfunks und die Legitimation seiner Gebührenfinanzierung zu beleuchten. Die Untersuchung wird hauptsächlich auf die verfassungsrechtliche und die gemeinschaftsrechtliche Ebene eingehen.

Aus dem Inhalt: Die Gebührenfinanzierung als wichtigste Finanzierungsgarantie des öffentlich-rechtlichen Rundfunks · Die Grundversorgung als alleinige Aufgabe der öffentlich-rechtlichen Rundfunkanstalten · Die Finanzierungsgarantie des öffentlich-rechtlichen Rundfunks als unerläßliches Element der Grundversorgung · Public Service als Rechtfertigung der Rundfunkgebühr nach dem EG-Beihilferecht · Die Grundversorgungsaufgabe als Rechtfertigungsgrundlage der Rundfunkgebühr nach den Ausnahmetatbeständen des Beihilfenverbotes

Frankfurt am Main · Berlin · Bern · Bruxelles · New York · Oxford · Wien
Auslieferung: Verlag Peter Lang AG
Moosstr. 1, CH-2542 Pieterlen
Telefax 00 41 (0) 32 / 376 17 27

*inklusive der in Deutschland gültigen Mehrwertsteuer
Preisänderungen vorbehalten
Homepage http://www.peterlang.de